JN445561

韓國의 時節飮食

傳統飮食의 맛과 멋

지구문화
JIGU CULTURE

(사)한국전통음식연구소장 / 이학박사

윤 숙 자

- (사)한국전통음식연구소장
- (사)대한민국 전통음식총연합회 회장
- 떡 박물관 관장
- 대한민국 명장(조리부문) 심사위원
- 한국 전통식품 명인 심사위원(농 · 식품부)

약 력

- 숙명여자대학교 대학원 식품영양학과 석사
- 단국대학교 대학원 식품영양학과 박사
- 배화여자대학 전통조리학과 교수 역임
- 전국대학조리학과 교수협의회 회장 역임
- 2007 뉴욕 UN본부 한국음식 페스티벌 주최
- 2007 남북정상회담 만찬 자문위원(북한방문)
- 2007~2012 국경일 한식축제 만찬 운영
  (일본, 중국, 태국, 베트남, 프랑스, 영국, 아르헨티나, 헝가리, 사우디아라비아, 이란, 이스라엘)
- 2007 한국농식품수출 기여공로 대통령 훈장 『철탑산업훈장』 수상
- 2008 한국 농 · 식품 홍보대사
- 2006~2008 한국음식조리법 표준화 연구개발사업
- 2007~2010 국외 한식당의 문화적 고품격화 사업(중국, 일본, 홍콩, 베트남, 미국 LA · 뉴욕)
- 2009~2011 영국런던템즈페스티발 축제운영
- 2010~2011 한식 StarChef 양성교육
- 2011 해외 7개도시 한식요리강사 업그레이드 교육
- 2010~2013 해외 한식당 종사자 교육(미국 LA, 뉴욕, 영국, 동경, 파리, 연변, 인도네시아, 뉴질랜드)
- 2014 시간속의 전통주, 몸을 꽃피우다. – 전통주 시음 · 시음회

주요 저서

『한국의 떡 · 한과 · 음청류』, 『한국의 전통음식』, 『Korean Traditional Desserts』
『韓國の傳統飮食』, 『한국음식대관 제 5권(상차림, 기명 · 기구)』
조선시대 고조리서 재현 도서 : 『수운잡방』, 『요록』, 『규합총서』, 『증보산림경제』
『떡이 있는 풍경』, 『알고 먹으면 좋은 우리 식재료』, 『아름다운 혼례음식』, 『아름다운 우리술』
『아름다운 우리차』, 『몸에 약이되는 약선음식 111가지』, 『아름다운 한국음식 300선』
『윤숙자교수의 건강밥상 300선』 외 다수

머 리 말

예로부터 우리의 선조들은 제철에 나오는 재료를 가지고 때와 시절을 맞추어 몸에 유익한 음식을 만들어 이웃과 서로 나누어 먹음으로써, 영양을 보충하고 상부상조하는 공동체 생활을 다져왔습니다.

사계절 자연의 영향을 받으며, 역사의 변천에 따라 자연스럽게 형성되어온 우리의 전통음식은 계절과 지방의 독특한 색채가 함께 어우러진 자연식이라 할 수 있습니다.

이러한 전통음식에 담긴 우리 조상들의 식생활 지혜와 숨결을 우리가 본받고 우리음식의 멋스러움을 되살려 우리의 맛을 이어가는 것이 우리의 의무이며, 해야 할 일이라고 생각됩니다.

본인은 대학에서뿐만 아니라 전통음식연구소에서도 우리의 전통음식을 강의하고 있으며, 미력이나마 우리 전통음식의 보존과 전수, 나아가 세계화의 길에 힘을 보태고자 노력하고 있습니다.

이 책의 내용은 한국 전통음식의 맛과 멋' 이란 제목으로 월간 식생활에 4 년 가까이 정성을 들여 연재해온 내용을 수정 · 보완하고 음식 사진을 다시 찍어 책을 발간하게 되었으며, 앞으로 계속 보완하여 더욱 귀한 자료로 남기고자 합니다.

끝으로 이 책을 출판하기까지 온갖 정성을 쏟아주신 지구문화사의 주병오 사장님과 한울사진연구소의 이경택 선생님, 전통민속주 연구가 박록담 선생님, 사진의 코디를 맡아주신 한은숙 교수님, 그리고 사진촬영과 교정에 참여했던 사랑하는 제자들에게도 감사를 드립니다.

을미년 새봄에
저자 씀

차 례

정 월

이 월

삼 월

사 월

오 월

유 월

칠 월

팔 월

구 월

시 월

십일월

십이월

정 월

1 월은 양력으로
새해가 시작되는 달이나,
음력 1 월 1 일은
설 명절로 쇠는,
우리로서는 마지막 달인
섣달이 되는 셈이다.
그 동안 마무리하지 못한
일들을 마무리하고
새로운 마음으로
새해를 맞이하는
좋은 달이기도 하다.

전 통 떡

명절 전후가 되는 섣달, 정·이월에는 우리의 떡과 한과, 그리고 전통음료를 만들어 가족과 친지들에게 정성으로 대접한다면, 받는 기쁨과 대접하는 기쁨이 무엇에 비할 데 없으리라 생각된다.

떡은 우리의 식생활과 밀접한 관계가 있는데, 정월 초하루에는 흰떡을 만들어 떡국을 끓이고, 이월 초하루 중화절(中和節)에는 노비송편, 삼월 삼짇날에는 두견화전, 사월 초파일에는 느티떡, 오월 단오에는 수리취절편, 유월 유두에는 떡수단, 칠월에는 주악, 밀설기, 증편, 팔월추석에는 송편, 구월 구일 중구절(重九節)에는 국화전, 음력 시월에는 시루떡을 하여 동리 이웃과 나누어 먹는 세시풍습이 있다.

또한 어른의 생신·회갑, 아기의 백일·첫돌·생일·혼례·젯상 등에도 빼놓지 않는 것으로, 신성하고 편안함을 비는 마음과, 오랜 평화가 두고두고 깃들이기를 바라는 풍습이다.

우리나라 떡의 시작은 청동기 시대의 유적인 나진초도 패총 및 삼국시대의 고분 등에서 시루가 출토되면서부터인 것으로 추측된다. 이 무렵의 생활 유적지에는 거의 예외 없이 연석이나 확돌이 발견되고 있는 것으로 보아, 곡물을 가루로 만들어 시루에서 찐 음식인 떡이 농경 전개시기부터 널리 애용되었음을 추정할 수 있다.

이어서 무문토기 시대의 유적, 김해문화, 삼국시대 고분에서도 거의 시루가 나오고 있으며, 고구려시대의 벽화인 황해도 안악 제3고분의 벽화와 황해도 약수리 벽화에도 시루에서 음식을 찌고 있는 그림이 발견되었다.

이러한 사실로 미루어 사용 용구(用具)인 시루가 떡과 밀접한 관련이 있으므로, 떡의 유래는 시루의 역사에서도 가히 살펴볼 수 있다. 아울러 곡류를 가루로 찐 시루떡이나, 쌀을 찐 다음 절구에 쳐서 만든 도병류가 많이 사용되었음을 짐작할 수 있다.

떡은 조리법을 중심으로 분류한다. 예컨대 시루에 쪄서 완성한 찐떡, 찐 다음 다시 완성한 친떡, 기름에 지져서 완성한 지진떡, 찰가루 반죽을 삶아 건져 낸 삶은떡 등이 있다.

찌는 떡은 다른 말로 시루떡이라고도 하는데, 쌀이나 찹쌀을 물에 담갔다가 가루로 만들어 시루에 안치고 나서 김을 올려 익히며, 찌는 방법에 따라 다시 설기떡과 켜떡으로 구분한다.

설기떡은 찌는 떡의 가장 기본으로, 멥쌀가루에 물을 내려서 한 덩어리가 되게 찌는 떡이다. 켜떡은 멥쌀이나 찹쌀가루를 시루에 넣고 고물을 켜켜로 얹어 가며 쪄 낸 떡이다.

대표적인 찌는 떡의 종류로는 팥고물시루떡, 콩시루떡, 녹두찰편무시루떡, 물호박떡, 잡과병, 백설기, 각색편, 색떡(무지개떡), 송편, 두텁떡, 증편, 약식 등이 있다.

치는 떡은 곡물을 탈각해서 곡립상태나 가루상태로 만들어서 시루에 찐 다음, 절구나 안반 등에서 친 것으로 흰떡, 절편, 개피떡, 인절미, 단자류 등이 있다.

치는 떡은 주재료에 따라 찹쌀도병과 멥쌀도병으로 구분한다.

찹쌀도병의 대표적인 떡으로는 인절미가 있는데, 표면에 묻히는 고물의 종류에 따라 팥인절미, 깨인절미 등으로 부르며, 찐 찹쌀을 안반에 놓고 칠 때는 섞는 부재료에 따라 쑥인절미, 수리취인절미 등으로 부른다. 또한 단자는 찹쌀가루를 쪄서 친 떡으로, 《임원십육지》에서 "찹쌀, 팥, 밤, 잣, 꿀로 만든다."고 하였다. 떡에 들어가는 재료에 따라 석이단자, 쑥단자, 각색단자, 도행단자, 유자단자, 토란단자, 밤단자, 건시단자 등으로 부른다.

지지는 떡은 찹쌀가루를 반죽하여 모양을 만들어 기름에 지진 떡으로 전병, 화전, 주악 등이 있다.

선사시대 유적지에서 간혹 편편한 돌을 나지막하게 고이고 불을 땐 흔적이 있는데, 여기에다 무엇인가를 지졌다고 추정한다면 그 당시에도 지지는 떡을 만들었을 것으로 생각할 수 있다.

화전은 익반죽한 찹쌀가루를 둥글넓적하게 만든 뒤에 꽃잎을 붙여 기름에 지진 떡이다. 계절에 따라 봄에는 진달래전·배꽃전, 초여름에는 장미꽃전, 가을에는 국화꽃전·맨드라미꽃전 등이 있었다.

화전에 대한 문헌의 기록을 보면, 화전은 전화병(煎花餠)·유전병(油煎餠)으로, 《도문대작》에 처음으로 기록되었으며, 《음식디미방》·《주방문》에서는 찹쌀가루에 메밀을 섞었다고 했으나, 《증보산림경제》 이후의 문헌에는 찹쌀가루만으로 만들었다고 쓰여 있다.

또한 《동국세시기》에서는 녹두가루를 비롯하여 두견화·장미화·국화 등의 꽃과 꿀, 기름 등을 사용하였다고 밝히고 있다.

삶는 떡은 찹쌀을 반죽하여 빚거나 주악이나 약과 모양으로 썰고, 또는 구멍떡으로 만들어서 끓는 물에 삶아 건져서 고물을 묻힌 떡이다. 종류로는 경단(瓊團)류에 경단, 잡과병(雜果餠)류에 잡과편·잡과병, 기타 쇄백자·산약병·풍소병 등이 있다. 삶은 떡류의 주재료는 찹쌀이며, 잡곡 및 두류로 메밀, 마, 콩, 팥, 깨 등이 쓰였다.

부재료로는 감·밤·호도 등의 과일과 견과류가, 기타 향미 성분으로는 생강·계피·정향 등이 쓰였다.

이와같이 우리의 떡은 농경의 전개와 함께 시작되어, 그 동안 수천년간을 이어 온 자랑스런 우리의 음식이다.

상고시대부터 오늘날까지 시식(時食), 절식 등으로 이웃과 나누어 먹었던 우리의 떡이 얼마나 종류가 많고 화려하였는지, 조선시대 말에는 200여 종의 떡이 있었다고 한다.

이 떡들은 들어가는 재료와 만드는 방법이 과학적이어서, 우선 들어가는 재료만 보더라도 맛이나 영양, 질감과 향을 위한 과학적인 배합이 서양의 빵이나 케이크류보다 훌륭하다.

즉, 전분성 식품인 쌀에 두류와 밤·대추·호도·잣과 같은 견과류 등의 단백질과 지방식품이 혼합되어 있는가 하면, 마른 과일·쑥·승검초·석이·복령·창출·해송자·토란 등의 약이성 초본(藥餌性草本)이 배합되어 있다. 그러므로 먹었을 때, 우리 몸에 영양을 주고 약이 되는 성분이 많다.

진달래, 국화, 장미, 계피, 송화, 흑임자, 송기, 오미자, 치자, 연지, 갈매, 지추, 심황 등의 천연 염료와 천연향신료의 이용 등도 다양하여 영양소의 상호보완 작용을 해주면서, 한편으로는 향약성 효과와 함께 시각적인 면과 미각적인 면을 동시에 만족시킨다.

특히 지방에 따른 떡의 크기나 모양의 특색은 그 지방 사람들의 심성을 보는 것 같으며, 떡의 모양을 내기 위한 떡살의 아름다운 문양은 너무 운치가 있어서 격을 높여주고, 편의 웃기로 많이 쓰이는 주악이나 화전의 아름다운 조화는 자연과 인간이 하나로 이어지는 우리 삶의 철학을 보는 것 같아, 우리 전통 떡의 훌륭함을 아무리 강조해도 지나치지 않는다.

상고시대부터 오늘날까지 시식(時食), 절식(節食), 의례(儀禮)음식 등으로, 이웃과 나눠먹는 정표(情表)로 사용되었던 우리의 떡을 자주 접하고 만들고 먹어 봄으로써, 우리 전통을 계속 이어나가야 한다고 생각된다.

조개송편

재　료 (5 인분)

멥쌀 6 컵 (가루 12 컵)
소금 1 큰술
〈소〉 통깨 1 컵
설탕 4 큰술
간장 1 큰술
참기름 적당량

만드는 법

① 멥쌀은 3~4 회 깨끗이 씻은 후, 물에 8~12 시간 정도 담갔다가 소쿠리에 건져 물기를 빼고 나서 분량의 소금을 넣고, 가루로 빻아 체에 내려 끓는 물로 익반죽하여 많이 치댄다.
② 볶은 통깨를 분마기에 넣고 갈아 설탕, 간장으로 버무려 소를 만든다.
③ 반죽을 밤톨만하게 떼어 동그랗게 만들어 깨소를 넣고 오므려 조개 모양으로 빚는다.
④ 김이 오른 찜통에 약 20 분 정도 쪄 내어, 한김 나간 후 참기름을 발라 낸다.

- 조개송편은 참깨와 설탕, 간장으로 간을 하여 소를 만들어 넣기 때문에 다른 송편보다 고소한 맛이 뛰어나다.
- 떡 표면에 깨소가 묻으면 쪄낸 후 지저분하기 때문에 소를 넣을 때 주의한다.
- 깨소를 넣을 때 공기가 들어가면 떡을 쪄낸 후 터지기 쉬우므로, 공기를 빼주면서 떡을 빚는다.

오쟁이떡

재　료 (5 인분)

찹쌀 10 컵(가루 20 컵)
소금 2 큰술
물 1½~2 컵

〈소〉
붉은팥 2 컵
소금 2 작은술
설탕 ½ 컵

콩가루 3 컵

만드는 법

① 찹쌀은 3~4 회 깨끗이 씻은 후 일어 물에 8~12 시간 담가 두었다가 소쿠리에 건져 분량의 소금을 넣고 가루로 빻아 체에 내린다.
② 팥은 깨끗이 씻은 후 일어서 한 번 끓으면 물을 버리고 다시 새 물을 넣고 푹 삶아 뜸을 들여 소금 및 설탕으로 간한 뒤 절구에 찧어서 팥소를 둥글게 빚는다.
③ 찹쌀가루는 분량의 물로 버물버물 섞은 후 젖은 베보자기를 깔고 찜통에 쪄낸 후 절구에 넣고, 꽈리가 일도록 친다.
④ 찹쌀떡 반죽을 달걀 크기만큼 떼어 안에 팥소를 넣고 오므린 후, 두께 3 cm×가로 7 cm×세로 4.5 cm 정도 모양으로 만든 다음, 콩가루를 듬뿍 묻힌다.

- 팥을 완전히 삶아 물기를 뺀 후 뜸을 들여 질어지는 것을 방지한다.
- 떡에 고물을 묻힐 때는 큰 쟁반에 콩가루를 펴고 떡을 놓고 굴려 낸다.

각 색 편

재 료 (5 인분)

〈백편〉

멥쌀 5 컵 (가루 10 컵)
소금 1 큰술, 설탕 끓인 물 1 컵
밤 5 개, 대추 ¼ 컵
석이버섯 3 장, 잣 1 큰술

〈꿀편〉

멥쌀 5 컵 (가루 10 컵)
소금 1 큰술, 황설탕 ½ 컵
물 ½ 컵, 진간장 1 큰술
꿀 ½ 컵, 밤 5 개, 대추 7 개,
석이버섯 3 장, 잣 1 큰술

〈승검초편〉

멥쌀 5 컵 (가루 10 컵)
소금 1 큰술, 승검초가루 2½ 컵
설탕 1 컵, 밤 5 개, 대추 7 개
석이버섯 3 장, 잣 1 큰술

만드는 법

① 쌀은 깨끗이 씻은 후 일어서 물에 12 시간 정도 불리고 나서 물기를 뺀 다음, 소금을 넣고 빻아 체에 내려 고운 가루를 만든다.
② 백편은 설탕물을 끓여 식힌 다음, 쌀가루에 뿌려 손으로 고루 비벼 수분의 함량을 조절한 후 다시 체에 내린다. 손으로 물 내린 쌀가루를 꼭 쥐고 흔들어 보아서 부서지지 않을 정도면 알맞은 수분 농도이다.
③ 꿀편은 끓여 식힌 황설탕물에 진간장과 꿀을 넣어서 쌀가루에 뿌려 고루 비벼서 체에 내리고, 승검초편은 승검초가루를 쌀가루에 넣어 체에 내린 후 만드는 방법은 백편과 같다.
④ 고명은 밤과 대추, 석이버섯을 손질하여 가늘게 채 썰고, 잣은 길이로 반을 잘라 준비한다.
⑤ 시루에 시루밑을 깔고 꿀편을 2 cm 로 안치고, 준비한 고명을 얹은 후 다시 기름종이를 깔고 계속 반복하여 승검초편과 백편을 안친다. 시루를 솥에 올리고 시룻번을 붙인 다음, 베보자기를 물에 적셔 시루 위를 덮고 센 불에서 찌다가 김이 오르면 15~20 분 정도 더 쪄낸다.

잡곡부치개

재 료 (5 인분)

멥쌀 2 컵(가루 4 컵)
소금 ½작은술
배추김치 300 g
숙주 200 g
돼지고기 300 g
녹두(불린 것) 2 컵
흰콩(불린 것) 2 컵

〈양념〉
참기름 3 작은술
소금 적당량
다진 파·마늘 각 1 큰술
다홍고추 3 개
풋고추 5 개

지지는 기름 적당량

만드는 법

① 멥쌀은 3~4 회 깨끗이 씻은 후 물에 8~12 시간 담갔다가, 소쿠리에 건져 물기를 뺀다. 여기에 분량의 소금을 넣고 가루로 빻아 체에 내린다.
② 배추김치는 속을 털어 버리고 꾹 짠 후 송송 다지고, 숙주는 데쳐서 2 cm 길이로 썰어 놓는다.
③ 돼지고기도 살코기로 다져 밑양념하고, 녹두와 흰콩은 씻어 불려서 믹서로 갈아 놓는다.
④ 멥쌀가루에 김치, 숙주, 돼지고기, 녹두, 흰콩 갈아둔 것을 넣고 양념하여 고루 섞는다.
⑤ 달구어진 번철에 기름을 두른 후 반죽을 한 국자씩 떠서 넣고, 어슷 썬 고추를 고명으로 얹어 두툼하게 부쳐 낸다.

- 잡곡 부치기는 두꺼운 팬에 기름을 넉넉히 두르고, 겉의 고명이 타지 않게 은근한 불에서 두툼하게 부쳐 낸다.
- 지지는 기름으로 돼지기름을 사용하면 더 구수한 맛이 난다.

오메기떡

재 료 (5 인분)

차조 5 컵 (가루 10 컵)
소금 1 큰술

〈고물〉
- 콩가루 3 컵
- 소금 ½ 작은술
- 설탕 3 큰술

- 붉은팥 1 컵
- 소금 1 작은술
- 설탕 2 큰술

만드는 법

① 차조를 깨끗이 씻은 후 일어 물에 5~6 시간 정도 담갔다가, 건져서 소금을 넣고 빻아 가루를 준비한다.
② 콩을 깨끗이 씻은 후 일어 물기를 빼고 볶은 후 맷돌에 갈아서 가루를 낸 다음, 체에 내려 설탕과 소금을 넣어 맛을 낸다.
③ 붉은팥은 푹 삶은 후 소금을 넣고 어레미로 친 뒤, 설탕을 넣고 번철에서 물기를 제거한다.
④ 차조가루는 끓는물에 익반죽하여 직경이 5~6 cm 정도 되게 도넛 모양으로 빚은 다음, 끓는물에 삶고 냉수로 헹구어 물기가 빠지면 볶은 콩가루와 팥고물에 묻혀 낸다.

- 도톰하게 반죽하여 가운데를 엄지손가락으로 꼭 눌러 모양을 내기도 한다.
- 익반죽하여 삶아 냉수에 헹궈 물기가 완전히 빠진 후에 고물을 묻혀야, 표면이 보슬보슬하다.
- 뜨거울 때 먹어야 제 맛이 난다.

익산섭전

재 료 (5 인분)

찹쌀 5 컵 (가루 10 컵)
소금 ½ 큰술, 물 ⅔ 컵
소주 ⅓ 컵
〈고명〉 황국 20 송이
쑥 (쑥갓) 30 g
꿀 (또는 설탕시럽) ½ 컵
지지는 기름 ½ 컵

만드는 법

① 찹쌀은 3~4 회 깨끗이 씻은 후 물에 8~12 시간 담갔다가, 소쿠리에 건져서 분량의 소금을 넣고 가루로 빻아 체에 내려 나중에 황국 묻힐 것 ½ 컵을 남겨 두고, 물에 소주를 섞은 후 잠시 끓여 넣고 익반죽하여 두께 0.5 cm, 직경 5 cm 로 빚는다.
② 황국은 깨끗이 씻어서 물기를 뺀 뒤, 남겼던 마른 찹쌀가루를 묻혀 놓고, 쑥잎은 떼어 둔다.
③ 번철에 기름을 두르고 빚어 놓은 반죽을 넣고, 한 면이 익으면 뒤집어 떡이 익은 면에 황국과 쑥잎으로 고명을 얹는다.
④ 지져 낸 떡에 꿀 또는 시럽을 발라 낸다.

가을에 뜰 앞에 노랗게 핀 감국을 감상하고, 그것으로 고명을 얹어 떡을 아름답게 만들어 먹으니 가히 낭만적인 떡이라 하겠다.

납평절식(臘平節食)

1월에는 우리나라 전래 풍속인 납일(臘日)과 고유 명절인 설날(元日)이 들어 있다. 납일은 음력 11월 동지가 지난 후 셋째 미일(未日)을 말하며, '납평(臘平)', 또는 '가평절(嘉平節)' 이라고도 한다. 이 날은 춘하추동의 각 첫날(음력 정월, 사월, 칠월, 시월)인 사맹삭(四孟朔)과 함께 5대제향(五大祭享)이라고도 불렸는데, 종묘와 사직에서 제사를 지냈음은 물론, 일반 집에서도 조상에게 제사를 지내고, 참새고기 · 돼지고기 · 토끼고기 · 꿩고기 · 사슴고기 · 오리고기 등을 즐겨 먹는 풍습이 있었다.

납일에는 수렵을 해금하는 때이기도 하지만, 특별히 고기가 맛이 좋은 시기이다. 이 때에 잡은 짐승의 고기는 사람에게 다 좋은데, 특히 "황작(黃雀 · 참새)을 잡아서 노인과 아이들, 몸이 약한 사람에게 구워 먹이면 크게 보(補)가 된다." 하였다. 민간에서는 그물을 쳐서 참새를 잡기도 했는데, "마마를 앓는 아이에게 참새구이를 먹이면 마마를 깨끗이 한다." 하여 약으로도 이용하였다.

이 때에 먹는 돼지는 맛이 좋다. 우리나라에서는 삼국이 성립되기 이전부터 돼지를 기르기 시작했다고 한다.

납일에 잡은 돼지의 기름은 '납저유(臘猪油)'라고 해서 옛날부터 좋은 약으로 사용했다. 납저유는 해독에 탁월한 효과가 있다고 알려져 있으며, 위암 등에도 납저유를 쓰면 효과가 있다고 한다. 산패를 막기 위해서는 재래식 간장 정도의 염도가 되도록 소금을 섞어서 달여두면 변질의 염려가 없다.

또 공해에 시달리는 사람이 납일에 잡은 돼기고기를 먹게 되면 몸에 축적된 공해독이 없어진다. 돼지고기는 해독력이 강하다고 알려져 있는데, 특히 납일에 잡은 돼지는 모든 공해를 해독하는 신비한 효과가 있다고 하니, 공해 속에서 1년 내내 살아야 하는 도시인들에게는 아주 좋은 식품이라고 하겠다.

돼지고기는 구하기 쉽고 비용이 적게 들 뿐만 아니라, 리놀산이 다량으로 함유되어 있어서, 혈액 내의 콜레스테롤 양을 줄여 동맥경화와 심근경색을 예방하기도 한다. 그러므로 여러가지 요리로 돼지고기를 이용하면, 우리 몸 속의 갖가지 독을 풀 수 있고, 몸을 보할 수 있다.

초식 동물인 토끼는, 우리가 흔히 먹는 다른 고기에 비해서, 영양가가 높고 단백질의 함량이 풍부하다. 토끼고기는 성인병의 원인이 되는 지방산과 염분의 함량이 낮아서 심장병을 비롯하여 각종 성인병의 예방과 치료에 효과가 탁월하며, 체중 조절에도 좋은 다이어트 식품이다.

또한 토끼고기는 중초를 보하고 혈열을 내릴 뿐만 아니라, 변비를 완화시키고 독을 푸는 작용이 있는 것으로 알려져 있다. 따라서 토끼고기를 보양식의 주재료로 이용하면 좋은데, 그 대표적인 음식에는 토끼고기 볶음, 토끼곰, 토끼고기찜, 토끼고깃국 등이 있고, 토끼고기 냉채와 토끼고기 잡채, 토끼고기 장조림도 좋다.

꿩은 8월부터 다음해 3월에 이르기까지가 맛이 좋다. 나머지 달은 맛이 덜할 뿐만 아니라, 사람에게 이롭지 않다 하여 주로 납일에 많이 쓰였다.

요즈음은 꿩고기가 귀해서 흔하게 사용되지는 않지만, 예전에는 꿩고기로 만두속을 하고 생치(生雉)구이를 하기도 했었던 만큼, 많이 이용되었음을 알 수 있다.

꿩고기는 기력을 증강시키고 소화기능을 도와 주며, 이질이나 설사에도 좋다. 또한 간기능을 원활하게 하는 동시에 피부에 생긴 염증을 제거하는 효과도 있다.

꿩고기를 주재료로 한 대표적인 보양식에는 꿩탕과 꿩고기찜이 있고, 그 외에도 꿩구이, 나박김치처럼 담근 꿩김치와 생치절이, 그리고 꿩만두가 있다. 게다가 얼린 꿩고기를 얇게 썰어 먹기도 하는 등 조리법이 다양하다.

사슴고기는 상상하기 어려울 만큼 맛이 있다고, 고문서에도 기록되어 있다. 사슴은 영초를 먹고 자라며 해독하는 풀을 먹기 때문에 그 고기도 좋다고 알려져 있지만, 귀하기 때문에 사슴뿔을 많이 사용하고 요즘에 고기는 잘 먹지 않는다.

사슴고기는 삼국시대부터 이용되어 왔는데, 다른 들짐승에 비해서 노린내가 없고, 지방이 적어서 육질이 연한 것이 특징이다. 배·오이 등을 곁들여 육회로 이용해도 좋고, 편육 등으로도 쓰인다.

오리고기는 콜레스테롤이 적은 알칼리성 식품으로, 보양식으로는 물론이거니와, 중풍·신경통·고혈압 등 성인병을 예방하며, 여성 미용과 회복기 환자에게 좋다.

오리고기 역시 해독작용을 하며 이뇨작용에도 효과가 있는데, 오리에 생강·대추·밤뿐만 아니라, 인삼·녹각·당귀·황귀 같은 약재를 함께 넣어서 음식을 만들면 효과가 2 배로 된다.

납일이 되면 궁궐의 내의원에서 청심환(淸心丸) 등의 각종 환약을 만들어 임금님께 진상했다. 그 약을 납약(臘藥)이라고 하는데, 임금은 이를 가까운 신하들에게 하사하고 지밀나인들에게도 골고루 나누어 주었으며, 또 군사들을 치료하는 약으로도 쓰게 하였다고 한다.

그 중에서도 청심환과 소합환이 가장 특효가 있었다고 하였으며, 특히 청심환은 죽어 가는 병자를 다시 소생시키는 명약이라 하여 중국에까지 유명하였다. 중국인은 청심환을 만들지 못해서 이를 무척 탐냈다고 한다.

또 내의원뿐만 아니라 기로소(耆老所)에서도 이 약을 만들어 나누어 주고, 각 관청에서도 많이 만들어 나누어 주는가 하면, 일반에서는 서로 선물을 하기도 했다.

납일에 내린 눈을 거두어 큰 판에 모아서 녹인 납설수는 약용으로 썼는데, 납설수로 장·술·김치를 담그면 벌레가 안 난다고 하여, 특히 환약과 장을 만들 때에 많이 사용하였다고 한다.

눈 녹은 물은 승류수와 같으므로 귀하게 쓰였던 것이다.

이상 소개한 식품을 가지고, 요즈음 먹어서 우리 몸에 가장 좋은 음식 몇 가지를 소개한다.

꿩(生雉)만두

재 료 (5인분)

꿩 1마리
메밀가루 500 g
두부 1모
숙주나물 200 g

㉠
- 간장 2큰술
- 소금 1작은술
- 다진 파 2큰술
- 다진 마늘 1큰술
- 깨소금 2작은술
- 참기름 1작은술
- 후추 ½작은술

초간장 적당량

만드는 법

① 꿩고기는 곱게 다지고, 숙주는 데쳐 물기를 짠 후 다진다.
② 두부는 물기를 제거한 후 으깬다. 준비한 재료에 다진 파와 마늘을 섞어 갖은 양념을 하여 주무른 후 볶아서 소를 만든다.
③ 메밀가루는 반죽하여 얇게 밀어 만두본을 뜬 다음, 준비해 놓은 소를 넣어 만두를 빚는다.
④ 찜통에 젖은 베보자기를 깔고 김이 오르면 만두를 올려 10~15분 정도 쪄 낸다.
⑤ 그릇에 보기 좋게 담고, 초간장을 곁들인다.

- 꿩 물만두를 만들 때는 꿩만두와 같은 방법으로 만들어 꿩뼈로 육수를 끓여 만두를 넣어서 끓이고 간을 한다.
- 메밀가루는 반죽을 되게 하면 껍질이 찢어질 우려가 있으니, 반드시 달걀 흰자를 넣고 반죽하여 부드럽게 밀어준다

돼지족탕

재 료 (5 인분)

돼지족 1 개
생강 50 g
실파 5 뿌리
소금 약간

만드는 법

① 돼지족은 깨끗이 손질하고, 생강은 편으로 썰어 준비한다.
② 큰 곰솥에 물을 넉넉히 잡고 손질한 돼지족과 생강을 넣어서 푹 곤다.
③ 돼지족의 살이 흐트러질 정도가 되면 뜨거울 때 그릇에 담고, 송송 썬은 실파를 얹고 소금을 곁들인다.

꿩고기찜

재 료 (5 인분)

꿩 1마리 (400 g)
석이버섯 10 장
깻잎 10 장
홍고추 3 개
오이 1 개
황·백 지단 1 장씩

㉠
- 간장 2 큰술
- 설탕 1 큰술
- 물엿 2 큰술
- 생강 50 g
- 대파 1 뿌리
- 물 5 컵

만드는 법

① 꿩은 털과 내장을 정리하여 냄비에 물, 생강, 설탕, 대파, 간장과 함께 넣고 푹 삶는다.

② 꿩고기가 간장색이 조금 나고 국물이 거의 졸아지면 물엿을 넣고 윤이 나게 한다.

③ 석이버섯은 깨끗이 손질하여 채를 썰어 놓고, 황·백 지단도 4 cm 길이의 채를 썬다.

④ 오이는 4 cm 토막을 낸 후 돌려깎기하여 채 썰고, 홍고추는 씨를 빼내어 같은 길이로 채 썬다.

⑤ 돌돌 말아 채 썬은 깻잎을 접시에 깔고, 그 위에 ㉠으로 양념한 꿩을 얹은 후 오색고명으로 장식한다.

꿩고기는 기력을 증강시키고 소화기능을 왕성하게 한다. 또한 간기능을 활성화시키고 피부의 염증을 제거한다

참새구이

재　료 (5 인분)

참새 20 마리
소금 약간
꼬치 10 개

만드는 법

① 참새는 뜨거운 물에 튀해서 털을 뽑아 깨끗하게 손질한 다음 꼬치에 꿴다.

② 머리부터 다리까지 소금을 뿌려 석쇠에 굽는다.

참새는 10 월부터 1 월 말까지가 제일 맛이 있으나, 참새고기에 간장을 바르면 맛이 없으므로 소금을 뿌린 후에 노릇하게 되도록 구워서 먹는다.

꿩구이

재 료 (5인분)

꿩 2마리
〈유장〉 참기름 5큰술
진간장 2큰술

만드는 법

① 꿩의 살을 얇게 저며서 진간장과 참기름을 섞은 유장에 재워 둔다.
② 잘 재워진 꿩고기를 석쇠 위에 올려놓고 알맞게 굽는다.

꿩은 8월부터 2월 말까지가 맛이 있으며, 납일(臘日)에 많이 먹는다.

돼지고기 지짐누름적

재 료 (5 인분)

돼지족 편육 200 g
실파 100 g
밀가루 ½ 컵
달걀 2 개
소금 약간
꼬치 6 개
초간장 적당량

만드는 법

① 돼지족 편육을 폭 1. 5 cm, 길이 6 cm, 폭 0. 5 cm 로 썰어 둔다.
② 실파는 깨끗이 씻어서 6 cm 길이로 썬다.
③ 꼬치에 편육과 실파를 번갈아 꿰어 밀가루와 달걀물을 입히고 앞과 뒤로 지져 낸다.
④ 지짐누름적의 꼬치를 빼어낸 후 그릇에 담고, 초간장을 곁들여 낸다.

꿩동치(凍雉)법

재　료 (5인분)

꿩 2마리
(연청 또는 꿀
초장, 생강, 마늘 적당량)

만드는 법

① 꿩을 잡아서 내장을 떼어 버리고 껍질을 벗긴 다음, 추운 겨울에 바깥에 내놓아 꽁꽁 얼린다.
② 얼린 꿩고기를 잘 드는 칼로 얇고 편편하게 포 뜨듯이 썰어 접시에 담는다.
③ 연청(된 꿀), 초장, 생강, 마늘 등으로 양념을 만들어서 찍어 먹으면 맛이 매우 좋다.

양념장에 술을 넣는 것도 좋다. 꿩의 뼈가 목에 걸리면 약이 없으니, 뼈 없는 살만 준비한다.

사슴고기 편육

재 료 (5 인분)

사슴고기 600 g
통마늘 10 개
대파 흰 부분 1 대

〈초간장〉
- 간장 2 작은술
- 식초 2 작은술
- 물 2 작은술
- 설탕 1 작은술

만드는 법

① 사슴고기는 통마늘과 대파를 넣고 푹 무르게 삶는다.
② 사슴고기의 살만 건져서 한 김 나간 후에 무거운 것으로 눌러 편으로 저며 썬다.
③ 초간장을 곁들여 낸다.

사슴고기는 노린내가 없고 지방이 적기 때문에, 담백하고 육질이 연하다. 이 사슴고기를 끓여서 먹을 때는 냉수에 넣고 삶아서 70~80% 만 익혀 먹는다. 지나치게 익히면 맛이 없다. 사슴고기를 구울 때에는 끓는 물에 반만 익혔다가 굽는 것이 좋다.

꿩강정

재 료 (5 인분)

꿩 1 마리(400 g)

㉠
- 간장 2 큰술
- 술 1 큰술
- 다진마늘 2 작은술
- 후춧가루 ⅛ 작은숙

강엿(물엿) ½ 컵
참기름 3 큰술
식용유 3 큰술
황·백지단, 홍고추 약간

만드는 법

① 꿩을 잘게 토막 내어 ㉠의 양념장에 재웠다가 참기름과 식용유에 노릇노릇하게 지져 낸 후, 뜨거울 때 강엿(물엿)에 조려 낸다.
② 조려 낸 꿩강정을 황·백 지단채와 홍고추채를 올려 장식한다.

꿩 장조림

재 료 (5 인분)

꿩 1 마리(400 g)
달걀 3 개
간장 4 큰술
설탕 3 큰술
소금 2 작은술
술 1 큰술
물 3 컵

㉠ 다진파 1 큰술
다진마늘 2 작은술
참기름·간장 약간

만드는 법

① 한 입 크기로 꿩고기를 토막 낸 후 ㉠으로 양념한다.
② 달걀은 삶아서 껍질을 벗겨 둔다.
③ 간장에 준비한 분량의 설탕, 소금, 물을 섞어 끓이다가, 밑간을 한 꿩고기를 넣어 조린 다음에 중간 정도 익으면, 삶은 달걀을 넣어서 함께 조려 낸다.

토끼고기 전골

재 료 (5 인분)

토끼고기 300 g
미나리 50 g
당근 50 g
양파 ½ 개
양송이버섯 3 개
쑥갓 (깻잎) 약간
간장
소금 약간

㉠
고춧가루 2 작은술
간장 1 작은술
다진 파·마늘, 생강, 술
후춧가루, 참기름 적당량

육수 적당량

만드는 법

① 토끼고기는 살만 포를 뜬 후에 가로 2 cm, 세로 4 cm 로 저며서 굵게 채 썰어서 ㉠으로 양념을 한다.
② 토끼뼈는 푹 끓여서 육수를 내어 간을 맞춘다.
③ 미나리, 당근, 양파, 버섯은 4~5 cm 길이로 채를 썰어 준비한다.
④ 전골틀에 재료를 보기 좋게 돌려 담고, 양념한 토끼고기를 얹은 후, 육수를 부어 끓인다. 끓을 때 쑥갓을 넣어 끓이면서 먹는다.

산토끼고기는 노린내가 심하므로, 조리할 때에는 술, 생강, 후춧가루, 참기름을 넉넉히 넣는 것이 좋다. 끓일 경우에는 미나리, 쑥갓, 깻잎 등을 넣으면 냄새가 쉽게 제거된다.

한 과

우리 나라에서는 전통적으로 과자를 '과정류(菓飣類)' 라고 하여 외래 과자와 구별했다. 유밀과와 다식, 정과, 과편, 숙실과, 엿강정 등을 통틀어 한과류(韓菓類)라고 한다.

과정류란 곡물에 꿀을 섞어서 만드는 것으로, '菓'란 말은 《삼국유사》 가락국기에 수로왕조 제수로서 '菓' 라는 글이 나온다.

제수(祭需)로 쓰는 菓는 본래 자연의 과일인데, 과일이 없는 계절에는 곡분으로 과일의 형태를 만들고, 여기에 과수의 가지를 꽂아서 제수로 삼았다고 한다.

과정류는 농경문화의 진전에 따른 곡물 산출의 증가와 숭불사조에서 비롯된 육식의 기피사조를 배경으로 신라 · 고려시대에 특히 고도로 개발된 제례(祭禮) · 혼례(婚禮) · 연회(宴會) 등에 필수적으로 오르는 음식이다.

삼국시대부터 기름과 꿀을 사용했으나, 이 재료들을 응용하여 과정류가 만들어진 것은 삼국 통일시대 이후로 보인다. 과정류가 차에 곁들이는 음식으로 만들어지고, 음다풍속이 성행된 것은 통일신라시대에 불교가 융성했기 때문이다. 숭불사조가 고조되었던 통일 신라에서 음다풍속과 육식 절제풍습이 존중됨에 따라 채식 음식과 곡류를 재료로 한 과정류가 발달했으리라는 것은 쉽게 추측할 수 있는 일이다.

이 시대의 후기에 다과상(茶菓床), 진다례(進茶禮), 다정(茶亭)모임 등의 의식이 형성되었고, 이에 따라 과정류도 급진적 발달을 보였을 것으로 생각된다.

또 신문왕 3년(683) 왕비를 맞이할 때에 납폐품목으로 쌀 · 술 · 장 · 꿀 · 기름 · 시(豉) 등이 있었는데, 과정류에 필요한 재료가 있었으므로 과정류를 만들었다고 추정할 수 있으나, 문헌의 기록은 고려시대부터이다.

충렬왕 8년, 왕이 충청도에 행차했을 때, 도중에 유밀과(油蜜菓)의 봉정을 금했다는 사실로 미루어, 왕 행차 때에는 도중 각 고을이나 사원 등에서 유밀과를 진상했음을 짐작할 수 있다.

또 유밀과는 납폐음식의 하나였다. 유밀과의 성행이 지나쳐서 곡물, 꿀, 기름 등을 허실함으로써 물가가 오르고 민생이 말이 아니었다.

《고려사》 형법금령에 의하면, 명종 22년(1192)에는 유밀과의 사용을 금지하고, 유밀과 대신에 나무열매를 쓰라고 하였다. 공민왕 2년(1353)에는 유밀과의 사용금지령까지 내렸다고 한다.

고려시대 또한 불교를 호국신앙으로 삼아서 살생을 금했던 만큼, 육식이 절제됨에 따라 차를 마시는 풍속과 함께 과정류가 한층 더 성행하게 되었다. 과정류 중에서 특히 유밀과(油蜜菓)과 발달되어, 불교행사인 연등회, 팔관회 등 크고 작은 행사에는 반드시 고임상으로 쌓아 올려졌다.

유밀과는 국외에까지 전파되어 몽고에서는 유밀과를 '고려병'이라고 했으며, '고려병' 을 약과(藥菓)라고도 하였다. 다식(茶食)도 고려에서는 숭상되어 국가연회에 쓰였으나, 유밀과처럼 일반화되지는 않고, 국가적 규모의 대연회에서나 쓰였던 것 같다.

조선시대에 이르면 과정류는 임금이 받는 어상(御床)을 비롯하여, 한 개인의 통과의례를 위한 상차림을 대표하는 음식으로 등장하게 된다. 과정류는 의례상의 진설품으로 사용되었을 뿐만 아니라, 평상시의 기호품으로 각광을 받았는데, 특히 왕실을 중심으로 한 귀족과 반가에서 성행하였다.

한편 과정류 중 강정은 민가에서도 유행하여 주로 정월 초하룻날에 많이 해먹었다. 민가에서는 강정을 튀길 때 떡이 부풀어 오르는 높이에 따라 서로 승부를 가리는 놀이까지 있었다고 한다.

유밀과와 함께 유과(油菓), 다식(茶食), 정과(正果)도 조선시대에 이르러 성행하였다. 특히 조선 왕조 500년 역사에서 왕실을 중심으로 한 음식차림은 당시의 음식문화의 한 집체라고 할 수 있었다.

궁중 연회상에는 과정류로 대약과, 다식과, 만두과, 율말·흑임자다식, 송화·녹말다식, 청태·계강다식, 홍·백매화연사과, 백자연사과, 계백강정, 홍·백입모빙사과, 청·황입모빙사과, 백자강정, 홍·백매화강정, 백세건반연사과, 황세건반연사과, 백세건반요화, 홍세건반요화,

3색한과 등 24가지의 과정류를 모두 1자 8치의 높이로 고였음을 볼 때, 조선시대 여러 과정류의 화려함을 엿볼 수 있다.

조선시대 문헌에 기록된 과정류는 유밀과류 37종, 유과류 68종, 다식류 28종, 전과류 51종, 과편류 11종, 엿강정류 6종, 당류 3종 등 모두 255종류로 다양했음을 알 수 있다.

한과는 이렇게 여러 종류가 있지만, 그 재료별로 나누어 보면 다음과 같다.

여러가지 곡식의 가루를 반죽하여 기름에 지지거나 튀기는 유밀과와 가루 재료를 꿀이나 조청으로 반죽하여 다식판에 박아 낸 다식, 익힌 과일이나 뿌리 등의 재료를 조청이나 꿀에 조린 정과, 과일을 삶아 걸러 굳힌 과편, 과일을 익혀서 다른 재료와 섞거나 조려서 만드는 숙실과, 그리고 견과류나 곡식을 물엿이나 꿀, 조청 등에 버무려서 만드는 엿강정 등이 전해 내려오고 있다.

다 식

재 료 (5 인분)

〈송화다식〉

송홧가루 1 컵
꿀 5~5½ 큰술

〈흑임자다식〉

흑임자가루 1 컵
꿀 1⅔~2 큰술

〈콩다식〉

노란콩가루 1 컵
꿀 4~4½ 큰술
파란콩가루 1 컵
꿀 4~4½ 큰술

〈녹말다식〉

녹두녹말가루 1 컵, 꿀 3 큰술

〈오미자다식〉

녹두녹말가루 1 컵
오미자물 1 작은술
(오미자 ⅓ 컵, 물 ⅓ 컵)
꿀 4 큰술

만드는 법

① 송홧가루에 분량의 꿀을 넣고 반죽하여 다식판에 꼭꼭 눌러 박아낸다.

② 흑임자는 살짝 볶아서 가루를 내어 체에 내린 후, 찜통에 살짝 쪄서 절구에 넣고 기름이 많이 생길 때까지 곱게 찧어 꿀을 넣고 반죽하여, 다식판에 꼭꼭 눌러 박아낸다.

③ 노란색과 파란색의 콩가루에 준비된 분량의 꿀을 넣고 반죽하여 다식판에 꼭꼭 눌러 박아낸다.

④ 녹두녹말가루는 반으로 나누어, 한 가지는 오미자 우린 물과 꿀을 넣고 반죽하고, 나머지 흰색은 분량의 꿀을 넣고 반죽하여 다식판에 꼭꼭 눌러 박아낸다.

- 다식을 만들 때 사용되는 꿀은, 흰 색(아카시아 꽃 등)의 꿀을 넣어야 주재료 그대로의 맛과 향기를 살릴 수 있고, 색도 제색을 내므로 깨끗하다.
- 송화다식 만들 때는 특히 다식판을 깨끗하게 하여 노란색이 깨끗하게 되도록 하여야 한다.
- 꿀은 각 재료에 따라 수분을 지닌 정도가 다르므로 가루에 조금씩 넣고, 어우러지는 정도를 보아 가며 반죽한다.

유 과 (산자)

재 료 (5 인분)

찹쌀 5 컵
소주 3 큰술
설탕 3 큰술

〈콩물〉
- 불린 흰콩 ½ 컵
- 물 ½ 컵

튀김기름 적당량

〈집청〉
- 설탕 ½ 컵
- 물엿 1 컵
- 꿀 1 큰술

〈고물〉
- 승검초가루, 송홧가루, 깨, 계핏가루 각각 ½ 컵씩
- 세반 (흰색) 1 컵

만드는 법

① 찹쌀을 깨끗이 씻어 1~2 주일 정도 담가두고, 골마지가 끼면 여러 번 씻고 말끔히 헹구어 빻아서 체에 내린다.

② 체에 내린 찹쌀가루에 소주, 설탕, 콩물을 타서 조금씩 넣고 주걱으로 섞듯이 반죽한다. 찜통에 젖은 보를 깔고 반죽을 덩어리로 안쳐서 푹 쪄내어 큰 그릇에 쏟은 후 방망이로 꽈리가 일도록 힘껏 친다.

③ 안반에 마른 쌀가루나 녹말가루를 뿌리고, 준비한 반죽을 펴 놓아 방망이로 얇고 판판하게 밀은 후 두께 0.4 cm로 펴서 약간 굳은 다음, 폭 2.5 cm, 길이 3 cm 정도의 크기로 썬다.

④ 산자바탕은 채반 위에 한지를 깔고 수분함량이 약 20% 정도가 되도록 갈라지지 않을 때까지 말린 다음, 미지근한 튀김기름에 5~10 분 정도 담가서 불려 놓는다. 새 기름을 두꺼운 솥에 올려놓고 약 130~150℃ 의 온도가 되면, 불려 놓은 산자 바탕을 뜨거운 기름에 넣고 반 정도 일어나면 뒤집어서 네 귀를 눌러 모양을 반듯하게 만들고 산자가 완전히 부풀어 오르면 건져서 기름을 빼어 놓는다.

⑤ 튀겨 낸 산자에 끓여 식힌 집청을 바르고, 준비한 승검초·송화·깨·계핏가루·세반을 고물로 묻혀 낸다.

율란 · 조란

재　료 (5 인분)

밤 30 개
계핏가루 2 큰술
꿀 4 큰술
잣가루 3 큰술
대추 20 개
계핏가루 ½ 큰술
꿀 2 큰술
잣 20 개

만드는 법

① 율란은, 생 밤껍질을 벗겨 삶아 으깨어 체에 내린 후 계핏가루, 꿀을 약간 넣고 섞어 덩어리로 뭉치고 나서 조금씩 떼어 밤 모양으로 빚은 다음, 잣가루를 묻힌다.

② 조란은 찜통에 찐(살짝) 대추의 씨를 발라내고 곱게 다진다.

③ 다진 대추에 계핏가루, 꿀을 넣고 약한 불에서 주걱으로 저으면서 조린 다음, 덩어리지게 뭉친 후 조금씩 떼어 대추 모양으로 빚고 꼭지 부분에 잣을 박는다.

- 대추는 살이 많은 마른 대추가 맛이 달고 부드럽다.
- 풋대추는 적당하지 않으며 잘 익고 살이 많은 굵은 마른 대추가 맛이 부드럽다.
- 율란의 겉면에 꿀을 바를 때는 얕은 접시에 꿀을 담고 젓가락으로 율란을 쥐고 살짝 묻혀서 실백 다진 것을 묻히도록 한다.
- 생률은 껍질을 완전히 벗겨 내어 사용하고, 황률은 가루를 내어 사용한다.
- 잣가루를 묻힐 때도 나무젓가락을 사용하면 손에 묻지 않고 좋다.

밤초 · 대추초

재 료 (5 인분)

〈밤초〉

- 밤 20 개
- 소금 1 작은술
- 꿀 ⅔컵
- 계핏가루 1/5 작은술
- 잣가루 적당량

〈대추초〉

- 대추 25 개
- 잣 2 큰술
- 꿀 ⅔컵
- 계핏가루 1/5 작은술
- 잣가루 적당량

만드는 법

① 밤껍질을 모양내어 깎은 후 소금 넣은 끓는 물에 살짝 데친다.
② 냄비에 데친 밤과 꿀을 넣고, 끓으면 불을 줄이고 서서히 조린다.
③ 꿀물이 거의 졸았을 때, 계핏가루를 넣어 섞은 후 윤이 나게 조려서 그릇에 담아 잣가루를 뿌려 낸다.
④ 대추는 돌려 깎아 씨를 빼내 안쪽에 꿀을 바르고 잣을 2 개 정도 넣고 말아서 오므린다.
⑤ 냄비에 꿀, 계핏가루, 대추를 넣고, 끓으면 불을 줄인 후 약한 불에서 조린다.
⑥ 윤기 나게 조린 후 양쪽 끝에 잣을 박아 모양을 낸 다음, 밤초와 함께 담고 잣가루를 뿌려 낸다.

- 밤, 대추는 상하지 않은 일정한 크기와 모양을 고른다. 밤초, 대추초는 약한 불에서 천천히 꿀물을 위로 끼얹어 가며 윤기 나게 조린다.
- 밤과 대추는 벌레 먹은 것이나 찌그러진 것을 골라내고, 크기가 일정하게 크고 모양이 반듯한 것을 고른다.
- 센 불에서 갑자기 졸이면 색깔이 검어지고 모양이 좋지 않으므로, 약한 불에서 천천히 꿀물을 위로 끼얹어 가며 윤기 나게 조린다.

메밀산자

재 료 (5 인분)

메밀가루 2½ 컵
밀가루 2½ 컵
소주 4 큰술
물 ½ 컵

〈집청꿀〉 설탕 ½ 컵
물엿 1 컵
꿀 1 큰술

〈고물〉 세반
흑임자
참깨 각각 ½ 컵씩

튀김기름 2 컵

만드는 법

① 메밀가루와 밀가루를 반반씩 섞어 체에 내린 다음, 분량의 소금과 물을 넣고 반죽하여 얇게 밀은 후 가로 세로 약 3 cm의 네모로 반듯하게 썬다.

② 두꺼운 튀김냄비에 처음부터 기름의 온도를 130~150℃로 높게 하여 지져 낸다.

③ 냄비에 물엿과 설탕을 함께 넣어 중불에서 5분 정도 끓인 후에 꿀을 넣고 고루 섞어 집청꿀을 만들어 놓는다.

④ 튀겨 낸 산자를 집청꿀에 담갔다가 망으로 건져서 세반, 흑임자, 참깨고물을 묻혀 낸다.

메밀산자의 고명은 세반, 흑임자, 참깨 외에도 승검초가루, 송홧가루, 계핏가루, 잣가루, 콩가루 등을 묻힐 수 있다.

연사과

재 료 (5 인분)

찹쌀 5 컵
소주 3 큰술
설탕 3 큰술
꿀 1 컵
잣가루 1 컵
튀김기름 2 컵

〈콩물〉 불린흰콩 ½ 컵
물 ½ 컵

만드는 법

① 찹쌀을 깨끗이 씻어 1~2 주일 정도 담가두고, 골마지가 끼면 여러 번 씻고 말끔히 헹구어 빻아 체에 내린다.
② 체에 내린 찹쌀가루에 소주, 설탕, 콩물을 타서 조금씩 넣고, 주걱으로 고루 섞이듯이 반죽한다. 덩어리로 뭉쳐지는 정도면 알맞다.
③ 찜통에 젖은 보를 깔고 반죽을 덩어리로 안쳐서 푹 쪄내어 큰 그릇에 쏟은 후 방망이로 꽈리가 일도록 힘껏 젓는다. 가끔 떡을 높이 끌어 올려 그 사이에 공기가 들어가도록 한다.
④ 안반에 마른 쌀가루나 녹말가루를 뿌리고 위의 반죽을 펴놓아, 방망이로 얇고 판판하게 밀은 후 가로 2. 5 cm, 세로 3 cm 로 네모 반듯하게 썬다.
⑤ 150~160℃ 의 온도의 기름에서 나무주걱으로 눌러 가며 모양이 뒤틀리지 않게 하여 튀겨 낸다.
⑥ 한쪽면에 꿀을 바르고 잣가루를 묻혀 낸다.

- 홍·황색의 세반 옷을 입히면 색이 더 화려하다.
- 꿀을 바른 바탕 위에 매화문양으로 장식을 해도 좋다.

요화과

재 료 (5 인분)

메밀가루 2 컵
설탕 ½ 컵
물 ¾ 컵
소금 ½ 작은술
꿀 1 컵
튀긴 밥풀 4 컵
튀김기름 2 컵

만드는 법

① 메밀가루를 체에 내리고, 분량의 물에 설탕과 소금을 넣은 후 끓여 식힌 물로 반죽한다.
② 반죽을 조금씩 떼어 내어 폭 1.5 cm, 길이 6 cm 정도의 요화(여뀌꽃)처럼 만든다.
③ 120～130℃ 정도의 온도에서 속이 익도록 튀겨 낸다.
④ 튀겨 낸 다음에 꿀을 바르고, 대강 부수어 굵은 체에 내린 튀긴 밥풀을 묻힌다.

요화과는 여뀌꽃 모양으로 만드는 것이므로 경사스런 날 화려하게 잔칫상에 올렸는데, 백색의 강반을 입힌 백세건반요화과와 지초에 기름을 넣고 끓여 붉은 색의 물이든 기름에 튀겨 낸 강반을 입힌 홍세건반요화과를 만들어 사용하였다.

이 월

2월에는 음력 1월 1일인
정월 초하루.
설 명절이 들어있다.
설은 '사린다' '삼간다'
에서 유래된 말로서
근신하고 조심하는 날이라 해서
신일(愼日)이라 하였으며,
원단(元旦)·원조(元朝)·세수(歲首)
라고도 불렀다.

장 담그기

장은 우수 경칩이 들어 있는 정월 달에 많이 담근다.

예로부터 장 담그기는 집안의 큰 연중행사의 하나였으므로, 주부들은 온갖 정성을 다하여 장을 담그고 정결하게 간수하여 왔다. 《규합총서》에도 "장(醬)은 팔진(八珍)의 주인이오, 만일 장맛이 사나우면 비록 진기하고 맛난 반찬일지라도 능히 잘 조화치 못할 것이니, 어찌 중하지 않겠느냐." 라고 기록된 것으로 보아, 음식의 맛을 내는 데에 장이 얼마나 중요한 것임을 잘 알 수 있다.

우리나라의 전통 장은 초기에는 간장과 된장이 섞인 혼용장으로 걸쭉한 장이었고, 삼국시대에는 간장과 된장으로 분리된 단용 장류로 장독에 용수(篘子)를 박아서 용수 안에 고이는 즙액이 간장이고 건더기는 된장이었다.

B·C 3 세기 경에 쓰여진 문헌 《주례(周禮)》에 처음 등장하는 장(醬)은 해(醢), 혜(醯)와 같은 육장이다. 이는, 중국에서 처음 시작되었다. '해' 는 고기(새, 짐승, 물고기)를 햇볕에 말려서 만든 고운 가루를 술에 담근 후, 조로 만든 누룩과 소금을 섞어 항아리에 넣어 봉하여 100 일간 어두운 곳에서 숙성시켜 얻은 것이며, '혜'는 청매즙을 더 첨가하여 신맛이 나게 한 것이다.

우리나라의 장은 콩으로 만든 '두장(豆醬)'이었다. 콩의 원산지를 만주로 보는데, 만주는 고구려 땅이므로 콩재배의 시작은 우리들의 조상에 의해 이루어졌다. 그렇기에 우리의 선조는 일찍이 콩을 가공하여 '장' 을 만들었다고 보여진다. 중국 문헌인 《삼국지(三國志)》〈위지(魏志)〉'동이전(東夷傳)' 에는 "고구려 사람이 발효식품을 잘 만든다." 고 표기되어 있다. 이는, 고구려인의 장 담그기 · 술 빚기의 솜씨가 훌륭하다고 한 것으로, 우리 민족이 일찍부터 발효식품을 잘 만들었음을 알려주고 있다.

우리나라 삼국시대의 장에 대한 기록은 《삼국사기(三國史記)》 〈신라본기〉 신문왕 3년(683년)에 왕이 김흠운의 딸을 부인으로 맞이하였는데, "납폐 품목에 미(米), 주(酒), 유(油), 밀(蜜), 장(醬), 시(豉 : 메주), 포(脯) 등 135 수레를 보냈다."는 내용에서 보듯이 그 당시에도 장류의 중요성이 높게 인식되었다는 것을 알 수 있다.

또한 《고려사(高麗史)》 〈식화지(食貨志)〉의 기록에 의하면, "1018년(현종 9년)에 거란의 침입으로 굶주림과 추위에 떠는 백성들에게 구황작물로서 쌀·소금·장이 지급되었다."는 기록과, "1052년(문종 6년)에 개경의 굶주린 백성 3만여 명에게 쌀·조·된장을 내렸다."는 기록이 있다. 민가에서 담는 장도 구분이 되었다. 대개는 햇장을 뜨면 바로 솥에서 끓여 농축한 다음 더 이상 발효되지 않게 하여 장광에 두고 쓰는데, 혹 해마다 담근 장이 밀려서 많을 때는 '겹장' 또는 '덧장'이라는 방법으로 묵은 장에 메주덩이를 넣고 우려내는 방법을 쓴다. 겹쳐 담근다고 하여 겹장이고, 묵은 장 또는 진장(陳醬)이라고도 한다.

음식 종류에 따라 햇장, 묽은장, 중장, 진장 등을 가려서 써야 음식의 빛이 곱다. 따라서 장을 가려서 간을 맞추는 것이 일종의 음식 조리 비법이 되었다.

조선시대에 들어서면서 메주에 의한 장이 주류를 이루게 되었다. 명종 9년의 《구황촬요(救荒撮要)》에 장류 제법이 자세히 기록되어 있는데, 장류 기술로서는 우리 나라에서 제일 오래된 책이다.

효종 1655년에는 장 담그는 것으로 연례행사가 되어 《사시찬요(四時纂要)》에 즙장(汁醬, 채소 이용) 등의 새로운 장 만드는 법이 보편화되었다는 기록이 있다.

유중림(柳重臨)의 《증보산림경제(增補山林經濟)》에는 45종에 달하는 다채로운 장류 제법이 분류·정리되어 있다. "장은 모든 맛의 으뜸이요."라는 뜻으로, "장(醬)은 장(將)이다."라는 표현과 "가장(家長)은 모름지기 장 담그기에 뜻을 두어 오래 묵혀 좋은 장을 얻어야 할 것이다."라고 하였다.

그 후 서유본의 처 빙허각 이씨가 편찬한 《규합총서(閨閤叢書)》에도 "밥 먹기는 봄 같이 하고, 국 먹기는 여름 같이 하며 장(醬) 먹기는 가을 같이 하고, 술 먹기는 겨울 같이 하라."는 말이 있듯이, 장은 주·부식과 함께 대단히 중요하게 여겨져 왔다.

가정학서로 《규합총서》 제 1권은 주식 외에 장 담그기, 어육장, 청태장, 즙장 등의 제조 요령이 서술되어 있는데, 장 담그는 법을 주부가 알 수 있도록 한 것이 특색이다.

된장과 간장이 우리 생활에서 얼마나 중요한 위치를 차지하였는가는 여러가지 속담에서도 엿볼 수 있는데, "음식 맛은 장맛이다.", "장은 팔진(모든 음식)의 주인", "장 단 집엔 가도 말(言) 단 집엔 가지 마라.", "집안을 알려면 장맛을 보라.", "말썽 많은 집의 장맛이 쓰다.", "간장국에 마른다(오래 찌들어 바짝 마르고 단단함)", "사또상의 지렁종지(간장은 밥상에서 빼놓을 수 없다는 뜻도 된다)", "된장에 풋고추 박히듯(정착된 모습을 비유)", "콩으로 메주 쑨대도 곧이 듣지 않는다." 등이 오늘날까지도 전해 내려오고 있다.

간 장

우리나라 고유의 간장과 된장은 콩과 소금을 주원료로 하였다. 즉, 콩을 삶아 이것을 띄워 메주를 만들고, 메주를 소금물에 담가 발효시킨 후의 그 여액을 간장이라 하고, 나머지 찌꺼기를 된장이라 하여 식용해 왔다.

간장은 단백질과 아미노산이 풍부한 콩으로 만들어지는 발효식품으로, 불교의 보급과 더불어 육류의 사용이 금지됨으로써 필요에 의해 발생하였다고 볼 수 있다. 간장은 훌륭한 단백질 공급원이며, 오래도록 저장이 가능한 식품이다. 간장의 종류는 재래간장과 개량간장, 그리고 별미장인 어육장(魚肉醬), 합자장(蛤子醬), 멸장(滅醬)이 있다.

재래간장은 손질한 메주로 간장을 담가 2~3개월 발효시킨 후, 거르고 여과해서 끓여 살균한 다음 숙성시켜 만든다.

개량간장을 만들 때는 먼저 삶은 콩에, 볶아서 분쇄한 밀을 배합하여 종국균을 접종시켜 배양한다. 건조시킨 콩의 국(麴, koji)을 발효시킨 후, 압착하면 간장이 된다.

어육장은 쇠고기 말린 것, 생치, 도미, 전복 등을 항아리에 차곡차곡 담고 메주로 간장 담그듯이 하여 소금물을 붓고 담그는 간장이다. 감칠 맛을 내주는 조미료라고 할 수 있다.

합자장은 홍합을 건조하여 소금을 알맞게 넣고 끓인 것으로, 남해지방에서 채소 조리에 많이 쓰인다.

멸장은 충청도의 도서지방에서 콩 농사를 못 짓고 있어, 멸치젓을 담그어서 젓갈로 쓴다. 그리고 그 건지는 소금과 물을 넣고 끓여서 맑게 받쳐, 콩간장처럼 쓴다.

된 장

된장은 옛부터 '오덕(五德)'이라 하여, "첫째, 단심(丹心)－다른 맛과 섞어도 제맛을 낸다. 둘째, 항심(恒心)－오랫동안 상하지 않는다. 셋째, 불심(佛心)－비리고 기름진 냄새를 제거한다. 넷째, 선심(善心)－매운 맛을 부드럽게 한다. 다섯째, 화심(和心)－어떤 음식과도 조화를 잘 이룬다."고 하여, 옛부터 전해 내려오는 우리 나라의 전통식품으로 구수한 고향의 맛을 상징하게 된 식품이라 할 수 있겠다.

된장은 '된(물기가 적은, 점도(粘度)가 높은) 장' 이라는 뜻이 되는데, 토장(土醬)이라고도 하여 청장(淸醬, 간장)과 대조를 이룬다.

8, 9 세기 경에 장이 우리 나라에서 일본으로 건너갔다는 기록이 많다. 《동아(東雅)》에서는 "고려의 장(醬)인 말장(末醬)이 일본에 와서 그 나라 방언대로 미소라 한다."고 하였고, 그들은 '미소' 라고도 부르며 '고려장(高麗醬)' 이라고도 하였다.

《증보산림경제(增補山林經濟)》에서는 시(豉)를 '말장'이라 적고 '미조'라 읽고 있다. 그리하여 장류를 만주 말로 '미순', 고려방언으로 '밀조(密祖)', 우리말로 '며조', 일본 말로 '미소' 라 하였으니, 장의 발상지와 그 전파경로를 알 수 있다.

조선시대에 들어와서는 장 담그는 법에 대한 구체적인 문헌이 등장하였는데, 《구황보유방(救荒補遺方)》에 의하면, 메주는 콩과 밀을 이용하여 만들어서 오늘날의 메주와 크게 다르다고 하였다.

콩으로 메주를 쑤는 법은 《증보산림경제》에서 보이기 시작하여 오늘날까지도 된장 제조법의 기본을 이루고 있다.

재래된장은 그 종류가 다양하여 막된장·토장·담북장(淡水醬)·생황장(生黃醬)·청태장(靑太醬)·팥장(小豆醬)·청국장·집장(汁醬)·두부장(豆腐醬)·지레장·생치장(生稚醬)·비지장·깻묵장·등겨장·가리장 등으로 구분할 수 있다.

담북장은 햇장이 만들어지기 전에 만들어서 봄철에 먹는 별미장의 하나이다.

집장은 계절에 상관없이 담근다. 지방마다 재료가 조금 다르지만 충청도·전라도·경상도 등 중남부 지방에서 모두 만들어 먹었다.

집장은 빨리 발효시키느라 엿기름도 넣고 따뜻한 곳에 두어서 7~8시간 안에 익혀서 먹는 장이다. 농촌에서는 퇴비를 만드는 7월에 장을 만들어 두엄더미 속에 넣어서 삭혀 두었다가 꺼내어 먹는 장이다. 집장은 《주방문(酒方文)》에 기록되어 있을 정도로, 그 역사가 오래된 장이다. 빨리 만들 수 있고, 또 채소를 많이 넣기 때문에 시간이 지나면 시큼해지고 맛도 변해 버리므로 조금씩 만들어 먹어야 한다.

지레장은 10월에 장 메주를 쑤는데, 햇장을 담그어 먹기 전까지 먹을 용도로 조그맣게 덩이를 만들어서 띄운다. '무장'이라고도 불리는 지레장은, '지름장' '찌엄장'이라고도 한다. 먹을 때는 그대로 먹지 않고 잘 익은 동치미나 총각김치에 쇠고기 편육 또는 돼지고기 등을 넣고 찌개로 만들어서 끓여 먹거나 삼삼하게 쪄서 밥반찬으로 먹는다. '우선 지레 먹는 장'이라 하여 '지레장'이라 하는 것이다.

두부장은 '뚜부장'이라고도 하여 사찰음식(대흥사의 뚜부장이 유명)의 하나이다. 두부를 주머니에 넣어 된장이나 고추장에 박아서 오래 묻어 두었다가 꺼내 먹는 장으로, 주로 반찬으로 이용되었다.

비지장은 비지를 띄워 배추김치를 넣고 끓여서 먹는 장으로, 두유를 짜고 남은 콩비지로 담근 장이다. 매우 부드럽고 구수한 맛이 나므로 콩비지찌개와는 또 다른 맛이 난다. 비지장은 날이 더울 때는 만들지 못하는 단점이 있다.

청태장은 청태콩을 익혀서 떡 모양으로 뭉쳐 띄워 콩에 섞어 담근 된장으로, 청태콩에 메주를 뜨거운 장소에서 띄우고 햇고추를 섞어 간을 맞춘다.

생치장(生雉醬)은 꿩으로 만든 장의 일종이다. 암꿩의 살코기, 조핏가루, 생강즙, 장물(醬水)로 간을 맞추어 볶아서 만드는데, 마르지도 질지도 않게 한다.

팥장은 팥과 밀가루로 메주를 만들어 담근 장이다.

이 밖에도 보리 속겨를 익반죽해서 뭉친 뒤, 불에 구워서 그 가루를 보리밥과 섞어 만드는 등겨장, 콩 띄운 것에 참깻묵을 섞는 깻묵장, 콩을 볶아서 맷돌로 간 뒤에 삶아서 시루에서 띄우는 볶음장 등 여러가지 장이 있다.

이상에서 살펴본 바와 같이 간장과 된장은 아미노산 등으로 감칠맛을 내고, 소금으로 저장성을 갖게 한 영양적이고도 과학적인 발효식품으로서, 수천 년간 우리 겨레가 익혀 온 구수하고 순전한 맛은 기호상으로도 우리 생활에 기여한 바 크다. 위의 글에서는 우리의 장류가 어떻게 발달되어 왔고 어떤 의미를 지녔는지, 그 유래와 역사를 알아보고 간장과 된장류의 종류별 특성을 알아보았다.

우리 조상들은 장맛을 좋게 하기 위하여 길일을 택하여 장을 담그는 풍속을 정착시켰는데, 《규합총서》에 의하면 "병인(丙寅) 정묘일(丁卯日)과 제길신일(諸吉神日·정월 우수일(雨水日)·입동(立冬)·황도일(黃道日)이 장 담그기에 좋은 날이고, 또한 삼복일(三伏日)에 담그면 벌레가 안 꾀고, 해 돋기 전에 담그면 벌레가 없고, 그믐날 얼굴을 북으로 두고 장을 담그면 벌레가 안 생긴다."고 하였다.

또 장 담글 항아리도 잘 선택해야 하는데, 구어진 정도를 알아보는 방법으로 "독을 두드려 보아 맑은 소리가 나면 잘 구워지고 좋은 질(質)이다. 담그기 전에 소독을 잘 해서 사용하고, 한 번 장항아리로 선정하면 깨어져 못 쓰게 되기까지 계속 장을 담는 항아리로만 사용하는 것이 좋다."고 기록되어 있다.

장 담그는 데 물맛이 좋아야 장맛이 또한 좋다. 초의선사가 정의한 좋은 물의 덕목은 "맑고, 차고, 부드럽고, 아름답고, 냄새가 없고, 비위에 맞고, 탈이 없어야 하며, 급히 흐르는 물과 고여 있는 물은 좋지 못하고 맛도 냄새도 없는 물이 좋다."라고 하였다.

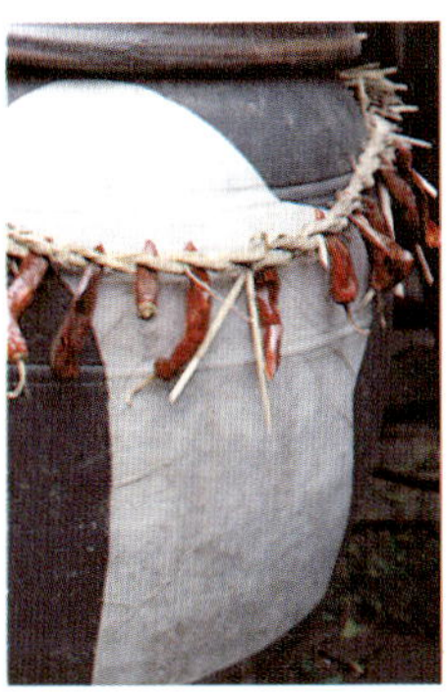

장 담그고 나서도 금기사항이 엄격하였다. 즉, 장 담그는 주부는 사흘간 부정을 타서는 안 되고 외출해서도 안 되고 개를 꾸짖어서도 안 되었다. 그밖에 여러가지 금기사항이 있으나, 이는 모두 잘 발효된 맛있는 장을 위해 정성을 들였던 조상들의 지혜였다. 온갖 정성을 다하여 장을 담근 후, 집 뒤 남향의 볕이 잘 드는 장독대에 반듯하게 올리고, 잡귀가 범접치 못하도록 금줄을 치고 버선을 그려 항아리에 붙이고 장독대 간수를 항상 정결하게 하였으며, 항아리를 매일 닦아 공기가 잘 통하게 하고 아침에 뚜껑을 열어서 볕을 쪼인 후 저녁에 닫고 절대로 비를 맞지 않게 하였다. 그래서 그 집안의 장맛이 좋다는 것은 그 집안의 주부가 부지런하다는 뜻이 되고, 그러한 집안이 잘 되고 번성한다는 것은 당연한 귀결로 여겼다.

재래간장

재 료 (5 인분)

메주 4 덩어리
물 80 *l*
소금(호염) 물 32 *l*
(물 1.6 말, 소금 20 kg)
붉은 고추(말린 것) 10 개
참숯 6 덩어리

만드는 법

① 분량의 물에 소금을 미리 풀어놓고, 소금물이 말갛게 되면 고운 겹체에 내려서 준비해 놓는다.
② 메주는 솔로 닦고 물에 깨끗이 씻어 두서너 조각으로 쪼개서 볕에 말려 물기를 없앤다. 항아리에 메주 손질한 것을 넣고 미리 준비한 소금물을 붓는다. 소금물의 농도는 17~19 보오메 정도가 적당한데, 메주 덩어리가 위로 떠오르면 염도가 적당하다.
③ 간장을 담근 지 3 일이 지나면 숯을 달궈서 넣고 헝겊으로 깨끗이 닦은 붉은 통고추를 넣는다. 낮에는 장항아리 뚜껑을 열어놓고 밤에는 뚜껑을 덮어 약 3 개월 간을 익힌다. 맛이 우러나면 간장색이 까맣게 된다.
④ 장을 뜰 때는 메주가 부서지지 않게 용수를 박아 맑은 장국을 떠 내고, 간장에 남은 메주건더기는 따로 걸러 된장을 만들고 간장만 솥에 붓고 달인다. 일찍 담근 장은 소금이 적게 들며, 보통 두 달 후에 달이고, 늦게 담근 장은 소금이 더 들며 한 달 후 달여야 장맛이 난다. 달일 때 뭉근하게 오래 끓이면서 거품을 걷어내며, 어느 정도 졸아들면 항아리에 붓는다.
⑤ 햇볕 좋고 통풍이 잘 되는 곳에, 아침에는 뚜껑을 열고 저녁에는 닫아 둠으로써 숙성이 잘 이루어지도록 한다.

진간장

재 료 (5 인분)

간장 0.5 말
(메주 건더기를 건져 낸 것)
검정콩 130 g
통멸치 200 g
다시마 20 g

만드는 법

① 메주를 건져 낸 간장에 검정콩, 통멸치, 다시마를 넣고 푹 달이면, 색이 진하고 맛이 있는 진간장이 된다.
② 간장을 넉넉히 담가 두었다가 4~5 년을 묵혀서 새까맣게 변하도록 하면 그대로 진간장이 된다.

재래된장

재 료 (5 인분)

메주 1 말 (16 kg)
물 1.5 말 (30 *l*)
소금 5 홉 (650 g)
메줏가루 3 홉 (240 g)
중간크기 소금 5 홉 (650 g)

만드는 법

① 잘 띄워진 메주는 솔로 박박 문질러 닦아 물에 씻은 후, 적당히 쪼개어 볕에 말린다.
② 소금을 미리 물에 풀어 겹체에 밭쳐 맑은 소금물을 준비한다.
③ 준비한 메주를 항아리에 차곡차곡 담고, 메주가 잠길 정도로 자작하게 물을 붓고 꼭꼭 눌러 한 달 정도 둔다.
④ 한 달 후에 물이 배어들어 딱딱한 메주가 부서지기 쉬울 정도로 부드럽게 되면, 메주를 고루 주물로 덩어리가 없게 한 후, 항아리에 켜켜로 소금을 뿌려서 담고 꼭 봉해서 익힌다. 낮에는 뚜껑을 열어 햇볕을 쪼이고 밤에는 뚜껑을 닫는다.

● 된장을 담고 남은 찌꺼기 간장은 버리지 말고 마늘 · 오이 · 가지 · 더덕 · 깻잎 등을 넣어 눌러

청국장

재 료 (5 인분)

메주콩 3.6 l (2.8 kg)
소금 650 g
고춧가루 400 g
다진 마늘 300 g
다진 생강 150 g

만드는 법

① 콩을 깨끗이 씻어 12 시간 정도 물에 불려 건져서 푹 삶는다.
② 오목한 그릇에 담아 40 ℃ 정도의 온도가 유지되도록 더운 곳에 보자기를 씌워서 덮어둔다.
③ 2~3 일 후에 곰팡이가 희게 피고 끈기가 생기면, 나머지 양념 재료와 함께 찧는다.
④ 항아리에 꼭꼭 눌러서 담아 두고 먹는다.

막 장

재 료 (5 인분)

메줏가루 230 g
보리쌀 740 g
고춧가루
(씨를 섞어 빻은 것) 65 g
소금 70 g
물 ½ 컵
엿기름가루 35 g

만드는 법

① 보리쌀을 깨끗이 씻어 12 시간 정도 물에 담근다.
② 약간 질게 보리밥을 지은 다음, 메줏가루와 고춧가루는 거칠게 빻고, 고추씨는 곱게 빻는다.
③ 소금은 같은 양의 물에 녹여서 미리 준비한 후, 메줏가루·보리밥·고추가루와 고추씨·소금물을 함께 섞고 잘 버무린 다음, 항아리에 꼭꼭 눌러 담아 7~10일 정도 두면 익는다.

- 막장을 묽게 하려면 밀가루풀 2 컵과 엿기름가루 ⅓ 컵을 잘 섞어서 넓은 그릇에 식힌 후, 약간의 소금을 넣고 막장을 모두 섞어 다시 버무린다.
- 고추씨 대신 고춧가루를 쓰기도 하고 고추씨를 빼지 않고 고추를 함께 빻아서 이용해도 된다.

집 장 (나주)

재 료 (5 인분)

찹쌀 1.6 kg
보릿가루 200 g
개량 메줏가루 160 g
엿기름가루 60 g
소금 적당량과 고춧가루
고춧잎, 무청, 가지, 호박 등

만드는 법

① 보릿가루는 물을 뿌려 버물버물해서 찜통에 넣어 설기떡을 찐다. 그릇째 담요를 덮어 아랫목에서 3~4 일 띄운다.
② 잘 띄워진 보리설기떡은 쟁반에 펴서 잘게 부수어 가면서 단단하게 말린 후 갈아서 완전히 가루로 만든다.
③ 엿기름가루는 가는 체로 쳐서 무거리는 버리고 고운 가루만 사용한다.
④ 소금에 절인 고춧잎을 꼭 짜서 사용하고, 보관 시에는 집간장에 넣어 돌로 꾹 눌러 놓는다.
⑤ 무는 굵은 채로 썰어서 소금에 절인 후에 꼭 짜 준다.
⑥ 찹쌀로 죽을 쑤어, 따뜻할 때 분량의 소금과 위의 재료를 모두 넣어 고루 섞은 후, 오지그릇에 담아 그늘에서 5 일간 삭혀 두었다가 먹는다.

간단하게 만드는 방법 : 고추장을 담글 때 조금 덜어 보릿가루·무청·고춧잎 등만 넣으면 된다.

두부장

● 재 료 (5 인분)

두부 1kg
된장 적당량

만드는 법

① 두부는 베주머니에 넣어 물기를 꼭 짜 낸다.
② 물기 빠진 두부를 베주머니째로 된장 속에 묻어 둔다.
③ 한 달 정도 지나면 맛이 드는데, 먹을 양만큼씩만 덜어서 상추쌈에 싸서 먹기도 하고 양념을 해서 먹기도 한다.

많은 양을 덜어서 꺼내 놓으면 두부장의 색깔이 변하므로 조금씩 꺼내어 먹도록 한다.

찹쌀고추장

재 료 (5 인분)

찹쌀가루 500 g
고춧가루 1.2 kg
메줏가루 600 g
엿기름가루 900 g
소금 500 g
물 6 l (끓여서 식힌 물)

만드는 법

① 찹쌀을 깨끗이 씻어서 물에 12 시간 정도 불린 다음, 가루로 빻는다.

② 분량의 물을 끓여서 45~60℃ 따뜻하게 식힌 후 엿기름가루를 풀어 잠시 두었다가, 손으로 주물러 체에 걸러서 건더기는 꼭 짜서 버리고 엿기름물은 가라앉힌다.

③ 큰 솥에 엿기름물의 맑은 웃물만을 따라 붓고 찹쌀가루를 곱게 푼 다음, 불에 얹어 45℃ 정도(따뜻한 정도)로 데워서 약 30 분 정도 지나면 찹쌀가루가 삭아서 묽어진다. 이것을 불에 올려서 한소끔 끓으면 불을 약하게 하여 30 분 정도 졸여, 약 ⅓ 정도가 되도록 한다.

④ 넓은 그릇에 쏟아 식힌 후 여기에 메줏가루·고춧가루를 넣고 고루 휘저어 섞어 하룻밤을 둔다. 다음날 분량의 소금을 넣고 고루 저어 간을 맞춘다. 소금은 고추장 담그는 시기에 따라 더 넣기도 하고 덜 넣기도 한다.

⑤ 고추장을 항아리에 8 부 정도 담고 위에 웃소금을 뿌린 다음, 얇은 헝겊이나 망사를 덮어서 햇볕에 놓고 익힌다.

호박고추장

재 료 (5 인분)

늙은 호박 4 kg
엿기름가루 1.5 kg
메줏가루 500 g
고춧가루 1.5 kg
소금 500 g

만드는 법

① 늙은 호박은 껍질과 씨를 빼내고 얇게 썰어서 준비한다.
② 따뜻한 물에 엿기름가루를 넣고 잠시 두었다가 손으로 주물러 체에 걸러서 엿기름물을 맑게 가라앉힌다.
③ 썰어 놓은 호박에 엿기름물을 붓고 8 시간 정도 약한 불에서 끓인다.
④ 다 끓으면 뜨거운 상태에서 메줏가루를 넣고 섞는다.
⑤ 위의 재료가 식으면 고춧가루와 소금을 넣어서 섞는다.
⑥ 항아리에 담아서 뚜껑을 덮고 20 일 동안을 햇볕에 두어 발효시켰다가 시원한 곳에서 저장한다.

호박고추장은 맛이 달고 호박의 카로틴 성분이 다량 함유되어 영양 성분도 좋다.

보리고추장

재 료 (5 인분)

보리쌀 2 되 (3.2 kg)
고춧가루 240 g
간장 1.8 kg
물 1 *l*
설탕 500 g
소주 1 홉
시판코오지 (koji) 1 봉

만드는 법

① 24 시간 물에 불린 보리쌀을 시루에서 잘 익도록 찐다.
② 찐 보리쌀은 1 시간 30 분 정도 식혀서 코오지균을 고루 혼합하여 널어 띄운다. 코오지는 18~22℃가 적정온도로 14 시간 동안 덮어 두면 노란색으로 황국균(Aspergillus oryzae)이 난다.
③ 황국균이 나면 ②를 제분(製粉)하여 간장, 설탕물, 소주 순으로 고루 혼합하여 40 분간 끓인다.
④ ③의 재료를 1 시간 정도 식힌 후, 고춧가루를 혼합하고 싱거우면 소금으로 간을 한다.

- 코오지(koji)균을 고루 띄우기 위해서는 얇은 천이나 이불로 14 시간 정도 덮어 둔다. 이 때 찬공기가 들어가지 않도록 주의한다.
- 보리고추장은 고운 빛깔이고 짜고 맵지 않으며 구수한 맛이 특징이다.
- 보리쌀로 만든 고추장은 충분히 삭은 후에 먹는 것이 고소하고 담백하다.
- 소주를 넣지 않아도 되지만 맛을 새콤하게 하고 냄새를 제거한다.

마늘고추장

재 료 (5 인분)

깐마늘 4 kg
고춧가루 2 kg
메줏가루 1 kg
물엿 1 kg
소금 적당량

만드는 법

① 끓인 물을 식혀 놓는다.
② 식힌 물에 고춧가루를 조금씩 넣어가면서 다진 마늘과 메줏가루, 물엿을 넣고 소금으로 간을 한 다음에 고루 잘 섞는다. 일반 고추장과 같은 묽기로 만든다.
③ 두 달 정도 발효시켰다가 먹는다.

마늘고추장은 먹을 때 향이 뛰어나고 씹히는 맛도 좋다.

고구마고추장

재 료 (5 인분)

고구마 4 kg
고춧가루 400 g
엿기름 · 메줏가루 · 소금 각 2 컵

만드는 법

① 고구마는 껍질을 벗겨서 무르도록 삶는다.
② 삶은 고구마는 잘게 으깨어 30℃ 정도로 식혀 놓은 다음, 엿기름을 걸러서 붓는다.
③ 엿기름을 걸러 부은 고구마죽을 따뜻한 아랫목(30℃ 정도)에 묻고 12 시간 정도 삭힌다.
④ 고구마죽이 완전히 삭으면 솥에 넣어 잘 저으면서 끓여 엿이 되도록 한 다음, 엿기름 · 메줏가루 · 소금 등을 넣어서 간을 맞춘다.

고구마는 무공해 알칼리성 식품으로 식이섬유소가 많아서 통변에 좋고, 무기질로는 칼륨이 많이 들어 있어서 소금과 함께 먹는 것이 이상적이다.

정월음식

설은 원일(元日), 원단(元旦), 세수(歲首), 년수(年首), 원조(元朝), 신일(愼日)이라고 하는데, 한 해의 시작이라는 뜻이다.

설에 담긴 뜻은 '설다', '선다', '삼가하다', '근신하다' 등으로 알려져 있는데, 이것은 근신하여 경거망동을 삼간다는 뜻이 들어 있다.

이 날은 묵은 해를 보내고 새해의 첫날을 맞아 새로운 몸가짐으로 가내 만복을 기원하며 세찬과 세주를 마련하여 조상께 차례를 올린다. 이 날은 모두 새옷으로 단장하고 조상께 다례(茶禮)를 드리는 날이다. 이 때에 어느 음식보다 정결한 떡국과 함께 만두, 약식, 인절미, 단자류, 주악, 편육, 빈대떡, 강정류, 식혜, 수정과, 나박김치, 장김치 등과 함께 세주(歲酒)를 차린다.

설날에는 반드시 떡국을 끓여 먹는데, 「한양세시기(漢陽歲時記)」를 보면, 정월 초일에는 반드시 떡국을 먹는다 하였으며, 「옹회잡지」에는 흰떡 및 흰떡국의 조리법이 자세하게 서술되어 있다. "좋은 쌀을 가루로 만들고 체에 쳐서 물로 고수레한 다음, 시루에 쪄서 안반 위에 놓고 떡메로 쳐서 조금씩 떼어 손으로 비벼 동글고 길게 문어발 같이 늘여 놓은 떡(拳摸, 비빈떡, 골무떡)을 장국이 펄펄 끓을 때 누에고치 모양으로 잘라서 끓인다(조랭이떡국). 이 때 쇠고기, 꿩고기, 닭고기 등을 섞기도 한다."라고 하였다.

또한 설이 되면 움 속에 묻어 두었던 무와 배추를 꺼내어 나박김치와 햇깍두기를 정성스레 담는다. 알맞게 익혀서 떡국과 함께 먹는다.

열나흘 저녁이면 집 뒤꼍 벽면에 주렁주렁 매달려 있던 시래기 타래와 호박오가리, 취 말린 것, 고구마줄기… 등의 묵은 나물들은 물에 불려 아홉 가지 나물을 기름에 볶아 맛나게 무친다.

큰시루에 가득 찐 오곡밥은 놋양들에 담아올린 아홉가지 나물, 여기에 맑은장국을 곁들여 내고, 김과 취나물에 밥을 싸 먹는 '복쌈'도 함께 낸다.

맛깔스런 음식들과 더불어 우리를 즐겁게 해주는 것은 대보름이 낭만이다.

한여름 더위와 부스럼이 물러가라고 밤과 호두, 잣, 땅콩 등의 부럼을 깨뜨리고 바늘에 잣을 끼워 불을 붙여 '잣불'을 켜 놓고 그 해의 운수를 점친다.

저녁에 산 너머 둥근달이 떠오르면 아낙들은 옥동자를 잉태하게 해달라고 기도하고, 처녀들은 관옥 같은 신랑감을 만나기를 빌면서 달맞이를 하였다.

어린 소년들은 깡통에 불을 피워 돌리며 쥐불놀이를 하고, 논바닥 얼음 위에서 신나게 팽이채를 내려친다.

보름날 새벽에는 남녀노소 없이 귀밝이술을 먹었다. 어른들은 밝은 소리만 듣고 좋은 소리만 들어라 말씀하시며 어른이나 아이들 할 것 없이 일찍 깨워 모두 찬술을 마시게 하였다.

또 어른들은 보름달빛으로 풍년을 점치기도 하였다. 달빛이 맑고 좋으면 풍년이 오고, 달빛이 붉으면 여름에 가뭄이 온다고 하여 걱정을 하기도 하였다.

이러한 풍요롭고 넉넉한 명절에 별식을 만들어 가족과 함께 나누고 우리의 한해소원도 빌어 보자.

조랭이떡국

재 료 (5 인분)

가래떡(가는 것) 30 개
양지머리 300 g
달걀 1 개
깨소금 2 작은술
청장 3 큰술
참기름 1 큰술
후춧가루 ¼ 작은술
실고추 1 g
청장 2 큰술
소금 적당량

만드는 법

① 가래떡을 금방 빼서 뜨거울 때 대나무 칼로 질근질근 잘라 문질러 누에고치 모양으로 만든다. 멥쌀가루에 물을 주어 찜통으로 쪄서, 절구에 넣고 쳐서 안반에 놓고 가래떡을 만들어 쓰기도 한다.
② 양지머리는 찬물에 넣어 푹 삶아 내어 잘게 찢거나 채를 썰어 참기름, 후춧가루, 청장으로 양념한다.
③ 달걀은 황·백 지단을 부쳐 마름모꼴로 썬다.
④ 양지머리 삶은 국물에 청장으로 간을 하여 끓을 때 떡을 넣고 끓여서 그릇에 담고 양념한 고기와 달걀 지단, 실고추를 고명으로 얹는다.

조랭이떡국용 가래떡은 일반 가래떡보다 가늘고 반죽이 더 질어야 모양이 잘 나온다.

오곡밥

재 료 (5 인분)

찹쌀 3 컵
멥쌀 1 컵
붉은 팥 ½ 컵
검은 콩 ½ 컵
차수수 ½ 컵
차조 ½ 컵
소금 1 큰술
밥물 (팥물+물) 5½ 컵

만드는 법

① 찹쌀과 멥쌀은 깨끗이 씻어서 불린 후 건져 놓는다.
② 팥은 터지지 않을 정도로 삶아 건지고 팥물은 밥물로 사용한다.
③ 차수수는 떫은맛을 없애기 위해서 비벼 씻어서 하룻밤을 담그어서 불려 건진다.
④ 콩은 물에 불려 두고 차조는 씻어 건진다.
⑤ 찹쌀, 멥쌀에 팥, 콩, 수수를 고루 섞어 밥을 안치고 같은 양의 물에 소금을 타서 붓고 밥을 짓는다.
⑥ 밥이 끓을 때 좁쌀을 얹고 불을 줄여 뜸을 잘 들인다.

- 오곡밥이라 해서 잡곡이 꼭 다섯 가지가 아니라도 좋다. 찜통이나 시루에 베보자기를 깔고 찌기도 한다. 찔 때는 김이 오르기 시작하면 팥물에 소금을 간간하게 섞어 훌훌 뿌린다.
- 오곡밥에는 맑은 국을 곁들이는 것이 좋다.

시래기나물

재 료 (5 인분)

시래기 (삶은 것) 300 g
청장 2 큰술
다진 파 1 큰술
다진 마늘 ½ 큰술
육수 4 큰술
깨소금 1 큰술
참기름 1 큰술
실고추 1 g
식용유 1 큰술

만드는 법

① 시래기를 삶아 헹구어 하룻밤 정도 물에 담가 씁쓸한 맛을 우려낸다.
② 시래기를 헹구어 물기를 짜서 길이를 6~7 cm 정도로 썰고 청장, 파, 마늘 다진 것을 넣고 골고루 주물러 놓는다.
③ 번철에 식용유를 두르고 양념한 시래기를 넣어 볶다가 육수를 넣고 중간 불에서 국물이 스며들 때까지 은근하게 끓인 다음, 깨소금과 참기름, 실고추를 넣고 고루 무쳐낸다.

- 무잎 시래기는 삶아서 우려내어 쓰지만 박오가리나 말린 가지, 버섯 등은 더운물에 불려서 사용한다.
- 묵은 나물을 볶을 때는 청장으로 간을 맞추고 양념하여 은근한 불에서 오래 볶아 물기가 촉촉하도록 뜸을 충분히 들여야 부드럽고 맛있는 나물이 된다.

호박오가리나물

재 료 (5 인분)

불린 호박오가리 180 g

㉠
- 간장 1 큰술
- 참기름 2 작은술
- 깨소금 2 작은술
- 파 · 마늘 2 작은술
- 실고추 약간

육수 4 큰술
식용유 1 큰술

만드는 법

① 말려 두었던 호박오가리는 물에 담가 불려서 부드러워지면 여러 번을 주물러 씻어서 꼭 짠다.

② 번철에 식용유를 두르고 준비한 호박오가리를 넣고 볶다가 ㉠의 간장, 다진 파 · 마늘을 넣고 다시 볶는다. 여기에 육수를 붓고 중간 불에서 국물이 스며들 때까지 은근하게 볶은 다음, 깨소금과 참기름, 실고추를 넣고 고루 무쳐 낸다.

- 밭걷이 할 때의 어린 호박을 둥근 모양대로 얇게 썰어서 가을 햇볕이 좋을 때에 깨끗이 말려 두었다가 쓴다.
- 호박이 너무 넓으면 불린 후에 반으로 썰어서 쓴다.
- 봄에 나오는 햇 취나물, 아주까리나물 등은 살짝 데쳐서 쓴다.

가지나물

재 료 (5 인분)

가지 3 개 (300 g)

㉠
- 청장 1 큰술
- 다진 파 1 작은술
- 다진 마늘 ½ 작은술
- 깨소금 1 작은술
- 참기름 1 작은술
- 실고추 1 g
- 육수 4 큰술
- 식용유 1 큰술

만드는 법

① 가지는 길이로 4 등분하거나 어슷썰어서 말린 것을 따뜻한 물에 잘 불려 씻어서 꼭 짠다.

② 준비해 놓은 가지를 ㉠ 의 양념장으로 무쳐서 간을 한 뒤, 번철에 식용유를 두르고 볶는다. 여기에 육수를 붓고 중간불에서 국물이 스며들 때까지 은근하게 볶은 다음, 깨소금과 참기름, 실고추를 넣고 골고루 무쳐 낸다.

가지는 너무 오래 찌면 물컹해지고 갈변하므로 적당하게 쪄 내는 것이 좋다.

도라지나물

재 료 (5 인분)

도라지 200 g

㉠
- 소금 1 작은술
- 파 (흰부분 다진 것) 1 작은술
- 다진 마늘 ½ 작은술
- 육수 ⅓ 컵
- 깨소금 ½ 큰술
- 참기름 ½ 큰술
- 실고추 1 g

식용유 1 큰술

만드는 법

① 통도라지는 껍질을 벗기고 길이 7~8 cm, 두께와 폭은 0.3 cm 정도로 가늘게 찢은 다음, 소금을 넣고 주물러서 물에 헹구어 쓴맛을 없애고 물기를 꼭 짠다.

② 번철에 식용유를 두르고 준비한 도라지를 넣어 볶으면서 ㉠의 소금, 다진 파, 마늘을 넣고 다시 볶다가 육수를 붓고 중간 불에서 국물이 스며들 때까지 은근하게 끓인 다음, 깨소금과 참기름 및 실고추를 넣고 고루 무쳐낸다.

도라지나물에는 청장 대신 소금으로 간을 하면 말갛고 깨끗하나, 청장을 조금 넣으면 맛은 더 좋다.

고사리나물

재 료 (5인분)

고사리 200 g

㉠
- 청장 1 큰술
- 다진 파 1 작은술
- 다진 마늘 ½ 작은술
- 육수 4 큰술
- 참기름 ½ 큰술
- 깨소금 ⅙ 큰술
- 실고추 1 g

식용유 1 큰술

만드는 법

① 마른 고사리는 삶아서 깨끗이 씻어 물에 불린다.

② 불린 고사리는 억센 줄기를 벗겨내고 6~7 cm 길이로 자른다.

③ 번철에 식용유를 두르고 준비한 고사리를 넣고 볶다가 ㉠의 청장, 다진 파·마늘을 넣고, 다시 볶다가 육수를 넣고 푹 무를 때까지 익힌 다음에 깨소금, 파, 참기름, 실고추를 넣고 고루 무쳐낸다.

고비나물도 고사리나물과 같은 방법으로 만든다.

취나물

재 료 (5 인분)

말린 취 150 g
고기 50 g

㉠
- 간장 1 큰술
- 참기름 1 큰술
- 깨소금 1 큰술
- 파 · 마늘 2 작은술
- 후춧가루 ¼ 작은술
- 실고추 약간

육수 4 큰술
식용유 1 큰술

만드는 법

① 말린 취나물을 삶아서 깨끗이 씻어 물에 불린다.
② 불린 취나물을 억센 줄기를 벗겨내고 6~7 cm 길이로 자른다.
③ 번철에 식용유를 두르고 준비한 취나물을 넣고 볶으면서 ㉠의 청장, 다진 파, 마늘을 넣고, 다시 볶다가 육수를 넣고 푹 무를 때까지 익힌 다음에 깨소금, 참기름, 실고추를 넣고 고루 무쳐낸다.

토란줄기나물

● 재　료 (5 인분)

말린 토란줄기 100 g
맑은 청장 3 큰술
다진 파 2 큰술
다진 마늘 1 큰술
깨소금, 참기름 적당량
소금 1 작은술
밀가루 1 큰술

만드는 법

① 토란줄기는 하루 정도 물에 불려서 끓는 물에 삶은 후, 다시 찬물로 헹구어 부드럽게 한다.
② 불린 토란줄기를 꼭 짜서 5 cm 길이로 자르고, 갖은 양념을 준비한다.
③ 토란줄기에 청장과 다진 파·마늘, 깨소금, 참기름, 소금을 넣고 주물러 무친다.
④ 번철에 양념한 토란줄기를 볶다가 밀가루를 물에 풀어 넣고 부드럽게 볶는다.

경상도 지방에서는 양념한 토란줄기를 멸칫국에 넣어 찜을 해 먹기도 한다.

고구마줄기나물

재　료 (5 인분)

말린 고구마줄기 150 g
- 맑은 청장 3 큰술
- 파 50 g
- 다진 마늘 2 작은술
- 깨소금 1 작은술
- 참기름 1 큰술

육수 ⅓ 컵
식용유 2 큰술

만드는 법

① 고구마줄기를 불려서 삶아 찬물로 헹군 뒤에 꼭 짜서 길이 6~7cm 정도로 잘라 놓는다.
② 번철에 식용유를 두르고 준비한 고구마줄기를 넣고 간장과 파·마늘 다진 것, 육수를 넣고 약한 불에서 나물이 부드러워질 때까지 볶는다.
③ 나물이 거의 볶아지면 마지막에 깨소금과 참기름을 넣고 더 볶아서 완성한다.

나물을 볶으면서 양념을 하기도 하고, 양념하여 볶기도 한다. 참기름 대신 들기름을 넣어도 별미이다.

삼 월

3 월에는 음력 정월 대보름의
상원절(上元節)과 2 월 초하룻날의
중화절(中和節)이 있다.
음력 정월 대보름은
달이 가득 찬 날이라 하여
상원절식으로 오곡밥과
묵은 나물(陳菜食), 복쌈
등을 해먹는다.

죽과 밥

죽(粥)은 오랜 세월 동안 굶주림을 극복하기 위하여, 또는 환자의 치료식에서부터 왕실의 보양식에 이르기까지 그 활용의 폭이 매우 넓은 음식이다.

오늘날에도 죽은 소화가 잘 되고 위에 부담을 주지 않으므로 대용주식, 보양식, 별미 기호식, 치료식 등으로 이용되고 있으며, 시중에 죽 전문점이 성업 중이다.

주서(周書) 《서경(書經)》에 의하면 황제가 비로소 곡물을 삶아 죽을 만들었다고 한다. 농경문화가 싹이 틈에 따라 인류는 곡물과 토기를 갖게 되고, 토기에다 물을 넣어서 가열하였을 것이니, 그것이 바로 죽이 되었을 것이다.

이러한 죽을 우리 겨레도 일찍부터 먹어 왔을 것이나, 고려 이전의 문헌에는 이에 관한 단어가 몇몇 보일 뿐이고, 조선시대의 《청장관전서(青莊館全書)》에 비로소 "서울의 시녀(市女)들이 죽 파는 소리가 개 부르는 듯하다."라는 말이 나온다.

이로써 조선시대에 죽이 보편화된 음식이었다는 것을 알 수 있다. 《임원십육지》의 죽기에 보면 "매일 아침 일어나서 배가 비어 있고 위가 허한 상태에서 죽 한 사발을 먹으면 곡기가 일어나서 보(補)의 효과가 있다."고 하였다. 또한 "매우 부드럽고 매끄러워서 위장에 좋으며 먹기에 편하다."고도 하였다.

《국조오례의》에는 "상례 때에는 슬픔에 지쳐서 밥을 먹을 수 없으니 죽을 먹어라."라고 기록되어 있다. 초상이 났을 때 이웃에서 죽을 끓여다 주는 관습도 이러한 이유에서 연유되었다고 본다.

불교에서는 아침에 죽을 먹고, 낮에는 밥을 먹는 것이 관습으로 되어 있었는데, 사찰에서 아침에 죽을 먹는 것은 10가지의 이로움이 있다고 하여 '죽십리(粥十利)'라고 하였다.

궁중에 임금도 탕제(湯劑)를 드시지 않는 날 아침에는 초조반상에 죽을 쑤어서 냈다고 하니, 죽은 예부터 우리 몸에 보신의 효과가 있음이 확실하다.

죽은 재료에 따라 크게 흰죽, 두태죽, 장국죽, 어패류죽, 비단죽 등으로 나누며, 약 50여 종이 있다.

《조선무쌍신식요리제법》에서 “죽이란 물만 보이고 쌀이 보이지 않아도 죽이 아니오, 쌀만 보이고 물이 보이지 않아도 죽이 아니라, 반드시 물과 쌀이 서로 조화하여 부드럽고 기름지게 되어 한결같이 된 연후에야 죽이라 이른다.”고 하였고, “죽 쑤는 땔감으로는 콩깍지와 등겨 등이 좋으며, 장작으로 불을 맹렬하게 하지 말아야 한다.”고 언급하면서, “천천히 만화(熳火)로 오래 삶으면, 쌀즙이 다 나와서 죽이 되고 맛이 있어서 오장육부에 가장 유익하다.”고 했다.

《증보산림경제》에는 “흔히 죽은 만도미(晩稻米)가 상(上)이고, 돌솥에 쑤는 것이 가장 맛 좋고, 무쇠솥이 다음이며, 노구솥이 하(下)이다. 물은 감천(甘泉)을 쓰는 것이 좋으며, 천(泉)이 노하면 죽의 빛깔이 누렇고 잘 되지 않는다.”고 쓰여 있다.

또 쌀이 부족할 때에는 다른 곡물로 죽을 쑤어 먹기도 하였는데, 《북새기략(北塞記略)》에는 “곡물이 매우 귀하여 귀보리로 죽을 쑤어 먹으면서도 건강하다.”고 하였다.

《임원십육지》에 무죽, 당근죽, 쇠비름죽, 근대죽, 시금치죽, 냉이죽, 미나리죽, 아욱죽 등의 효능이 나와 있다. 몸의 보양을 위해 닭·붕어·조기·생선·홍합·전복·쇠고기죽이 있고, 건강과 질병예방을 위해 한약재를 넣어 만든 죽이 있다.

밥은 농경문화가 시작되면서 오늘까지 상용주식의 기본음식으로 자리하고 있다. 처음에는 낟알을 쪄서 먹다가 벼가 재배되고 솥이 발명됨에 따라, 지금과 같은 형태의 밥을 짓게 되었다.

옛날부터 우리 조상들은 “밥이 보약이다.”라고 할 정도로 밥을 최상으로 삼았으며, 밥짓기에 정성을 다하였다. 밥은 만든다고 하지 않고 짓는다(炊)라고 하는데, 쌀을 끓여 뜸을 들이는 과정 때문이다. 밥을 맛있게 지으려면 쌀이 좋아야 하지만, 솥과 연료도 매우 중요하다.

《규합총서》에 "밥과 죽은 돌솥이 으뜸이요, 오지탕관이 그 다음이다." 라고 하였는데, 일반적으로 사용했던 솥은 무쇠솥이다.

그밖에도 한두 사람을 위해서 정성스럽게 밥을 지을 때는 곱돌솥과 새옹을 사용하였다.

곱돌은 조선시대 숙종(1688 년) 때에 전북 장수에서 그릇으로 만들어 상감께 진상하기 시작했다고 하는데, 천연의 석기에 열을 가하면 돌 자체에서 발생되는 원적외선의 원리로 맛있는 밥이 된다.

밥은 주로 백미로 짓게 되나, 찹쌀류, 잡곡류, 콩류, 견과류, 채소류, 어패류, 수조육류 및 서류 등을 넣기도 한다.

조선시대 문헌을 보면 밥이 150 여 종이 있었으나, 지금까지 전해 오는 밥의 종류는 약 90 여 종이 있다.

이 중에서도 우리는 특히 잡곡밥을 즐겼다. 즉, 초여름에는 햇보리밥을, 여름철에는 여러가지 풋콩밥을, 초가을에는 청대콩밥을, 추운 겨울이면 붉은 팥밥을, 봄이면 거피팥을 반으로 타서 쌀과 함께 밥을 지어 입맛을 돋우었다.

여러가지 죽과 밥 중에서 맛과 향이 특별한 연자죽, 매화죽, 방풍죽을 소개하고 별미밥인 콩탕밥과 서미밥, 닭온반을 소개한다.

연자죽 (蓮子粥)

재 료 (5 인분)

연자 200 g
멥쌀 1 컵
대추 6~8 개
물 9 컵 (1.8 l)
소금, 설탕 적당량

만드는 법

① 신선한 연자(연밥)를 구하여 그것을 따뜻한 물에 3 시간 정도 담그었다가 껍질을 벗기고, 두 쪽으로 쪼개어 속에 있는 녹색의 배아를 떼어 낸다.
② 쌀은 2 시간 이상 불려서 건져 놓고, 대추는 씨를 빼서 썰어 놓는다.
③ 냄비에 준비한 재료를 넣고 물을 부어 2 시간 정도 약한 불에서 끓인다.
④ 죽이 푹 퍼지고 뜸이 잘 들면, 그릇에 담고 소금과 설탕을 함께 낸다.

- 신선한 연자를 구할 수 있으면 더욱 좋겠으나, 구하기 힘들 때는 건재 약방이나 경동시장에 가면 한약재로 쓰는 연자를 살 수 있다.
- 중국에서는 연자(蓮子)가, 연달아 아들을 낳는다는 연자(連子)와 발음이 비슷하기 때문에, 결혼 축하 피로연에 연밥이 나온다고 한다. 연(蓮)은 그 자체를 하나도 버릴 데 없이 약으로 쓰는데, 반찬으로 인기 높은 연의 뿌리는 연근(蓮根)이라 하고, 연밥이라 불리는 씨를 연실(蓮實) 또는 연자(蓮子)라고 부른다. 연밥은 본초서에 기력을 기르고 백병(百病)을 없앤다고 기재되어 있다. .
특히 소화기능의 쇠약에서 오는 전신쇠약, 신경성 심장병, 피로회복 등에 좋은 효과가 있다고 한다.
- 연꽃의 씨를 연자 또는 연밥이라고 부른다.

방풍죽 (防風粥)

재 료 (5 인분)

방풍잎 (새순) 100 g
멥쌀 2 컵
물 8~9 컵
간장·소금 적당량

만드는 법

① 방풍나무의 새순을 따다가 깨끗이 씻어 놓고, 쌀은 2 시간 이상을 불려서 건져 놓는다.

② 냄비에 불린 쌀과 물을 넣고 끓이다가 쌀알이 익어서 잘 퍼지면, 방풍잎을 넣고 한소끔 더 끓여서 뜸을 푹 들인다.

③ 사기 그릇에 담아 간장과 소금을 곁들여 낸다.

죽을 끓일 때 방풍잎을 넣고 오래 끓이지 않아야 단맛과 향이 살아난다.
방풍은 강릉에서 많이 산출된다고 한다. 2 월이 되면 그 고장 사람들이 새벽에 이슬을 타고 방풍의 새싹을 따는데, 햇볕을 쏘이지 않는다고 한다.
잘 쑤어진 죽을 차가운 사기 그릇에 담아 따뜻할 때 먹으면 입안에 단맛과 향이 가득하여 3 일이 지나도 없어지지 않는다고 하니, 참으로 제호(醍醐)의 상품으로 일컬어질 만하다.

매화죽(梅花粥)

재　료 (5 인분)

매화 100 g
멥쌀 2 컵
물 8~9 컵
소금·꿀(설탕) 적당량

만드는 법

① 떨어진 매화를 깨끗이 씻어서 가운데의 꼭지와 꽃술을 떼어 낸다.
② 쌀은 2 시간 이상 불려서 건져 놓는다.
③ 냄비에 불린 쌀과 물을 넣고 중간 이하의 낮은 불에서 천천히 끓이다가, 쌀이 푹 퍼지면 매화를 넣고 한소끔 더 끓인다.
④ 그릇에 담고, 소금과 꿀(설탕)을 곁들여 낸다. 매화의 향기가 죽 속에 가득하여 입안을 즐겁게 해준다.

흰눈이 하얗게 덮인 설경에 아름다운 매화를 보고, 또 그것을 음식으로 먹으며, 풍류를 즐겼던 조상들의 맛과 멋을 우리도 함께 느껴 봄이 어떨는지?

콩탕밥

재 료 (5 인분)

쌀 2 컵
콩 3 컵
돼지비계 100 g
시래기 400 g
감자 70 g
들기름 1 작은술
소금 1 작은술
양념간장 적당량

만드는 법

① 돼지비계는 잘게 썰어 놓고 감자는 껍질을 벗겨 채를 썰고 시래기는 4cm 길이로 썰어 놓는다.
② 솥에 들기름을 두르고 위의 재료를 고루 펴 넣은 다음, 소금을 뿌린다.
③ 콩은 4~5 시간 불려 겉껍질을 제거하고 믹서에 갈아서 위에 얹는다.
④ 2 시간 정도 불린 쌀을 맨 위에 얹고, 밥물을 맞추어 밥을 짓는다.
⑤ 뜸을 충분히 들인 다음, 양념장으로 비벼 먹는다. 물김치와 맑은 국을 함께 낸다. 콩나물무침을 곁들여 먹으면 좋다.

갈은 콩과 시래기가 어울려 구수하고 돼지비계가 부드럽게 녹아들어 맛이 일품이다.

서미밥 (藷米飯)

재 료 (5 인분)

멥쌀 3 컵
고구마 1 컵

만드는 법

① 쌀은 씻어서 30 분 정도를 불려서 건져 놓는다.
② 고구마는 쌀알처럼 잘게 썰어서 바싹 말린다.
③ 솥에 쌀과 물을 넣고 가열하여 쌀이 끓으면 말린 고구마를 넣고 밥을 짓는다.
④ 서미밥은 고구마가 너무 익으면 물러져서 좋지 않으므로 뜸만 들인다.

- 《정조지》의 밥요리에 '고구마를 잘게 하여 바싹 말려 멥쌀과 함께 밥을 하면, 맛이 달지 않고 포만기가 오래 가서 시장기가 없다.'고 하였는데, 고구마를 많이 비축해 두면서 양곡대용으로 이용하였던 것으로 짐작된다.
- 고구마를 말리기 어려우면 생것을 그냥 잘게 썰어서 밥을 뜸 들일 때 함께 섞으면, 노란 점박이가 붙은 것 같아 색이 예쁘고 맛이 별미이다.

닭온반

재 료 (5 인분)

닭 750 g
밥 5 공기
애호박 100 g
당근 100 g
표고버섯 25 g
다홍고추 · 풋고추 1 개
생강 5 g
청주 약간

〈양념장〉 다진 파 25 g
다진 마늘 10 g
청장 ½ 큰술
소금 1 큰술
후춧가루 약간

만드는 법

① 닭은 큼직하게 토막내어 끓는 물에 생강과 청주와 함께 넣고 푹 삶아서 살을 모두 발라내어 결 방향으로 찢어 놓고, 국물은 고운 체로 걸러 후추를 넣고 소금으로 간을 한다.
② 애호박은 가늘게 채쳐서 소금에 절였다가, 물기를 꼭 짜서 양념하여 기름에 볶는다.
③ 당근도 5cm 길이로 채쳐서 기름에 볶으면서 소금으로 간을 하고, 표고버섯은 불려서 꼭지를 떼고 가늘게 채쳐서 양념하여 기름에 볶는다.
④ 밥은 고슬고슬하게 지어 그릇에 담고, 나물을 둘러 얹은 다음, 그 가운데에 닭살을 올려놓은 후 육수를 약간 부어서 양념장과 함께 낸다.

- 함경도 지방의 음식으로, 담백한 닭살과 여러가지 채소가 어울리므로 고기를 싫어하는 사람들도 좋아한다. 또한 그 외의 어느 채소라도 다 사용할 수 있으므로, 주말이나 일요일에 권할 만한 요리라고 하겠다.
- 닭온반은 밥 위에 나물을 얹고 닭살과 약간의 닭국물을 부운 음식으로, 비빔밥과 비슷하다.

혼례음식

입춘이 지나서 봄소식이 들리는 듯하다. 2월에는 여러가지 전해 내려오는 풍습과 행사가 많다. 특히 정월 대보름날에는 푸짐한 상원절식을 비롯, 행사가 다양하기 이를 데 없다.

새봄은 젊은이들이 결혼의 준비와 새 생활의 기대로 기쁨이 가득한 계절이다. 사람이 태어나서 자라고 생을 마감할 때까지는, 우리가 치러야 할 몇 차례의 의식들이 있는데, 이를 통과의례(通過儀禮)라고 하며, 일생의례라고도 한다.

우리 나라에서 전통적으로 시행되는 통과의례는 혼례·관례·상례·제례의 사례(四禮)와 출생·삼칠일·백일·첫돌·회갑·회혼 등 여러가지가 있다. 이들 의례에는 각각 정형화된 의식과 함께 그에 따른 특별한 음식들이 있기 마련인데, 의례 음식에는 그 의례의 의미를 나타내는 독특한 양식과 기원·기복·존경 등의 뜻이 포함되어 있다.

여러 의례 중에서 특히 혼례는 '인륜지대사'(人倫之大事)라고 하여 가장 중요하게 여겼다. 혼례에 사용되는 우리 나라 음식에는, 납폐의식을 행할 때의 봉치떡, 초례의식을 치르기 위해 마련하는 교배상, 혼례를 행한 신랑과 신부에게 차려주는 큰상, 현구고례(見舅姑禮)를 행할 때 쓰이는 폐백음식과 이바지음식이 기본이 된다.

납폐의식을 행할 때에는 혼서와 채단이 담긴 함을 받는데, 이 때 신부집에서 봉채떡을 만든다. 흔히 '봉치떡'이라고도 하고, 찹쌀과 붉은 팥을 사용하는 찹쌀 시루떡이다. 찹쌀을 주재료로 사용하는 것은 찰떡처럼 잘 합쳐지라는 뜻이며, 붉은 팥고물은 액막이의 의미이다.

초례의식에 사용하는 교배상을 보면, 맨 앞줄에 대추, 밤, 조과가 각각 2 그릇씩, 그 뒷줄에 대두, 붉은 팥, 달떡 2 그릇씩이고, 색편으로는 암수 한 쌍의 닭 모양의 떡을 만들어 놓는데, 수탉은 동쪽에 암탉은 서쪽에 놓는다.

달떡은 흰 절편을 둥글게 달 모양으로 만든 것이다. 보름달처럼 밝게 비추고 둥글게 잘 살기를 바라는 마음이 담겨 있다.

큰상은 혼례뿐만 아니라, 회갑·회혼 때에도 축하하기 위하여 여러가지 음식을 높이 고여 차리는 상으로, 가장 성대하고 화려한 상이라고 할 수 있다. 큰상차림에 준비되는 음식은 생과류, 견과류, 병과류, 숙육편류, 저냐류, 건어물류, 포류, 적류 등으로 높이 고이고 줄을 맞추어 배열한다.

현대에 들어서면서 예전부터 행해 오던 의례들이 간소화되어 가거나 자취를 감춘 것도 있지만, 혼례에 속하는 폐백의례와 이바지음식만은 잘 보존되어 오고 있다.

폐백음식에 대해 《오례의(五禮儀)》에서는, "신부가 시가로 가서 시부모를 뵈올 때는 밤, 대추, 포를 드린다."고 하였는데, 집안의 가풍과 지방에 따라 조금씩 그 모습이 달라졌다.

가장 보편적으로 대추, 쇠고기로 만든 편포, 혹은 육포를 쓰거나 닭을 쪄서 이용한다.

서울 지역에서는 육포와 대추를 주로 이용했다. 그러나 개성 지역에서는 큰 닭을 이용하여 찜을 한 후에 알지단, 표고버섯, 실고추와 실백 등으로 장식한 다음, 삶은 달걀을 마치 닭이 알을 품고 있는 모양으로 담아 놓았다고 한다. 다른 지방에서는 대추, 밤, 엿, 호두, 고기음식 등을 이용해서 여러가지 음식을 준비하기도 한다.

대추는 자손 번영을 의미하는데, 굵은 것으로 골라 술을 뿌려 둔 후, 양쪽 끝에 실백을 박아서 다홍실에 한 줄로 끼운다. 이 때에 실이 도중에 끊기거나 이어지는 일이 없게 하여 쟁반에 고인 후 시아버지 앞에 놓으며, 안주로 마련되는 고기류인 편포는 쇠고기를 곱게 다지고 갖은 양념하여 반대기를 지어 말린 다음, 잣가루를 고명으로 뿌린 후 '근봉(謹封)'이라고 쓴 종이 띠로 가운데를 두르고, 그릇에 담아 시어머니 앞에 놓는 것이 예로 되어 있다.

이바지음식은 평소에 쉽게 먹을 수 없는 귀한 재료들을 가지고 정성껏 만드는데, 대표적으로 해물 음식들과 전류 등이 있다. 해물 음식으로는 도미찜·피문어·대하찜·전복초·홍합초 등이 있다. 그 밖에 화양적·사슬적·버섯산적·채소전·해물전·육전 등이 있다.

여기에 약식과 찰떡류인 오색인절미, 단자류 등은 빠질 수 없으며, 엿도 중요 품목이었다. 엿이야말로 맛은 물론이려니와, 정성을 인정받을 수 있는 음식이었기 때문이다.

이들 음식의 재료 몇 가지 가운데 특징과 영양적인 면을 살펴보면, 먼저 도미는 단백질이 많고 지방질이 적은 강정식품으로, 특히 도미의 눈에는 비타민 B_1 이 많고 껍질에는 비타민 B_2 가 많아서 버릴 것이 없다. 맑은 국을 끓여 소금간을 한 것을 산모에게 먹이면 젖을 잘 나오게 하며, 연골에는 영양분이 많고 맛도 좋다.

그 때문에 도미를 두고, '어두육미'(魚頭肉尾)라는 말이 생겨났다고 한다. 또 도미 위에 갖은 고명을 얹고 양념하여 찐 도미찜은 '기생(妓生)과 노래(樂)보다 낫다'고 하여 승기악탕(勝妓樂湯)이라고 하는데, 〈진찬의궤〉·〈진연의궤〉·〈술 만드는 법〉·〈조선요리제법〉 등에 기록되어 있는 것으로 미루어, 궁중에서부터 일반에 이르기까지 고루 즐겨 먹었던 음식으로 추측된다.

문어는 지방질과 당질이 적은 저칼로리 식품으로서, 소화시간이 길어 다이어트에 효과적인 것으로 알려져 있다. 《규합총서》에 "돈 같이 썰어 볶으면 그 맛이 깨끗하고 담담하며, 그 알은 머리·배·보혈에 귀한 약으로 토하고 설사하는 데 유익하다. 쇠고기 먹고 체한 데 문어 대가리를 고아 먹으면 낫는다."고 적고 있다.

즉, 문어는 기력을 회복시켜 주고 근육과 뼈를 튼튼하게 해준다. 그리고 치질이나 산후에 피가 잘 돌지 않아서 일어나는 두통·현기증·월경불순에 살짝 데쳐서 초고추장에 무쳐 먹으면 크게 도움이 된다.

최근에 문어에는 타우린이 풍부하여 피로회복을 돕고 혈중 콜레스테롤을 떨어뜨리는 효과가 있는 것으로 밝혀졌다. 이러한 문어는 주로 회로 먹거나, 말려서 봉황이나 용 등의 여러가지 모양으로 오려서 잔치음식의 웃기로 귀하게 이용해 왔다.

대하는 큰 새우를 가리키는 것으로, 살을 비롯하여 껍질과 알까지도 영양이 뛰어나며, 특히 비타민이 풍부하다. 머리와 알은 뛰어난 스테미너원이며, 강장효과가 있어서 하체가 노곤하고 처질 때와 정력감퇴 예방에 효과적인 식품이다. 여성의 경우, 몸을 따뜻하게 하고 저혈압과 냉증을 개선시켜 준다고 한다.

전복은 날 것으로 먹기도 하고, 우리의 전통음식인 명포(明鮑)·회포(灰鮑) 또는 통조림의 원료로 이용되는 고단백식품이다. 《도문대작》에 제주도산을, 《규합총서》에서는 울산산을 으뜸으로 치고 있는 것으로 보아, 오래 전부터 이용해 왔음을 알 수 있다.

마른 전복을 얇게 저미어 잣을 넣고 반달 모양으로 싸서 만든 전복찜은 술안주용으로, '추복탕(鎚卜湯)'이라 하여 전복을 넣고 끓인 전복탕(全鰒湯)과 전복죽, 그리고 전복초는 의례음식으로 널리 이용되었다.

전복은 일반 어패류보다 고단백질인 것을 비롯하여, 글루타민산이 많아서 감칠맛을 주며, 아미노산이 풍부하여 간기능 개선과 간장(肝腸)의 치료 및 고혈압과 야맹증 치료에 쓰이는 등, 한방적 약리효과도 높다. 또 전복이 함유하고 있는 성분의 특성으로 비만증, 간경화증, 간염 등의 예방과 치료 외에 임산부와 병후 회복기에 있는 사람에게 훌륭한 영양공급원이 된다.

홍합은 기름기가 없어서 맑은 맛을 주는 패류로서, 특히 감칠맛이 뛰어나다. 소화가 잘 되어 유아의 이유식으로, 또는 죽과 국, 장아찌 등으로 오랜 옛날부터 즐겨 먹었는데, 삶아서 말린 것을 '담채(淡菜)'라고 부른다. 단백질과 지방, 탄수화물이 풍부한 고급 영양식품으로 알려져 있다.

이제부터 결혼의 적령기에 있는 선남선녀들을 위한 정성과 예(禮)가 깃든 혼례음식 몇 가지를 소개하고자 한다.

도미찜

재 료 (5 인분)

도미 1 마리 (500 g)
쇠고기 50 g
표고버섯 3 장, 석이버섯 10 g
오이 1 개, 달걀 1 개
붉은 고추 1 개
참기름, 소금, 식용유 적당량

㉠
- 소금 1 작은술
- 후춧가루 ½ 작은술
- 생강즙 1 작은술

㉡
- 간장 1½ 작은술
- 다진 파 1 작은술
- 다진 마늘 ½ 작은술
- 설탕 ½ 작은술
- 후춧가루 ⅛ 작은술
- 깨소금 1 작은술
- 참기름 ½ 작은술

만드는 법

① 도미의 비늘을 긁고 내장을 제거하여 양면에 1 cm 간격으로 칼집을 넣어 ㉠으로 간을 한다.
② 곱게 다진 쇠고기를 ㉡으로 양념한 후 밑간이 된 도미의 칼집 사이사이에 끼운다.
③ 표고를 불려서 가늘게 채로 썰어 소금과 참기름에 무쳐 볶아 낸다.
④ 석이버섯은 뜨거운 물에 불렸다가, 손으로 비벼 깨끗이 씻어 배꼽을 떼고, 물기를 꼭 짠 후 채로 썰어 진간장과 참기름으로 무친다.
⑤ 오이는 돌려깎기하여 채로 썰어 소금에 절였다가 식용유에 잠깐 볶는다.
⑥ 달걀은 황·백으로 지단을 부친다.
⑦ 붉은 고추는 씨를 빼고 채 썰어 식용유에 잠깐 볶아 놓는다.
⑧ 도미를 담아 김 오르는 찜통에 넣고 약 15 분 가량 쪄서 속까지 익힌 후, 오색 고명을 위에 얹어 잠깐 한 김을 올린 다음, 접시에 담아 낸다.

- 오색 고명을 얹고는 잠시 한 김만 올려야 색이 변하지 않는다.
- 도미찜은 포를 떠서 전을 지져 만드는 방법도 있다.

문어찜

재 료 (5인분)

문어 2 kg
소금 적당량
초고추장·초간장 적당량

만드는 법

① 문어는 소금으로 주물러 깨끗이 씻고 물기를 빼어 놓는다.
② 겉껍질을 벗겨서 한 번 더 물기를 빼 놓는다.
③ 소금물을 슴슴하게 타 놓고 두꺼운 냄비에 소금물을 자작하게 붓는다.
④ 손질해 놓은 문어를 통째로 안쳐서 잠시 찐다.
⑤ 초고추장, 초간장을 곁들여 낸다.

- 어패류는 장시간 조리하지 않으며, 특히 오징어나 문어는 잠시 익혀야 부드럽고 연하다. 다른 방법으로는 눈이나 먹물을 모두 제거한 후, 깨끗이 씻어서 찜통에 올리고 소금물을 위에 뿌려서 한 김 올려 쪄 내도 좋다.
- 단, 어느 방법이든지 오래 익히면 질기고 단단해져서 맛이 없다.

전복초

재 료 (5 인분)

중간 크기 전복 3 개
쇠고기 100 g

㉠
- 진간장 4 큰술
- 전복 데친 물 ½ 컵
- 설탕 2 큰술
- 대파 1뿌리
- 마늘 · 생강 3쪽
- 후춧가루 ¼ 작은술

녹말가루 1 큰술
참기름 1 큰술
잣가루 적당량

만드는 법

① 전복은 껍질째로 솔을 사용해서 깨끗이 씻고, 살 겉쪽 검은 색의 막은 굵은 소금으로 문질러 씻어낸다.

② 껍질과 살 사이에 칼을 넣어 살을 떼어내고 끓는 물에 잠깐 데쳐내어 얇게 저민다.

③ 쇠고기는 얇게 저미어 썰고, 대파는 2 cm 길이로 썰고, 마늘과 생강은 도톰하게 저민다.

④ 냄비에 ㉠을 넣어 끓으면 쇠고기를 넣는다.

⑤ 다시 한 번 끓으면 전복 저민 것을 넣고, 약한 불에서 서서히 끓인다.

⑥ 국물이 자작할 때까지 조린 다음에 녹말을 물에 풀어 넣어 고루 섞고, 참기름을 넣어 윤기를 낸 다음, 오목한 그릇에 담아서 잣가루를 고루 뿌린다.

홍합초

재　료 (5 인분)

생홍합 100 g
쇠고기 50 g
간장 1½ 큰술
설탕 2 작은술
후춧가루 약간
참기름 1 작은술
물 1 컵
흰파 ½ 뿌리
생강 1 쪽, 마늘 1 쪽
녹말 1 큰술
물 1 큰술
잣가루 1 큰술

만드는 법

① 생홍합은 수염을 떼고 깨끗이 다듬어 끓는물에 소금을 약간 넣고 살짝 데쳐 낸다.
② 쇠고기는 납작하게 저며서 준비한다.
③ 마늘, 생강은 편으로 썰고, 흰파는 2 cm 정도의 크기로 토막낸다.
④ 간장, 설탕, 후추, 물을 넣어 끓이면서 데친 홍합과 쇠고기를 넣고 졸이다가 생강, 마늘, 파를 넣고 국물을 끼얹어 가면서 약한 불에 조린다.
⑤ 장물이 거의 졸면 녹말을 물에 타서 넣어 걸쭉하게 만들고, 참기름을 넣어 윤기 나게 조린 후, 그릇에 담아서 잣가루를 뿌려 낸다.

삼색단자

재 료 (5 인분)

찹쌀 10 컵 (가루로 20 컵)
소금 2 큰술
데친 쑥 40 g (쑥가루 3 큰술)
석이가루 3 큰술

〈색단자고물〉 밤 300 g
대추 100 g
석이버섯 10 g

〈쑥단자고물〉 거피팥고물 1 컵

〈소〉 대추 100 g
유자청 건지 ⅓ 컵
계핏가루 ¼ 작은술

잣가루 3 컵
꿀 1½ 컵

만드는 법

① 찹쌀가루를 셋으로 나눈 후에 쑥가루, 석이가루, 아무 것도 섞지 않은 가루를 각각 섞어 놓는다.

② 색단자는 대추를 돌려깎기하여 곱게 채 썰고, 밤·석이도 손질하여 곱게 채를 썬 후, 찜통에 잠깐 쪄서 3 가지를 고물로 섞어 놓는다.

③ 소는 준비한 분량의 대추 다진 것, 유자청 건지, 계핏가루를 섞어 은행알만하게 빚어 놓는다.

④ 찜통에 젖은 보를 깔고, 세 가지를 각각 찐 후, 꺼내어 각각 양푼에 쏟아서 꽈리가 일도록 젓는다.

⑤ 쑥단자는 손에 꿀을 묻히고 떡을 조금 떼어 소를 넣고 오므려 겉에 꿀을 바르고 팥고물을 묻힌다.

⑥ 색단자는 손에 꿀을 묻히고 떡을 조금 떼어 소를 넣고 오므려 꿀을 바르고 고물과 잣가루를 묻힌다.

⑦ 석이단자는 도마에 꿀을 바르고 떡을 쏟아 1 cm 두께로 납작하게 반대기를 지은 다음, 한김 나간 후에 길이 3 cm, 폭 2 cm 로 썰어 꿀을 바르고 잣가루를 묻혀 접시에 담는다.

주 약

재 료 (5 인분)

찹쌀 4 컵 (가루 8 컵)
소금 2 작은술
끓는 물 적당량

치자 2 쪽
쑥 50 g
오미자 ½ 컵

〈소〉 볶은 깨 ⅓ 컵
꿀 1 큰술
소금 ½ 작은술
계핏가루 ⅛ 작은술

대추 10 개
꿀 1 큰술
계핏가루 ⅛ 작은술

〈집청〉 꿀 ½ 컵
계핏가루 1 작은술

식용유 · 잣가루 적당량

만드는 법

① 찹쌀가루는 체에 내리고 네 분량으로 나눈 후, 각각의 네 가지 색을 섞어 익반죽하는데, 넣는 재료에 따라 대추주악, 치자주악, 밤주악, 승검초주악, 은행주악, 석이주악을 만들 수 있다.
② 깨소는 깨를 볶아서 꿀과 소금 · 계핏가루로 섞어 만든다.
③ 대추소는 대추를 돌려깎기하여 다진 후 꿀과 계핏가루를 넣어 만든다.
④ 각각 반죽한 것을 새알 크기만큼, 조금씩 떼어 둥글게 빚은 다음, 가운데에 각각의 소를 넣고 끝을 오므려 송편 모양으로 빚는다.
⑤ 크기는 조약돌 정도가 좋다.
⑥ 곱게 빚은 주악을 150℃의 기름에 지져 낸 후, 꿀과 계핏가루를 뿌려서 담아 낸다.

주악의 색은 익으면 더욱 진해지므로 반죽할 때 색을 엷게 하도록 하고, 튀길 때 여러 개를 함께 넣으면 서로 엉겨 붙으므로 몇 개씩만 넣어서 튀겨야 깨끗하다. 깨끗한 흰색을 먼저 넣어 지지는 것이 좋고, 여러 번 뒤적이지 않도록 한다. 주악은 소상, 대상, 기제사 또는 큰 잔치 때 반드시 만들어서 편의 웃기로 쓴다.

인절미

● 재　료 (5 인분)

찹쌀 10 컵 (가루 20 컵)
- 물 1 컵
- 소금 2 큰술

- 흑임자 1 컵
- 노란 콩가루 1 컵
- 푸른 콩가루 1 컵
- 거피팥 1 컵
- 붉은팥 1 컵

소금 각각 ⅓ 작은술
설탕 각각 2 큰술

만드는 법

① 찹쌀을 깨끗이 씻어서 일어 8 시간 이상 불린 것을 찜통에 찌는데, 거의 익을 무렵, 물 1 컵에 소금 2 큰술을 풀어 위에 끼얹어서 푹 찐 후, 쌀알이 으깨어지도록 절구에 빻는다.
② 안반과 손에 소금물을 묻혀 떡을 편편하게 늘여 놓고, 넓은 그릇에 고물을 깔고 두께를 알맞게 한 다음, 가로 2.5 cm, 세로 4 cm 로 잘라 고물을 묻힌다.
③ 흑임자가루와 노란 콩가루, 파란 콩가루를 준비하여 분량의 소금과 설탕을 넣어 간을 한다.
④ 거피팥은 불려서 껍질을 제거한 후, 삶아서 체에 내려 소금간을 한다.
⑤ 붉은 팥은 푹 삶은 후 체에 내려 소금간을 한다.
⑥ 썰어 놓은 떡이 뜨거울 때 각색 고물을 묻혀서 완성해 낸다.

인절미는 소금간이 맞아야 고소하며, 쑥이나 대추, 또는 수리취 등을 넣기도 한다.

육 포

재 료 (5 인분)

쇠고기(우둔육) 10 근(6 kg)

㉠
- 진간장 4 컵
- 설탕 1 컵
- 꿀 3 큰술
- 후춧가루 3 작은술

만드는 법

① 쇠고기 우둔육을 두께 0.5 cm, 폭 10 cm, 길이 40 cm 정도로 길게 썰어서 기름기와 힘줄을 끊고 칼등으로 자근자근 두드려 부드럽게 만든다.

② ㉠의 양념에 준비해 놓은 고기를 한 자락씩 담가 두었다가 건져서 장물이 모두 배이도록 오래 주무른 다음, 꼭꼭 눌러서 재워 놓는다.

③ 양념장이 완전히 흡수되면 채반에 얇게 펴서 장독 사이에 얹어 망을 씌워 말리는데, 아침나절에 널면 오후에 뒤집어서 잡아당겨 모양을 펴고, 다음날 다시 바로 펴서 꾸덕꾸덕할 때 안시를 쌀고 사뭇사뭇 십쳐서 무거운 돌로 눌러 주름 없이 반듯하게 만든다.

- 정육점에서 사 온 고기는 냉동된 고기이다. 이것을 해동하면 고기에서 핏물이 많이 나오는데, 마른 위생보자기나 종이 키친타올로 꼭꼭 눌러 핏물을 완전히 제거한 후, 양념장에 넣어야 흡수가 잘 되고 말렸을 때 맛이 있다.
- 불고기를 할 때도 양념하기 전에 핏물을 완전히 제거한 후 양념장에 조물조물 무쳐야 완전히 흡수되고, 구웠을 때에 몇 배로 맛이 있다.

어 포

재 료 (5인분)

대구포 30장
대추 10개
잣 10개

만드는 법

① 대구포는 머리는 잘라내고 꼬리는 다듬는다.
② 대추는 돌려깎기하여 밀대로 밀어서 꽃잎 모양으로 오린다.
③ 잣은 꼭지부분을 잘라 준비한다.
④ 목기에 어포를 소담하게 담고, 그 위에 물엿을 바르고 대추와 잣을 올려 꽃 모양으로 장식한다.

어포는 상어, 북어, 대구 등의 건어를 그대로 제기에 올린다. 고일 때는 육포와 어포를 구분하여 따로 괸다. 상어는 같은 길이로 잘라 그대로 괴고, 북어는 껍질을 벗긴 다음, 머리와 꼬리를 잘라 내고 흰 종이에 싸서 돌에 눌러 두었다가 괸다.

닭폐백

재 료 (5인분)

닭 1마리
석이버섯 3장
계란 3개
홍고추 1개
은행 20알
오이(파) 약간
대추 1kg
밤 1kg

〈장식물〉
- 청·홍실
- 사지
- 솔잎
- 댓잎
- 잣 ½컵

만드는 법

① 닭은 깨끗이 손질하여 끈으로 묶어서 보기 좋게 만든다. 냄비에 자작하게 물을 붓고 소금을 넣어 끓이면서 닭을 넣고 20분간 삶아서 젓가락으로 찔러 보아 핏물이 나오지 않으면 불을 끄고 식힌다(쪄낼 수도 있다).

② 석이버섯은 따뜻한 물에 불려서 잘 씻은 후, 채를 썰어 프라이팬에 살짝 볶는다.

③ 계란은 황·백 지단을 부쳐서 곱게 채를 썬다.

④ 홍고추는 씨를 빼고 포를 떠서 곱게 채를 썰어 찬물에 헹군 후에 물기를 닦아 둔다.

⑤ 은행은 기름 두른 프라이팬에 살짝 볶아 껍질을 벗기고 기름을 닦는다.

⑥ 오이는 돌려깎기하여 곱게 채를 썰어 소금에 살짝 절인다.

⑦ 대추는 잘 씻은 후, 한쪽 꼭지에 잣을 끼우고 홍실에 끼워 둔다.

⑧ 밤은 깨끗하게 닦아놓는다.

⑨ 원형 목판에 밤을 얹고 그 위에 닭을 안친 후, 오색고명으로 장식한다.

잡채류

우리의 식생활상에 지극히 기본적이고 거의 매일 먹는 가장 보편화된 음식으로, 숙채(熟菜)가 있다. 따라서 가장 종류가 많고 조리법도 다양한 것이 숙채라고 할 수 있는데, 장(醬)이나 기름에 볶아서 만든 것이 있는가 하면, 끓는 물에 데쳐서 익힌 채소류를 갖은 양념에 무쳐서 만든 것도 있다.

숙채에 사용되는 채소류는 시금치를 비롯하여 콩나물 · 미나리 · 숙주나물 · 가지 · 무 · 배추 · 오이 · 호박 · 쑥갓 · 도라지 · 두릅 등과 밭에 심어서 거두는 밭 채소와 고사리 · 고비 · 더덕 · 잔대 · 홑잎 · 원추리 등으로 산과 들의 나물들이 이용되는데, 이들 재료는 단독으로 쓰이는 것이 대부분이다.

그런데 이들 숙채 가운데서도 여러가지 재료를 혼합하여 복합적이고 다양한 맛을 함께 즐길 목적으로 조리한 잡채류(雜菜類)가 있다. 이들 잡채류는 채소류에 고기와 버섯 등을 넣음으로써 맛과 영양적 측면에서도 더할 나위가 없다.

겨자채를 위시하여 잡채(雜菜), 죽순채(竹筍菜), 탕평채(湯平菜), 족채(足菜), 제육생채(猪肉生菜) 그리고 구절판(九折坂) 등이 모두 잡채류인데, 이들 잡채류는 아주 오랜 옛날부터 즐겨 온 우리 고유의 음식이다.

그 중 대표적인 것이 잡채인데, 우리의 옛 문헌인 ≪규곤시의방≫에 "도라지, 거여목, 오이, 무, 송이버섯, 표고버섯, 석이버섯, 숙주나물, 건박, 호박고지, 미나리, 파, 두릅, 고사리, 시금치, 동아, 가지, 생치 등을 각각 채쳐서 볶아 담고, 그 위에 즙액을 뿌리고, 다시 천초, 후춧가루, 생강가루 등을 뿌린 것"이라고 소개하고 있음을 볼 수 있다.

여기서 즙액은 생치 삶은 국물에 된장 거른 것을 풀고, 쇠고기에 밀가루를 풀어 끓여서 걸쭉하게 만든 것이다.

또 기록에 의하면, 도라지·거여목·박고지 등을 삶아 가늘게 찢고, 오이와 무는 날 것으로 양념하여 가늘게 한 치씩 썰어서 각각 기름간장에 볶아 섞는다고 설명하고 있다.

겨자채는 《한국음식》에 수록되어 있는 것을 볼 수 있는데, "배추·오이·편육·죽순·당근·전복·해삼·배·밤·황백지단 등을 얇은 골패 모양으로 썰고, 겨자를 따뜻한 물에 개어서 매운 맛이 풍기게 한 것에, 식초·설탕·소금을 넣은 겨자즙과 섞어서 잣즙·연유를 넣어 버무린 다음, 골고루 무친 것"이라고 소개하고 있다.

《한국민속종합조사보고서》〈전남편〉에 죽순채가 수록되어 있는데, 꿩고기 살을 다져서 소금으로 양념하여 볶다가, 죽순·표고버섯·석이버섯·풋고추 등을 넣고 같이 볶아서 소금으로 간을 맞추고, 밀가루를 엷게 풀어서 넣고 익힌다고 하였다.

탕평채는 녹두묵에 고기볶음·미나리·김 등을 섞어 만든 묵무침으로서, 《동국세시기》에 의하면 "조선왕조 중엽(영조 때) 탕평책(蕩平策)의 경륜을 펴는 자리에 청포에 채소를 섞어서 무친 음식이 나왔으므로 탕평채라고 하였다."는 기록을 찾아볼 수 있다. 이 탕평채는 두견화전·화면·진달래화채·향애단(쑥경단) 등과 함께 삼짇날의 절식으로도 유명하다.

족채는 '족편채'라고도 하며, 《이조궁정요리통고》에 보면, "족편·편육·살짝 볶은 미나리·표고·석이·옥총·살짝 데친 숙주·당근을 함께 섞어 겨자를 부어가면서 무친 것"으로 소개하면서, "미나리·석이·옥총·표고·숙주·당근은 채를 썰어서 사용하며, 접시에 담은 뒤에 황·백 지단 채와 실백을 뿌려낸다."고 소개하고 있다.

그밖에 구절판이나 제육생채도 마찬가지로, 채소와 버섯류·고기가 한데 어울려 조화된 맛과 여러가지 채소류의 풍미를 함께 맛볼 수 있는 것이 특징이다.

이러한 잡채류는 계절의 변화에 관계없이 사철 고른 영양섭취와 함께 편향된 식습관에서 오는 영양불균형을 조화롭고 지혜롭게 대처할 수 있다는 점에서 자랑할 만한 음식이다.

겨울철에 부족되기 쉬운 비타민 등 각종 영양소를 골고루 섭취할 수 있는 종합 영양식으로서, 잡채류 몇 가지를 소개하고자 한다.

겨자채

재 료 (5 인분)

양지머리 편육 200 g
오이 1 개
당근 ½ 개
양배추 100 g
배 ½ 개
밤 8 개
달걀 2 개
잣 1 큰술
소금 약간

〈겨자즙〉 겨자 3 큰술
물 1 큰술
식초 2 큰술
설탕 2 큰술
소금 1 큰술
연유 3 큰술

만드는 법

① 양지머리는 생강, 대파를 넣고 편육으로 삶아 베보자기에 싸서 돌로 눌러 폭 1.5 cm, 길이 5 cm, 두께 0.5 cm 로 썰어 놓는다.
② 오이·당근·양배추는 깨끗이 씻어서 편육과 같은 크기로 썰어 찬물에 담가 놓고, 배도 껍질을 벗겨서 같은 크기로 썰은 후 설탕물에 담가 놓는다.
③ 달걀은 황·백 지단을 부쳐 채소와 같은 크기로 썬다.
④ 접시 가운데 양배추를 소복이 담고 둘레에 채소 썬 것을 돌려 담아 잣을 얹은 후, 겨자즙과 함께 낸다. 새우나 전복 같은 해산물을 넣어도 된다.

채소와 편육, 해산물을 합하여 넣는 겨자채도 있다. 가을철에는 살이 올라 통통한 햇닭을 삶아 살을 찢어 무치면, 닭고기의 담백함과 겨자의 매콤한 맛이 어울려 풍미 있는 음식이 된다.

죽순채

재 료 (5 인분)

죽순 100 g, 쇠고기 50 g
미나리 50 g, 숙주 50g
다홍고추 1 개
잣가루 1 큰술

㉠
- 간장 ½ 큰술
- 참기름 ½ 작은술
- 설탕 1 작은술
- 다진 파 1 작은술
- 다진 마늘 ½ 작은술
- 후춧가루 1 작은술
- 깨소금 1 작은술

㉡
- 간장 1 큰술, 깨소금 1 작은술
- 식초 1 큰술,
- 참기름 ½ 작은술
- 설탕 2 작은술
- 다진 파 2 작은술
- 다진 마늘 1 작은술

만드는 법

① 죽순을 쌀뜨물에 삶아서 아린 맛을 없애고 깨끗이 씻은 후, 빗살무늬가 나타나도록 얇게 썰어서 번철에 기름을 두르고 볶는다.
② 쇠고기는 곱게 채 썰어 ㉠으로 양념하여 볶는다.
③ 다홍고추는 3 cm 길이로 채를 썬다.
④ 미나리는 데쳐서 3 cm 길이로 자르고, 숙주는 거두절미하여 데쳐서 같은 양념을 넣고 볶는다.
⑤ 모든 재료를 함께 섞어 ㉡으로 양념하여 무치고 잣가루를 뿌려 낸다.

죽순은 대나무의 어리고 연한 싹으로, 아린 맛이 강하며, 저장성이 약해서 통조림으로 이용된다. 죽순을 통째로 삶을 때 쌀뜨물이나 밀가루를 타서 삶으면 죽순의 좋지 않은 성분이 제거되며, 석회질도 녹아 없어지고 죽순이 아주 부드러워진다.

탕평채

재　료 (5인분)

청포묵 1모, 쇠고기 200 g
숙주 100 g, 미나리 100 g
김 1장, 달걀 1개
실고추 약간

㉠
- 간장 2큰술
- 설탕 1큰술
- 다진 파 2작은술
- 다진 마늘 1작은술
- 깨소금 1작은술,
- 참기름 2작은술

㉡
- 간장 2큰술
- 다진 파 1큰술
- 다진 마늘 ½큰술
- 식초 2큰술
- 설탕 2작은술
- 깨소금 1큰술
- 참기름 1큰술

만드는 법

① 청포묵은 굵은채로 썰고, 쇠고기는 결 방향으로 곱게 채를 썰어 ㉠으로 양념하여 볶는다.

② 숙주는 거두절미하여 끓는 소금물에 데쳐내고, 미나리는 줄기만 다듬어 끓는 소금물에 살짝 데친 다음, 찬물에 헹구어 5 cm 길이로 썰어 놓는다.

③ 김은 바싹 구워서 잘게 부수고, 달걀은 황·백 지단을 부쳐서 채소와 같은 길이로 채를 썰고, 실고추는 적당한 크기로 끊어 놓는다.

④ 고기와 채소, 각종 고명에 ㉡의 양념을 넣고 손으로 가만가만 섞어 무쳐서 그릇에 돌려 담고, 청포묵 썰은 것을 참기름과 소금에 무쳐 가운데 소복이 담고 위에 김을 올려 낸다.

탕평채는 봄철에 밥맛이 없을 때 하늘하늘한 청포묵에 햇나물인 숙주, 미나리, 물쑥 등을 넣고 무치면, 식욕을 돋우어주는 나물이다. 기름기가 많지 않은 담백한 음식으로, 차갑게 해서 시원하게 내면 맛이 더 있다.

잡 채

재 료 (5인분)

쇠고기 100 g
쇠고기 양념 적당량
양파 50 g
오이 1개
당근 ½개
도라지 50 g
석이버섯 5장
표고버섯 8장
목이버섯 6장
당면 50 g
달걀 2개
배 ½개
잣 1큰술

만드는 법

① 오이를 5~6 cm 길이로 토막내어 돌려 깎은 후, 채 썰어 소금에 살짝 절였다가 물기를 꼭 짠 다음, 기름에 살짝 볶는다.
② 양파는 채 썰고, 도라지도 소금에 주물러서 깨끗이 씻어 쓴 맛을 뺀 후, 가늘게 찢어 소금으로 간하여 기름에 볶는다.
③ 당근은 오이와 같은 길이로 채를 썰어 소금으로 절였다가, 물기를 짜고 기름에 볶는다. 배는 껍질을 벗겨 채를 썬다.
④ 쇠고기는 결과 같은 방향으로 곱게 채 썰어 고기 양념하여 볶는다.
⑥ 표고와 목이버섯은 물에 불려 깨끗이 손질하여 채를 썰어 참기름과 소금으로 양념하여 볶고, 손질한 석이버섯은 소금을 넣고 기름에 살짝 볶는다.
⑦ 물에 불린 당면은 끓는 물에 삶아 찬물에 헹구어 건져서 물기를 빼고, 10 cm 길이로 잘라 간장, 설탕, 참기름에 무쳐서 기름에 볶는다.
⑧ 모든 재료에 양념을 넣고 고루 무쳐서 접시에 담고, 황·백 지단을 채 썰어 잣과 함께 고명으로 얹는다.

구절판

재　료 (5 인분)

쇠고기 200 g
표고버섯 30 g, 석이버섯 20g
오이 2 개, 당근 1 개
달걀 4 개, 숙주 150 g

〈밀전병〉 밀가루 ⅔ 컵
물 1 컵
소금 ½ 작은술

㉠ 간장 2 큰술
다진 파 1 큰술
다진 마늘 ½ 큰술
깨소금 1 큰술
설탕 · 참기름 ½ 큰술
후춧가루 ¼ 작은술

겨자즙 · 초간장 적당량
잣가루 3 큰술

만드는 법

① 쇠고기는 결 방향으로 실날같이 가늘게 썰고, 표고도 곱게 채 썰어 ㉠의 양념에 무쳐 물기 없이 볶아 낸다.
② 오이는 5 cm 로 토막내어 껍질만 얇게 돌려 깎아 곱게 채 썰어 소금에 잠깐 절였다가 소금과 참기름을 넣어 살짝 볶아 낸다.
③ 당근도 오이와 같은 길이로 채를 썰어 소금물에 살짝 데친 후, 소금과 참기름에 무쳐 볶아 식힌다.
④ 석이는 손질하여 곱게 채를 썰어 소금과 참기름에 무쳐 볶아 내고, 숙주는 거두절미하여 소금물에 데쳐 소금과 참기름에 무친다.
⑤ 달걀은 황·백 지단으로 부쳐 채를 썰고, 밀전병은 밀가루를 묽게 풀어 체에 걸러서 둥글고 얇게 부친다.
⑥ 구절판 가운데 밀전병을 담고 잣가루를 뿌리고, 준비된 8 가지 재료들을 색 맞추어 담고 겨자즙과 초간장을 함께 낸다.

구절판은 아홉 가지의 색감이 좋고 특색 있는 음식을 담은 것으로, 큰 상을 차릴 때 많이 올린다. 맛과 볼품을 함께 즐길 수 있는 화려한 음식으로, 계절에 따라 재료를 바꾸어 써도 된다.

족 채

재 료 (5 인분)

족편 400 g, 편육 200g
미나리 100 g, 당근 50 g
숙주 100 g
표고버섯 · 석이버섯 각 3 장
대파 1 뿌리, 달걀 1 개, 배 1 개
소금 적당량

〈겨자즙〉 거자 3 큰술
물 1 큰술
식초 2 큰술
설탕 2 큰술
소금 1 큰술
연유 3 큰술

잣 1 큰술

만드는 법

① 족편과 편육은 0. 3 cm 정도의 두께로 얇게 저며서 길이 3 cm, 폭 0. 7 cm로 썰어 준비한다.
② 미나리는 줄기만 다듬어 끓는 소금물에 살짝 데쳐서 찬물에 헹구어 3 cm 길이로 썰어 놓는다.
③ 표고버섯과 석이버섯은 물에 불려서 깨끗이 손질하여 채썰어 참기름과 소금으로 양념하여 볶고, 대파도 3 cm 길이로 채를 썰어 살짝 볶아 낸다.
④ 숙주는 거두절미하고 끓는 소금물에 데쳐 내고, 당근도 3 cm 정도의 길이로 채를 썰어 끓는 소금물에 살짝 데쳐서 물기를 뺀다.
⑤ 달걀은 황 · 백 지단을 부쳐서 채소와 같은 길이로 채를 썰어 놓는다.
⑥ 준비한 재료를 잘 섞고 겨자즙을 부어 가면서 젓가락으로 고루 무친 다음, 접시에 보기 좋게 담고 지단채와 잣을 뿌려 낸다.

제육생채

재 료 (5인분)

제육 200 g, 무 100 g
표고버섯 2장, 목이버섯 4장
달걀 1개, 배 ½개
파 1뿌리

㉠
- 간장 3큰술
- 다진 마늘 1큰술
- 다진 생강 1작은술
- 고춧가루 1큰술
- 깨소금 2작은술
- 후춧가루 ½작은술
- 식초·설탕 각 1큰술
- 참기름 2작은술
- 소금 1작은술

실고추 약간

만드는 법

① 제육은 끓는 물에 넣어 속까지 잘 익도록 삶아서 5 cm 길이의 결 반대 방향으로 곱게 채를 썬다.
② 무는 제육과 같은 길이로 채쳐서 소금에 살짝 절였다가 물기를 꼭 짠다.
③ 표고와 목이버섯은 물에 불려 깨끗이 손질하여 곱게 채를 썰어 소금과 참기름으로 양념하여 볶는다.
④ 배는 제육과 같은 크기로 채를 썰고 파도 곱게 채 썬다.
⑤ 달걀은 황·백 지단을 부쳐서 채소와 같은 길이로 채를 썬다.
⑥ 준비한 재료를 큰 그릇에 담아 잘 섞고 ㉠의 양념장으로 간을 맞추어 무친다. 보기 좋게 접시에 담고 지단채와 짧게 끊은 실고추를 얹어 낸다.

술

술은 탄수화물이 미생물의 분해작용에 의해 알코올을 비롯한 여러가지 성분이 생성된 발효음료로, 인류가 만든 음료 중 가장 오래된 음료라 할 수 있다. 또한 인류 역사 이래 오랜 옛날부터 자연발생적으로 만들어진 것을 우리 인간이 이용하게 되었을 것으로 추측하고 있다.

그 예로 '과실이나 곡류와 같은 당질 성분을 함유하고 있는 이 원료에 자연상태의 미생물이 자연적으로 생육함으로써, 그 분해작용에 의하여 알코올이 생성된 것인데, 이 발효산물을 우리 인간이 우연히 마신 결과, 기호에 맞아 그 현상을 터득하게 되고, 마침내 자신이 기호에 맞는 술을 빚어 마시게 되었을 것'이라는 추론을 할 수 있다.

보통 술이라고 하면 알코올 성분을 함유한 음료를 총칭한 것인데, 우리나라의 주세법(酒稅法) 상으로는 알코올분 또는 주정(酒精) 1도 이상의 음료로 정의하고 있다.

술은 주정(酒精)이 되는 당질(糖質)의 종류에 따라 그 종류가 다양하지만, 술이 만들어지는 원리는 모두 같다고 할 수 있다. 다시 말하자면 술의 주성분은 주정(酒精)으로서, 화학명(化學名)으로는 에틸알코올(ethylalcohol), 또는 에탄올(ethanol)이라고 하며, 흔히는 알코올(alcohol)이라고 부른다.

술의 어원은 명확히 밝혀진 것이 없으나 술이 빚어지는 과정으로 미루어, 그 본디말은 '수블' 또는 '수불'로 보는 견해가 많다.

즉 술은 찹쌀을 쪄서 식힌 뒤에 누룩과 주모(酒母)를 버무려 섞고 일정량의 물(用水)를 부어 발효시킨다. 그 때 혐기상태에서 열을 가해지지 않더라도 어느 정도 시간이 지나면 부글부글 끓어오르며 거품이 괴어오르는 화학적인 변화현상은, 옛 사람들에게 참으로 신비롭고 경이로운 경험이었을 것이다. 이 신비롭고 경이로운 현상을 '물에서 난데없이 불이 붙는다.'는 생각에서 '수불'이라 하였을 것으로 생각된다.

물론, 보다 정확히는 '물불'이라 하는 것이 옳겠지만, 물은 한자로 수(水)에 해당하므로 '수불'이라 했을 것이란 추측인 것이다.

이에 관한 기록으로는 고려시대 말엽의 기록인 〈계림유사(鷄林類事)〉에 '수(酥, suəpuət)'자로 기록되어 있고, 〈조선관역어(朝鮮官譯語)〉에는 '수본(數本, su~pun)'으로 적고 있으며, 조선시대 문헌에는 '수울' 혹은 '수을'로 기록되어 있기 때문에 결국 '수불'이 수불>수울>수을>술로 변하게 되었음을 유추할 수 있다.

'주(酒)'자의 기원 역시 술의 양조과정에서 만들어진 것으로 추측된다. 즉, 주(酒)자의 '유(酉)'는 그 훈(訓)이 '닭 유', '익을 유', '서 유'로서 유(酉)자는 원래 밑이 뾰족한 독 모양의 상형문자에서 변천된 것으로, 술의 침전물을 모으기 위해 밑이 뾰족한 독에서 발효시켰을 것이라는 추측에서 유래된 '익을 유(酉)'와 양조용수의 '물 수(水)'가 합쳐져서 술을 뜻하는 '술 주(酒)'가 되었다고 한다.

그 연유는 초창기의 술이 곡류를 이용한 탁주였으므로, 술항아리 안에 익은 걸쭉한 곡주(穀酒)를 막걸리처럼 물을 첨가하여 걸러냈을 것이라는 추측이 가능하기 때문이다.

우리나라 최초의 술에 대한 기록은 〈제왕운기(帝王韻紀)〉(1287년)라는 동명성왕(東明聖王)의 건국담에 술에 얽힌 이야기가 〈고삼국사(古三國史)〉에 인용되어 있다. 천제자(天帝子) 해모수가 하백(河伯)의 세 딸을 유인할 때 미리 술을 마련해 놓아, 세 처녀가 술대접을 받고 만취한 후에 돌아가려 하자, 해모수가 앞을 가로막고 하소연하였으나, 둘은 도망치고 제일 맏언니인 유화만이 붙들려 해모수와 잠을 자게 되어, 고구려의 시조인 동명성왕 주몽(朱蒙)을 낳게 되었다는 기록이 있다.

우리나라는 상고시대에 이미 농업이 가장 중요한 산업이었으므로, 고구려 건국담에 나오는 술은 곡주(穀酒)였을 것이다.

전래 전통주의 형성기로는 삼국형성 이전이며, 삼국 형성기에 이미 전통곡주가 빚어졌다.

우리의 전통주는 술을 빚는 방법과 거르는 방법에 따라 나뉘어지는데, 빚는 방법에 따라 일반주와 이양주(二釀酒)가 있고, 거르는 방법에 따라 탁주와 청주·약주, 증류주로 나뉜다.

탁주(濁酒) · **막걸리**는 술을 빚어서 다 익은 뒤에 맑은 술을 떠내지 않고 그대로 거른 술을 말한다. 따라서 알코올 성분이 적다.

술 빛깔은 맑지 않고 탁하다 하여 탁주라고 한다. 또 빛깔이 희다고 하여 백주(白酒), 집집마다 담가 마시는 술이라는 뜻으로 가주(家酒), 농가의 필수적인 술이라 하여 농주(農酒)라고도 부른다.

탁주의 등장은 〈삼국사기(三國史記)〉(1145 년) · 〈삼국유사(三國遺事)〉(1512 년)에 좋은 술을 뜻하는 '미온(美醞) · 지주(旨酒)' 등의 술 이름이 나오고, 막거리나 단술을 가리키는 '요례(醪醴)'라는 말이 있는 것으로 미루어, 이미 삼국시대에 탁주 등의 술이 보편화되었음을 알 수 있다.

청주(淸酒) · **약주**(藥酒)는 발효 및 숙성이 끝난 술독에 용수를 박고 떠낸 맑은 술을 말한다. 따라서 탈주의 제조과정과 거의 같으나, 채주(採酒)과정에서 차이가 있다.

청주를 흔히 약주라고 부르는데, 언제부터였는지는 정확히 알 수가 없다. 다만 조선시대에는 흉년이 들면 으레 금주령이 내리기 마련이어서 술을 빚기 어렵게 되자, 환자를 위한 약용 목적을 핑계로 속여서 물을 빚어 마신 데서 그 유래를 찾고 있다. 환자가 약재를 넣은 처주를 마시는 것은 허용되었기 때문이다.

따라서 특권층들은 청주를 약으로 쓰는 술, 곧 약주라고 속이기에 이른 것이다. 또 서성(徐渻)의 집이 약현(藥峴)에 있었는데, 그의 호가 약봉(藥峰)이었으며 그의 집에서 질 좋은 청주를 빚었기에 이 술을 약주라 하게 되었다는 설도 있다.

그러나 약주는 본래 약효(藥效)가 인정되는 종류의 술, 또는 처음부터 약재로 넣고 빚은 술을 뜻한다. 하지만 우리나라의 약주는 맑은 술을 뜻하는 것으로 의미가 바뀌게 되었고, 술의 높임말로 더 자주 쓰이게 되었다.

소주(燒酒) · **증류주**(蒸溜酒)는 곡류와 서류 등을 원료로 하여 주정 발효시켜 숙성된 술밑(술덧)을 증류하여 만든 술을 소주(燒酒)라고 하는데, 소주(燒酒) · 화주(火酒) · 간주(杆酒) · 백주(白酒) · 기주(氣酒)라고도 부른다. 소주를 '소주(燒酎)'라고도 표기한다. 이는, 주(酎)자가 세 번 고아서 증류한 술이라는 뜻에서 연유한다. 또한 아라길주(兒剌吉酎)라고도 한다. 곧 증류주의 발생과 관련하여 붙여진 이름이다.

술의 증류법은 중세기 페르시아에서 발달되었다고 하며, 원나라를 통해 우리나라에 전해졌다. 증류주를 아랍어로 '아라키'라고 하는데, 원나라에서 들어오면서 아라키주라는 이름을 얻게 되었다는 것이다.

이러한 소주는 고려 말엽 몽고족에 의해 안동·개성 지방에 처음 양조기술이 들어오면서 재래주와 함께 많이 애용되었다. 처음에는 약용으로 이용되었으며, 값이 비쌌다.

우리나라의 전통술은 주정 함량이 비교적 낮은 이화주·부의주·계명주·오메기술·막걸리 등의 탁주류를 비롯하여, 삼해주·법주·호산춘·청명주·과하주·소곡주·진양주 등의 청주·약주(淸酒·藥酒)류가 있고, 위스키나 브랜디처럼 주정함량이 비교적 높은 소주·증류주(燒酒·蒸溜酎)로는 향온주·삼해주·송순주·소주·홍주 등의 다양한 술이 있다.

특히 우리나라의 전통주는 예로부터 춤과 노래를 함께 즐겨 온 민족성과 함께 약식동원(藥食同源)이라 하여 술에 솔잎·국화·쑥 등의 가향재(加香材)와 생약재(生藥材)를 넣어 향기와 약효를 우려 낸 가향약주류(加香藥酎類)로까지 발전시켜 왔으며, 양조기술을 중국과 일본에까지 떨치는 등 뛰어난 맛과 양조기술(釀造技術)을 자랑하고 있다.

계절별 음주풍속

1월의 설날 아침 세찬과 세주로 도소주(屠蘇酎)를 마련, 사당에 진설하고 제사를 지내는 의식으로 '정조다례(正朝茶禮)'라 한다. 세배(歲拜)는 세배를 받는 측에서는 어른에게는 주식을 마련했다가 대접하며 덕담(德談)을 나눈다. 정월 대보름의 이명주(耳明酒)는 이른 아침에 찬술을 마시면 귀가 밝아진다고 해서 술을 한 잔씩 마시는 것으로 '귀밝이술'이라고도 한다. 이명주는 뜨겁지 않게 냉주(冷酒)로 마시면, 1년 내내 좋은 소식만 듣는다는 풍습이 있어서 부녀자도 마신다.

2월에는 '노비일(奴婢日)', '머슴날'이라고 하여, 농가에서는 2월 1일 농사준비를 앞두고 머슴으로 하여금 하루를 즐겁게 해주었다. 주인은 주식(酒食)을 내어 노래와 춤으로 하루를 지내게 하였다.

3월에는 봄놀이 술 또는 시식 등이 있는데, 시식(時食)은 삼월 삼짇날을 기해 각 가정에서 솜씨를 발휘하여 술을 빚어 마셨다.

이때 술의 재료는 쌀뿐만 아니라, 봄에 피는 꽃·초근목피(草根木皮) 등을 써서 특이한 술을 만들었다.

청명주(淸明酒)는 음력 3월의 청명일에 마시는 술로 20여 일을 발효시켜서 빚어내는 청주로서 엿기름을 사용하여 단맛이 나므로 많은 사람들이 즐겨 마셨고, '한식(寒食)일'의 제주용으로도 많이 쓰였다. 비슷한 술로는 두견주, 도화주, 과하주, 이강주 등을 들 수 있다.

4월에는 '등석(燈夕)'이라 하여 석가모니의 탄신일 저녁에 연등하여 경축행사를 벌인다. 중국의 연등회는 정월 보름이지만 우리나라는 고려시대부터 4월로 옮겨졌다. 경축행사 때 손님에게 간단한 식사를 제공한 데서 시작되었다. 월내시식(月內時食)은 초하(初夏)에 술로 발효시켜 스폰지처럼 부풀려 쪄 낸 '증병'을 만들어 시식한 데서 유래하였다.

5월에는 농사일이 한창일 때 일의 능률을 높이기 위하여 '두레' 또는 '품앗이'라는 습속(習俗)이 호남지방에서 협업체제의 일환으로 성행하였다. 이때 식사와 함께 나왔던 술을 '농주(農酒)'라 부르게 된 것이다. 농주에 사용된 재료로, 강원도는 옥수수를 이용한 옥수수술, 제주도는 좁쌀을 원료로 한 오메기술, 기타 지역에서는 누룩과 쌀로 빚어 제공하였다. 창포주는 음력 5월 5일 '단오날(端午日)'의 술을 말한다.

6월 15일에는 '유두음(流頭飮)'으로 문사들이 주효(酒肴)를 장만하여 계곡이나 누정(樓亭)을 찾아가서 풍월을 읊으며 하루를 즐겼는데, 이것을 '유두연'(流頭宴)이라 한다.

7월 15일은 '백종일(百種日)'로서 조상의 사당에 천신을 드리며, 맛있는 주효(酒肴)를 갖추어 가무로 하루를 즐긴다. 이때 농촌의 머슴들은 하루를 쉬면서 백종장이 들어선 장터에 나가 물건을 사기고 하고 취흥을 갖는다.

호미씻기는 '초연(草宴)', '풋굿' 또는 '머슴날'이라고도 한다. 7월 15일 전후로 마을 형편에 따라 택일하는데, 백종일에 노는 것이 통례로 되어 있어, '호미가 필요 없게 되어 씻어 둔다.' 하여 생긴 이름이다.

8월 '한가위'에는 햇곡식으로 떡도 하고, '신도주(新稻酒)'라는 술을 빚어 차례를 지내고 이웃과 나누어 먹으며 성묘를 하는 날이다. 이때 빚었던 술은 햇찹쌀과 누룩을 원료로 한 곡주이다.

9월 9일에는 '중양절(重陽節)'로, 국화놀이를 하는데, 단오와 같이 양(陽)의 수, 곧 기수(홀수)의 달(9월)과 날(9일)이 겹치는 때이므로 9월 9일을 '중양'이라고 한다. 이때 사람들은 떼를 지어 산이나 계곡을 찾아가서 국화전 같은 시식을 먹고 술에 취하며 하루를 즐겼다.

10월 15일을 전후하여 5대조까지의 '시제(時祭)'를 한꺼번에 지낸다. 제물은 후손 중에서 만들거나 산지기가 제실에서 장만하는데, 반병(飯餠)과 주찬(酒饌)을 마련하여 집단으로 지낸다.

그밖에 함경도 지방에서는 10월 중 좋은 날을 택하여 새로 경작한 농산물로 음식과 술을 만들어 농공제를 지내기도 하였다.

11월 '동지(冬至)'에는 월내시식(月內時食)을 한다. 또한 팥죽을 쑤어 먹거나 겨울철의 월내시식으로서 지방마다 새로운 곡물과 특산물로 술과 음식을 장만하여 시식하였다.

12월에는 '납일(臘日)', '제석(除夕)' 등이 있다. 납일에는 좋은 술을 빚어 종묘사직에 대제를 올리기도 하고, 왕에 진상하여 관청에서 음식을 만들어 상호교환하는 등, 즐겨 마셨다.

이상의 세시풍속 외에 술을 마시는 대표적인 경우는 회갑연과 관혼상제(冠婚喪祭)가 있다.

그리고 3월은 술빚기에 좋은 때이므로 제주오메기술을 비롯하여 함양국화죽, 영광강하주, 진도홍주, 두견주, 경주법주, 교동법주, 서울삼해주, 아산연엽주, 경기부의주, 경기계명주, 안동송화주를 소개한다.

제주 오메기술

재 료 (5인분)

누룩가루 1 되 (850 g)
차조 3 되 (2. 65 kg)
물 8.8 l
대나무 잎 200 g

만드는 법

① 오메기떡은 차좁쌀을 깨끗이 씻어 곱게 갈아 뜨거운 물로 익반죽한다.
② 익반죽한 것을 한가운데에 구멍을 만들어 도넛처럼 구멍떡을 만든다.
③ 냄비에 물을 올려놓고 펄펄 끓으면 구멍떡을 넣고 삶아 구멍떡이 떠오르면 다 익은 것이므로 건져낸다.
④ 양푼에 쏟아 8.8 l 의 물을 조금씩 부으면서 식기 전에 방망이로 휘저어 풀처럼 풀어 놓는다.
⑤ 식힌 오메기떡과 누룩 1 되를 섞어 반죽하여 대나무 잎을 밑에 깔고 술독에 안친다.
⑥ 나머지 물을 술독에 붓고 방망이로 잘 섞이도록 고루 휘젓는다.
⑦ 술독은 20~30℃ 되는 곳에서 일정한 온도를 유지시키며, 7~10일 가량 발효시킨다.
⑧ 술이 다 익으면 술 표면에 검은 빛깔의 기름이 떠오른다.
웃국만 살짝 떠내면, 이른바 곡주 특유의 향기와 약간 새콤하면서도 감칠맛을 주는 청주가 된다. 그리고 체에 걸러서 만든 술은 오메기술, 곧 탁주가 된다.

함양 국화주

재 료 (5 인분)

〈밑술〉
- 찹쌀 0.6 되 (1 kg)
- 누룩 0.5 되 (450 g)
- 물 1 l

〈덧술〉
- 멥쌀 1.2 되 (2 kg)
- 누룩 0.7 되 (630 g)
- 물 3.8 l

〈약재 달인 물 180 cc〉
- 물 0.5 l (=500 cc)
- 국화 · 생지황 · 구기자 각각 50 g 씩

만드는 법

① 밑술은 찹쌀 0.6 되(=약 1 kg)를 깨끗이 씻어 12 시간 정도 불렸다가 찜통에 고두밥을 찐 다음, 펼쳐서 식힌다.

② 고두밥이 식으면 누룩 0.5 되(=450 g)와 물 1 l 를 섞어 항아리에 밑술을 안치고, 20~25℃의 온도를 유지하면서 3 일간 발효시킨다.

③ 덧술은 밑술과 같은 방법에 따라 멥쌀로 찐 고두밥 2 kg 과 누룩 630 g 을 섞고, 500 cc 의 물에 국화와 구기자 또는 생지황을 섞어서 달여 180 cc 로 졸인 물을 넣고 고루 섞는다.

④ 20~25℃의 적정한 실내온도를 유지해 주면서 12 일간 발효시키면 알코올 함량 16% 의 국화주가 만들어진다.

⑤ 술이 다 익으면 하루 전에 용수를 박고 여과하여 술을 얻는데, 맑은 담황색을 띤다.

진도 홍주

재 료 (5 인분)

보리쌀 3.3 되 (5.2 kg)
누룩가루 3.3 되
물 1.2 말 (24 l)
자초(紫草, 지치의 뿌리) 150 g

만드는 법

술빚기

① 보리쌀 3.3 되를 깨끗이 씻어 하룻밤 물에 침지한 후 물기를 빼고, 시루에 1 시간 가량 쪄서 고두밥을 지은 다음, 고루 저어 차게 식힌다.
② 고두밥에 누룩가루 3.3 되를 섞고 술독에 담은 다음, 물 1.2 말을 붓고 잘 저어 준다.
③ 술독밥에 뚜껑을 덮은 채로 실내온도 25~30℃ 에서 여름에는 2 주, 봄·가을에는 3 주, 겨울에는 4 주 정도면 발효가 끝나서 술이 익는다.
④ 술이 다 익으면 채에 걸러서 두꺼운 솥에 붓고 아궁이에 불을 지펴 가열하는데, 나무주걱으로 저어 준다.
⑤ 끓는 김이 오르면서 솥 안의 온도가 60℃정도로 예열이 되면 소줏고리를 얹고 시루번을 붙인다. 이 때 자초를 얹은 주기(酒器)를 소줏고리의 귀때 밑에 놓고 계속 가열하여 술을 증류시킨다.

두견주

재 료 (5 인분)

백미 1.6 kg
누룩가루 1.3 kg
물 적당량
진달래 꽃잎

만드는 법

① 백미 1.6 kg 으로 고두밥을 짓고, 이에 누룩가루를 함께 넣어 비벼서 잘 섞이게 한 다음, 생수를 부어서 질척질척한 상태가 되게 하여 진달래 꽃잎을 띄워서 항아리에 넣고, 무명보자기로 덮은 후 단단히 묶어준다. 그리고는 상온에서 1 주일 정도 발효시킨다.
② 발효가 되면, 물로 희석하여 원하는 주정도수로 낮춘 다음에 거른다.
③ 발효가 진행 중일 때에는 발생된 CO_2 에 의해 성냥불이 꺼지나, 완료되었을 때에는 CO_2 가 발생되지 않으므로 성냥불이 꺼지지 않는다.

두견주 대신으로 송순주를 만들려면 송순을 끓는 물에 데친 다음(끓는 물에 넣어 한 번 뒤집어서 꺼낸다) 바짝 말려 사용한다. 진달래꽃은 데치면 망가지기 때문에 공기 좋은 곳의 그늘에서 바짝 말려서 사용한다.

교동 법주

재 료 (5 인분)

찹쌀 5 말
누룩 40 kg
물 적당량

만드는 법

① 찹쌀 양의 1/10 을 물에 불려서 죽을 쑨다.
② 빻은 누룩을 ① 에 버무려 1 주일 발효시켜 밑술(酒母)로 사용한다.
③ 나머지 찹쌀을 물에 불려서 고두밥을 찐다.
④ ③ 과 밑술을 버무려서 단지에 담아 실온에서 1 주일 발효시킨다.
⑤ 용수를 박고서 20~30 일 후에 용수 안에 고인 맑은 술만 떠내어 숙성시킨다.

삼해주

재 료 (5 인분)

〈1 차〉 멥쌀 1.6 kg
누룩 1.3 kg
끓는 물 20 *l* 정도

〈2 차〉 멥쌀 8 kg
밀가루 1.6 kg

〈3 차〉 멥쌀 20~24 kg
물 180 *l*

만드는 법

① 1 차 담금은 정월 첫 해일(亥日)에 멥쌀을 갈아 끓는 물을 소량씩 가하면서 약간 질척하게 익반죽을 하고 온기를 식힌 다음, 준비된 누룩가루를 붓고 잘 섞어 준다. 이 때의 점도를 메주 뭉치는 정도로 맞춘다.

② 이렇게 반죽한 것을 옹기 그릇이나 항아리 안에 넣고 위를 깨끗한 백지로 덮은 다음, 단단히 묶고서 항아리 뚜껑을 덮어 보관한다. 정월(0~5℃)에는 증식에 1 개월 정도 걸리나, 실온에서는 2 주 정도 걸린다.

③ 2 차 담금은 2 월 첫 해일에 멥쌀 8 kg 을 씻어 담그었다가 가루로 빻고 밀가루 2 되(1.6 kg)를 섞어 끓는 물을 조금씩 가하면서 반죽하여 덩어리를 만들고, 이것을 반 정도 익혀서 여기에 1 차 담금 밑술을 부어 섞고 항아리에 보관한다(온도에 따라 2~4 주 걸린다).

④ 3 차 담금은 3 월 첫 해일 전날 백미 20 kg 을 씻어 담갔다가 고두밥을 찐다. 고두밥은 2 시간 정도 찐 후 완전히 익히고 차게 식힌다. 완전히 익지 않으면 술맛이 시어지거나 술의 수율(收率)이 떨어진다.
물을 180 *l* 정도 끓여서 식혀 놓은 것에 2 차 담금 밑술을 섞고 항아리에 술밥과 섞은 물 1 켜씩을 넣어서 20 여 일을 보관하면 된다.

아산 연엽주

재 료 (5 인분)

찹쌀 7.2 되 (11.5 kg)
멥쌀 2.5 되 (4 kg)
누룩 1 되 (900 g)
물 5 *l*
연근 (또는 연잎) 150 g
솔잎 100 g

만드는 법

① 잘 띄워진 누룩을 잘게 부수어 이틀 밤을 서리와 이슬을 맞히고, 이틀은 햇볕에 말려서 완전히 건조시킨다.

② 멥쌀과 찹쌀을 깨끗이 씻어 12 시간 정도 불린 후, 찜통에 쪄서 펼쳐 식힌다.

③ 누룩 1 되와 깨끗이 씻은 생연근 또는 연잎을 잘게 썰어서 물을 넣고 젓는다.

④ 항아리 밑바닥에 솔잎 한 켜, 연잎 한 켜(연근 썰은 것)를 차례로 깐 뒤, 위에 준비된 술밑을 담는다.

⑤ 술을 안친 항아리에 멍석 덮개를 얹고, 약 1 주일 간은 실내 온도 25~30℃ 정도로 유지해 주다가 1 주일 후에 20℃ 정도로 낮추어 다시 8 일 동안 발효시킨다.

⑥ 술이 다 익은 후 용수를 박아서 술을 뜨고, 다른 술 그릇에 하루 동안을 가라앉혀 정제해서 마신다.

경기 부의주

재 료 (5 인분)

찹쌀 4 되 (6.4 kg)
누룩 1 되 (900 g)
물 5 l
엿기름 적당량

만드는 법

① 찹쌀을 하룻밤 불린 후, 고두밥을 지어서 차게 식힌다. 누룩은 수국이라 하여 물과 섞어서 반죽을 한다.

② 짚불로 미리 소독한 항아리에 물누룩과 고두밥, 엿기름물을 붓고 섞는다.

③ 여름철에는 30℃ 의 실온에서 30 일간 베보자기로 덮어서 발효시킨다.

④ 술을 안친지 17~20 일이 지나면 맑게 익고, 다시 5 일 정도 경과하면 술덧이 잠잠해지며 쌀알이 동동 뜬다.

⑤ 술뜨기 하루 전에 용수를 박아서 다음날 아침에 떠낸다.

경기 계명주

재 료 (5 인분)

옥수수 1 되 (1.6 kg)
수수 ½ 되 (400 g)
누룩 400 g
물 7 l
조청 (엿)
엿기름
솔잎
(조청, 엿기름, 솔잎: 적당량)

만드는 법

① 누룩가루를 조청에 6~7 일 담그어서 누룩을 불린다.
② 옥수수와 수수를 8 : 2 의 비율로 섞어 12 시간 물에 침지한다.
③ 침지한 옥수수와 수수를 맷돌에 갈아서 여기에 물과 엿기름을 넣는다.
④ 엿을 고는 과정처럼 가마솥에서 잘 삭을 때까지 은근히 끓인다.
⑤ 끓인 죽을 자루에 넣고 눌러 짜서 찌꺼기는 버리고 엿물만을 취한다..
⑥ 차게 식힌 죽을 조청에 불린 누룩과 솔잎을 넣고 고루 잘 섞어 술독에 담는데, 25~28℃의 실내 온도에서 8 일간 발효시킨다.
⑦ 마지막 제조과정인 술 거르기를 하면 엿탁주인 계명주가 완성된다.

안동 송화주

재 료 (5 인분)

〈밑술〉 멥쌀 0.7 되 (1.1 kg)
누룩 1 되 (0.9 kg)
물 4.8 *l*

〈덧술〉 멥쌀 1 되 (1.6 kg)
찹쌀 1.7 되 (2.7 kg)
솔잎 230 g
황국 7 g

만드는 법

① 밑술 만들기는 멥쌀 0.7 되를 맑은 물이 나오도록 깨끗이 씻어서 12 시간 불렸다가 고두밥을 지어 펼쳐 널어서 차게 식힌 다음, 누룩 1 되와 물 4.8 *l* 를 섞어서 소독한 항아리에 안친다. 25～30 ℃ 따뜻한 아랫목에서 2～3 일간 발효시킨다(밑술 항아리는 덮지 않고 이불로 싸서 아랫목에 둔다).

② 덧술 만들기는 멥쌀 1 되, 찹쌀 1.7 되를 씻어서 12 시간 불려 놓고 솔잎은 깨끗이 씻어서 물기를 뺀 다음, 시루에 떡 안치듯이 쌀가루와 솔잎을 켜켜로 넣고 고두밥을 쪄낸다.

③ 고두밥이 지어지면 차갑게 식혀서 밑술에 황국 7 g 과 함께 넣고 잘 저어 준 다음, 베보자기로 덮어 이물질의 침투를 막고 항아리를 이불로 싼다.

④ 실내 온도 15～20 ℃에서 5～7 일이 지나 끓어오르면 이불을 벗긴다. 술 바탕이 완전히 가라앉고 골이 지면서 술독 가장자리에 뚜렷한 테가 생긴다. 바람이 잘 통하는 시원한 곳으로 술독을 옮겨서 15～20 일 두었다가 용수를 박고, 술을 뜨기 시작한다.

사 월

4월이 되면
푸른 새싹들은
모두 움을 틔워
엷은 연두빛을 띠고
산과 들에는
온갖 꽃들이 만발하여
저마다 제 아름다움을
뽐내고 있어 절로 눈이 부시다.
이 모든 푸른 것들,
아름다운 꽃들을
눈으로 감상하고
시 한 수 읊으며 먹을 수 있는
진달래꽃을 따다가
화전도 빚고 술도 만들어
이 봄의 아름다움을
눈으로, 입으로
느껴보기에 좋은 계절이다.

음 청 류

한국의 전통음료는 종류나 형태, 조리법에 있어서 매우 다양하다. 전통음료는 일상식, 절식, 제례, 대·소연회식 등 우리 식생활에 깊이 뿌리 내린 고유 음식이다. 전통음료는 식생활이 체계화되어 주식, 부식, 후식의 형태로 나누어짐에 따라 후식류로 발달하게 되었고, 중요한 기호식품으로 자리잡게 되었다.

옛 식품조리서를 보면 전통음료의 재료로서 다양한 식품재료를 사용하였음을 알 수 있다. 특히 일상식, 별미식, 특별식, 행사식 등으로 우리의 생활과 아주 밀접한 관계가 있었다.

《양서(梁書 ; 諸弟傳 高句麗條)》에서 "고구려인들은 윤수(潤水)를 마신다."고 하였으니, 그 '潤水'는 골짜기의 물을 말한다.

우리나라는 금수강산이라고 불리어질 정도로 깊은 계곡의 맑은 물과 좋은 샘물이 도처에 솟고 있어서 사람들은 이것을 즐겨 음료로 삼았을 것으로 생각된다.

《가락국기(駕洛國記)》의 수로왕이 왕후를 맞는 설화 가운데에 수로왕이 왕후를 모시고 온 신하와 노비에게 음료를 하사하였는데, 이 때의 음료로 열거된 것에 '난액(蘭液)'과 '혜서(蕙醑)'가 있었다. 그 내용은 확실히 알 수 없으나, '난액'은 난의 향을 곁들인 음료로 생각되고, '혜서'도 난의 향을 곁들여서 발효시킨 발효성 음료가 아닐까 한다.

이로 보아, 원시식물의 꽃 열매들을 음료로서 이용했을 가능성을 엿볼 수 있다. 오미자(五味子)는 중국 양대(梁代)의 《본초학(本草學)》에서 우리나라의 것이 제일 품질이 좋다고 하였으며, 송대(宋代)의 《본초도경(本草圖經)》에 "신라에서는 박하를 말려 차를 마신다."고 한 것으로 미루어 보아 오미자와 박하 등은 이미 삼국시대부터 음료로 이용되어 왔을 가능성이 높다.

《삼국사기》에 의하면, 차(茶)가 우리나라에 들어온 것은 신라 27대 선덕왕(632~647) 때이며, 42대 흥덕왕 때에는 당나라로부터 차종자(茶種子)를 가지고 들어와서 지리산에 파종하였다고 전한다.

차는 불교문화의 도입과 함께 들어왔고, 왕가와 승려 및 화랑 등의 귀족 계층에서 전파되었을 성싶다.

신라 말기에 성행하던 차는, 불교를 숭상하던 고려시대에 들어와서 더욱 번성하였다. 연등회·팔관회·공덕제 등 국가제의(國家祭儀)에 반드시 차를 애음(愛飮)하였을 뿐만 아니라, 진차(進茶)의식을 중시하여 이를 다루는 관가(官家)로서 '다방(茶房)'이 있었다고 전한다.

고려 17대 인종 원년(仁宗 元年), 우리나라에 사신으로 왔던 서긍(徐兢)의 기행문인 《고려도경》에 의하면, 고려는 음다(飮茶)풍습이 성했으나 차의 품질개량에는 소홀하였다고 기술하고 있어, 중국차를 수입하여 마셨음을 짐작할 수 있다. 또한 차의식(茶儀式)도 극히 형식적이라고 적혀 있어, 차를 마시기 위한 것보다 의식을 행하는 쪽에 치중되었음을 알 수 있다.

고려가 망하고 조선이 건립되면서 불교를 배척하니, 불교와 함께 성행하고 사원과 함께 전파되었던 차도 함께 쇠퇴하게 되었다.

호암(湖岩)은 그 이유로서 "첫째, 대부분의 차를 수입하여 토산차(土產茶)의 개량을 꾀하지 못하였다. 둘째, 차세(茶稅)의 주구(誅求)가 심하여 민폐가 막대하였기에, 생산자의 사기를 저하시켜 차를 산업화(產業化)할 수 있는 기회를 주지 않았다. 셋째, 일반 민중이 차를 마시지 않기 때문이다."라고 지적하고 있다.

그러나 사실은, 우리나라 곳곳에서 감천(甘泉)이 흐르고, 숭늉이 보편화되어 있었고, 기호품으로 이미 연초와 술이 널리 애용되고 있었기 때문이다. "박하술이 차보다 낫다."라는 속담과 같이 음다(飮茶)의 풍습 이전에 음주(飮酒)의 풍습이 성행했으므로, 같은 음료용 기호품으로 막걸리의 애용이 음다에 영향된 바가 있었을 것이다.

《고려도경》 잡속시수조(雜俗施水條)에 보면 "왕성(王城)의 긴 행랑에 백미장(百米漿)을 만들어 길을 가는 누구나 마실 수 있도록 하였다."하니, '백미장'은 백미를 푹 끓여 얻은 미음을 시큼한 맛이 날 정도로 숙성시킨 것으로, 갈증을 푸는 데 좋았을 것이다.

《목은집(牧隱集)》에 보면 찌는 듯한 더위에 얼음을 넣고 꿀을 타서 마시는 시(時)가 나오는데, 찬 꿀물이 청량음료로 상용되었음을 볼 수 있다.

《거가필용(居家必用)》에 보면 차에다 용뇌(龍腦), 구기(枸杞), 목서(木犀), 밀감(蜜柑)의 꽃, 녹두(綠豆) 등을 섞은 순차류(純茶類)가 아닌, 차음료(茶飮料)도 사용하였음을 알 수 있다. 그러나 일반적으로 가장 많이 음용되었던 것은 숭늉이었을 것이다. 《동국이상국집(東國李相國集)》과 《목은집(牧隱集)》에 온돌에 관한 시가 나오는 것을 미루어 볼 때, 화덕과 온돌이 일체가 된 고정식 솥에서 쉽게 만들 수 있는 숭늉은 서민의 음료였다.

따라서 조선시대는 오늘날 우리가 알고 있는 전통음식이 정착되어 가는 시기였다. 그래서 주식, 찬물류, 장, 초와 같은 주·부식 외에도 병과류와 전통음료 같은 기호품의 조리 가공 기술이 크게 발전되던 시기라고 볼 수 있다.

1800년대 말의 조리서인 《시의전서》에는 수단·보리수단·식혜·감주·수정과·배숙·장미화채·복숭아화채·두견화채·밀수 타는법·난면·시면·창면 등이 소개되어 있다.

이와같이 꿀, 설탕 등을 이용해서 만든 각종 화채류와 《동의보감》에서 볼 수 있는 향약성(鄕藥性) 음료들이 발달되었다.

가족들이 즐겨 마시는 전통차로는 생강차가 가장 인기가 있었고, 인삼차·유자차·모과차 등이 그 다음으로 선호되었으며, 쌍화차·구기자차·감귤차·오미자차·계피차 등이 있다.

진달래화채
(두견화채)

재 료 (5인분)

오미자 1컵
물 13컵
꿀 1컵
설탕시럽 ⅔컵
진달래꽃 20송이
녹두녹말 2큰술
잣 1큰술

만드는 법

① 오미자는 끓여서 식힌 물에 하룻밤 담가 놓아 물이 진달래 빛으로 곱게 우러나면, 고운 겹체로 국물을 받친다.
② 오미자 국물에 꿀과 설탕시럽을 넣어서 색과 맛을 조절한다.
③ 진달래꽃잎은 가운데 꽃술을 떼어내고 물에 담그었다가 건져서 물기를 없앤 후, 녹두녹말을 묻혀서 끓는 물에 넣어 살짝 데쳐 냉수에 헹군다.
④ 유리나 사기그릇에 오미자 국물을 7부 정도 붓고, 진달래 꽃잎과 잣을 띄운다.

- 화채가 입맛에 익숙하지 않을 때는 물의 분량을 더 늘려서 오미자와 물의 분량을 1 : 16의 비율로 할 수도 있다.
- 오미자를 물에 우려 낼 때는 기름기 없는 그릇을 사용한다.
- 일반 녹말가루보다는 녹두녹말을 사용해야 매끄럽고 하늘하늘하여, 꽃잎이 목에 잘 넘어간다.
- 녹두녹말을 묻힌 진달래꽃은 끓는 물에 1~2초 정도만 넣었다 꺼내어, 찬물에 바로 넣어서 냉각시켜야 색이 변하지 않는다.

순채화채

재　료 (5 인분)

순채 20g
녹두 녹말가루 3 큰술
오미자 국물(꿀물) 4 컵
잣 1 작은술

만드는 법

① 순채는 줄기에서 잎을 따서 깨끗이 씻은 후, 물기를 빼 놓는다.
② 준비한 순채잎에 녹두 녹말가루를 묻혀서 끓는 물에 살짝 데쳤다가, 재빨리 건져서 찬물에 냉각시켜 체에 밭쳐 놓는다.
③ 물기 빠진 순채잎을 그릇에 담고, 오미자 국물이나 꿀물을 부은 후에 잣을 띄워 낸다.

오미갈수
(五味渴水)

재 료 (5인분)

오미자 1½컵
녹두 1컵
물 10컵
꿀(설탕) 적당량

만드는 법

① 오미자는 깨끗이 손질하여 끓여서 식힌 물에 하룻밤 담가 두었다가, 체에 밭쳐 국물을 준비하고 녹두는 갈아서 고운 헝겊에 걸러 놓는다.
② 오미자, 녹두, 꿀을 섞어 낮은 불에서 은근하게 달인 후, 서늘한 곳에 저장해 두었다가 기호에 맞추어 찬물이나 끓는 물에 적당량을 타서 마신다.

몸에 수분이 부족할 때 먹으면 좋다. 기관지를 보호하며 기침을 멎게 하는 진해제(鎭咳劑) 작용을 한다. 위산이 많은 사람은 복용을 삼가는 것이 좋다.

봉수탕 (鳳髓湯)

재　료 (5인분)

잣 40 g
호도 80 g
꿀 20 g
물 5컵

만드는 법

① 잣은 고깔을 떼어 놓고, 호두는 뜨거운 물에 불려 낸 후에 속껍질을 벗겨 놓는다.
② 한지를 깔고 잣과 호두를 각각 아주 곱게 다져 놓는다. 다진 잣과 호두에 꿀을 넣고 고루 섞어서 단지에 재어 둔다.
③ 찻잔에 2큰술 정도를 넣고 끓는 물을 붓되, 탕의 농도는 기호에 따라 가감할 수 있다.

봉수탕은 식후에 마시면 폐를 좋게 하고, 해소병을 치료하는 효능이 있다고 한다.

매화차 (梅花茶)

재　료 (5 인분)

매화 ½ 컵 (50 송이 정도)
꿀 1 컵
물 3 컵

만드는 법

① 이른 초봄에 반쯤 핀 매화 봉오리를 따서 말렸다가 꿀에 재어 놓는다.
② 꿀에 재어 둔 매화봉오리를 끓는 물에 타서 낸다.

여름철에 찬물에 떠 넣으면 즉시 꽃이 활짝 피고, 그 맛이 매우 시원하며 향기 또한 대단하다.

녹　차

재　료 (5 인분)

차잎 3 작은술
물 3 컵

〈다구(茶具)〉
- 물 끓이는 주전자(湯罐)
- 찻잔 · 차탁 · 물 식히는 그릇
- 찻주전자 (茶罐) · 찻술 · 찻통
- 퇴수그릇 · 찻수건

만드는 법

① 주전자에 100℃ 이상으로 물을 끓여 찻잔과 다관에 부어 그릇을 덥여 놓고, 다시 물 식히는 그릇에 새 물을 부어서 식힌다.
② 찻통에서 찻수저로 차를 1 인당 1~2 g 정도 꺼내어 다관에 넣고, 섭씨 70~80℃ 로 식힌 물을 다관에 붓는다.
③ 다관에서 3 분 정도 우려낸 다음, 조금씩 번갈아 가며 찻잔에 따른다.

차를 끓이는 물은 특별히 연수를 사용하는 것이 좋다.

창 면 (昌麵)

재 료 (5인분)

녹두녹말 ½ 컵
물 1컵

〈오미자국물〉
- 오미자 ½ 컵
- 물 6컵
- 잣 2작은술

만드는 법

① 오미자는 티를 고르고 깨끗이 씻어 물기를 뺀 후, 끓여서 식힌 물에 하룻밤 담가 놓아 물이 진달래 빛으로 곱게 우러나면, 고운 겹체로 밭쳐서 오미자 국물을 만들어 낸다.
② 녹두녹말을 물에 풀어 얇은 헝겊(絲)이나 고운 체에 내리고, 얇은 접시의 전체 바닥에 얇게 깔리게 부은 후, 냄비에 물이 끓으면 수면 위에 띄워서 중탕한다.
③ 녹말물의 표면에 물기가 없어지면 접시째 끓는 물 속에 밀어 넣어 완전히 익힌 후, 꺼내어 찬물에 냉각시켜 젓가락을 돌려서 떼어 낸다.
④ 여러 번 겹쳐 접어서 곱게 채친 후, 그릇에 담고 우려 놓은 오미자 국물을 붓고 잣을 띄워 낸다.

창면을 만들기 위해 녹두녹말을 물에 풀어 얇은 접시에 부을 때 너무 얇게 부으면 익은 후에 질기게 되어 잘 썰어지지 않으므로 적당량이 깔리게 부어야 한다.

율추숙수
(栗皺熟水)

재 료 (5인분)

율추가루 1큰술
물 3컵

만드는 법

① 깨끗이 씻은 밤은 속껍질을 깎아 놓는다.
② 물에 깨끗이 씻은 율추를 넣고 맛이 우러나도록 끓인다.
③ 끓으면 체에 걸러 속껍질은 버린 후, 남은 즙액을 찻잔에 담아서 잣을 띄워 낸다.

- 옛날에 궁중에서는 먹을 수 없어, 버리게 된 율추를 모아 두었다가, 끓여서 음료로 마셨다고 하며, 율추를 가루로 내어 꿀에 섞어서 얼굴에 바르면 주름살이 펴진다고 한다. 따라서 율추숙수는 버려지는 식품을 이용한 것으로, 검약한 생활을 엿볼 수 있는 음료라고 할 수 있다.
- 율추는 속껍질을 깎아 말려서 가루로 내어, 뜨거운 물에 타서 걸러낸 후에 마시기도 한다.

제호탕 (醍醐湯)

재　료 (5인분)

오매육 150 g
초과 10 g
백단향 5 g
축사인 5 g
꿀 500 g

만드는 법

① 오매육은 굵게 갈고, 초과·백단향·축사인은 각각 곱게 갈아서 꿀과 함께 섞어, 10~20시간 정도를 연고상태가 될 때까지 중탕으로 졸인 다음, 항아리에 담아 둔다.
② 먹을 때 찬물이나 얼음물에 적당량을 타서 시원하게 마신다.

- 예전에는 단오날 임금이 일흔이 넘은 정이품 이상 되는 신하들에게 제호탕을 내리던 풍습이 있었다.
- 《동의보감》과 《방약합편》 등에서 "더위를 피하게 하고 갈증을 그치게 하며, 위를 튼튼하게 하고 장의 기능을 조절하여 설사를 그치게 하는 효능이 있다. 단오날에 제호탕을 음용하면 여름을 잘 날 수 있다."라고 하였다.
- 습조탕의 대추는, 붉은 색을 띠는 잘 익은 대추가 과육이 많고 단맛이 강해서 좋다.
- 전통음료를 저장해 둘 때는, 사기나 자기 또는 유리단지에 담아 두어야 빛깔이나 맛의 변화가 없다.

큰상, 고자상 차림

그 동안 15회에 걸쳐 주식에서부터 부식, 그리고 떡과 한과, 음류에 이르기까지 조리법 별로 우리 전통음식의 맛과 멋을 두루 살펴보았다.

이번 달부터는 그 계절에 많이 행해지는 식풍속을 살펴보고, 그와 함께 곁들여지는 우리의 전통음식들을 한데 모아 다루어 보고자 한다. 봄에는 결혼과 회갑, 칠순, 팔순, 회혼례 등 유난히도 잔치가 많은 계절이다.

큰 상

요즈음은 반드시 이 때가 생신이 아니더라도 좋은 날을 잡아 날짜를 미리 당겨서 잔치를 치르는 일이 많아졌다. 이런 때에 차리는 상을 '큰상차림'이라고 한다. 큰상은 신랑, 신부, 회갑, 고희, 또는 결혼한 지 60년이 되는 해에 맞는 회혼례 때나 받을 수 있는 가장 화려하고 경사스런 상차림이다. 이 때 축하받을 사람이 받는 음식상은, 여러 종류의 음식과 과일, 과자, 떡들이 화려하게 고여진 큰상을 차리게 되는데, 높이 바라본다 하여 망상(望床), 또는 고배상(高排床)이라고도 한다.

혼례에서의 큰상은 그 날의 주빈인 신랑과 신부 앞에 놓고, 양옆으로 같은 항열의 친척들이 들러리로 함께 장국상을 든다. 주빈 앞으로도 그 자리에서 먹을 수 있는 장국상(임매상)을 차려 준다. 큰상의 양옆으로는 절편에 물감을 입혀서 빚은 색떡과 조화로 된 상화(床花) 또는 생수화(生樹花)를 장식한다.

회갑(回甲, 還甲) 때에 차리는 큰상은, 혼인 때에 차리는 고임상과 똑같다. 단지 혼례의 예식과는 달리, 회갑에서는 자손들이 부모에게 각각 잔을 올리고 절을 올리며 헌수(獻壽)를 드린다. 이 때는 가무를 성대히 올리며 권주가를 부른다. 회갑에서 술이 중요한 의례음식이 되는 것은, 노인의 상(床)을 반영하고 있기 때문인 듯하다.

'큰상차림'은 반드시 일정하지는 않다. 그러나 약과·만두과·다식과·유과 등의 유밀과와 깨강정·세반강정·계피강정·실백강정·매화강정 등의 강정류, 그리고 송화다식·녹말다식·흑임자다식·밤다식 등의 다식류가 있고, 옥춘·팔보당·온당·귤병·원당 등의 사탕류가 있다. 생실과로 사과·배·귤·감·생귤 등이 오르고, 건과로 대추·호도·은행·실백·곶감 등과 정과로 연근정과·생강정과·모과정과·동아정과·밤초·대추초 등이, 그리고 편으로는 백편·꿀편·승검초편·화전·주악·단자 등이 오른다.

어물로는 문어오림·어포·육포·건전복 등이 있고, 편육으로 양지머리 편육·제육·편육·족편 등이 있으며, 여러가지 전유어와 전복초, 홍합초 그리고 봉적(닭적), 육적 등의 적이 있다.

이러한 여러가지 음식을 30~60 cm 가깝게 높이 원통형으로 고이는데, 색상을 맞추어 배열한다. 생실과, 건과류, 조과류, 유과, 유밀과, 정과, 다식, 당속(사탕류), 숙실과, 각색떡 등은 높이가 다섯 치, 일곱 치, 한 자 한 치, 한 자 세 치, 한 자 다섯 치 등이다. 포육, 건어류, 건문어, 건전복, 숙육, 육적, 전유어 등은 과일 종류보다는 낮게 고인다.

건어물로서 큰 것은 여러 개를 높이 깔고 그 위에 말린 문어와 마른 전복으로 꽃 모양이나 봉황 모양을 오려서 큰상을 화려하게 꾸민다. 이같이 고배(高排)한 것은, 절을 올리는 사람이 보아서 앞줄과 둘째 줄에는 생과일과 조과품을 놓고, 그 다음 줄에 육류를 진설한다. 떡은 놋동이에 놓되, 하나는 인절미를, 하나는 절편을 차곡차곡 높이 고인다. 그리고 그 위에 주악이나 단자 등의 웃기를 올리거나, 잔 편을 올려 놓는다. 붉은 색으로 물들인 실백은 솔잎에 꿴 후에 괴어 올리면서 수(壽) 또는 복(福)자를 만들어 큰상 좌우에 놓는다.

이러한 고배상을 고이는 데는 섬세한 기교를 필요로 하여, 숙수(熟手)라고 하는 전문가가 따로 있어서 음식을 괴는 일만을 하였다.

이러한 '큰상차림'의 양식이 정착된 것은, 《성호사설》(유밀과조)에 "처음에는 밀(蜜)과 면(麵)으로 과품(果品)의 모양을 만들어 조과(造菓)라고 하였다. 후에 높이 고이기 쉽게 하기 위해 모양이 둥근 것을 모나게 자르기로 한 것이다."라고 기록되어 있어, 조선 중기 전후에 실시된 것으로 추정된다.

교자상

상을 높이 괴어 축하를 하고 난 뒤에는, 음식을 헐어서 친척 친지들과 함께 나누는데, 이 때 차리는 상을 교자상(交子床)이라고 한다.

교자상을 차릴 때는 종류를 지나치게 많이 하는 것보다, 몇 가지 중심이 되는 요리를 특별히 잘 만들고, 이와 조화가 되도록 생채나 재료, 조리법, 영양 등을 고려하여 다른 요리들을 만들어서 곁들이는 것이 좋다.

잔칫날 교자상은 반상, 면상, 주안상 모두가 함께 어울린 상차림이다. 밥반찬으로 나물 종류와 어란이나 명란젓 같은 젓갈을 올리고, 면상에 어울릴 수 있는 숙채와 생채도 놓는다.

봄에는 전골이나 승기악탕(勝妓樂湯 · 승가기탕)을 곁들여 놓으면 한결 색감 좋고 품위 있는 상차림이 된다. 포 종류는 날씨가 좋은 날을 택하여 체를 씌워 가며 꾸덕꾸덕하게 말려서 참기름을 바르고, 잣가루를 묻히고 나서 상 위에 안줏감으로 볼품 있게 놓는데, 민어를 말린 다음에 두들겨서 솜같이 만든 암치포가 맛이 좋다.

나이가 많은 분들에게는 음식도 부드럽고 소화가 잘 되는 것을 준비해야 된다. 특히 오이무름이나 호박선, 월과채 등이 좋다. 좀더 맛을 낸다면 흰살 생선으로 어채와 어만두를 빚고, 전복쌈을 만들어 내면 극진한 대접이 될 것이다.

모든 음식을 다 들은 후에 떡이나 유과 · 생과 등을 후식으로 내놓는다. 떡의 종류로는 주로 송편이나 주악 · 석이단자 · 밤단자 · 쑥굴레(쑥굴리)와 같이 단맛을 지닌 것이 좋다.

율란 · 조란도 만들고, 특히 각종 열매와 뿌리를 꿀이나 설탕에 졸여서 만든 정과류도 몇 가지 올리는 것이 좋다. 빨간 산수유, 노란 모과, 앵두, 청매, 연뿌리, 생강, 맥문동, 동아 등은 좋은 정과의 재료이다.

이렇게 떡이나 한과를 들고 나면 앵두편이나 살구편과 함께 진달래화채에 통잣을 듬뿍 띄워 시원하게 내놓으면, 그야말로 봄의 정취를 만끽할 수 있는 상차림이 된다.

그 중에서 몇 가지 중심이 되는 요리를 맛깔스럽게 만들어서 잔칫날 찾아온 축하객들에게 화려하고도 품위 있는 상차림을 차려 솜씨를 발휘해 봄이 어떨지 권해 본다.

표고전

재 료 (5 인분)

마른 표고 15 장 (50 g)
쇠고기 (우둔) 100 g
두부 30 g

ㄱ
- 진간장 2 작은술
- 소금 ¼ 작은술
- 다진 파 2 작은술
- 다진 마늘 2 작은술
- 설탕 1 작은술
- 후춧가루 ¼ 작은술
- 깨소금 1 작은술
- 참기름 2 작은술

밀가루 2 큰술
달걀 3 개
식용유 5 큰술

만드는 법

① 표고버섯은 중간 크기를 선택하여 미지근한 물에 불린다.
② 불린 버섯의 기둥을 자르고 물기를 제거한 후 겉표면에 열십자로 칼집을 낸다.
③ 쇠고기는 곱게 다지고, 두부는 꼭 짜서 으깨어 섞어 ㉠으로 양념한다.
④ 표고버섯 안쪽에 밀가루를 묻히고 양념한 고기를 버섯 안쪽에 채운 다음, 밀가루를 묻힌다.
⑤ 달걀은 소금을 넣고 잘 풀어 놓는다.
⑥ 쇠고기 넣은 쪽만 달걀을 씌워서 지져 낸다.

- 표고는 물에 충분히 불려야 부드러우며, 물기를 잘 닦아야 전을 부칠 때 물이 생기지 않는다.
- 불린 표고버섯에 소금·설탕·참기름 등으로 밑간을 해도 좋다.
- 표고전에 고기를 너무 두껍게 붙이지 않아야 하고, 표면을 깨끗하게 해서 지지도록 한다.

생선전

재　료 (5인분)

동태 1마리 (500 g)
소금 1작은술
흰후춧가루 ¼작은술
밀가루 5큰술
달걀 1개
식용유 적당량

만드는 법

① 동태는 머리, 지느러미, 꼬리를 떼고 비늘을 긁어내어 내장을 제거한 후, 깨끗이 씻는다(얼린 생선은 내장을 빼지 않고 비늘만 긁고 껍질을 벗긴 후 깨끗이 씻는다).
② 도마의 물기를 닦고 3장 뜨기로 포를 떠낸 후 껍질을 벗긴다. 가로 4 cm, 세로 5 cm, 두께 0.5 cm로 꼬리 쪽부터 어슷하게 포를 뜬 후, 소금, 후춧가루로 간을 한다.
③ 밀가루를 앞뒤로 골고루 묻히되, 얇게 묻히고 달걀 물을 씌워 중간불에서 노릇노릇하게 지진다.

민어·광어·대구 등의 흰살생선도 같은 방법으로 만들 수 있다.

완자전 (육원전)

재 료 (5 인분)

쇠고기 (우둔) 350 g
두부 100 g
〈양념간장〉
㉠
- 진간장 ½ 작은술
- 소금 1½ 작은술
- 설탕 1 작은술
- 다진 파 ½ 큰술
- 다진 마늘 1 작은술
- 깨소금 · 참기름 각 1 작은술
- 후춧가루 ½ 작은술

밀가루 ½ 컵
달걀 3 개
식용유 5 큰술

만드는 법

① 쇠고기는 곱게 다진다.
② 두부는 물기를 꼭 짠 다음 곱게 으깬다.
③ 다진 쇠고기와 두부를 ㉠ 으로 양념하여서, 끈기가 나도록 주물러서 직경 3 cm 로 둥글넙적하게 빚는다.
④ 달걀에 소금을 조금 넣고 잘 풀어 놓는다.
⑤ 완자에 밀가루를 묻히고 달걀을 씌운다.
⑥ 기름에 노릇노릇하게 지져 초간장과 함께 낸다.

- 두부를 섞으면 훨씬 더 부드럽다.
- 간장 대신에 소금으로만 양념하면 질지 않다.
- 빚을 때 손에 붙어서 빚기 어려우면, 손에 기름을 조금 바르고 빚는다.
- 다진 쇠고기와 두부를 끈기가 나도록 오래 치대야 빚을 때 가장자리가 깨지지 않는다.
- 달걀 노른자로만 전을 부치면 색이 노랗고 곱다.

호박전

재 료 (5인분)

애호박 1개(300 g)
소금 ½큰술
밀가루 ½컵
달걀 2개
식용유 5큰술

만드는 법

① 애호박은 가늘고 곧은 것을 선택하여 5 mm 두께로 썰어 소금을 살짝 뿌린 후 절여지면 물기를 제거한다.
② 밀가루를 씌운다.
③ 달걀을 풀어 놓는다.
④ 밀가루를 묻힌 호박에 달걀을 씌워 식용유에 지져낸다.
⑤ 초간장과 같이 상에 낸다.

- 다른 조리법으로는, 호박을 0.5 cm 두께로 썰어 씨 부분을 제거하고 그 둘레에 밀가루를 묻히고 고기 양념한 것을 채워 넣은 다음에, 밀가루와 달걀을 씌워 노릇노릇하게 지져내기도 한다.
- 또 다른 조리법으로는, 호박을 0.4 cm 두께로 썰되, 끝이 떨어지지 않게 칼집을 넣고 그 사이에 고기 양념한 것을 넣은 다음, 밀가루와 달걀을 씌워 노릇노릇하게 지진다. 이 때 속의 고기가 완전히 익도록 약한불에서 잘 지져낸다.

풋고추전

재 료 (5인분)

풋고추 10개
쇠고기 150 g
두부 50 g
밀가루 약간
달걀 2개
다진 파 1큰술
다진 마늘 ½큰술
소금 · 후추 · 깨소금 · 참기름 약간
식용유

만드는 법

① 풋고추는 곧은 것으로 준비하여, 길이로 반을 갈라 씨를 떨어내고, 연한 소금물에 잠깐 담갔다가 건져서 물기를 닦아낸다.
② 쇠고기는 살코기로 곱게 다지고, 두부는 물기를 꼭 짜고, 곱게 으깬다. 쇠고기와 두부를 합하고 갖은양념을 하여 잘 치대어 소를 만든다.
③ 고추 안쪽에 밀가루를 바르고 소를 편편하게 채운 다음 밀가루와 달걀물을 씌워 식용유에 지져낸다.
④ 초간장과 같이 곁들여 낸다.

약 과

재 료 (5 인분)

밀가루 (박력분) 2 컵
(220 g, 30 큰술)
참기름 3 큰술
꿀 3 큰술
청주 2 큰술
소금 1/4 작은술
생강즙 1 작은술
흰후춧가루 1/4 작은술
계피가루 1/4 작은술

〈집청〉 꿀 1 컵
계피가루 1/2 작은술
유자 1/2 개

잣가루 2 큰술
튀김기름 2 컵

만드는 법

① 밀가루를 체에 내린 다음, 참기름을 조금씩 넣으면서 손으로 고루 비벼 다시 한 번 체에 내린다.
② 꿀과 청주, 소금, 생강즙, 흰후춧가루, 계피가루를 한데 혼합하여 고루 섞은 후 준비한 밀가루를 넣고 뭉치듯이 가볍게 반죽한다.
③ 약과판에 참기름을 바르고 반죽을 50 g 씩 떼어 엄지손가락으로 꼭꼭 눌러 박아서 기름이 잘 스며들도록 대꼬지로 뒷면에 6~7 군데 구멍을 낸다.
④ 140℃~150℃ 정도의 기름에 속이 익도록 천천히 튀기는데, 한 면을 4 분간 튀기고 뒤집어 3 분간 더 튀긴다.
⑤ 갈색이 나면 건져서 1 분간 기름을 빼고 식혀 둔 집청에 재웠다가 건져 잣가루를 뿌려 낸다.

- 반죽할 때 너무 치대지 말고 가볍게 반죽하여야 끈기가 생기지 않는다. 오래 주무르거나 치대면 글루텐이 생겨서 딱딱하고, 기름에 지져도 겉만 까맣게 익고 속이 잘 익지를 않으며, 균열이 생기지도 않는다.
- 약과를 다량으로 만들 때 밀가루 1 kg 에 달걀노른자 3 개 정도를 넣어 반죽하여 만들면 모양도 좋고 잘 부서지지 않는다.

강 정

재 료 (5 인분)

찹쌀 5 컵
소주 3 큰술
설탕 3 큰술
불린 흰콩 ½ 컵
물 ½ 컵
식용유 적당량

〈집청꿀〉 설탕시럽 1 큰술
꿀 5 큰술

〈고물〉 흰깨
흑임자
튀밥,
잣가루
콩가루
승검초가루

만드는 법

① 찹쌀은 깨끗이 씻어 1주일 정도 담가 두어 골마지가 끼면 여러 번 씻은 후, 말끔히 헹구어 빻아 체에 내린다.

② 체로 내린 찹쌀가루에 설탕을 탄 술을 넣고 주걱으로 고루 섞은 후, 콩물을 조금씩 넣어 섞어주듯이 반죽한다. 덩어리로 뭉쳐질 수 있는 정도면 알맞다.

③ 찜통에 젖은 베보자기 또는 얇은 헝겊을 깔고 반죽을 덩어리로 안쳐서 쪄 낸 다음, 큰 그릇에 쏟아서 방망이로 꽈리가 일도록 힘껏 젓는다.

④ 안반에 마른 쌀가루나 녹말가루를 뿌리고 펴놓아 방망이로 얇고 판판하게 밀은 후, 두께 0.5 cm, 가로 2 cm, 세로 4 cm 로 썬다.

⑤ 방바닥에 한지를 깔고 꾸덕꾸덕할 때 뒤집어서 2~3 일 정도를 딱딱하게 말린 후, 더운 기름(100 ℃)에 불렸다가 끓는 기름(150~160 ℃)에 급히 옮겨 튀겨서 고물을 묻힌다.

미리 만들어 말려서 냉동고에 보관했다가 필요할 때마다 꺼내서 튀겨 쓰면 간편하다. 기름에 튀길 때는 모양을 반듯하게 잡아주어야 뒤틀리지 않는다.

승기악탕

재 료 (5인분)

쇠고기 300 g
황화채(금침채) 50 g
미나리 200 g
표고버섯 20 g
달걀 2개
숭어(도미) 1마리
국수나 흰떡 100 g
파 1뿌리
갖은 양념·양지육 국물 적당량

〈유장〉 참기름 2큰술
진간장 1큰술

만드는 법

① 쇠고기는 얇게 저며서 양념하고, 금침채는 씻어 놓는다. 미나리와 파는 씻어 3~4 cm로 자르고, 표고버섯은 불려서 기둥을 자른 다음 채를 썰어 놓는다. 달걀은 황·백 지단을 부쳐 골패형으로 썰어 놓는다.

② 숭어는 신선한 것으로, 비늘을 긁고 내장을 꺼내 1 cm 간격으로 칼집을 넣어 참기름과 진간장을 섞어 만든 유장을 발라서 석쇠에서 잠시 구워낸다.

③ 전골 냄비에 숭어를 담고 그 위에 준비한 고기와 채소, 달걀지단을 색을 맞추어 돌려 담는다.

④ 간을 한 육수를 부어 끓이면서 먹는데, 나중에는 국수나 흰떡을 넣어서 먹는다.

승기악탕(勝妓樂湯)은 승가기탕(勝佳妓湯)이라고도 하는데, 이 음식은 너무 맛이 뛰어나서 《규합총서》에 '기생이나 음악보다 낫다'고 쓰여 있다. 금침채가 없을 때는 숙주를 넣기도 한다.

월과채

재 료 (5인분)

애호박 1개
쇠고기(우둔육) 100g
표고버섯 5장
느타리버섯 3장
찹쌀가루 ½컵
물 ¼컵
달걀 2개
식용유 적당량

㉠
- 다진 파 1큰술
- 다진 마늘 ½큰술
- 진간장 2큰술
- 깨소금 1작은술
- 후춧가루 ¼작은술
- 참기름 1큰술

만드는 법

① 애호박은 곱게 채를 썰어 소금에 살짝 절여서 물기를 꼭 짠 다음, 기름에 파랗게 살짝 볶은 후, 넓은 그릇에 펼쳐서 식혀 낸다.

② 쇠고기를 곱게 다지고 표고버섯과 느타리버섯은 물에 불려 채를 썬 후, ㉠으로 양념하여 볶아 낸다.

③ 달걀은 황·백 지단을 부쳐 곱게 채를 썰어 놓는다.

④ 물에 찹쌀가루를 걸쭉하게 풀어서 달구어진 팬에 기름을 두르고, 얇게 전병을 부친다.

⑤ 전병이 식으면 도르르 말아서 가늘게 채를 썰어 접시 가운데 볼품 있게 담고, 애호박과 고기, 달걀 채를 둘레에 색감 좋게 돌려 담아서 낸다. 골고루 섞어서 무쳐 내도 좋다.

담아 낸 모양도 볼품이 있으려니와, 먹기도 편하고 맛도 있어, 누구나 좋아할 수 있는 음식이다.

어만두

재　료 (5 인분)

민어살 300 g

〈만두소〉
- 쇠고기 100 g
- 표고버섯 3 장
- 목이버섯 3 장
- 숙주 100 g, 오이 1 개

오이 ½ 개, 다홍고추 1 개
표고·석이 3 장씩
녹말 4 큰술
담쟁이 잎 조금

㉠
- 간장 1 큰술
- 다진 파 2 작은술
- 다진 마늘 1 작은술
- 깨소금·참기름 각 2 작은술
- 후춧가루 ¼ 작은술

초간장

만드는 법

① 곱게 다진 쇠고기와 손질하여 채를 친 버섯은 고기양념으로 조물조물 무쳐서 볶는다. 숙주는 다듬어서 데치고 꼭 짠 후 송송 썬다. 오이는 껍질을 돌려 깎아 채를 썰어 소금에 살짝 절인 후 꼭 짜서 기름에 살짝 볶는다. 볶은 쇠고기와 버섯, 숙주, 오이를 함께 섞어 ㉠으로 양념하여 놓는다.
② 민어는 넓게 포를 떠서 면보로 꼭꼭 눌러 물기를 제거하고, 소금·후춧가루를 뿌린 후 안쪽에 녹말을 고루 바르고, 만두소를 한 숟가락씩 넣어 둥글게 싸서 오므리고, 겉에 녹말을 가볍게 묻혀서 찜통에 쪄 낸다.
③ 함께 곁들여 놓을 오이·다홍고추·표고·석이는 3×2 cm의 골패형으로 썰어 녹말을 묻힌 다음, 끓는 물에 살짝 데쳐서 냉수에 헹구어 물기를 뺀다.
④ 접시에 담쟁이잎을 깐 후에 만두를 담고 곁들인 채소를 돌려 담아 초간장과 함께 낸다.

어만두는 민어, 도미, 광어 등의 흰살 생선으로 만들고, 숙채와 곁들이면 모양이 깨끗하며 비린내도 없고 담백하다.

암치포무침

재 료 (5 인분)

암치포 (민어포) 1 마리

㉠
- 소금 1 작은술
  (혹은 진간장 1 큰술)
- 깨소금 1 작은술
- 설탕 1 큰술
- 후춧가루 (흰색) ¼ 작은술

만드는 법

① 암치포는 두들겨서 솜같이 곱게 펴 놓는다. 숟가락을 가지고 결 반대로 긁어도 잘 보풀려진다.

② 이 보푸라기에 ㉠의 양념을 넣고 양념이 한쪽으로 뭉치지 않도록 곱게 비벼 준다.

③ 그릇에 소복이 담아 낸다.

- 삼색으로 내고자 할 때는 보푸라기를 3 등분으로 나누어 소금, 고춧가루, 진간장 등을 각각 넣어 만들면 고운 색깔을 낼 수 있다.
- 암치포는 민어를 말린 것인데, 구하기 어려우면 노란 북어(황태)를 구입하여 만들기도 한다.

봄나물

예전에는 계절음식이 뚜렷하여 밥상 위에서 그 계절의 맛을 제일 먼저 느낄 수 있었다. 그러나 요즈음은 교통이 편리해지고 시설 재배로 인해 계절의 구분 없이 전천후로 여러가지 식품을 접할 수 있어, 제철의 맛과 향을 그리 확실하게 구분하여 느낄 수가 없게 되었다.

우리의 토양에서 길러서 제철에 생산되는 식품을 가지고 사계절의 변화에 맞게, 순수한 우리의 조리법으로 음식을 만들어 먹는 것이 자연에 순응하는 길이다. 그 계절의 기(氣)를 받아 건강이 유지되고 나아가 한국인의 심성을 그대로 지킬 수 있는 것이기에, 제철의 전통음식은 중요하다고 하겠다.

그러나 전에는 그리도 흔하게 보이던 식재료들이 요즈음은 하나 둘씩 자취를 감추어, 도시에서는 구하기도 어렵게 되었으니 안타까운 일이다.

지난 가을에 지리산 쪽으로 여행을 간 적이 있었다. 음식에 관심이 있는지라, 지리산 바로 산자락 밑에 있는 음식점으로 들어가서 산채나물을 먹게 되었는데, 종류는 많았으나 모두 억세고 뻣뻣하여 맛이 없었다. 하도 이상하여 주인에게 '나물맛이 왜 이러하냐'고 물었더니, 요즈음은 우리 나물을 구하기가 어려워 중국산 나물을 많이 쓴다고 하였다. 다른 어느 곳도 아니고, 우리 나물이 많이 나는 지리산 아래에 있는 음식점에서조차도, 우리의 나물을 먹을 수가 없다는 사실에 나는 놀랍기도 하였고 위기의식까지 느끼게 되었다.

정말 '이렇게 되면 안 되는데' 하는 염려와 걱정은 비단 나 혼자뿐만이 아니라, 우리 것을 아끼는 모든 이들이 지니고 있으리라 생각된다.

이 달에는 나물에 대한 이야기를 쓰고자 한다. 나물은 아무 때나 구별없이 어떤 나물이든 무쳐 먹는 것은 별 의미가 없다.

나물이 돋아 나오는 순서대로 먹어야, 우리의 기(氣)를 푸르게 해 줄 수 있기 때문이다. 즉, 먼저 먹어야 될 나물과 나중에 먹어야 될 나물이 있다는 말이다.

입춘 무렵에는 입춘오신반(立春五辛盤)이라 하여 움파, 산갓, 당귀싹, 미나리싹, 무 등의 매운 맛을 가지는 채소를 새콤하게 무쳐 먹는다. 이 다섯 가지 나물들은 겨울 동안을 움츠려 있었던 오장육부에 비타민과 무기질을 공급해 줌으로써 간장을 자극해서 원활한 활동을 하도록 도와 주는 작용을 한다.

정월이 지나 **2월**이 되면 씀바귀 뿌리를 캐어 나물을 무친다. 즉, 자줏빛 잎이 크게 자라 너풀대는 것은 뿌리가 억세고 단단해서 못 먹으므로, 잎이 조금 솟아났을 때 캐내어 쓴 맛을 우려내고 데쳐서 새콤한 초고추장으로 조물조물 무쳐 낸다. 첫맛은 씁쓸하나 이내 입안 가득 향긋한 내음이 담긴다. 그리고 이어서 차례로 나오는 물쑥과 고들빼기 등의 나물을 무쳐 먹는데, 특히 물쑥은 흙내음과 국화향이 감돌아서 봄을 맘껏 느끼게 해준다.

3월에 얼었던 땅이 스르르 녹으면 진녹색의 싱그런 달래·냉이·꽃다지·민들레·소루쟁이 등의 향이 깃든 들나물을 먼저 먹고, **4월**에는 산으로 가서 원추리·미역취·홑잎(홋잎)·고비·고사리 등의 산나물을 먹으며, 다시 산 밑자락으로 내려와서 **5월**에 잔대싹·개암취·참나물·모시대·우엉잎·상추싹·구기자 어린 순 등의 나물을 뜯어다가 먹는다.

또한 이 때는 시골의 장독대 사이사이나 축대 사이로 돌나물과 함께 비비추 잎이 한껏 터져 나온다. 이런 나물들은 입맛을 돋우고 기를 살려주는 계절의 신선초라 아니할 수 없다.

각각의 맛과 특징을 소개하자면, 소루쟁이는 무침을 하는 것보다 된장국을 끓이는 것이 더 구뜰하고 맛이 있다. 나물로 데치게 되면 색깔이 누렇게 변해서 시각적으로도 좋지 않으며, 감촉이 미끄럽다. 그리고 빼놓을 수 없는 것이 취나물인데, 일반 취는 삼각형의 잎으로 넓죽하고 곰취는 더 크고 넓으며, 미역취는 길쭉길쭉해서 나물도 해먹고 쌈도 싸서 먹는다. 개암취는 보통 취보다 적으며 갸름한 잎이 촘촘히 달라붙어 있고, 솜털이 보송보송 나 있어서 주로 나물로 무쳐 먹는다. 홑잎은 느티나무의 잎이나 아카시아의 잎과 비슷한데, 잎을 쭉 훑어 내어 토장국을 끓여 먹으면 좋다.

잔대는 초롱꽃과의 다년초로, 뿌리는 민간에서 거담제로 쓰이며, 잔대뿌리·잔다구라고도 한다. 여기에서 올라오는 싹을 뜯어서 나물을 무친다. 잎이 연하고, 그 향이 은은해서 맛이 특별하다.

진달래꽃이 피고 돌나물이 나올 때쯤이면, 구기자 나무에서 어린 새순이 올라오게 되는데, 이 순을 뜯어서 나물을 무치면 약간의 구기자 향기가 나면서 부드럽다.

예부터 우물가에 구기자를 심으면 그 뿌리가 우물로 뻗어 가서 그 물에서도 구기자 향기가 은은히 나게 되므로 그 물맛이 좋았다고 한다. 우물가에서도, 집뜰에서도, 학교 교정에서도 쉽게 볼 수 있었던 구기자 나무가, 이제는 찾아보기가 어려워져서 아랫녘 지방으로 내려가야만 볼 수 있으니, 이 또한 안타까운 노릇이다.

돌틈을 비집고 나오는 비비추 잎은 달걀 모양의 타원형으로, 옥잠화 잎이나 질경이 잎과 비슷하고, 잎가의 모양이 쭈글쭈글하다. 또 질경이는 섬유질이 많아서 억센 편이나, 비비추 잎은 그 보다는 부드럽고 윤기가 난다. 이 비비추는 홍자색의 꽃이 피는데 주로 서울에서 나물로 많이 먹었다고 한다.

어디 그것들뿐이랴! 오래 전부터 바닷물이 드나들지 않고, 그렇다고 들녘의 푸성귀가 뿌리 내리기에는 염도가 높은, 그런 햇살이 따사로운 남쪽 전남 신안·진도 등지의 갯벌에서는 세발나물이 봄의 전령사로 돋아난다. 세발나물은 잎이 둥글고 가늘며, 여러 마디로 뻗어 자라는데, 갯가에서 자라며 갯나물이라고도 부른다.

4월에는 어린 식물의 뿌리까지 캐어서 국을 끓이거나 삶아서 나물로 무쳐 먹는데, 식물 자체가 간간하므로 슴슴하게 무친다. 국을 끓일 때는 생선이나 큰 고기의 내장과 함께 끓여서 먹으므로, 생선과 내장에 있는 지방과 나물의 비타민이 어우러진 음식이 된다.

세발나물은 파랗게 데친 후에 된장과 갖은 양념을 넣어서 무친다. 부족한 간은 청장을 조금 넣고 간을 맞춘다. 식초를 넣을 수도 있으나, 된장 맛 그대로가 더 좋다.

5, 6월이 되면 옥잠화가 피고 한 여름에는 맨드라미 꽃이 핀다. 이 옥잠화의 여린 잎과 채를 썬 쇠고기를 함께 넣고 볶아 먹으면 맛이 좋으며, 맨드라미의 잎은 따다가 된장을 풀고 국을 끓이면 맛과 멋이 넘친다.

꽃의 아름다운 자태를 감상하고, 그 잎을 가지고 국도 끓이며, 나물까지 무쳐 먹으니, 이보다 더한 낭만이 또 있을까 ?

6, 7월이 되면 꾀꼬리와 같이 노란 꾀꼬리버섯, 비가 질금질금 오고 이슬비가 많이 내릴 때 제맛을 내는 갓이 넓은 이슬버섯, 자줏빛의 두꺼운 주름살을 가진 졸각버섯, 버드나무 밑에서 자라는 버드나무버섯, 생김이 팽이버섯과 비슷하며 향미가 대단하고 붉은 고추버섯이 제맛을 낸다.

8, 9, 10월의 가을이 되면 싸리버섯·송이버섯·능이버섯 등이 고기맛을 내고 진한 향기를 자랑하며, 차례로 나오게 된다. 잎이나 뿌리나 어린 것은 부드럽다. 숨 죽인 듯이 조용했던 대지로부터 여러가지 비밀스런 약용 성분을 간직하고 태어나는 우리의 나물들은, 이뇨·건위제·세안·소염·해열·진통·강장·당뇨·익기·빈혈·산후·등의 효과가 있어서 한방재료로도 많이 사용되고 있으니, 과학적이면서도 신비롭기까지 하다.

먹어서 약이 안 되는 식품이 어디 있으랴마는, 특히 나물은 약용식물이 많아서 첨단 의학기술이 발달한 현대에도 이 건강 약용식물의 이용은 날로 증가하고 있다.

이렇게 우리 선조들은 자연과 더불어 살면서 그 자연을 이용한 음식을 먹으며, 질병의 치료와 예방뿐만 아니라, 건강 유지와 장수를 누리는 방법을 터득해 왔으니, 새삼 우리 조상들의 지혜에 감탄하게 된다.

나물 재료를 구입할 때는 가능한 한 어리고 연한 것을 택하고, 색이 짙은 것을 골라서 신선할 때 바로 요리하는 것이 비타민이나 무기질의 손실이 덜하다.

조리할 때 산나물은 여린 것은 주로 삶아 데쳐서 청장(국간장)에 갖은 양념하여 무치고, 단단한 것은 기름에 볶기도 하며, 들나물은 초고추장에 새콤하게 무쳐야 맛이 있다.

나물에 넣는 파·마늘은 아주 곱게 다져 넣는다. 그리고 뽀얀 국물이 우러나오도록 오랫동안 조물조물 무쳐야, 양념이 모두 배어들기 때문에 그냥 대강 무친 것보다 몇 배의 맛을 낼 수 있다.

향미가 진한 나물들이나 버섯을 무칠 때는 파·마늘 등의 진한 양념은 되도록 적게 넣어, 재료 자체의 순수한 향과 맛이 나오도록 하는 것이 바람직하다. 그럼 지금까지 소개한 나물 중에서 이 계절에 제맛을 내는 나물 몇 가지를 만들어 보고자 한다.

개암취나물

재　료 (5 인분)

개암취 250 g
간장(청장) 1 큰술
다진 파 ½ 큰술
다진 마늘 2 작은술
참기름 1 큰술
깨소금 ½ 작은술
설탕 1 작은술

만드는 법

① 어린 개암취를 뜯어서 흐르는 물에 깨끗하게 씻어 놓는다.
② 물이 끓을 때 소금을 넣고 파랗게 데쳐서 찬물에 재빨리 헹구어 물기를 짠다.
③ 큰 그릇에 준비된 양념을 모두 넣어 양념장을 만들고, 여기에 파랗게 데친 개암취를 넣어서 뽀얀 국물이 나오도록 조물조물 무친다.
④ 그릇에 볼품 있게 담고, 양념국물을 위에 끼얹어 낸다.

푸른 나물을 데칠 때는 물이 끓으면 소금을 넣고 뚜껑을 열고 데쳐야 파랗다. 헹굴 때도 찬물을 넉넉히 받아 놓고 흐르는 물에서 차갑게 헹구어야 누렇게 변하지 않고 새파랗게 데칠 수 있다.

당귀싹 (승검초)나물

재 료 (5 인분)

당귀싹 200 g
간장(청장) 1 큰술
다진 파 1 작은술
다진 마늘 ½ 작은술
참기름 1 작은술
깨소금 ½ 작은술

만드는 법

① 당귀싹을 뜯어서 흐르는 물에 깨끗하게 씻어 놓는다.
② 끓는 물에 소금을 넣고 파랗게 데쳐 낸 후, 찬물에 여러 번 차게 헹구어 물기를 짠다.
③ 큰 그릇에 준비된 분량의 양념장을 미리 만들고, 여기에 파랗게 데친 당귀싹을 넣어서 양념이 충분히 배이도록 조물조물 무쳐 그릇에 담고, 양념 국물을 위에 끼얹어 낸다.

나물 중에 향기가 가장 강하다. 나물을 무칠 때는 파와 마늘을 아주 소량 넣어서 원래의 향을 살리는 것이 좋다.

모시대나물

재 료 (5 인분)

모시대 250 g
간장 (청장) 1 큰술
다진 파 2 작은술
다진 마늘 1 작은술
참기름 1 작은술
깨소금 1 큰술
설탕 ½ 큰술

만드는 법

① 모시대를 뜯어서 흐르는 물에 깨끗하게 씻어 놓는다.
② 끓는 물에 소금을 넣고 파랗게 데친 후, 찬물에 재빨리 차게 헹구어 물기를 짠다.
③ 큰 그릇에 준비된 양념을 모두 넣고 양념장을 만든다.
④ 여기에 파랗게 데친 모시대를 넣어 뽀얀 국물이 나오도록 조물조물 무쳐 그릇에 담고, 남은 양념국물을 위에 끼얹어 낸다.

줄기가 단단한 푸른 채소를 데칠 때는 끓는 물에 줄기 쪽부터 먼저 넣고 데쳐야, 줄기나 잎이 같은 정도로 무르게 된다. 모시대 나물은 달작지근한 맛이 나서 간장양념에 무쳐 내면 달콤하기까지 하다. 된장국을 끓여도 좋다.

참나물

재 료 (5 인분)

참나물 250 g
간장(청장) 2 작은술
고추장 1 큰술
다진 파 2 작은술
다진 마늘 1 작은술
참기름 1 작은술
깨소금 1 큰술
설탕 ½ 큰술
식초 1 작은술

만드는 법

① 참나물은 어린 잎 부분을 똑똑 잘라 내어서 흐르는 물에 깨끗하게 씻어 놓는다.
② 물이 끓으면 소금을 넣고 파랗게 데쳐 찬물에 차게 헹구어 물기를 짠다.
③ 큰 그릇에 준비된 양념을 모두 넣고 초고추장 양념을 만든다.
④ 여기에 파랗게 데친 참나물을 넣어 양념이 잘 배이도록 조물조물 무쳐 그릇에 담고, 남은 양념국물을 끼얹어 낸다.

참나물의 길이가 길으면 4~5 cm 로 끊어서 데치는 것이 좋고, 아릿하고 쌉싸름하므로 간장에 초고추장을 조금 넣어 무치는 것이 더 제맛을 낸다. 모양이나 맛과 향이 미나리와 비슷하며, 미나리보다는 줄기가 가늘은 편이다.

갯나물
(세발나물)

재 료 (5 인분)

갯나물 300 g
된장 (재래) 1 큰술
간장 (청장) 1 작은술
다진 파 2 작은술
다진 마늘 1 작은술
참기름 1 큰술
깨소금 1작은술
설탕 1 작은술

만드는 법

① 갯나물은 뿌리째 캐서 흐르는 물에 깨끗하게 씻어 놓는다.
② 끓는 물에 소금을 넣고 파랗게 데쳐서 찬물에 차갑게 여러 번 헹구어 물기를 짠다.
③ 큰 그릇에 준비된 분량의 양념된장을 미리 만든다.
④ 여기에 파랗게 데친 갯나물을 넣어 양념이 충분히 배이도록 조물조물 무쳐 그릇에 담고, 위에 깨소금을 뿌려 낸다.

갯나물은 가느다랗고 작은데, 나물로 무쳐 먹으면 오돌오돌하고, 된장의 맛과 어울려 깊은 맛을 내준다. 토장국을 끓여도 별미이다.

잔대싹나물

재 료 (5인분)

잔대싹 250 g
고추장 1 큰술
다진 파 1 작은술
다진 마늘 1 작은술
참기름 1 작은술
깨소금 ½ 큰술
설탕 1 작은술
식초 1 작은술

만드는 법

① 잔대싹을 뜯어서 깨끗이 씻어 놓는다.
② 끓는 물에 소금을 넣고 파랗게 데친 다음, 찬물에서 여러 번 헹구어 물기를 짠다.
③ 큰 그릇에 준비된 양념을 모두 넣고, 초고추장을 만든다.
④ 데쳐 놓은 잔대싹을 넣고 조물조물 무쳐서 그릇에 볼품 있게 담고, 양념 국물을 위에 끼얹어 낸다.

잎은 파란데 줄기가 자줏빛을 띠어 색도 곱고, 게다가 까끌까끌한 감촉이 입맛을 자극한다.

원추리나물

재　료 (5인분)

원추리 250 g
간장(청장) 1큰술
다진 파 2작은술
다진 마늘 1작은술
참기름 1작은술
깨소금 1큰술
설탕 ½큰술
식초 1작은술

만드는 법

① 원추리를 흐르는 물에서 깨끗이 씻어 놓는다.
② 끓는 물에 소금을 넣고 파랗게 데친 후, 찬물에서 재빨리 차게 헹구어 물기를 짠다.
③ 큰 그릇에 준비된 양념을 모두 넣어 양념장을 만들고, 여기에 파랗게 데친 원추리를 넣어 뽀얀 국물이 나오도록 조물조물 무쳐서 그릇에 담고, 남은 양념국물을 위에 끼얹어 낸다.

원추리나물은 초고추장에 새콤달콤하게 무쳐도 좋다.

두릅나물

재 료 (5인분)

두릅 300 g
소금 ½작은술

- 고추장 3큰술
- 설탕 1큰술
- 식초 1큰술
- 다진 파 1작은술
- 다진 마늘 ½작은술
- 깨소금 1작은술

만드는 법

① 두릅은 어리고 연한 것을 골라 잘 다듬은 후, 깨끗이 씻어 끓는 소금물로 삶은 다음, 찬물에 헹궈 낸다.
② 겉껍질을 벗기고 먹기 좋은 크기로 작게 쪼개어, 양념 초고추장으로 무쳐 낸다.

두릅적을 만들어도 좋다.

오 월

5월은 옛부터 계절의 여왕
이라 일컬어 왔다.
이것은 아마도 계절 중
가장 할 일이 많고
삼라만상이 새롭게 회생하는
신록의 계절이기 때문이리라.
이 달에는 '어린이 날'과
'어버이 날'이 들어 있어
가정의 달이기도 하고
'부처님 오신날'도 들어 있어
불공이며 연등행사도 다채롭다.

찌개와 전골

찌개는 육·어류나 채소류에 고추장·된장 등을 넣고 바특하게 끓인 것으로, 국에 비해서 건더기가 많고 국물이 적다.

찌개를 궁중용어로 조치(助致)라고 하였는데, 《시의전서》에 '졋치'라는 이름으로 등장한다. 궁중음식 무형문화재이신 황혜성 교수는 "조치란 탕보다 국물이 적고, 건더기와 국물이 반반 정도로서 뚝배기에 끓이는 것이 좋다." 라고 그 조리법을 말하고 있다.

찌개와 비슷하지만 찌개보다 국물이 조금 많은 것은 '지짐이'라고 하였는데, 지짐이는 궁중에서 '감정'이라고도 하였다고 한다. 방신영의 《요리제법》에도 호박지짐이·무지짐이·암치지짐이 등이 나온다.

찌개는 재료에 따라 생선찌개·두부찌개·쇠고기찌개·명란젓찌개·호박찌개·송이찌개 등으로 분류하거나, 찌개에 들어가는 조미료에 따라서 새우젓찌개·고추장찌개·된장찌개 등으로 분류할 수 있다.

궁중이나 상류층에서는 새우젓을 넣어 끓인 맑은 찌개를 많이 상에 올렸고, 서민층은 된장찌개를 주로 끓였다. 찌개 국물의 양은 1인당 반 컵 정도가 알맞고, 건더기는 국물의 1/2 정도가 적당하다.

새우젓찌개는 알맞은 냄비나 뚝배기에 쇠고기 다진 것, 새우젓 국물, 참기름, 다진 마늘을 넣고 물을 부어 끓이다가 두부와 파를 넣고 다시 한소끔 끓여서 간을 맞춘다. 무를 저며 넣거나 명란젓을 넣어도 좋다.

된장찌개는 뚝배기에다 된장을 풀어서 걸러 넣고 쌀뜨물을 부은 다음, 다진 쇠고기와 잘게 썬 표고버섯을 넣고 참기름·다진 파·마늘·생강으로 양념하여 너무 짜지 않게 끓여 낸다. 그리고 고추장찌개는 제철의 생선에다 두부·미나리·대파 등을 썰어 넣고 고추장으로 간을 하여 끓인다.

찌개거리로는 조기, 숭어, 민어, 대구, 명태 등의 담백한 생선이 가장 좋다. 게·민물고기 등으로 얼큰하게 끓이기도 한다.

잘게 썬 쇠고기·표고버섯·다진 마늘을 넣은 후, 고추장에 잠깐 볶다가 쌀뜨물을 붓고 팔팔 끓인 다음, 생선·미나리·파·두부·쑥갓 등을 차례로 넣는다. 좀더 얼큰하고 매콤하게 끓이려면 고추장의 양을 줄이고, 고춧가루를 섞으면 좋다.

여름철에 어울리는 찌개는 강된장찌개가 있는데, 신선한 풋고추를 넣고 뚝배기에 보글보글 끓여 먹으면 풋고추의 향미가 서려서 입맛을 돋우어 준다.

강된장이란 다른 건더기는 조금 넣고 된장을 진하게 넣어 끓인 것을 말하는데, 따라서 된장 자체가 짜지 않고 맛이 좋아야 한다.

담북장은 이른 봄철에 쑨 메주(지름 5~6 cm)를 며칠 동안 띄워서 잘게 쪼개어 작은 항아리에 넣고, 소금물을 삼삼하게 만들어 부어 따뜻한 곳에서 4~5일 숙성시킨 것을 말한다. 끓이는 방법은 뚝배기에 담북장을 넣은 다음, 파를 송송 썰어 넣고 보글보글 끓이는데, 봄철에 제맛을 내주는 찌개이다.

청국장은, 가을에 메주를 쑤어 뜨거운 방에서 며칠 띄우면 청국장균(납두균)이 생성되어 끈기가 생기고 발효되는데, 발효된 메주를 절구에 대략 찧어 굵은 고춧가루와 다진 마늘을 섞어 꼭꼭 눌러 놓고 숙성시키면서 먹는 것을 가리킨다.

청국장 찌개는 뚝배기에 청국장을 되직하게 풀고 김치, 돼지고기, 두부, 파 등을 넣고 끓이면 독특한 맛을 나타낸다.

신선로는 궁중연회석에서 열구자탕(悅口子湯·悅口資湯), 신선로(神仙爐)라고 하였으며, 다른 조리서에는 열구자탕(熱口子湯), 열구지(悅口旨), 신선로(神仙爐), 구자탕(口子湯)이라고도 하였다.

신선로의 재료는 안 들어가는 것이 없을 정도로 모두 들어가는 것이 특징이다. 《옹희잡지》에 기록된 바에 의하면, '쇠갈비고기·양·처녑(千葉)을 데쳐서 채를 썬 것·닭고기·꿩고기를 기름에 데쳐 내어 채를 썬 것·붕어·숭어의 전유어를 잘게 썬 것·마른 전복·해삼·파·부추·미나리·순무뿌리·무뿌리·생강·고추·천초·호초·잣·대추·달걀 흰자위 등을 쓴다.' 라고 하였다.

신선로의 모양도 특이해서 놋쇠로 대접 비슷하게 굽이 달려 있고,

그릇 가운데 숯불을 담는 통이 있으며, 화통 둘레에 산해진미를 담게 된다. 신선로의 맨바닥에는 채로 썰어 양념한 쇠고기와 고은 곰탕거리를 양념해서 담는다.

그 위에 생선전 · 처녑전 · 간전 · 해삼전 · 전복 · 알지단 · 표고버섯 · 석이버섯 · 미나리초대 · 다홍고추 · 쇠고기완자 · 호두 깐 것 · 은행 볶은 것 · 잣 등을 색색이 돌려 얹는다.

육수를 펄펄 끓여서 국간장과 소금으로 간을 맞춘 후에 붓고, 가운데 있는 노(爐)에 숯불을 담아 끓이면서 먹는다. 보통의 신선로 틀은 5인용과 10 인용이 있고, 요즈음은 1 인용도 있다.

신선로의 유래는 이러하다. 《조선요리학》에 '연산군 시대에 정희량(鄭希良)'이라는 사람이 살았는데, 시문에 능하고, 음양학에 밝았다고 한다. 그는 무오사화를 겪고 난 후에 또다른 사화를 예견하고 속세를 피하여 산중에 은둔하게 되었다.

그가 선인생활을 하는 중에 수화기제(水火旣齊)의 이치로 화로를 만들어 채소를 끓여 먹었던 것인데, 그의 기풍이 마치 신선과 같았다 하여, 그 그릇을 신선로라고 부르게 되었다고 전한다.

다음에는 여러 찌개 중에서 제철의 맛을 내는 '게감정', '절미된장조치', '각색전골', '두부전골' 등에 대해 설명하고자 한다.

게감정

재 료 (5인분)

꽃게(암컷) 4마리(1.5 kg)
쇠고기(우둔) 100 g
㉠ 청장 2작은술, 다진 파 1큰술
다진 마늘 2작은술
깨소금 1작은술
후춧가루 ¼작은술
참기름 2작은술
두부 30 g, 숙주 50 g
무 50 g, 표고버섯 2장(10 g)
㉡ 설탕 1큰술, 다진 파 2큰술
다진 마늘 1큰술
깨소금·참기름 각 1큰술
후춧가루 ½작은술
된장 1큰술, 고추장 3큰술
물 또는 육수 3컵
생강즙 ½작은술, 파 1뿌리

만드는 법

① 산 꽃게를 솔로 깨끗이 씻어 발의 끝매듭을 잘라 내고 등딱지를 뗀 다음, 속의 게장과 게살만 떼어내고 게껍질은 깨끗이 씻어서 물기를 뺀다.
② 쇠고기는 곱게 다져 ㉠으로 양념하고, 두부는 꼭 짜서 으깨며, 숙주는 머리와 꼬리를 자르고 끓는 물에 데쳐서 곱게 다진다.
③ 무는 얄팍하게 나박썰기를 하고, 표고버섯은 미지근한 물에 불린 후, 물기 없이 꼭 짜서 곱게 다진다.
④ 게살과 준비한 모든 재료에 ㉡의 양념을 넣고 버무려서 소를 만든다.
⑤ 된장은 조리에 한 번 걸러서 고추장과 함께 육수나 물을 붓고 끓이다가 잘라 낸 게다리와 무를 넣고 끓인다.
⑥ 물기를 빼 놓은 게껍질 안쪽에 밀가루를 뿌리고 준비해 놓은 소를 채워 밀가루를 바른 다음, 달걀을 씌워 달군 팬에 엎어서 지진다.
⑦ 끓고 있는 국물에 지진 게와 어슷하게 썬 파와 생강즙을 넣고 간을 맞추어 한 번 끓인 후, 그릇에 담고 국물을 자작자작하게 부어 낸다.

절미된장조치

재 료 (5 인분)

쇠고기 100 g
㉠ 소금 약간, 다진 마늘 1 큰술, 참기름 1 작은술, 후추
두부 ½ 모
표고버섯 4 장
풋고추 3 개
다홍고추 1 개
파 1 뿌리
고춧가루 ½ 작은술
된장 4 큰술
물 2 컵

만드는 법

① 쇠고기는 얇게 저며 썰어 ㉠으로 양념하여 놓고, 두부는 납작하게 썬다.
② 표고버섯은 손질하여 채를 썰고, 고추와 파는 송송 썰어 놓는다.
③ 뚝배기에 양념한 고기와 채 썬 표고버섯을 넣고 볶다가 쌀뜨물을 붓는다.
④ 된장을 풀어 넣고 끓기 시작하면 두부를 넣고, 불을 줄여서 보글보글 서서히 끓인다.
⑤ 거의 다 되었을 무렵에 고추와 파, 고춧가루를 넣어서 맛을 낸다.

절미된장조치는 된장을 주로 하여 강된장찌개처럼 끓이는 것으로, 된장은 너무 짜지 않은 것이 좋다. 뚝배기에 보글보글 끓이면서 먹으면 다른 육류반찬이 필요 없을 정도로 맛있다.

각색전골

재 료 (5인분)

쇠고기 300 g
표고버섯 4개
무 100 g
당근 ½개
숙주 100 g
양파 (중) 1개
실파 50 g
달걀 1개

〈고기양념〉

- 간장 3큰술
- 설탕 1큰술
- 다진 파 4작은술
- 다진 마늘 2작은술
- 참기름 · 깨소금 각 1작은술
- 후춧가루 ½작은술

소금 ½작은술

만드는 법

① 쇠고기는 등심이나 안심을 채썰어 고기양념을 하고, 표고버섯도 불려 기둥을 떼고 굵은 채를 썰어 고기양념을 한다.

② 무와 당근은 5 cm 길이로 굵은 채를 썰고 숙주는 거두절미하여 각각을 끓는물에 소금을 약간 넣고 데쳐내어 소금과 참기름에 무친다.

③ 양파는 길이로 채썰고 실파는 5 cm 길이로 썰어 놓는다.

④ 전골냄비에 쇠고기와 채소들을 같은 색이 서로 마주보게 색스럽게 돌려 담고 잣을 얹은 다음, 육수에 간을 하여 더운 ??국을 부어 끓이다가 달걀을 중앙에 깨뜨려 넣고 반숙이 되면 보시기에 덜어 먹는다.

전골은 여러가지 재료들을 날 것으로, 또는 미리 삶거나 전을 부쳐서 이들 여러가지 재료를 전골냄비에 색을 맞추어 담고 간장으로 간을 한 육수를 부어 끓여 먹는 음식이며, 이것보다 더욱 다양한 재료를 가지고 호화스럽게 만든 것이 신선로이다. 상에 올린 채 불에 끓이면서 뜨겁게 먹으니, 친밀감도 더해 주고 난방의 구실도 하게 된다.

두부전골

재 료 (5 인분)

두부 1 모, 쇠고기 200 g
미나리 50 g, 무 100 g
당근 100 g, 양파 100 g
실파 50 g,
표고버섯 5 장
다홍고추 2 개,
달걀 1 개
잣 1 작은술, 소금 1 큰술
지짐기름 3 큰술

㉠
- 간장 2 큰술
- 설탕 1 큰술
- 다진 파 4 작은술
- 다진 마늘 2 작은술
- 깨소금 2 작은술
- 참기름 1 작은술
- 후춧가루 ¼ 작은술

만드는 법

① 두부는 폭 2.5 cm, 길이 4 cm, 두께 0.5 cm 로 네모지게 썰어 소금을 뿌렸다가 물기를 없애고 녹말가루를 묻혀서 앞뒤가 노릇하게 지져 낸다.
② 쇠고기의 반은 채를 썰고 반은 곱게 다져서 각각 ㉠ 으로 양념하고, 불린 표고도 채를 썰어 고기 양념한다.
③ 무와 당근은 4~5 cm 길이로 굵은 채를 썰어서 끓는 물에 데쳐, 참기름과 소금으로 무친다. 양파와 고추는 채를 썰고 실파도 같은 크기로 자른다. 미나리는 끓는 물에 줄기를 데쳐 낸다.
④ 지진 두부의 사이에 양념한 다진 고기를 넣고, 데친 미나리로 가운데를 돌려 묶는다.
⑤ 전골 틀에 각색 채소, 고기를 색깔을 맞추어 돌려 담고 두부를 올린 후에 장국을 간 맞추어 붓고 끓이면서 달걀을 넣어서 익혀 먹는다.

두부는 단백질 식품으로 영양이 높을 뿐만 아니라, 소화율이 92.7% 나 되므로 좋은 식품으로 식탁에 자주 오른다. 특히 질감이 부드러워 아이나 노인의 식이에 좋으며, 식이요법에도 많이 활용된다.

신선로

재 료 (5인분)

곰탕거리(사태, 양) 300 g
쇠고기 · 흰살생선 · 처녑 각각 100 g
무 200 g, 당근 100 g
표고버섯 4장, 석이버섯 5장
다홍고추 2개, 미나리 50 g
달걀 5개, 두부 30 g, 은행 10개
밀가루 ½컵, 호도 3개,
잣 1작은술
소금 · 후춧가루 · 청장 · 식용유 적당량

㉠ 청장 1큰술, 다진 파 2작은술
다진 마늘 1작은술
후춧가루 ¼작은술
참기름 1작은술

㉡ 청장 3큰술, 다진 파 1큰술
다진 마늘 1큰술,
후춧가루 ½작은술
참기름 1작은술

만드는 법

① 사태와 손질한 양을 끓는 물에 삶다가 도중에 무와 당근을 넣어 너무 무르지 않게 삶아낸 후, 곰탕거리는 얄팍하게 썰어 ㉡으로 양념해 놓는다.
② 쇠고기는 30 g 정도를 곱게 다지고 두부는 물기를 꼭 짜서 으깨어 함께 ㉠으로 양념을 하여 동글게 완자를 빚은 다음, 밀가루와 달걀을 입혀서 지져내고 나머지 쇠고기는 얇게 썰어 양념한다.
③ 생선은 전유어를 지지고 처녑은 소금으로 주물러 씻어서 잔 칼집을 넣고 소금과 후추를 뿌려 밀가루, 달걀물을 입혀 전을 부쳐놓고, 달걀은 황 · 백 지단을 부치고 흰자에 석이버섯 다진 것을 섞어서 검정색 지단을 부친다.
④ 표고버섯은 불려서 기둥을 떼고, 다홍고추는 잘라서 준비한다.
⑤ 위에 준비한 무, 당근, 전, 초대, 지단, 버섯, 다홍고추를 3×5 cm 크기의 골패형으로 썬다.
⑥ 신선로 틀에 골패형으로 썰고 남은 것을 깐 후, 그 위에 양념한 곰탕거리와 쇠고기를 얹고, 또한 그 위에 골패형으로 썬 재료들을 색을 맞추어 돌려 담은 후에 은행, 호도, 잣, 완자 등의 고명을 올린 다음, 육수에 청장과 소금으로 간을 맞추어 뜨겁게 하여 가득 붓고 끓인다.

정과(正果) · 과편(果片)

정과류는 비교적 수분이 적은 식물의 뿌리나 줄기 또는 열매를 살짝 데쳐서 설탕물이나 꿀, 또는 조청에 조린 것이다. 사용되는 재료에 따라 연근정과 · 수삼정과 · 생강정과 · 행인정과 · 동아정과 · 모과정과 · 천문동정과 · 귤정과 등으로 부른다.

정과는 정약용의 《아언각비》에서 "꿀에 졸인다."하여 흔히 꿀에 졸이는 것으로 알려져 있으며, 1815년 《규합총서(閨閤叢書)》에 꿀에 졸이는 방법과 꿀에 재워서 오래 두었다 쓰는 방법이 나와 있다. 정과를 졸일 때에는 대부분 꿀을 사용하였으나, 1854년 《음식법》에는 처음으로 설탕에 졸인 감자(柑子)정과가 소개되어 있다. 조리책에 소개되어 있는 정과의 종류는 34종류이며, 그 중 연근정과가 가장 많이 소개되어 있다.

과편류는 과실이나 열매를 삶아 거른 즙액에 녹말가루와 설탕을 넣어 조려서 엉기게 한 것이다. 사용되는 재료에 따른 두편 · 살구편 · 복분자편 · 모과편 · 산사편 · 유자편 · 생강편 · 버찌편 · 오미자편 등이 있다.

과편은 우리나라 여러 음식 관련 문헌에 자주 등장하여 그 제조방법을 쉽게 찾아볼 수 있는데, 1985년 《조선왕조궁중연회음식의 분석적 연구》에 따르면, "궁중에서는 과편이라 하지 않고 '병(餠)'이라고 하였다."고 하였다.

조선시대 궁중음식 관련 문헌인 《진연의궤(進宴儀軌)》 등을 보면, 궁중의 연회 상차림에 과편이 자주 보이는 것으로 미루어, 과편은 궁중에서도 즐겨 먹었던 음식이었음을 알 수 있다.

정과나 과편의 만드는 방법은 비슷한 편이나, 맛과 향이 모두 다른 것이 특징이다. 이러한 정과나 편은 잔칫날이나 명절 때, 손님 접대하는 다과상에 꼭 올리는데, 모양이 화려하여 상차림을 돋보이게 한다.

오미자편

재 료 (5인분)

오미자 1½컵
물 6컵
녹두녹말 1컵
물 1컵
설탕 2컵
소금 ¼작은술

만드는 법

① 오미자는 씻어 건져서 끓여 식힌 미지근한 물에 하룻 동안을 담가 두었다가 체에 밭쳐서 오미자 국물로 만든다.
② 녹두녹말은 물에 풀어서 고운 체에 밭쳐 놓는다. 오미자 국물에 설탕과 소금을 넣고 졸이다가, 녹말풀은 물을 부어 잘 섞고 저으면서 은근히 끓인다.
③ 계속 저어 가며 졸이다가 뚝뚝 떨어지는 젤리 상태가 되면 불을 약하게 하여 뜸을 들인다.
④ 다 되면 네모진 그릇에 쏟아 붓고, 한 김이 나가면 냉장고에 넣어 굳힌 다음, 묵처럼 굳어지면 모나게 썰어서 접시에 담아 낸다.

기호에 따라 오미자의 양을 가감할 수 있다. 오미자편을 썰어서 담아 낼 때, 그릇 밑바닥에 밤을 깎아 한 자락 깔고, 오미자편을 올려서 함께 내면 맛과 모양이 한결 어울린다.

유자편

재 료 (5 인분)

유자 5 개
물 7 컵
녹두녹말 1 컵
물 1 컵
설탕 2 컵
소금 ¼ 작은술

만드는 법

① 유자는 깨끗이 씻어 껍질을 벗긴 뒤에 씨를 빼고 푹 삶아서 고운 체로 걸러서 과즙을 준비해 놓는다.
② 녹두녹말은 물에 풀어서 고운 체로 받쳐 놓고, 과즙에 설탕과 소금을 넣고 졸이다가, 녹말을 풀은 물을 부어 잘 섞어 가며 저으면서 은근히 끓인다.
③ 계속 저어 가며 졸이다가 주걱으로 들어 보아서 뚝뚝 떨어지는 상태가 되면 불을 줄이고 뜸을 들인다.
④ 다 되면 네모진 그릇에 쏟아 붓고 한 김이 나가면 굳힌 다음, 모나게 썰어서 접시에 담아 낸다.

녹두녹말을 구하기 어려울 때는 동부녹말을 사용해도 좋다. 감자녹말을 사용할 수도 있으나, 색이 탁하고 끈기가 없게 된다.

앵두편

재　료 (5 인분)

앵두 5 컵
물 7 컵
녹두녹말 1 컵
물 1 컵
설탕 2 컵
소금 ¼ 작은술

만드는 법

① 초여름에 나오는 싱싱한 앵두를 깨끗이 씻어서 물을 붓고, 20~30 분 정도 푹 삶아 고운 체에 걸러서 과즙을 받는다.
② 녹두녹말에 물을 붓고 잘 풀어서 고운 체에 받친다.
③ 앵두즙에 설탕과 소금을 넣고 5 분 정도 졸이다가, 녹말 푼 물을 부어 잘 섞어 저으면서 20 분 정도를 끓인다.
④ 이 때 생기는 거품은 걷어내며 졸이다가, 젤리 상태가 되면 불을 줄여서 뜸을 들인다.
⑤ 완성되면 네모진 그릇에 쏟아붓고, 한 김이 나가면 냉장고에 넣어서 굳힌다.
⑥ 묵처럼 굳어지면 모나게 썰어서 접시에 담아 낸다.

끓이는 도중에 생기는 거품은 걷어 내야 깨끗하게 만들어진다. 앵두편은 뜸이 잘 들어야 끈기가 있고 윤기가 난다. 앵두는 비를 맞히면 벌레가 생기는데, 이 때 찬물에 담가 놓으면 벌레가 모두 기어 나온다.

생강편

재 료 (5 인분)

생강녹말 1 컵
물 5 컵
설탕 2 컵
소금 ¼ 작은 술
송홧가루 1 큰술
계핏가루 ¼ 작은술

만드는 법

① 생강은 깨끗이 씻어 껍질을 벗기고 강판에 갈아서 물에 담근 다음, 체에 걸러서 건더기는 버리고 앙금은 가라앉힌다.
② 이것을 말려서 생강녹말을 만들어 놓는다.
③ 냄비에 물과 생강녹말을 넣어서 고루 섞은 후, 설탕과 소금을 넣고 잘 저어 가며 불에 약 20 분 정도를 졸인다.
④ 송홧가루와 계핏가루를 넣고 젤리 상태가 되면 뜸을 들여서 네모진 그릇에 붓는다.
⑤ 한 김 나가면 냉장고에 넣어서 굳힌다. 묵처럼 굳어지면 모나게 썰어서 접시에 담아 낸다.

생강편은 생강을 삶아 곱게 갈아서 설탕을 넣고 걸쭉하게 끓여서 송홧가루와 계핏가루를 넣고 직사각형으로 잘라 잣가루를 묻혀서 만들기도 한다.

버찌편

재 료 (5인분)

버찌 4컵
물 6컵
녹두녹말 1컵
물 1컵
설탕 2컵
소금 ¼작은술

만드는 법

① 버찌는 빨갛게 익은 것으로 골라서 깨끗이 씻어, 약 20~30분 정도를 삶은 다음, 체에 걸러서 즙을 내어 끓인다.
② 과즙에 설탕과 소금을 넣고 5분 정도를 졸이다가, 녹말 푼 물을 부어 잘 섞어 가면서 졸인다.
③ 젤리 상태가 되면 은근한 불에서 뜸을 들인 다음, 네모진 그릇에 쏟아 붓고, 한 김이 나간 후, 냉장고에 넣어서 굳힌다.
④ 묵처럼 굳어지면 모나게 썰어서 접시에 담아 낸다.

산딸기편

재 료 (5 인분)

산딸기 4 컵
물 6 컵
녹두녹말 1 컵
물 1 컵
설탕 2 컵
소금 ¼ 작은술

만드는 법

① 산딸기는 깨끗이 씻어서 물을 붓고, 약 20~30 분 정도를 푹 삶아 고운 체에 걸러서 과즙을 받는다.
② 과즙에 설탕과 소금을 넣고 5 분 정도 졸이다가 녹말 풀은 물을 부어 잘 섞어 가며 저으면서 약 20 분 정도 은근히 끓인다.
③ 계속 저어 가며 졸이다가 뚝뚝 떨어지는 젤리 상태의 농도가 되면 불을 낮추어서 3 분 정도 뜸을 들인다. 다 되면 네모진 그릇에 쏟아 붓고 한 김이 나가면 냉장고에 넣어서 굳힌다.
④ 묵처럼 굳어지면 모로 썰어서 접시에 담아 낸다.

산딸기는 빨갛게 잘 익은 것으로 선택하여 편을 만들어야 색깔이 곱다.

매실 · 산수유 · 연근 · 유자 · 도라지 · 생강정과

재 료 (5인분)

연근 200 g
식초 · 소금 적당량
유자 3 개
도라지 200 g
생강 200 g
매실 200 g
산수유 1 컵
설탕 · 꿀 · 소금 적당량

만드는 법

① **연근**은 껍질을 벗기고 두께를 0.5 cm 로 둥글게 썰어, 식초를 넣고 소금을 약간 넣어 끓는물에 하얗게 데쳐 내어 찬물에 담그어서 헹궈 내고, **유자**는 깨끗이 씻어서 물기를 뺀 후, 겉껍질을 벗기고 0.5 cm 정도로 채를 썰어 놓는다.

② **도라지**는 4 cm 길이로 잘라 굵은 것은 길이로 썰고, **생강**은 생긴 모양 그대로 두께를 0.2~0.3 cm 정도로 납작하게 썰어서 끓는 소금물에 각각 살짝 데친다.

③ 준비한 연근, 유자, 도라지, 생강에 각각 설탕을 넣고 물을 부어 서서히 졸이면서 거품을 걷어낸다. 거의 졸여지면 꿀을 넣어 윤기가 나도록 잠시 더 졸여 낸다.

④ **매실**은 상처가 없고 단단한 청매를 준비해서 깨끗이 씻어 물기를 뺀 다음, 꿀에 재워 항아리에 담아 2~3 개월이 지나면 건져서 채반에 널어 꾸덕꾸덕하게 말린다.

⑤ **산수유**는 빨갛게 익은 것을 깨끗이 씻어서 씨를 뺀 후, 채반에 꾸덕꾸덕하게 말려서 꿀에 재워 놓는다.

수삼 · 당근 · 행인 · 산사 · 맥문동 · 건포도 · 잣정과

재　료 (5 인분)

수삼 200 g
당근 200 g
행인 100 g
산사 200 g
맥문동 200 g
건포도 50 g
잣 50 g
설탕 · 꿀 · 소금 · 솔잎 적당량

만드는 법

① **수삼**은 0.3 cm 두께로 나이테가 보이도록 약간 어슷 썰어서 끓는물에 데쳐 쓴맛을 빼놓고, **당근**은 두께 0.5 cm, 가로 2 cm 세로 4 cm 로 잘라 끓는 소금물에 살짝 데친다.

② **행인**은 속껍질을 벗긴 다음, 물에 담가 떫은맛을 없애기 위해 새 물을 여러 번 갈아 주어 우려낸 후, 물기를 빼놓는다.

③ **산사**는 열매를 깨끗이 씻고, **맥문동**은 뿌리를 깨끗이 씻어 물기를 빼 놓는다.

④ 준비한 수삼, 당근, 살구씨, 산사, 맥문동은 각각 설탕을 넣고 물을 부어 서서히 졸이면서 위에 거품을 걷어낸다. 거의 졸여지면 꿀을 넣어 윤기가 나도록 잠시 더 졸여 낸다.

⑤ **건포도**는 꿀에 무쳐 솔잎에 한 개씩 꿰어가지고 한 묶음씩 보기 좋게 잡아매고, **잣**은 고깔을 떼어내고 솔잎에 한 개씩 꿰어가지고 한 묶음씩 보기 좋게 매어서 꿀에 무쳐서 담아 낸다.

국 과 탕

우리 민족은 원래 국물을 좋아하여 밥과 국이 항상 기본으로 나란히 상에 올랐다.

국은 갱(羹)·학(臛)·탕(湯) 등으로 표기하였는데, 역사가 오래 되었을 것으로 추측된다. 삼국시대 말기에 주·부식이 분리되었다는 기록으로 보아, 이 시대에 국과 국을 떠 먹는 숟가락도 있었으리라 생각된다.

문헌상으로는 《고려사》에 왕이 국을 하사하였다는 기록이 있으며 조선 중기의 《음식디미방》에는 '시집간 색시가 3일만에 부엌으로 들어가서 손을 씻고 갱탕을 끓인다.' 는 말이 있다. 또한 《동의보감》에 '약이성 재료를 뜨거운 물에 달여서 질병, 또는 보양재로 사용하는 것을 탕이라고 한다.' 라고 하였으며, 《임원십육지》에서는 '탕이란 향기 나는 약용음식을 뜨거운 물에 달여서 마시는 음료다.' 라고 하였다.

《사례편람》에는 '갱이란 본디 고깃국물이고, 채갱(菜羹)이란 채소국이다.' 라고 했다. 이로 보아, 탕은 음료가 되기도 하고, 또 약이 되기도 하며, 국이 되기도 했던 것을 알 수 있다.

국은 크게 맑은장국, 곰국, 토장국, 냉국 등으로 나눌 수 있다. 계절별로 보면 봄에는 애탕국·생선맑은국·생고사리국 등의 맑은장국과 냉이 토장국·소루쟁이토장국·쑥국 등의 봄나물로 끓인 국을 많이 먹고, 여름에는 미역냉국·오이냉국·깻국 등의 냉국류와 보양을 위한 육개장·영계백숙·삼계탕 등의 곰국류를 먹는다.

가을에는 무맑은장국·토란국·버섯맑은장국 등의 장국류를 먹으며, 겨울에는 시금치토장국·우거지국·선지국·꼬리탕 등의 토장국이나 곰국류를 먹는다.

재료와 국의 종류를 정할 때는 계절에 맞추어야 하고, 밥의 종류나 반찬의 내용에 따라서 맛과 색채감이 어울리게 하며, 식품배합이나 영양이 균형잡힌 식사가 될 수 있도록 하여야 한다.

전통음식연구의 원로이신 강인희 교수님은 '반찬이 여러가지로 많이 있을 때는 담백한 맛의 맑은장국을 끓이고, 반찬이 별로 없을 때는 토장국을 끓이며, 밥에 따라 계절에 따라 어울리는 국을 끓인다.'라고 국의 쓰임을 말한 바 있다.

국의 맛을 좋게 하기 위해서 쇠고기·멸치·마른 새우·조개 등을 넣으며, 국물의 양은 1인당 한 컵 정도가 알맞고, 건더기는 국물의 3할 정도가 적당하다. 국은 물을 넣고 끓이므로 식품 속의 수용성 단백질·지방·무기질 등의 영양소가 우러나오기 때문에 영양과 맛을 함께 즐길 수 있는 좋은 음식이라고 할 수 있다.

맑은장국은 양지머리나 사태육을 넣어서 맛난 맛을 내는데, 고기 덩어리를 푹 고아서 국물을 쓰거나 잘게 썰어서 볶다가 국물을 붓는 방법이 있다.

《증보산림경제》에 '고기로 국을 끓이려면 고기를 도란(搗爛)하여 참기름으로 볶고, 이것을 장수(醬水)에 넣어서 끓인다.'고 하였으며, 월탄 박종화 님의 글에도 '맑은장국은 값비싼 양지머리로만 큰가마솥에 집어넣고 끓였더니, 맛이 진하면서 국물빛은 맑아져서 물에 장을 풀어놓은 듯이 가볍고 맑다.'라고 언급되어 있다.

토장국은 쌀뜨물에 된장이나 고추장을 걸러서 끓인 국이다. 콩으로 메주를 쑤어서 만든 된장을 사용하므로, 감미보다는 구수한 맛이 좋으며, 양질의 음식으로 평가된다.

국맛을 내기 위해서는 쇠고기, 멸치, 조개류, 마른 새우 등을 이용하고, 겨울에는 쇠뼈 고은 물을 이용한다.

토장국을 끓일 때는 맹물보다 뽀얀 쌀 속뜨물에 된장을 걸러 끓이는 것이, 푸른 채소의 풋내를 가시게 할 뿐만 아니라, 약간의 농도가 있는 국이 된다. 또 채소와 양념에서 나온 성분들이 속뜨물에 있는 효소와 함께 어우러져서 부드러워지고 맛좋은 토장국이 된다.

국에는 들깨가루와 콩가루를 넣기도 하는데, 맛을 구수하게 해주고 단백질과 지방산 등의 공급원으로 매우 합리적이고 과학적인 방법이라고 할 수 있다.

곰국(膏飮羹)은 양지머리, 사태, 쇠머리, 쇠족, 쇠꼬리, 도가니, 사골, 유통, 우설 등에 물을 붓고 푹 고아서 질소성분·칼슘·인 등의 영양성

분과 맛 성분이 국물에 용출되도록 한 것이며, 설렁탕이 대표적인 예라 할 수 있다.

그밖에도 닭을 고아서 영계백숙, 닭곰탕 등을 만들기도 하고, 기름기 없는 살코기만을 골라서 무르도록 고은 다음, 결이 진 대로 찢어서 갖은 양념을 하고 고추기름으로 얼큰하게 간을 한 육개장, 닭개장 등이 있다.

곰탕과 설렁탕의 구분은 《조선요리》에 의하면, 설렁탕은 곰국에 비하여 뼈가 많이 들어가서 장시간에 걸쳐 골수가 우러나와 국물이 한결 뽀얗게 된 것임을 알 수 있다.

한편, 《조선요리학》에 '세종대왕이 선농단에서 친경(親耕)할 때 갑자기 심한 비가 내려 촌보를 옮기지 못할 형편에다 배고픔을 못 견디어, 친경에 쓰던 농우(農牛)를 잡아 맹물에 넣어 끓여서 먹으니, 이것이 설렁탕이 되었다.'라고 하는 유래를 적고 있다.

냉국은 여름철에 차게 해서 먹는 국으로, 닭을 고아서 진하게 만든 국물을 식혀서 만든 보양식이 있고, 오이나 미역으로 시원하게 만든 담백한 냉국이 있다.

철에 따라 나오는 제철 재료를 가지고 우리 고유의 조리법대로 맛깔나게 국을 끓여 전통의 맛과 멋을 즐겨 봄이 어떠할지, 다음 몇 가지를 소개해 본다.

준칫국

재 료 (5 인분)

준치 800 g
쇠고기 100 g
생강즙 2 작은술
쑥갓 50 g
실파 70 g
소금 약간
식초 1 작은술

㉠
- 간장 2 작은술
- 다진 파 2 작은술
- 다진 마늘 1 작은술
- 후춧가루 약간
- 참기름 1 작은술
- 깨소금 1 작은술

만드는 법

① 준치는 비늘을 긁고 내장을 꺼내어서 깨끗이 씻은 후, 등에 1 cm 간격으로 칼집을 내어 앞뒤에 식초를 뿌려서 잠시 두었다가 물에 씻어 낸다.

② 쇠고기는 얇게 썰어 ㉠의 양념으로 조물조물 무쳐서 볶은 다음, 물 5 컵 정도를 넣고 끓인다.

③ 끓는 육수에 토막 낸 준치와 생강즙을 넣고 익도록 끓인다. 국이 충분히 끓으면 소금으로 간을 맞춘다.

④ 쑥갓과 파는 그릇에 담아 두었다가 내기 직전에 넣어 익혀서 위에 얹어 낸다.

옛 속담에 '썩어도 준치'라는 말이 있듯이 생선 중에 가장 맛이 좋다. 그릇에 담을 때 머리나 꼬리는 담아내지 않으며, 먹기 바로 전에 식초를 한 방울 떨어뜨리면 비린내가 제거되어 맛이 더욱 좋아진다.

어알탕

재 료 (5인분)

쇠고기(장국용) 100 g
물 8컵, 청장 2큰술
흰살생선 150 g

㉠ 소금·참기름 1작은술
후춧가루 약간
마늘 1작은술

㉡ 소금·참기름 1작은술
다진 파 2작은술
다진 마늘 1작은술
생강즙 1작은술
흰 후춧가루 약간

녹말가루 5큰술
달걀 1개, 실파 2뿌리
소금·식용유 약간

만드는 법

① 장국용 쇠고기는 납작납작하게 썰어서 ㉠으로 양념하여 물을 붓고 맑은 장국을 끓여서 청장으로 간을 맞춘다.
② 흰살생선은 살만 포로 떠서 1 cm 정도로 썰은 다음, 대강 다져서 분마기에 담고 ㉡의 양념을 차례로 넣고 으깨어서 끈기가 나도록 치댄다.
③ 고루 어우러지면 녹말가루 1큰술을 넣어 섞은 후, 잣을 하나씩 넣어 지름 1.5 cm의 완자를 둥글게 빚는다. 빚은 완자를 녹말가루에 굴려서 고루 묻힌 후, 냉수에 담갔다가 건져내어 다시 녹말가루를 고루 묻힌다.
④ 세 번 정도 반복하여 입혀서 찜통에 젖은 행주를 깔고 찐다.
⑤ 달걀은 황·백 지단을 부쳐서 완자형으로 썰고 실파는 4 cm 길이로 썬다.
⑥ 장국이 끓으면 쪄 낸 어알과 실파를 넣고서 한소끔 더 끓여서 그릇에 담고 달걀지단을 띄워 낸다.

어알을 만들 때는 어떤 다른 흰살생선도 가능하나 민어가 가장 좋고, 쇠고기 대신에 닭고기를 써도 좋다.

오이무름국

재 료 (5인분)

오이 4개(600 g)
쇠고기(장국용) 200 g

㉠
- 진간장 · 고추장 1작은술
- 다진 파 · 다진 마늘 1큰술
- 후춧가루 ¼작은술
- 참기름 1작은술

다진 쇠고기 100 g, 두부 50 g

㉡
- 소금 ⅓작은술
- 고추장 ½작은술
- 다진 파 · 다진 마늘 1작은술
- 깨소금 ½작은술
- 후춧가루 ¼작은술
- 참기름 ⅓작은술

㉢
- 물 7컵, 청장 2큰술
- 고추장 1½큰술

밀가루 1큰술, 느타리버섯 5장
달걀 1개

만드는 법

① 오이는 깨끗이 씻은 다음, 겉껍질을 얇게 벗기고 양쪽 꼭지를 잘라 낸 다음, 4 cm의 길이로 썰어서 둥글게 속을 도려낸다.

② 쇠고기 200 g을 얇게 저며 채로 썰어서 ㉠으로 양념하여 잠깐 볶다가 ㉢의 물을 붓고서 잘 끓여 장국을 마련한다.

③ 쇠고기 100 g과 두부를 곱게 다져서 ㉡으로 양념하여 속을 뺀 오이 속에 다시 채우고 고기가 빠지지 않도록 오이 양끝에 밀가루를 바른다. 그 위에 달걀을 씌워 번철에 기름을 두르고 세워서 양끝만 잠깐 익힌다.

④ 느타리버섯은 굵게 찢는다.

⑤ 달걀의 반은 잘 풀고, 반은 알지단으로 부쳐서 마름모꼴로 썬다.

⑥ ②의 준비된 장국을 끓이며, 오이와 느타리버섯을 넣고 다시 한 번 끓여서 오이가 무르면 대접에 뜨고 알지단을 띄운다.

- 국물은 너무 많이 잡지 말고 끓이는 것이 좋다.
- 늙은 오이(노각)를 이용하여 여름철에 끓이면 별미이다.

초교탕

재　료 (5 인분)

닭 400 g,
생강 1 쪽,
생도라지 200 g
물 6 컵,　소금 적당량
미나리 50 g

〈닭살양념〉

소금 · 청장 1 작은술
다진 파 · 다진 마늘 2 큰술
생강즙 약간,
참기름 1 작은술, 후추

쇠고기 50 g,　표고 2 장

〈고기양념〉

청장 · 다진 파 1 작은술
다진 마늘 ½ 작은술
참기름, 후추 적당량

밀가루 2 큰술,
달걀 2 개

만드는 법

① 닭은 깨끗이 손질하여 생강을 얇게 썰어 넣고 무르게 삶아서 살은 찢고 국물은 기름 없이 깨끗이 밭친다.
② 생도라지는 잘게 찢어 소금으로 주물러 씻어 쓴맛을 빼고, 미나리는 다듬어 3 cm 길이로 잘라서 각각 끓는물에 데쳐 낸다.
③ 닭살과 도라지, 미나리를 합해 닭살양념을 한다.
④ 쇠고기는 다지고, 표고는 불려서 기둥을 떼고 채 썬 다음 합해 고기양념으로 무친다.
⑤ 양념한 것을 모두 합하여 밀가루와 달걀을 넣고 잘 섞이도록 고루 주무른다.
⑥ 닭국물에 간을 맞춰 끓이다가 반죽한 건지를 한 수저씩 떠 넣어 떠오르도록 끓인다.

조개탕

재 료 (5 인분)

모시조개 20 개
실파 2 대
마늘 1 쪽
물 5 컵
풋고추 2 개
홍고추 1 개
소금 약간

만드는 법

① 모시조개는 깨끗이 씻어 소금물에 넣어서 하룻밤 해감시킨다.
② 분량의 물이 끓으면 해감시킨 모시조개를 넣고, 한소끔 끓인 후에 불을 끄고 베보자기로 거른다.
③ 거른 육수에 소금과 마늘을 넣고, 끓으면 건져 놓은 조개를 넣은 다음, 홍고추와 실파를 넣고 불을 끈다.

유 월

6월에는 우리나라 큰 명절
중의 하나인 단오절이 있다.
단오(端午)가 되면
일년 중 양기(陽氣)가
가장 왕성한 달이라 하여
햇과일과 열매로
조상신께 제사를 드리고
각종 민속놀이로 즐기는
풍속이 있었다.

찜과 선

찜은 우리 나라의 특이한 조리용어로서 흔히 수증기찜을 생각한다. 그러나 전통적인 찜의 조리법은 매우 다양하고 기법도 많았다.

찜이란 용기 속에 어패류나 수조육류에 술·초·장 등의 향미성 조미료를 알맞게 넣고 뚜껑을 덮은 후, 푹 익혀서 재료의 맛이 충분히 우러나도록 만든 음식이다. 원래는 시루에 찌는 형태였으나, 조리 용구의 다양화·간편화에 따라, 음식명은 그대로 남고 조리법은 대부분 끓이고 익혀서 국물없이 만드는 것으로 변하였다.

찜은 크게 육·어패류찜과 채소류찜으로 나눌 수 있다. 육·어패류찜에는 쇠갈비찜, 돼지갈비찜, 사태육찜, 우둔육찜, 붕어찜, 준치찜, 숭어찜, 게찜, 새우찜, 도미찜, 전복찜, 미더덕찜 등이 있다. 그러고 채소류찜에는 오이찜, 가지찜, 죽순찜, 배추찜, 속대찜, 양파통찜, 토란줄기찜, 동아찜 등이 있다.

예전의 고문헌을 살펴보면 《증보산림경제》에 찜요리는 닭이나 고기 등을 큰 덩어리째로 찐 요리가 많았으며, 조미료는 술·생강·천초와 같은 향신료를 많이 사용하였다. 익힐 때에는 찌거나 중탕을 하는데, "가마솥에 물을 한 사발쯤 넣고 그 안에다 대나무를 엇비슷이 놓았으며, 그 위에 고기를 올려놓은 후, 그 위에 물을 담은 그릇을 놓고 솥뚜껑을 덮어서 고운 진흙으로 봉한 다음, 짚불을 때어 뭉근하게 쪄서 익힌다. 대체로 그릇의 물을 세 번 바꾸면 고기가 잘 무르게 쪄진다." 고 하였다.

《시의전서》에 숭어를 예로 들어 생선찜 만들기를 설명하였는데, "생선을 토막내어 달걀을 씌워서 지져 놓고, 따로 다진 쇠고기와 각종 양념을 섞어 버무려서 이것을 생선토막 사이사이에 켜켜로 얹고서 물을 조금 쳐서 지지면 좋다." 라고 하였다.

찜을 만드는 과정에서 지진다는 표현은 좀 어색하게 느껴지나, 물을 약간 넣어 쪄내는 삶기찜이라 보여진다.

또한 이 책에서 전복찜 만드는 법을 설명하였는데, "큰 전복은 삶되, 한 번 삶은 뒤에 물을 퍼 버리고, 쇠고기와 해삼·문어·홍합 등을 섞어서 무르게 곤다. 큰 전복은 저미든가 통째로 잘게 에어서 열십자로 자르고 황육·해삼·문어·홍합을 큰 조각으로 저민 다음, 파·마늘을 다져서 후춧가루·기름·깨소금·꿀과 함께 삶은 후, 물에 넣고 졸여야 좋다."라고 하였다.

《규합총서》의 메추라기찜은 "국물이 바특하여 제몸이 다 익은 후에는 젓을 만하여야 좋다."라고 하였다. 채소찜은 주재료인 채소에 쇠고기나 돼지고기, 닭고기, 생선 등이 함께 사용되었으며, 솥에 넣고 중탕하여 익히거나 끓이는 방법이 많았다.

조선시대 조리서에 다양하게 나와 있는 찜의 조리법으로는 시루형 수증기찜, 압력솥형 수증기찜, 삶기찜, 추긴종이 삶기찜, 중탕찜, 증류형 삶기찜, 중탕형 마른찜, 증류형 마른찜, 오븐형 마른찜, 숯불구덩이형 마른찜, 동아잿속 묻기형 마른찜 등으로 기법이 다양하였다.

최근에는 용기에 넣은 물이나 재료 자체의 수분이 가열에 의해 증기가 되고, 이것에 의해 재료가 촉촉하게 익게 되니 수증기에 의한 가열 방법을 많이 사용한다고 하겠다. 찜은 우리의 조리법 중에 가장 우수한 방법으로서 모양이 흐트러지지 않고 유동성의 재료도 찔 수 있으며, 수용성 성분의 용출이 적어서 영양상으로도 우수하고 물이 있는 한은 탈 염려가 없어서 좋다.

선(膳)이란 속살이 흰 생선이나 호박, 가지, 오이, 배추, 두부 등의 식물성 식품에 소를 넣고 찐 음식이다. 재료 위에 녹두녹말을 씌워 쪄서 식품 본래의 깊은 맛을 즐길 수 있다.

선은 민어와 대구를 가지고 만드는 어선이 있으며, 1938년 《조선요리법》에는 청어선도 보인다. 선은 주로 채소류를 가지고 만드는데, 1960년 《음식디미방》에 동아선이 처음으로 기록되어 있다.

궁중음식 중요무형문화재 황혜성 교수는 선에 대한 정의를 "찜과 같은 방법으로 하되, 호박·오이·배추·두부와 같이 그 재료를 식물성 식품으로 할 경우에 선이라고 한다."라고 하였는데, 채소를 이용한 선이 많아서 호박선·배추선·가지선·오이선·고추선·무선 등이 있고, 두부를 이용한 두부선도 있다.

예전의 고문헌을 살펴보면, 《조선무쌍요리제법》에 선을 '膳'으로 표기하였으며, 《조선요리서》에는 '선이란 맛 좋은 반찬'의 개념으로 나와 있다. 재료로는 동아·황과·고추·두부·생선·양·청어 등의 식품이 사용되었다. 《시의전서》에는 동아선·호박선·오이선·가지선·고추선 등의 설명이 나온다.

남과선(호박)은 "애호박의 등 쪽을 도려내고 갖은 양념을 소로 넣어서 푹 쪄 낸 다음, 그 위에다가 초장에 백청을 타서 붓고 고추·석이·달걀을 채쳐서 얹은 후에 잣가루를 많이 뿌려 쓴다."라고 하였다.

고추선은 고추·쇠고기·달걀·참기름·소다·간장 등의 재료가 사용되며, 만드는 방법은 풋고추를 데치고 다진 쇠고기를 넣은 다음에 달걀을 씌워 부쳐서 익힌 것이다.

《조선요리법》에 나와 있는 어선은 민어(혹은 대구)가 주재료이며, 표고·석이·당근·오이·쇠고기·시금치·미나리·목이·녹두녹말 등의 부재료에 겨자즙·간장·소금·참기름·설탕·파·마늘 등의 양념이 사용되었다.

만드는 방법은 "생선살을 크게 조각을 떠서 안에 여러가지 색감 있는 고명을 넣고 녹말을 뿌려 말아서 찐다."라고 하였으며, 청어선은 청어·쇠고기·미나리·당근·파·녹말가루 등의 재료에 간장·참기름·후추·깨소금 등이 양념이 사용되었다. 만드는 방법은 "청어를 손질하여 여러가지 재료를 넣고 녹말을 씌워서 쪄 낸다."라고 하였다.

《조선무쌍신식요리제법》등의 조리서에 나와 있는 오이선은, 오이·표고버섯·느타리버섯·석이버섯·쇠고기 등의 재료에 마늘·생강·후추·소다·초장·참기름·기름·초·파·간장·꿀·깨소금·소금·설탕·고추 등의 양념이 사용되었으며, 달걀·실백·실고추 등의 고명이 들어간다. 만드는 방법은 "오이에 소를 넣고 녹말을 씌워서 쪄 내는 것이다."라고 했다.

《음식법》에 나와 있는 무선은, 무·실백·파·참기름·간장·초가 사용되었으며, 만드는 방법은 "무를 저며서 데친 후에 다른 재료를 켜켜로 얹어서 익힌 것이다."라고 하였다.

이상과 같이 살펴본 우리의 전통음식인 찜과 선은, 한 가지의 주재료에 여러가지의 부재료가 색감 있게 들어가고, 고명을 한껏 올려 모양 있게 만든 것이므로, 영양이 우수할 뿐만 아니라, 맛과 보는 시각까지도 만족하게 한다.

특히 채소류의 찜과 선은 차게 식혀서 올리면 산뜻하고, 아삭아삭해서 주요리를 먹기 전에 전채식(前菜食)으로 먹으면 입맛을 돋우어 주며, 교자상이나 주안상에도 잘 어울리는 음식이다.

육류를 기피하고 채소류를 선호하는 요즈음, 여름에 잘 어울리는 찜과 선을 몇 가지 소개해 보고자 한다.

대하찜

재 료 (5인분)

대하(大蝦) 5마리
사태 100 g
죽순 100 g
오이 1개
소금·후추·참기름 약간

〈잣즙〉 잣가루 3큰술
소금 1작은술
흰후춧가루 ¼작은술
참기름 1작은술
육수 2큰술

만드는 법

① 대하를 씻어 등에서 내장을 빼고 소금을 뿌린 후, 찜통에 10분 정도 찐 다음, 껍질을 벗겨 길이로 반을 가르고 어슷하게 저며 놓는다.
② 사태는 덩어리째 삶아서 편육을 만들어 납작하게 저며 썬다.
③ 오이는 길이로 반을 가르고 어슷어슷 썰어 소금에 살짝 절였다가 꼭 짜서 참기름에 재빨리 볶은 다음, 펴서 식힌다. 죽순은 빗살 모양으로 썰어 소금을 넣고 참기름에 볶아 낸다.
④ 잣은 곱게 다진 후에 참기름, 육수, 소금, 후춧가루를 넣고 고루 저어서 잣즙을 만든다.
⑤ 차게 식힌 재료를 합하여 후추를 치고 소금으로 간을 한 후, 잣즙으로 고루 무쳐서 담아낸다.

새우는 대하(大蝦), 세하(細蝦), 자하(紫蝦)로 나누는데, 새우를 고를 때는 껍질이 윤택하고 탄력성이 있는 것이 좋다. 새우찜은 맛뿐만 아니라, 영양면에서도 우수하다. 바다의 거북이가 오래 사는 이유는 새우를 많이 잡아 먹기 때문이라는 설이 있다.

배추속대찜

재 료 (5인분)

배추속 10대
쇠고기 300 g
무 400 g
표고버섯 3장
석이버섯 3장
당근 1개
㉠ 간장, 설탕
후춧가루
깨소금, 참기름
파, 마늘 적당량

만드는 법

① 배추속대는 연한 것을 골라서 소금물에 살짝 절이거나 끓는 물에 잠깐 데쳐서 숨만 죽인다.

② 무는 씻은 후에 반달 모양이나 둥근 모양으로 썰어 물을 붓고, 쇠고기의 반은 얇게 저며 ㉠의 양념과 함께 넣고 끓인다.

③ 나머지 쇠고기는 다져서 표고와 석이 채친 것을 한데 넣고, 갖은 양념을 하여 배추속대 갈피마다 속을 넣는다.

④ 무와 쇠고기 끓인 냄비에 속을 넣은 배추속대를 넣고, 표고·석이·당근은 채를 썰어 위에 고명으로 올리고, 맑은장국을 잘박하게 붓고 끓인다.

- 찜통에 안쳐서 그대로 찌기도 한다.
- 뜨거울 때 먹으면 별미이다.

죽순찜

재 료 (5인분)

죽순 10개
쇠고기 300g
표고버섯 3장
석이버섯 3장
미나리 200g
당근 1개
달걀 1개
무 채친 것 100g
양파(또는 파) 1개
실백 조금
간장, 참기름 약간
㉠ 후춧가루, 깨소금
파, 마늘, 설탕 적당량

만드는 법

① 죽순은 어리고 연한 것을 고른 후, 끓는 물에 살짝 데쳐서 칼로 반쪽을 가른 다음, 생선 비늘처럼 칼집을 낸다.
② 쇠고기는 반을 채를 썰어서 양념과 함께 주물러 놓고, 나머지 절반은 곱게 다져서 표고와 석이채를 썰어 같이 넣고 ㉠으로 양념을 한다.
③ 칼집 넣은 죽순에 소를 집어 넣는다.
④ 둥근 냄비에 무채와 쇠고기 재워 놓은 것을 밑에 깔고 속을 넣은 죽순을 담아 그 위에 표고, 석이, 당근, 양파, 미나리 등을 돌려 담는다.
⑤ 맑은장국에 간을 맞추어서 잘박하게 붓고 끓인다. 재료가 익었을 때에 달걀을 풀어서 줄알을 친다.

어 선

재 료 (5 인분)

민어(대구) 300 g
소금·청주·생강즙
각각 1 작은술
간장, 참기름 약간
겨자즙이나 초간장 적당량
표고버섯 4 장
오이 ½ 개
당근 50 g
달걀 2 개
식용유 적당량
녹말 2 큰술
잣 1 큰술

만드는 법

① 흰살생선은 3 장 뜨기로 포를 떠서 두꺼운 부분에 칼집을 넣어 편 다음, 두께를 고르게 하여 소금, 술, 생강즙을 뿌려서 재워 놓았다가 마른 면보로 가볍게 눌러 물기를 제거한다.
② 표고버섯은 물에 불려 기둥을 자르고 채쳐서 간장과 참기름에 양념한 후, 살짝 볶아내고 달걀은 소금을 약간 넣고 지단을 부쳐서 채를 썬다.
③ 오이는 4~5 cm 길이로 토막내어 돌려깎기한 다음 채친다. 당근도 같은 크기로 채를 썰어 소금에 살짝 절여 물기를 짠 후, 그릇에 펼쳐 식힌다.
④ 대발 위에 지단을 깔고 녹말가루를 고루 뿌린 다음, 생선살을 빈틈없이 깔고, 다시 녹말가루를 뿌린다.
⑤ 준비한 표고, 오이, 당근을 한 줄씩 가지런히 놓고 비늘잣을 넣은 다음에 단단하게 말아서 젖은 면보로 싼다.
⑥ 김이 오른 찜통에 넣어 5~10 분간 찐 다음, 면보를 풀고 식힌 후, 발을 풀어 1~2 cm 두께로 썰어서 겨자즙이나 초간장과 함께 낸다.

차갑게 식혀서 먹을 수 있는 음식이므로 미리 준비해 두어도 좋다.

두부선

재 료 (5 인분)

두부 2 모
닭고기 100 g
표고버섯 3 개
석이버섯 2 장, 달걀 1 개
실고추 약간
잣 1 작은술

㉠
- 소금 1 작은술
- 다진 파 1 작은술
- 다진 마늘 ½ 작은술
- 후춧가루 ¼ 작은술
- 참기름 1 작은술

초장, 겨자즙 적당량

만드는 법

① 닭은 살을 발라서 곱게 다지고 두부는 물기를 꼭 짜서 곱게 으깬다.
② 손질한 표고와 석이는 곱게 채썰고, 달걀은 황·백지단을 부쳐 채를 썰어 놓는다.
③ 두부와 고기를 합하여 ㉠으로 양념을 하여 고루 주물러 간이 잘 배이도록 한다.
④ 찜통에 젖은 수건을 깔고 양념한 두부를 1 cm 두께로 네모지게 펴고, 준비한 고명을 위에 뿌려 살짝 눌러 찐다.
⑤ 식은 후 모양 있게 썰어 초장이나 겨자즙을 곁들여 낸다.

두부선은 두부를 으깨어 육류와 버섯류를 넣고 고명을 올려서 쪄 낸 음식이다. 두부는 영양과 소화율이 높고, 고명의 색깔이 화려해서 교자상이나 주안상에 잘 오른다.

미더덕찜

재 료 (5인분)

미더덕 300 g
콩나물 150 g
고사리 50 g
미나리 100 g
다홍고추 2개
고춧가루 1큰술
찹쌀가루 3큰술
참기름 1큰술

㉠
- 청장 2큰술
- 다진 파 1큰술
- 다진 마늘 2큰술
- 생강즙 ½ 작은술
- 소금 1작은술
- 후춧가루 ¼ 작은술
- 식용유 1큰술
- 육수 2컵

만드는 법

① 미더덕은 딱딱한 곳에 칼집을 넣어 속의 내용물과 껍질을 벗겨내고 소금물에 깨끗하게 씻어 물기를 뺀다.
② 콩나물은 머리와 꼬리를 떼고 소금물에 쪄내고, 고사리는 손질하여 양념해 놓고, 미나리는 10 cm 길이로 자르고, 다홍고추는 어슷하게 썬다.
③ 냄비에 기름을 두르고 고사리를 볶다가 육수를 붓고 미더덕, 콩나물을 넣고 끓인다. ㉠과 고춧가루, 다홍고추를 넣고 간을 맞춘 후에 미나리를 넣는다.
④ 찹쌀가루를 동량의 물에 풀어 넣고 걸쭉하게 농도를 낸다.

미더덕은 해물탕에도 빠지지 않고 들어가는데, 정미 성분이 우러나와 국물 맛을 시원하게 해준다.

가지선

재 료 (5 인분)

가지 2 개 (250 g)
쇠고기 (우둔육) 100 g

㉠
- 진간장 2 작은술, 설탕 1 작은술
- 다진 파 1⅓ 작은술
- 다진 마늘 ⅔ 작은술
- 깨소금 · 참기름 ⅔ 작은술
- 후춧가루 ⅛ 작은술

표고버섯 3 장 (10 g)

㉡
- 진간장 1 작은술, 설탕 ½ 작은술
- 다진 파 ⅔ 작은술
- 다진 마늘 ⅓ 작은술
- 깨소금 ⅓ 작은술,
- 후춧가루 ⅛ 작은술
- 참기름 ⅓ 작은술

달걀 1 개, 실고추 · 소금 적당량
잣 1 작은술, 장국 1 컵

만드는 법

① 가지는 가늘고 연한 것을 골라서 5 cm 정도로 토막을 내어 오이소박이처럼 칼집을 넣고 끓는 소금물에 살짝 데친다.
② 쇠고기의 ½ 은 다지고, 표고는 채로 썰어 ㉡으로 양념을 하며, 남은 쇠고기는 채를 썰어 각각 ㉠으로 양념한다.
③ 가지는 꼭 짜서 칼집을 내고, 그 속에 양념한 다진 고기와 버섯을 소로 넣는다.
④ 냄비에 채를 썬 쇠고기를 깔고 그 위에 가지를 나란히 놓은 다음, 장국 1 컵으로 간을 맞추어 자작하게 부어 끓인다.
⑤ 황 · 백지단 채와 실고추, 길이로 반을 저민 비늘잣을 웃기로 얹는다.

가지선은 너무 오래 찌지 않는다. 약 10 분 정도 적당히 쪄 내면 가지의 색깔도 곱고, 가지의 신선한 향기 때문에 맛도 좋다.

흰살 생선요리

6월에는 우리나라 명절 중의 하나인 단오절(端午節)이 있다.

단오가 되면 새로 나온 과일과 신선한 음식을 만들어서 조상님께 차례를 지내고, 마을 사람들이 함께 모여 놀이를 즐겼다. 수리취나 쑥을 넣어 만든 절편과 쉬지 않게 술을 넣어서 부풀린 증편, 쌀가루로 작은 구슬을 빚어 녹말가루를 묻혀 끓는 물에 데치고 나서 오미자 국물에 꿀이나 설탕을 넣고 떡이나 보리 등을 띄운 수단과 준치탕, 그리고 살구·앵두·버찌·오디 등의 햇것으로 조상님께 차례를 드리는데, 이를 천신(天神)이라고 한다.

필자가 어렸을 적, 이 맘 때는 병풍처럼 둘러쳐진 산자락 밑에서 동무들과 빨갛게 익은 산딸기를 따먹거나 벚나무에 까맣게 익은 버찌와 뽕나무에 열린 오디를 따먹고는 새까맣게 된 입술을 서로 보며 좋아라고 했던 기억이 생생하다.

나즈막한 산 속에 풀잎이 소복하게 덮인 곳을 손으로 가만히 들추어 보면 산새가 알을 낳아서 감추어 둔 새집이 어김없이 들어 있었고, 물 고인 논 바닥의 움푹 들어간 곳을 헤집으면 우렁이가 숨어 있어서 고무신에 하나 가득 담아 가지고 집으로 돌아오곤 하였다.

어머님은 그 우렁이를 깨끗이 씻고 속을 꺼내어 보글보글 맛난 된장찌개를 끓여서 저녁찬으로 만들어 주셨다. 그 쫄깃하면서도 고소하기까지 한 맛이라니, 지금의 양식 우렁이와 비교할 바가 아니다.

이렇게 항상 자연과 함께 어울려서 살던 내 어린시절의 정서적 풍요를 생각하면, 요즈음 공해에 모든 것을 잃어 가는 우리 아이들이 안쓰럽고, 그런 체험을 물려주지 못하는 것이 못내 아쉽기만 하다.

신이 내려 주신, 철따라 변하는 '대자연'에서 물장구치고, 고기잡고, 그 자체를 놀이감으로 삼았던 그런 추억을 우리 아이들에게 그대로 보여 주고 싶은 마음이 간절해진다.

일반적으로 봄에는 상큼하고 신선한 음식을, 여름에는 담백한 음식을, 그리고 가을·겨울에는 따뜻하고 영양이 풍부한 단백질이나 지방이 많은 음식을 먹는 것이 좋다.

생선이나 패류도 이른 봄에는 굴, 조개, 대합, 조기알, 민어알, 병어알 등이 맛이 있다. 그리고 봄에서 여름 사이에는 흰살 생선이, 그리고 가을과 겨울에는 붉은살 생선이 좋다.

봄에서 여름 사이에 제맛을 내는 흰살생선은 탕을 끓일 수 있고, 조림·찜·구이·회·만두를 만들어 내어도 맛이 있다.

이러한 생선 중에 오월 단오 때에 잠시 나왔다가 들어가는 준치는 비늘이 유난히 크고 가시가 매우 많으나, 생선 중에서 가장 맛이 있어서 '진어(眞魚)'라 하여 으뜸으로 친다.

《규합총서》나 《증보산림경제》에 "토막낸 준치를 도마 위에 세우고 허리를 꺾어서 베나 모시수건으로 두 끝을 누르면 가는 뼈가 수건 밖으로 내밀 것이니 낱낱이 뽑으면 가시가 적어진다."라고 하여 준치의 뼈 없애는 법을 적고 있다.

일반적으로 준치는 깨끗이 손질하여 도마 위에 올려놓고 포를 떠서 가시를 족집게로 모두 뽑아 낸 다음, 뼈를 바르고 살을 긁어모아서 표고버섯, 미나리지단, 쑥갓을 넣어 준치탕을 만들기도 하고, 담쟁이 잎을 깔고 만두를 쪄서 소담하게 담아 별미음식으로 먹기도 한다.

'썩어도 준치'라고 하였으니, 가장 맛있는 계절에 가장 신선한 준치로 만든 음식은 그 맛이 오죽하겠는가.

또한 이 무렵에는 민어(회어·鮰魚)도 맛이 있는데, 이 민어로 만든 탕이나 찌개, 감정, 구이, 적(炙), 회 등이 다 맛이 좋다.

또 소금 간을 해서 말리면 '암치포'라고 해서 곱게 찢어 무침을 해도 좋고, 알은 빼내어 소금을 뿌린 후에 간이 배면 참기름을 바르면서 말려 두었다가 '어란'으로 먹기도 한다.

민어감정은 민어를 손질하여 쇠고기 채 썬 것과 채소를 넣고 고추장과 같은 양념을 넣어 찌개보다는 국물을 조금 많게 만들고, 어채는 도톰하게 포를 떠서 후추를 치고 소금으로 간을 한 다음, 녹두녹말을 골고루 묻혀 끓는 물에 말갛게 데친 후, 여러가지 색의 채소와 함께 담아서 겨자즙이나 초고추장을 찍어 먹는다.

민어로 만드는 어산적은 민어포와 쇠고기를 적당한 크기로 썰어 양념에 재우고 꼬치에 번갈아 꿰어 구워내며, 어회는 살아 있는 민어로 재빨리 포를 떠서 결이 진 대로 가늘게 채 썬 다음, 참기름과 후춧가루를 넣고 젓가락으로 무쳐서 겨자즙이나 초고추장과 함께 낸다.

또 잉어(鯉魚)도 이 계절에 가장 맛이 있는데, 잉어는 여주의 신륵사 앞의 한강 바위 밑 맑은 물에서 잡은 것을 상품으로 쳤다. 그래서 예로부터 왕에게 진상품으로 사용되어 왔다고 한다. 잉어를 먹게 되면 피로, 병약할 때 원기회복, 산후 조리에 좋은 음식으로 지금도 널리 이용되고 있다.

《산림경제》에서는 "잉어는 살이 있는 것을 매달아 놓고 꼬리를 자르고 피가 흘러 떨어지게 하여 핏기를 없이 해야 잉어의 특유한 냄새(흙냄새)가 없어진다. 잉어의 배를 갈라보면, 그 속에 뼈 양쪽으로 혈락(핏줄기)이 등을 끼고 내려가고 있다. 이것을 다 도려낸다. 또 칼로 뇌를 옆으로 찔러서 노란 물을 빼 버리면 냄새가 없어진다. 비늘은 없애지 말고 그대로 조각을 내야 한다. 조각을 작게 뜨면 나쁘다. 솥 속에 물을 붓고 끓을 때 잉어를 넣고 뚜껑을 덮은 다음, 난팽(무르게 익힌다)하여 물이 3 대 2 로 줄어든 후에 좋은 장과 술을 조금 첨가하면 맛있게 된다. 잘 익힌 다음에 먹어야 맛이 있다. 생강이나 파와 같은 양념은, 잉어가 반숙이 되었을 때, 넣은 게 좋다."라고 하였다.

한편 《시의방》에서는 "국이나 지지는 데는 된장기운을 좀 넣어야 비리지 않고 맛이 좋다."라고 하였고, 《부인필지》에는 "잉어는 비늘이 36 개인데, 그 중 거슬린 비늘이 하나라도 있는 것은 용종이라 하여 먹지 않는다."라고 하였다. 아마도 비늘이 단단하게 제대로 붙어 있는 것을 신선한 것으로 여긴 것 같다.

잉어로 만드는 용봉탕은 잉어와 닭을 손질하여 물을 넉넉히 붓고 푹 고은 것으로, 국물이 뽀얗게 우러나와서 보신(補身) 음식임을 한눈에 알 수 있다. 잉어구이는 잉어의 피를 빼고 깨끗이 손질하여 길이대로 포를 떠서 갖은 양념에 재웠다가 석쇠를 달구어서 숯불에 구워 내면 맛이 난다.

다른 생선에 비해 크기가 그리 크지 않은 붕어도, 찜이나 구이를 하면 별미이다. 붕어찜은 《부인필지》에 "큰 붕어의 비늘을 긁고 등을 내리타서 내장을 없이하고 어만두 소와 같이 만들어 속에 넣는다. 좋은 초와 술을 붓고, 붕어 입속에 백반조각을 넣어 녹말을 씌워서 실로 동여맨다. 노구(냄비)에 물을 적게 붓고 유장에 끓여 가루와 달걀을 푼다." 라고 하였다.

《음식지미방》에는 "붕어의 등을 따고 천초·생강·파·참기름에 된장을 걸러 놓고, 가루즙을 가득히 넣고 중탕하여 찌면 맛이 있다." 라고도 하였다.

붕어구이는 《규합총서》에 "숯불을 많이 피워 재를 위에 얇게 덮어서 비늘이 그슬리지 않게 불 위에 얹어 놓고 굽는다. 비늘이 말라 그슬리면, 냉수를 바른다. 그리고 물기가 말라서 비늘이 도로 붙으면 물 바르는 것을 계속한다. 그런데 비늘이 떨어질락말락하는 상태를 대여섯 번 거친 다음, 거꾸로 집어들고 기름장을 발라 무르녹게 구우면, 비늘이 스스로 떨어지고 맛이 자별하다." 라고 하여, 맛을 내기 위해 굽는 방법이 특별한 것을 알 수 있다.

또한 푸른 등에 고운 은빛 비늘을 갖고 있는 병어는, 고추장을 풀어 찌개를 해도 좋고, 구이나 조림을 해 놓아도 좋다. 특히 병어는 뼈와 가시가 부드러워서 싱싱한 것은 곱게 채를 썰어 참기름으로 무치거나 초고추장에 날로 찍어 먹어도 좋다.

이 계절에 특별히 맛을 내는 흰살생선을 두루 살펴보았는데, 이 중에서 몇 가지 별미를 내는 생선 조리법을 소개하고자 한다.

준치탕

재　료 (5인분)

준치(中) 1마리

㉠
- 다진 파·다진 마늘 각 1큰술
- 후춧가루 ½작은술
- 참기름 1큰술, 소금 1작은술

달걀 2개,
밀가루 2큰술, 기름 3큰술

〈장국용〉
- 쇠고기 200 g
- ㉡ 다진 마늘 1작은술
- ㉡ 후춧가루 ⅓작은술
- ㉡ 참기름 ½작은술
- ㉡ 국간장 2큰술
- 물 5~6컵

〈고명〉
- 표고버섯 3잎,
- 마른 붉은고추 2개
- 쑥갓 ½단, 미나리 ¼단
- 달걀 2개, 밀가루 2큰술
- 꼬챙이 3개

만드는 법

① 장국용 쇠고기를 납작납작하게 썰어 ㉡의 양념을 해서 냄비에 물을 붓고 끓인다.

② 준치는 비늘을 긁고 깨끗이 손질하여 등성마루부터 반으로 갈라서 길이로 포를 뜬 다음, 도마 위에 살 쪽이 위로 가게 펴 놓고 칼이나 숟가락으로 살만 긁어낸다. 준치는 가시가 많으므로 일일이 손으로 확인해 가면서 가시를 발라내야 한다.

③ 준비된 준치살을 곱게 다지고 ㉠의 양념을 한 후, 동글납작하게 빚어 밀가루를 묻히고, 달걀물을 씌워 번철에 기름을 두르고 지져 낸다.

④ 미나리 초대와 황·백 달걀지단을 부쳐서 마름모꼴로 썰어 놓고, 표고버섯은 4등분하여 은행잎 모양으로 자른 다음, 마른 고추는 어슷하게 썰어 씨를 털어 낸다.

⑤ 펄펄 끓는 장국에 완자를 넣고 한소끔 끓어오르면, 고명을 모두 넣고 쑥갓잎을 띄워 한소끔 더 끓여 완성한다.

준치만두

재 료 (5 인분)

준치(大) 1 마리, 쇠고기 100 g
달걀 흰자 ½개, 잣 1 큰술
녹두녹말 1 컵
담쟁이잎 또는 깻잎 20 장

㉠
- 소금 2 작은술
- 참기름 2 작은술
- 후춧가루 ½ 작은술
- 생강즙 1 작은술

㉡
- 진간장 2 작은술
- 다진 파 2 작은술
- 다진 마늘 1 작은술
- 설탕 1 작은술
- 후춧가루 조금
- 참기름 1 작은술
- 깨소금 1 작은술

초간장, 겨자즙 적당량

만드는 법

① 준치는 비늘을 긁어내고 내장을 꺼내어 깨끗이 씻은 다음, 찜통에 베보자기를 깔고 쪄 낸다.

② 약간 식으면 꺼내어 숟가락으로 껍질을 살짝 벗겨내어 살을 긁어 모으고, 가시는 모두 골라낸 후에 살만 곱게 다진 다음, ㉠의 양념을 넣고 잘 섞는다.

③ 쇠고기는 곱게 다져 ㉡으로 양념을 하여 보슬보슬하게 볶아 낸 다음, 한 번 더 곱게 다진다.

④ 위에서 준비한 준치살과 볶은 쇠고기를 한데 합하여 달걀 흰자를 넣고 고루 주물러서 무쳐 놓고, 밤톨 만큼씩 떼어 잣을 3 개씩 넣고 작은 송편 모양으로 빚는다.

⑤ 빚은 만두에 녹두녹말을 입혀 담쟁이잎이나 들깻잎을 깔고 찬물을 뿌린 뒤에 쪄 낸다.

⑥ 접시에 담쟁이잎이나 깻잎을 깔고 만두를 모양 있게 담아 초간장이나 겨자즙을 곁들여 낸다.

민어감정

재 료 (5인분)

민어 600 g
쇠고기 50 g
무 200 g
미나리 20 g
파 20 g
다진 파 2 작은술
다진 마늘 1 작은술
고추장 2 큰술
설탕 2 작은술
쌀속뜨물 3 컵
간장 · 쑥갓 적당량

만드는 법

① 민어는 싱싱한 것을 선택하여 내장을 꺼내고 깨끗이 씻어 5 cm 길이로 토막을 낸다.

② 쇠고기는 3 cm 길이로 채를 썰고, 무는 폭 3 cm, 길이 4 cm로 도톰하게 썬 다음, 다진 파 · 마늘, 고추장, 설탕을 넣고 무쳐서 뚝배기에 담는다.

③ 여기에 쌀 씻은 속뜨물을 넣고 끓인다. 국물이 팔팔 끓으면 민어를 넣고 끓이다가 굵게 채 썬 파와 미나리를 넣고 간장으로 간을 맞춘 후, 한소끔 더 끓여 낸 뒤에 쑥갓을 올린다.

용봉탕

재 료 (5 인분)

잉어 1 마리
닭(영계) 1 마리
표고버섯 3 장
석이버섯 5 장
목이버섯 5 장

㉠
- 간장 3 큰술
- 다진 파 1 큰술
- 다진 마늘 2 작은술
- 후춧가루 ¼ 작은술
- 깨소금 1 큰술

식용유 1 큰술, 소금 조금
달걀 2 개

만드는 법

① 닭은 깨끗이 손질하여 도톰한 냄비나 솥에 잠길 정도로 물을 부어 푹 고은 다음, 뼈를 발라내고 살은 뜯어서 찢어 놓는다.
② 잉어는 살아 있는 것으로 골라 입을 매달아 놓고 꼬리 쪽 7 cm 정도 올라간 곳에 칼집을 깊게 넣어 피를 쭉 뺀다.
③ 비늘을 긁고 내장을 꺼내어 깨끗이 씻은 후에 5 cm 정도로 토막을 낸 다음, 닭을 고아 낸 국물에 잉어를 넣고 푹 끓인다.
④ 표고버섯, 목이버섯, 석이버섯은 물에 불려 손질하여 골패 모양으로 썰어 기름에 살짝 볶아 놓는다.
⑤ 달걀은 풀어서 황·백 지단으로 부쳐서 역시 골패 모양으로 썰어 놓는다.
⑥ 뜯어 놓은 닭살에 버섯과 ㉠의 양념을 넣고 조물조물 무쳐 놓는다.
⑦ 잉어가 곰국이 되면 닭고기와 버섯양념 한 것을 넣고 소금간을 하여 한 번 더 끓인 후, 그릇에 담고 황·백지단을 얹어 후춧가루를 뿌려 낸다.

용봉탕은 보신 음식으로, 민물 잉어와 닭을 푹 고아서 곰국으로 만든 것이다. 잉어를 '용'으로, 닭을 '봉황'으로, 격을 높여서 용봉탕이라는 풍류 어린 이름으로 전해져 왔다.

잉어구이

재 료 (5 인분)

잉어 1 마리 (1.8 kg)

㉠
- 진간장 2 큰술
- 다진 파 2 큰술
- 다진 마늘 1 큰술
- 설탕 2 큰술
- 후춧가루 1 큰술
- 청주 1 큰술
- 참기름 1 큰술
- 깨소금 2 작은술
- 생강즙 1 큰술

만드는 법

① 잉어의 피를 뺀 뒤에 비늘을 긁어내고 내장을 꺼낸 다음, 깨끗이 씻어 물기를 닦는다.

② 잉어를 도마 위에 놓고 등에 칼을 길게 넣어 꼬리까지 가르고 길게 포를 뜬다.

③ 포를 뜬 잉어에 ㉠의 양념을 하여 30 분 정도 재워둔다.

④ 석쇠를 뜨겁게 달군 후, 기름을 바르고 재워 놓은 잉어를 석쇠에 올려 앞뒤로 노릇하게 구워 낸다.

숯불에다 구우면 더 맛이 있다. 통째로 구우려면 1cm 간격으로 칼집을 내어 양념을 발라서 구워 낸다.

병어회

재 료 (5 인분)

병어(小) 1 마리
마늘 2 쪽
생강 1 쪽
대파 1 뿌리
실고추(다홍고추) 2 g
잣 1 큰술
상추·쑥갓 ½ 단
참기름 1 큰술
후춧가루 ½ 작은술
소금 1 작은술
초고추장(고추장) 2 큰술
설탕 1 큰술
식초 1 큰술
잣가루 1 작은술
물(육수) ½ 작은술

만드는 법

① 싱싱한 병어는 내장을 꺼내고 비늘과 지느러미를 제거한 후, 깨끗하게 씻어 물기를 빼놓는다.
② 물기가 빠진 병어는 통째 가로로 착착 저미거나 잘게 채를 썰어 큰 그릇에 담고 참기름과 후춧가루를 넣고 젓가락으로 무친다.
③ 마늘과 생강은 편으로 썰고, 대파는 먹기 좋게 토막내고, 쑥갓은 순을 뜯어 놓는다.
④ 접시에 상추나 쑥갓을 깔고, 병어회와 채소를 옆옆이 곁들여 보기 좋게 담고, 잣가루와 실고추(다홍고추) 채를 뿌린 다음에 초고추장과 함께 낸다.

민물 생선요리

초여름. 서서히 더워지는 계절이다.

그러나 요즈음의 날씨는 종잡을 수가 없다. 봄이 여름같이 덥고, 계절의 구별이 안 되게 날씨가 왔다갔다한다. 게다가 황사현상까지 겹쳐져서 늘어지고, 쳐지고, 자칫 건강을 잃기 쉬운 계절이다.

이럴 때일수록 영양가 있는 음식을 만들어 식구들의 건강을 지키는 일에 각별히 신경을 써야 될 것 같다. 식품재료도 제철에 나오는 것을 구입하는 것이 좋은데, 특히 이맘때는 단백질의 섭취가 중요하다.

쇠고기나 닭고기도 좋지만, 더울 때에는 민물생선요리를 만들어서 제철의 맛을 내보는 것이 좋을 것 같다.

민물생선은 종류도 굉장히 많다. 잉어, 숭어, 미꾸라지, 메기, 쏘가리, 가물치, 붕어, 빙어, 장어, 피라미, 송사리 등등……

가물치(玄魚, 黑魚)는 모양이 숭어와 비슷하나, 몸빛은 거무충충한 감람색이며, 배는 허여스름하다.

《규합총서》의 기록에 보면, "본초에 온갖 짐승과 고기 쓸개가 다 쓰되, 다만 가물치 쓸개는 달다 하기에 시험하니 그렇고, 그 맛이 반찬으로는 가(可)치 않으나 물 위에 떠서 머리 위의 일곱 구멍으로 칠성정기(七星精氣)를 들이마시기 때문에, 여자 보혈에 신기한 약이다."라고 하였다. 가물치는 성질이 사납고 번식력이 강해서 산부(產婦)의 보혈에 많이 이용되고 있다.

숭어(秀魚)는 4월에 바다의 얕은 곳에서 헤엄쳐 와서 여름 한 철을 강에서 지내는데, 온 연해 및 제주도와 각 하천 어귀에 널리 분포되어 있다. 주로 영산강, 청천강 부근에서 가을과 겨울에 많이 잡히는 이 숭어는, 살이 통통하게 찌고 기름기가 많아서 숭어국수·찜·구이·찌개·전유어·조림어채·회 등에 이용한다.

《규합총서》에 "육사룡(진나라)이 이르기를 '숭어가 동해의 진미'라고 하였으니, 진흙을 먹어서 토기(土氣)가 있는 고로, 비위(脾胃)에 유익하고, 온갖 약에 다 꺼리지 않으니 모든 생선 가운데 빼어나다 하여 수어(秀魚)라고 하니, 음식에 또한 다른 고기보다 낫다."라고 기록되어 있어, 좋은 식품임을 알 수 있다.

메기(鮎魚)는 살집이 많고 머리가 넓죽하며 입이 매우 크고, 아래턱이 위턱보다 길다. 몸의 색깔은 등 쪽에 암갈색 또는 진한 황갈색의 불규칙한 구름 모양의 무늬가 있고, 머리와 배 쪽은 담황색을 띤다. 메기의 몸 표면에는 끈끈한 물질이 있고, 비늘이 없어서 매끄럽다.

전해 오는 말로, 금강·한강·대동강과 같이 서해 쪽으로 빠지는 강에서 나는 메기가 맛이 더 좋다고 한다. 특히 산란기 이전에 잡힌 6·7월의 메기는 더 없이 아름다운 맛이라 하여, 이 때의 메기를 '종어(宗魚)'라고 일컬었다고도 한다.

여름철 시원한 냇가나 그늘 아래 앉아서 먹는 메기매운탕은 가히 별미 중의 별미로 꼽을 수 있다. 한방에서는 부기를 빼고 소변을 잘 보게 하는 식품으로 이용되고 있으며, 남자들의 스테미너 식으로도 권하고 있다.

붕어는 천렵(川獵)으로 으뜸 가는 민물고기이다.

붕어찜은 《음식디미방》, 《요록》, 《주방문》, 《수문사설》, 《증보산림경제》 등의 조리서에 의하면 증기찜을 하였고, 《술 만드는 법》, 《고려대 규곤요람》, 《부인필지》, 《간본규합총서》, 《신의전서》, 《간편조선요리제법》, 《조선무쌍신식요리제법》 등에는 어만두속처럼 만들어 끓였으며, 《규합총서》를 보면 "어만두처럼 만들어 뱃속에 넣고 좋은 초 두 술(匙)을 붓는다. 고기 입 가운데 백반 조그만 조각을 넣는다."라고 하여, 맛을 좋게 하고 비린내를 제거시키는 조리법을 소개하고 있다. 또한 금기사항으로 붕어와 맥문동을 함께 먹지 못하도록 금하고 있다.

한편 《본초학》에는 "오행설에 의하여 뭇 생선이 다 화(火)에 속하되, 오직 붕어가 토(土)에 속하므로 비위를 고르고, 복위를 실하게 한다."라고 기록되어 있다. 붕어로는 붕어찜, 붕어조림, 붕어구이를 할 수 있으며, 붕어찌개도 맛이 있다.

잉어(鯉魚)는 주둥이가 둔하고, 입가에 2쌍의 수염이 있으며, 등은

검푸르고 배는 담황색이다. 산란기는 5월 경으로, 잉어를 먹게 되면 피로와 병약할 때 원기를 회복해 주며, 특별히 소화가 잘 되어 산후조리에 좋은 음식으로, 지금도 널리 이용되고 있다.

《규합총서》에 "산 잉어를 얻거든 즉시 매어 달고 꼬리를 떼어 피가 떨어지게 하면 비린 맛이 없다."라고 하여, 꼬리 쪽에서 피를 빼낸 후에 조리하도록 당부하고 있다. 잉어로는 닭을 넣어서 고은 용봉탕, 잉어국, 잉어찜, 잉어어채, 잉어회 등을 해먹는다.

미꾸라지(鰍魚)는 7월부터 11월까지가 제철인데, 요즘은 농작물에 뿌리는 농약 때문에 예전처럼 물 고인 논바닥에서나 개울 같은 데서 살 수가 없게 되었다. 자연히 양식(養殖)하는 기술이 늘어나서 요즈음은 자연산 미꾸라지보다는 양식으로 기른 것이 더 많다.

옛날 미꾸라지탕의 제철은 가을이 깊어 가는 상강(霜降) 무렵이었으나, 요즈음 '추어탕 전문' 음식점에서 1년 4계절 어느 때나 팔고 있다.

《해동죽지(海東竹枝)》에 보면 "상강 무렵 두부를 만들 때 두부가 아직 다 엉켜서 굳어지기 전에 미꾸라지를 넣은 후, 두부 모를 단단하게 만들어 가지고, 난들난들하게 썰어서 새앙과 산초가루를 넣고, 밀가루를 풀어 익혀서 먹으면 그 맛이 퍽이나 감활(甘猾)하다."라고 했다.

《음식만드는 법》에서는 "고기장국을 끓이다가 고추장으로 간을 맞추고 찬 두부를 통째로 넣고 미꾸라지를 넣으면 뜨거워서 미꾸라지가 두부 속으로 다 기어 들어간다. 계속 오래 끓이다가 생강과 풋고추를 넣고 나중에 밀가루를 풀어 넣는다."라고 하였다.

그러나 전라도나 경상도식은 미꾸라지를 익힌 다음, 곱게 갈아서 추어탕을 끓인다. 따라서 추어탕은 양질의 단백질과 칼슘, 그리고 향채에서 비타민을 섭취할 수 있는 우수한 건강식품이라고 할 수 있다.

민물생선요리 중에 쏘가리를 빼놓을 수 없다. 쏘가리는 머리가 길고 입이 크며, 아래턱이 긴 것이 특징이다. 이 쏘가리는 봄부터 가을까지 잡히는데, 양질의 단백질이 많아서 보신용 물고기로 손꼽혀 왔다.

한방에서 쏘가리는 비장과 위를 보호해 주고, 직장 궤양과 설사에도 좋은 식품으로 알려져 있다. 《양생기(養生記)》에 이르기를, "이 생선이 허약함을 보(補)해 주고 위에 유익하되, 등마루 뼈에 독이 있어 사람이 죽기 쉬우니 모조리 없이하고 먹으라."라고 하였다.

따라서 쏘가리를 조리할 때는 등뼈를 완전히 떼어 낸 후에 사용하는 것이 좋을 것 같다. 쏘가리는 매운탕이나 국, 회를 쳐서 먹는 것이 별미이다.

장어(長魚)는 만리·백선(白鮮) 등으로 불리는데, 모양이 길어서 얼른 보기엔 뱀과 비슷하여 뱀장어라고 한다. 그러나 맛이 있는 민물고기에 뱀이라는 이름을 붙일 수 없다 하여 흔히 장어라고 부르고 있다.

《신증 동국여지승람》에, 장어는 평안도 강계(江界)의 토산품으로 기록되어 있으나, 최근에는 전남 지방의 명산장어, 강진장어, 전북 고창의 풍천장어 등이 유명하다. 특히 풍천장어와 그 곳에서 만들어진 복분자술을 함께 먹으면 장어의 맛이 한층 더 맛있게 느껴진다고 한다. 선운산의 경관과 더불어 널리 알려져 있다.

장어 역시 자연산 장어와 양식 장어가 있는데, 자연산 장어가 훨씬 비싸고 맛과 영양이 높다. 그러나 양식장어도 고깃살이 연하고 보드라워 구이를 했을 때, 보통 사람들은 큰 차이를 느끼지 못한다.

빙어(氷魚)는 예전에 중국에서 쓰여지던 말대로 공어(公魚)라고 불리어 왔는데, 몸의 길이가 7 cm 정도이며, 크다고 하여도 20 cm 를 넘지 못하는 소형종이다. 빙어는 깨끗하고 찬물에서 깨끗하게 서식하는 것이 특징이다. 함경남도 용흥 강수원, 전라북도 임실군의 옥정호와 춘천 의암호, 제천의 의림지, 충주호 등에 많이 서식하고 있다.

빙어는 추울 때에 제 맛을 내며 산란기 직전이 제일 맛이 좋다. 특히 빙어는 튀겨 먹는 것이 바삭바삭하여 맛이 있으며, 애주가들은 초고추장을 만들어 회를 쳐서 먹는다.

우리의 고조리서에서는 생선을 요리할 때 여러가지 주의사항을 알려주고 있는데, 비린내를 없애는 법으로 《임원십육지》에서는 '중궤록'을 인용, "미향을 넣으라." 라고 하였고, 《군학회동》에는 "박하를 넣으라." 라고 하였다.

요즘 현대의 조리법에서는 생선을 엷은 소금물에서 깨끗이 씻은 후, 파·마늘·생강·식초·레몬즙·유자즙·겨자·고추냉이(와사비)·무·미나리·쑥갓·방아·깻잎·홍당무·된장·고추장·후춧가루·고춧가루 등의 양념과 향신료, 향채를 이용, 비린내를 감소시키고 있다.

또 뼈를 연하게 하는 방법으로 《임원십육지》에는 《본초강목》을 인용하여 "봉숭아 씨를 넣으라."라고 하였고, 《물류상감지》에 "탱자열매를 넣으라."라고 하였다.

생선을 끓이는 방법으로 《규합총서》에 "메기는 물을 끓여 튀기면 검고 미끄러운 것이 없어진다. 좋은 고추장에 물을 좀 섞어 끓이면 좋다."라고 하였다.

또한 《임원십육지》에는 '중궤록'을 인용하여 "생선을 씻을 때 생유 한두 방울을 떨어뜨리면 미끄럽지 않아서 잘 씻겨진다."라고 하였고, 《증보산림경제》에는 "쌀뜨물에 소금을 넣어서 삶으면 한결 맛이 좋다."라고 하였다. 《주방문》에는 "콩 삶은 물에 천어를 삶으면 한결 맛이 좋다."라고 하였고, 숭어 토막에 녹두가루를 묻혀서 삶는 방법이 설명되어 있다.

여러 종류의 민물생선 중에서 몇 가지 요리를 소개하고자 한다.

가물칫국

재 료 (5 인분)

가물치 1 마리 (1. 2 kg)
두부 1 모
표고버섯 5 장
석이버섯 8 장
간장 5 큰술
후춧가루 1 작은술
대파 3 뿌리
다진 마늘 3 큰술
다진 생강 2 작은술
식용유 2 작은술
달걀 1 개
물 적당량

만드는 법

① 가물치는 먼저 소금을 약간 뿌려 놓아 해감을 다 뱉게 한 후, 소금으로 문질러서 깨끗이 씻어 물기를 뺀 다음, 3 장 뜨기하여 가운데 뼈를 제거하고 4 cm 길이로 잘라 놓는다.
② 냄비에 적당히 물을 붓고, 간장과 마늘, 후춧가루를 넣어 끓이다가 위에 준비한 생선을 넣고 다시 푹 끓인다.
③ 두부는 손가락 굵기로 채를 썰어 기름에 지져 놓고, 표고와 석이는 잘 손질하여 골패 모양으로 썰어 놓고, 파는 3 cm 길이로 채를 썬다.
④ 마늘 생강은 곱게 다져서 끓는 가물치국에 모두 넣은 다음, 한 번 더 끓인 후, 그릇에 담고 달걀 지단을 띄워 낸다.

숭어찌개

재 료 (5인분)

숭어 1마리(1.1 kg)
쇠고기 200 g
대파 3뿌리
마늘 3쪽
생강 2쪽
무 ⅓개
애호박 ½개
두부 ½모
고추장 3큰술
참기름·깨소금 각각 2작은술
간장 2큰술
다홍고추 2개
물 5컵

만드는 법

① 숭어는 비늘을 긁어내고 지느러미를 자른 후, 내장을 빼고 깨끗하게 씻어 5 cm 정도로 토막을 낸다.
② 쇠고기는 얄팍이 썰어서 채로 썰은 파, 마늘, 생강과 고추장, 참기름, 깨소금, 간장을 넣어 주물러 놓는다.
③ 무는 나박썰기로 얄팍하게 썰고, 애호박은 길이로 ½ 등분하여 어슷하게 썰며, 두부는 3×4 cm로 도톰하게 썬다.
④ 찌개 그릇에 무 썰은 것을 깔고, 양념해 놓은 쇠고기를 올린 다음, 물을 부어 무가 무르도록 끓인다.
⑤ 손질해 놓은 숭어를 편편히 넣고, 그 위에 호박과 두부를 얹은 후, 파와 다홍고추 어슷하게 썬 것을 넣고, 보글보글 끓여 찌개그릇째 상에 올린다.

숭어는 사철 있는 것으로, 애호박과 고추장을 넣어서 끓여 찌개를 만들면 맛이 어울린다. 민어를 사용할 때는 새우젓으로 간을 해야 맛이 있다.

메기매운탕

재 료 (5 인분)

메기 1 마리 (650 g)
무 ½ 개
양파 1 개
대파 2 뿌리
다진 마늘 3 큰술
다진 생강 2 작은술
다홍고추·풋고추 각각 2 개씩
고추장 2 큰술
고춧가루 2 작은술
우거지 100 g
쑥갓 50 g
간장 2 큰술
소금 적당량
후춧가루 ½ 작은술

만드는 법

① 메기는 엷은 소금물로 해감을 다 뱉게 하고, 소금으로 문질러 깨끗이 씻은 후, 아가미와 내장을 빼내고 손질하여 5 cm 정도로 토막을 낸다.
② 무는 2. 5×3 cm 길이로 도톰하게 썰고, 양파는 굵은 채를 썬다.
③ 우거지는 끓는 소금물에 파랗게 데쳐서 다진 마늘·생강, 고춧가루, 간장, 참기름으로 양념해 놓는다.
④ 매운탕 그릇에 물을 붓고 고추장, 고춧가루, 다진 마늘·생강을 넣어서 끓인다. 끓으면 무와 생선을 넣고, 반 정도 익으면 준비한 양파와 양념해 놓은 우거지를 넣고 한소끔 끓인다.
⑤ 다 익으면 어슷하게 썬 대파, 다홍고추, 풋고추를 넣고는 후추를 친 후, 소금으로 간을 한 다음, 한 번 더 끓여 쑥갓을 듬뿍 얹어 낸다.

매운탕은 어떤 생선을 가지고 끓이든지, 고추장 양념국물을 먼저 끓이다가 생선을 넣는 것이 좋으며, 비린내를 제거해 주는 향채는 맨 마지막에 넣어 잠시 한번만 더 끓여야 제 맛을 낸다.

붕어조림

재 료 (5 인분)

붕어 10 마리 (900 g)
쇠고기 300 g
무 ½ 개, 대파 3 뿌리
마늘 3 쪽, 생강 1 쪽
실고추 (다홍고추) 3 g
간장 3 큰술, 식초 2 큰술
후춧가루 ½ 작은술
참기름 2 큰술
깨소금 1 큰술
고추장 2 큰술
물엿 1 큰술
(혹은 검은엿 1 조각)
물 4 컵

만드는 법

① 붕어는 비늘을 긁고 내장을 빼어 낸 후, 깨끗이 씻어 놓는다.
② 쇠고기는 곱게 다져 갖은 양념을 해서 붕어 뱃속에 꼭꼭 채워 넣고, 무는 2.5×3 cm 로 도톰하게 썰어 놓는다.
③ 파는 3 cm 길이로 채를 썰고, 마늘과 생강은 납작납작하게 썰어서 준비해 놓는다.
④ 냄비에 무 썬 것을 깔고, 채친 파와 마늘, 생강, 실고추(혹은 다홍고추)를 고명으로 뿌린다.
⑤ 손질해 놓은 붕어를 올리고, 그 위에 고명을 올린 후에 물에다 간장, 식초, 고추장, 물엿을 섞어 위에 가만히 부은 다음, 불에 올려 조리는데, 처음에는 센 불에서, 끓으면 약한 불에서 오래 조려서 상에 낸다.

조림 요리를 할 때는 끓어 오르면 가끔 양념국물을 끼얹어 간이 고루 배게 하면서, 국물이 조금 남아 있을 때까지 조려야 맛도 있고, 윤기가 자르르 흐른다. 담아 낼 때도 생선 위에다가 냄비에 남아 있는 국물을 끼얹어서 그릇 바닥에 양념국물이 촉촉이 흐르도록 한다.

장어구이

재 료 (5인분)

장어 3마리

㉠
- 고추장 5큰술
- 설탕 2큰술
- 진간장 1큰술
- 물엿 1작은술
- 청주 2큰술
- 마늘즙 1큰술
- 생강즙 ½큰술

상추잎 3장

〈유장〉
- 참기름 3큰술
- 간장 1큰술

만드는 법

① 장어는 내장을 빼고 깨끗이 손질하여 물에 씻은 다음, 물기를 완전히 제거한다.

② 장어에 참기름과 진간장을 섞어서 만든 유장을 발라 석쇠에 올려 애벌구이를 한 다음, ㉠의 양념을 졸여서, 애벌구이한 장어에 솔로 발라 가며 타지 않게 굽는다.

③ 약한 불에서 앞 뒤로 뒤집어 가며 윤기 나게 구운 다음, 접시에 상추를 깔고 담아 낸다.

생선을 구울 때는 미리 석쇠를 뜨겁게 달구어 기름을 바른 후, 생선을 올려야 달라붙지 않으며, 센 불보다는 중간 불 이하에서 은은하게 굽는 것이 간도 서서히 스며들어 맛이 있다. 무엇보다도 태우지 않고 굽는 일이 중요하다.

잉어회

재 료 (5 인분)

잉어 1 마리 (1. 8 kg)
무 ½개
진간장
고추냉이 (와사비)
초고추장 · 상추 적당량

만드는 법

① 잉어는 살아 있는 것으로 선택하여 꼬리쪽에 칼집을 넣어 피를 빼낸 후에 3 장 뜨기를 하여 겉껍질을 벗긴 다음, 가지런히 포를 뜬다.
② 무는 껍질을 벗기고 강판에 간 후, 꼭 짜서 건더기를 동그랗게 뭉쳐 놓는다.
③ 고추냉이가루는 따뜻한 물에 개어서 잠시 두었다가, 뭉쳐 놓고 상추와 무채도 준비한다.
④ 접시에 상추와 무채를 깔고 생선을 보기 좋게 올린 후에 고추냉이, 무를 간 것, 초간장, 초고추장을 곁들여 함께 낸다.

곁들일 때는 레몬과 다른 향채를 사용해도 좋다. 잉어회는 예전부터 우리 선조들이 즐겨서 먹어 왔는데, 같은 방법으로 민물 송어회를 만들어 먹는 것도 좋을 것 같다.

추어탕

재 료 (5 인분)

미꾸라지 800 g
㉠ 고추장 3 큰술
　 된장 2 큰술
배추 50 g
숙주 50 g
고비 50 g
대파 50 g
풋고추 30 g
생강 1 쪽
청장 2 큰술
후춧가루 적당량
산초가루 적당량

만드는 법

① 산 미꾸라지에 소금을 뿌려서 항아리에 넣고 뚜껑을 덮어두면 미꾸라지끼리 서로 부딪쳐서 거죽의 미끄러운 해감이 제거되면서 죽는다. 죽으면 소쿠리에 담고 거품이 나지 않을 때까지 헹구어 말끔히 씻어 건진다.
② 물을 붓고 푹 삶아서 완전히 우러나면, 체에 밭치는데 나무주걱으로 살살 밀어 가면서 살이 걸러져 내리도록 한다. 이 국물에 ㉠의 된장과 고추장을 풀어서 장국을 끓인다.
③ 배추와 숙주를 데쳐서 송송 썰고, 고비도 불려서 손으로 뜯고, 파는 어슷하게 썰고, 풋고추는 송송 썰어 장국에 함께 넣어 더 끓인다.
④ 비린내가 없어지도록 후춧가루와 산초가루, 생강즙을 넣고 청장으로 간을 맞춘다.

- 뜨거울 때 먹어야 비린내가 적다.
- 미꾸라지의 형태가 없도록 밭쳐서 끓이는 것이 보통이나, 미꾸라지의 모양을 통째로 보이게 끓이기도 한다.

칠 월

7월은 가장 무더운 절기이므로
땀을 많이 흘려서 기운이 없고
피로를 느끼기 쉽다.
특히 초복과 중복이
들어 있어
이런 때는 몸을 보신하기 위한
음식을 먹어야 지치지 않고
힘을 얻을 수 있다.
이 때에는 햇밀과 햇보리가
나오는 계절이므로
애호박을 이용해서
여러 가지 음식을 해먹으면
특별한 제 맛을 느낄 수 있다.

조림 · 초 · 볶음

조림은 어패류나 육류, 두부·감자·채소류 등을 큼직하게 썰어 간장이나 고추장양념에 무친 다음에 약한 불에서 은은하게 익힌 음식으로, 밥반찬 중 가장 일반적이다.

조림은 다른 말로 '조리개', '조리니' 라고도 표기하는데, 1700 년대까지의 조리서에는 나타나지 않는다.

조림음식은 《증보산림경제(1765)》에 처음으로 나오며, 《시의전서》에 장조림법은 "정육을 크게 덩이지게 잘라서 간장에 바짝 조리면 오래 두어도 변하지 않고, 쪽쪽 찢어서 쓰면 좋다. 또 다른 법은 고기완자에 호두·잣을 넣고 구워서 간장에 조리되, 꿀을 많이 타서 단맛나게 조린다." 라고 하였다.

《옹희잡지》에서는 장조림을 '동국육장' 이라고 하였으며, 《임원십육지》의 (정조지)에서는 "우육을 청장에 끓이다가 장이 절반쯤 졸았을 때 천초와 생강을 넣어서 오지 항아리에 수장한다." 라고 하였다.

조림의 종류는 가자미조림 · 간조림 · 갈치조림 · 고등어조림 · 광어조림 · 꼴뚜기조림 · 꿩조림 · 농어조림 · 닭조림 · 대구조림 · 도루묵조림 · 도미조림 · 돼지고기조림 · 마른조갯살조림 · 멸치조림 · 명태조림 · 무왁저지 · 문어조림 · 병어조림 · 붕어조림 · 비웃조림 · 소라조림 · 숭어조림 · 약산적조림 · 약포조림 · 장똑도기 · 장어조림 · 장조림 · 전복조림 · 전어조림 · 조기조림 · 감자조림 · 다시마조림 · 달걀조림 · 두부조림 · 밤은행조림 · 콩조림 · 표고조림 · 풋고추조림 · 호두조림 등이 있다.

조림의 간은 주로 간장으로 하나, 고등어와 꽁치같이 살이 붉고 비린내가 강한 생선은 간장에 고춧가루나 고추장을 섞어서 조린다.

《우리 음식》에 "장조림은 고기를 간장을 넣은 물에서 물씬하게 삶은 후, 생강을 얇게 저며서 넣고 국물이 조금 남도록 조린다." 라고 하였으며, "꿩조림은 꿩을 손질하여 뼈째 툭툭 잘라서 기름에 슬쩍 볶은 것을 간장·파·마늘·생강 등 갖은 양념을 하여 조린다."라고 하였다.

또한 《시의전서》에 "두부조림은 두부를 기름에 부쳐서 간장·설탕·마늘 등 갖은 양념에 조리는데, 양지머리·뼈·기름기 있는 고기를 많이 넣고 조리기도 한다."라고 하였으며, "장조림은 다진 쇠고기에 양념을 하여 속에 호두·잣을 1개씩 넣어 밤톨만하게 뭉쳐서 석쇠에 종이를 깔고 구운 후, 꿀을 탄 진간장에 조린다.

무왁저지는 무를 굵게 썰어서 삶은 국물에 조미한 쇠고기·표고·석이·생강·무 등을 넣고 간을 맞추어 조린 것이고, 호두조림은 쇠고기를 양념하여 볶다가 껍질 벗긴 호두를 넣고 다시 양념하여 조린 것이다."라고 하였다.

《부인필지》에 "장똑도기는 우둔살을 얇게 저며 채를 썰어 볶다가 누른 즙을 빼고 좋은 장, 기름, 꿀 등을 넣어 다시 볶아서 검정깨, 후추, 계핏가루를 넣어 만든다."라고 설명하였다.

볶음은 한자어로 '초(炒)'라고 하는데, 콩을 볶는 것과 같은 건열볶음과 양념을 해서 볶는 습열볶음이 있다. 습열볶음은 우리의 조리법에서 초(炒)와 볶이로 나누며, 여러가지 음식이 있다.

초는 해삼·전복·홍합·생강·부아(허파) 등을 깨끗하게 손질하여 간장 양념에 넣고 약한 불에서 뭉근하게 끓이다가, 마무리 단계에서 녹말을 물에 풀어 넣어서 걸죽하게 만든 음식으로, 조림보다는 국물이 조금 더 있고 윤기가 흐르는 것이 특징이다.

한국 전통음식의 대가(大家)인 조자호 선생은 "초(炒)란 조림과 같은 방법으로 하되, 조림의 국물에 녹말가루를 풀어 넣고 익혀서 그것이 재료에 엉기도록 한 요리이다. 이것에는 전복초, 홍합초 등이 있다."라고 하였다.

또한 《한국민속대관》에는 "초(炒)는 조림과 다르고 생복초(生鰒炒), 홍합초(紅蛤炒)와 같이 싱겁고 달콤하게 졸여서 국물이 거의 없어지게 하는 요리법"이라고 기록하고 있다.

《조선무쌍신식요리제법》에서는 "국은 국물이 가장 많고, 지짐이는 국물이 바특하고, 초는 국물이 더 바특하여 찜보다 국물이 조금 있는 것이다."라고 설명하였다.

초의 종류로 홍합초, 전복초, 해삼초, 부아초, 생강초, 흑두초(黑豆炒), 남초초(南椒炒) 등이 있다. 각각 맛의 특징이 다르다.

부아초는 부아(허파의 별칭인데, 음식의 재료로 쓸 때는 부아라고 한다)와 쇠고기의 볶음 요리인데, 신선한 부아를 소금에 문질러서 얇은 막을 벗기고, 냉수에 여러 번 깨끗이 씻어 물에 넣고 삶아서 뽀얗게 익으면 다시 냉수에 식혀서 먹기 좋은 크기로 썬다.

여기에 쇠고기를 부아의 반량 정도만 썰어 넣고 함께 양념하여 볶아서 간을 맞춘다. 이것을 실파, 붉은 고추 썬 것이나 실고추, 표고버섯, 느타리버섯 등을 넣어 다시 볶아서 생강즙을 넣은 뒤에 국물이 자작자작하게 만들어 그릇에 담고 잣가루를 뿌린다.

《임원십육지》〈정조지〉에 '흑두초 만드는 법'은 "검은 콩을 불린 후에 다시마, 각종 향신료, 청장, 참기름, 꿀 등을 섞어 볶으면서 참깨, 잣, 후춧가루를 뿌린 다음에 저장한다."고 하였다.

《옹희잡지》의 남초초 만드는 법은 "어린 고추의 경엽(莖葉)에 장과 참기름을 넣고 볶아서 반숙되면 참깨, 표고, 석이 등을 넣고 다시 볶아서 완성한다."고 하였다.

전복초에 사용되는 전복은 예나 지금이나 귀한 재료로 많이 쓰이는데, 《규합총서》에 보면 "전복을 일명 천리광(千里光)이라 하고, 껍질에 구멍이 아홉 있는 것은 석결명(石決明)이라고 하여 눈을 밝히는 약이요, 벽해수(碧海水)에 삶은 것이 숙복(熟鰒)이다. 그리고 마산 것이 으뜸이다."라고 하였다.

이 전복은 고급 재료로 예전부터 궁중의 연회석에도 자주 올랐는데 《진연의궤》와 《진작의궤》 등에 전복초의 처방이 나와 있다.

볶음은 육류와 어패류, 채소류를 양념하여 기름을 두르고, 강한 불에서 단시간에 볶아내는 조리법이다. 고열에서 단시간에 만들 수 있으므로 대부분의 식품을 다 조리할 수 있고, 기름에 볶으므로 지용성 비타민의 흡수가 잘 되어서 영양상으로도 좋은 음식이다.

《음식지미방》의 양 볶는 법(맛질방문)을 보면, "솥뚜껑을 불 위에 놓고 오래 달궈서 기름을 둘러 양을 넣고 급히 볶아서 그릇에 퍼내면 맛이 있다."라고 하였다. 이것은 중국요리에 많이 쓰이는 방법으로, 냄비에 기름을 두르고 휘저어서 만드는 것이다.

《증보산림경제》에 문어·오징어 볶음의 조리법은 "먼저 기름과 술에 넣고 볶다가 참기름·간장·양념을 넣어서 조미한다."라고 하였다. 《본초강목》에 "오징어를 장기간 식용하면 정력을 돕고 여자의 빈혈증과 타혈, 하혈 등을 치유할 수 있다."라고 기록되어 있다.

《시의전서》의 고추장볶이를 보면 "고추장을 새옹이나 뭉근한 불로 볶는데, 파·생강·고기를 다져 넣은 다음, 꿀·기름을 많이 넣고 볶아야 맛이 좋고 윤이 난다."라고 하였다.

볶음의 종류에는 가리볶음·간볶음·양볶음·천엽볶음·낙지볶음·오징어볶음·송이볶음·우엉볶음·각종 산나물볶음·제육볶음·멸치볶음·새우볶음·명태볶음·자반볶음·고추장볶음·조갯살볶음·쥐치볶음 등이 있다.

조기조림

재 료 (5 인분)

조기 3 마리 (180 g)
무 150 g

㉠
- 진간장 ½ 컵
- 물 ½ 컵
- 설탕 3 큰술컵
- 후춧가루 ¼ 작은술
- 마늘 3 쪽통
- 생강 1 쪽
- 파 50 g

실고추 약간

만드는 법

① 생선의 비늘을 긁고 지느러미를 떼어 낸다. 내장을 제거한 후 깨끗이 씻는다.
② 양념장의 마늘과 생강은 납작하게 편으로 썰고, ㉠의 양념으로 양념간장을 만들어 놓는다.
③ 무는 도톰하게 썰어서 냄비에 한 켜 깔고 생선을 얹은 후, 양념간장을 부어, 중간불로 뭉근하게 조린다.
④ 가끔씩 냄비를 기울여 국물을 위에 끼얹어 주면서 조린 후, 실고추를 넣고 완성한다.

조기는 지금도 고급생선으로 제사상에 반드시 올라가는 귀한 생선이며, 양질의 단백질이 많아서 성장기의 어린이나 원기회복에 좋은 식품이다. 조기는 황금색의 노란 색깔이 나는 참조기가 가장 맛이 있다.

닭조림

재 료 (5 인분)

닭 1 마리 (1 kg)
감자 200 g
양파 100 g
마늘 3 쪽
생강 1 쪽
풋고추 3 개

㉠
- 진간장 5 큰술
- 설탕 5 큰술
- 소금 적당량
- 후춧가루 ½ 작은술
- 참기름 3 큰술

만드는 법

① 닭은 신선한 것을 구입하여 큼직하게 토막낸다.
② 감자는 깍뚝썰기로 큼직하게, 양파는 ¼ 로 큼직하게 썰고, 마늘은 한쪽을 반으로 쪼개어 두고, 생강은 납작하게 썰어 놓는다.
③ 풋고추는 어슷하게 썰어 씨를 털어둔다.
④ 번철에 식용유를 두르고 뜨거워지면 토막낸 닭을 넣어 표면을 대충 익힌다. 이렇게 하면 외부의 단백질이 익어서 내부의 맛이 덜 흘러나와 맛의 손실이 없고, 조린 후에 윤기가 나서 먹음직하고도 맛이 있다.
⑤ 냄비에 지진 닭과 감자, 파, 마늘, 생강, 풋고추 등을 다 넣고 ㉠의 양념을 넣어 20~30 분간 조린다.
⑥ 조리는 도중에 위아래로 잘 섞어준다. 중간 정도의 갈색이 되면 접시에 감자와 풋고추를 섞어서 담는다.

- 조림용 닭은 중간크기 정도가 질기지도 않고 양도 적당하다. 살이 분홍색이고 껍질이 크림색이어야 신선한 것이다. 부패가 쉽게 되는 편이므로 잘 선택한다.
- 닭다리는 칼로 자르지 말고 관절을 구부려 꺾어 끊어야 보기 좋다

고등어강정

재 료 (5 인분)

고등어 3 마리
청주 1 큰술
생강즙 1 큰술
달걀 1 개
녹말가루 ⅔ 컵
물 ⅓ 컵
고추장 4 큰술
설탕 3 큰술
마늘 3 쪽
상추 5 장
튀김기름 적당량

만드는 법

① 고등어를 깨끗이 씻어 내장을 제거하고, 석장 뜨기로 포를 떠서 먹기 좋은 크기로 토막을 내어, 청주와 생강즙에 넣은 후에 30 분 정도 재워둔다.
② 재워 놓은 고등어에 녹말가루를 입히고, 달걀물에 담그었다가 180 ℃ 의 기름에 바삭하게 튀겨 낸다.
③ 냄비에 물, 고추장, 설탕, 다진 마늘을 함께 넣고 끓이다가 농도가 걸죽해지면 튀겨 낸 고등어를 넣고 윤기 나게 조린 후에 통깨를 뿌린다.
④ 접시에 상추잎을 깔고 고등어강정을 담아 낸다.

고등어는 비린내가 나므로 냄새제거를 위해 마늘과 생강즙을 넉넉하게 사용하는 것이 좋으며, 술을 넣어 조리하면 냄새가 휘발되어 없어진다.

낙지볶음

재 료 (5 인분)

낙지 500 g
풋고추 50 g
다홍고추 50 g
양파 80g
다진 마늘 2 작은술
고춧가루 3 큰술
고추장 1 큰술
소금 1 작은술
참기름 1 작은술
식용유 2 큰술

만드는 법

① 낙지는 눈과 내장을 제거한 후에 소금으로 주물러 깨끗이 씻어 5 cm 길이로 썬다.
② 풋고추와 다홍고추는 0. 7 cm 간격으로 어슷하게 썰어 씨를 털어 낸다.
③ 양파는 길이로 2 등분하여 0. 7 cm 간격으로 굵은채를 썬다.
④ 팬에 기름을 두르고 다진 마늘, 고춧가루, 고추장을 넣고 살짝 볶다가 야채를 넣고 숨이 죽으면 낙지를 넣고 볶으면서 소금, 참기름을 넣어 간을 하여 낸다.
⑤ 푸른 야채를 깔고, 위에 먹음직스럽게 담아 낸다.

- 낙지는 몸이 가는 것보다 굵은 것이 도톰해서 영양도 많고 맛도 있다.
- 낙지의 근육조직은 일정한 방향성이 없으며 몸전체에 탄력이 있다. 또 특유한 근육조직 때문에 가열에 의해 수축이 일어나며 끊어지기 쉬운 단점이 있다. 그러므로 낙지를 볶음할 때는 센불에서 야채를 볶은 후, 낙지를 넣고 빨리 볶아 내야 국물이 생기지 않고 질겨지지도 않는다.
- 낙지는 가을철이 맛있는 계절이기는 하지만, 얼큰해서 계절 없이 술안주로 많이 이용된다.

감자조림

재 료 (5인분)

감자 300 g
쇠고기 30 g
풋고추 20 g

㉠ 물 6 큰술
진간장 2 큰술
설탕 2 작은술
참기름 2작은술

㉡ 다진 파 2 작은술
깨소금 1 작은술
실고추 적당량

만드는 법

① 감자는 깨끗이 씻어 껍질을 벗기고 중간 정도의 밤톨만한 크기로 깍둑썰기를 한다.
② 쇠고기 2×1 cm의 크기로 얄팍하게 썬다.
③ 고추는 꼭지를 떼고 큰 것은 반으로 자른다.
④ ㉠중에서 간장과 참기름을 냄비에 넣고 끓인다. 잠시 후 끓으면 감자, 쇠고기, 풋고추를 넣고 볶다가 설탕과 물을 넣고 약한 불에서 오래 끓여 감자가 잘 무르면서 간이 배고 빛이 검붉게 되면서 국물이 거의 졸아들면 ㉡을 넣고 다시 양념한다.

- 위에 끼얹을 정도의 국물이 남아 있어야 좋다.
- 쇠고기 대신으로 멸치를 20g 정도 넣어도 좋고, 설탕은 기호에 따라서 양을 가감할 수 있다.

두부조림

재　료 (5인분)

두부 1모(450 g)
소금 ½작은술

㉠
- 진간장 3큰술
- 물 ½컵
- 설탕 1큰술
- 다진 마늘 ½큰술
- 다진 파 1큰술
- 통깨 ½큰술
- 후춧가루 적당량

실고추 적당량
대파 ½대
식용유 2큰술

만드는 법

① 두부는 폭 3 cm, 길이 4.5 cm, 두께 0.8 cm 정도 크기로 네모지게 썰어 소금을 약간 뿌려 두었다가 마른행주로 물기를 닦는다.
② 번철이 뜨거워지면 기름을 넣고 두부의 양면을 노릇노릇하게 지져낸다.
③ 파와 마늘은 곱게 다지고 일부의 파는 채를 썬다. ㉠을 합하여 양념간장을 만든다.
④ 냄비에 두부를 한 켜 깔고, 위에 ㉠의 양념간장을 끼얹고 실고추도 얹는다. 다시 두부를 한 켜 놓고 남은 양념간장을 끼얹어서 불에 올린다.
⑤ 간장물이 끓어오르면 불을 줄이고, 국물이 거의 없어 질 때까지 조린 다음, 실고추와 채 썬 파를 얹고 잠시 익힌 후, 그릇에 담고 양념국물을 끼얹어 낸다.

- 두부가 부서지지 않게 주의하고, 두부를 지질 때 색이 너무 많이 나지 않게 한다.
- 가끔 간장물을 떠서 위에까지 간이 고루 들도록 끼얹는다.

풋고추조림

재 료 (5 인분)

풋고추 (꽈리고추 小) 50 개
쇠고기 (우둔) 150 g

㉠
- 진간장 1½ 큰술
- 설탕 2 작은술
- 다진 파 1 큰술
- 다진 마늘 ½ 큰술
- 후춧가루 적당량
- 깨소금 · 참기름 각 ½ 큰술

㉡
- 진간장 · 물 각 2 큰술
- 설탕 1 큰술
- 참기름 ½ 큰술

실고추 적당량

만드는 법

① 풋고추는 씻어서 꼭지를 떼고 한쪽을 갈라서 씨를 발라내고 끓는 물에 살짝 데쳐 내어 찬물에 헹군다.

② 쇠고기는 곱게 다져서 ㉠의 양념으로 고루 양념하여 풋고추에 채워 넣는다.

③ 냄비에 소를 채운 고추를 담고 ㉡의 양념을 넣어 중간불에서 조린다.

④ 국물이 자작할 정도로 하고, 남으면 실고추를 넣은 후에 잠깐 더 조려서 그릇에 담는다.

- 감자를 깍둑썰기로 썰어 같이 넣고 조려도 좋고, 멸치를 넣어도 좋다.
- 고기가 없으면 고추만을 조린다. 이 때에는 고추의 씨를 빼지 않고 꼭지만 떼고서 통으로 조린다.
- 조린 고추를 보시기에 담고 통깨를 뿌리면 더욱 먹음직스럽다.

북어조림

재 료 (5 인분)

북어 2 마리 (300 g)
〈양념간장〉
- 진간장 3 큰술
- 물 4 큰술
- 설탕 1 큰술
- 마늘 2 쪽
- 흰파 1 뿌리
- 생강 1 쪽
- 통깨 ½ 큰술
- 고춧가루 ½ 큰술

풋고추 4 개
다홍고추 1 개
실고추 적당량

만드는 법

① 크기가 작은 북어는 물에 충분히 불려서 부드러워지면 건진 후에 물기를 없애고 가운데 뼈를 발라 낸 다음에 지느러미를 떼고 4 cm 정도로 토막을 낸다. 큰 북어는 두드려 펴서 찜을 한다.
② 파, 마늘, 생강은 씻어서 가늘게 채로 썰고 나머지 양념은 모두 합하여 양념간장을 만든다.
③ 풋고추와 다홍고추는 갈라서 씨를 빼고 어슷하게 썬다.
④ 냄비에 북어를 한 켜 고르게 펴서 담고, 위에 양념간장을 끼얹고 실고추를 놓는다. 다시 북어를 가지런히 놓고 양념장을 고루 얹어서 불에 올려 조린다.
⑤ 끓어오르면 불을 약하게 줄인 후에 고추를 넣고 가끔 간장물을 떠서 위에 끼얹어 고루 간이 들도록 한다.
⑥ 국물이 거의 없어지고 북어가 부드럽게 될 때까지 조린다.

장조림

재 료 (5 인분)

쇠고기
(사태, 홍두깨살, 우둔) 600 g
물 4 컵
진간장 1 컵
설탕 2 큰술
마늘 1 통
생강 1 쪽

만드는 법

① 쇠고기를 덩어리째로 물에 씻어 핏물을 빼고 큼직하게 덩어리로 썬다.
② 냄비에 물 4 컵을 붓고 끓인다. 끓으면 고기토막을 넣고, 약한 불에서 물이 반 정도로 줄도록 고기가 무를 때까지 삶는다.
③ 고기가 익으면 진간장, 설탕, 얇게 저민 마늘과 생강을 넣고 조린다.
④ 고기를 결대로 찢어서 양념국물을 위에 얹는다.

보양식 요리

칠월은 본격적인 더위가 시작되는 달로서, 소서(小暑)와 대서(大暑) 그리고 삼복(三伏) 중에 초복(初伏)과 중복(中伏)이 다같이 들어 있다.

복(伏)날이 되면 너무 무더워서 땀을 많이 흘리기 때문에 식욕부진으로 인한 영양부족이 오기 쉽다. 예부터 우리의 조상들은 이러한 더위를 이겨내기 위하여 여러가지 시·절(時·節)음식을 먹어 왔다. 특히 복날의 절식으로 어린 닭과 인삼을 넣어서 푹 고은 '계삼탕', 쇠고기를 얼큰하게 하여 개고기 맛을 낸 '육개장', 자라와 닭 또는 잉어와 닭으로 끓인 '용봉탕', 개고기와 여러가지 향채를 넣어서 얼큰하게 끓인 '개장국' 등은 맛과 영양이 뛰어난 동물성 보신(補身)음식이다.

여름에 보신 음식을 뜨겁고 얼큰하게 만들어 땀을 뻘뻘 흘리면서 먹게 되면 이열치열(以熱治熱)의 효과도 있고, 몸에서 좋지 않은 노폐물이 모두 빠져 나오게 될 뿐만 아니라, 동물성 단백질을 듬뿍 섭취하게 된다. 그러므로 더위와 피로를 거뜬하게 물리칠 수 있다.

이러한 음식 중에서 복(伏) 중에 남자들이 빼놓지 않고 한 번쯤 먹게 되는 음식이 개고기 요리이다. 그러면 우리가 이러한 개고기는 언제부터 먹어 왔고, 또 어떤 이유로 먹게 되었는지, 한 번 살펴볼 필요가 있다.

중국의 사서(四書)의 하나이자 공자(孔子) 일대(一代)의 도덕과 정치, 교육 등을 엮은 유교의 경전이라 할 수 있는《논어(論語)》에 보면 '제사에 반드시 개고기를 쓴다.'라고 하여, 공자도 평소에 개고기를 즐겨 먹었다는 기록이 있다.

또한 한나라 시대 유자(儒子)의 고례(古禮)를 기술한《예기(禮記)》에는 한 술 더 떠서 '맹추(음력 7월)에는 천자(天子)도 개고기를 먹는다.' 라고 기록되어 있다. 이러한 기록으로 보아, 개고기는 중국에서 일반

서민으로부터 천자에 이르기까지 널리 먹어 왔다는 사실을 알 수 있으며, 특히 제사상에도 올랐던 음식임을 알 수 있다.

원래 제사에는 그 사람이 평소에 즐겨 먹었던 음식 중에서 맛도 있고 정갈한 것을 사용한다는 사실을 감안해 본다면, 그 당시 중국 사람들이 얼마나 개고기를 즐겨 먹었는가를 짐작할 수 있다.

이와같이 개의 식용은 한대(漢代)까지 활발하였으나, 충복이라는 개념에 점차 개고기를 멀리하게 되어서 청대(淸代)의 여러 기록에는 개고기 요리가 하나도 보이지 않는다.

그러나 우리나라 조선시대의 유교를 숭상하던 사람들은 '중국의 주(周)나라 및 춘추시대에 개고기를 많이 먹었고, 공자도 개고기를 먹었으니 우리도 먹는 것이 어떠하랴?' 하여 별로 저항감 없이 자연스럽게 식용하였을 것으로 추측된다.

개고기의 효능으로 《동의보감》에 '개고기는 오장을 편안하게 하고, 혈맥을 조절하고 장과 위를 튼튼하게 하며, 골수를 충족시켜서 허리·무릎을 따뜻(溫)하게 하고, 양도(陽道)를 일으켜서 기력을 증진시킨다.' 라고 하였다.

또 《규합총서》에 '몸빛이 누렇고, 눈청까지 누른 개는 무기토색(戊己土色)으로 비위(脾胃)에 보(補)하니 여자 혈분에 성약(聖藥)이요, 배와 네 발과 꼬리까지 검은 개는 임계수색(壬癸水色)으로 신경에 성약이니 남자에게 유익하다.' 라고 하였다.

대체로 동양의학에서는 개고기란 성질이 몹시 더운 것으로, 사람이 먹으면 양기(陽氣)를 돋우고 허한 것을 보충한다고 설명하고 있다. 현대의 영양학적인 관점에서 볼 때도 동물성 단백질이 풍부한 개고기에 파·마늘·생강·미나리·고추·차조기잎을 비롯해서 여러가지 향채를 듬뿍 넣고, 누린내 제거를 위해 기름과 식초·깨소금·후추 등을 넣어서 푹 끓이면 소화도 잘 되고 체내 흡수도 잘 되어 영양보충에 매우 좋은 음식이라고 본다. 따라서 단백질의 아미노산 조성이 풍부한 개장국을 보신탕 또는 영양탕이라고 칭하는 것이 과히 지나치지 않다고 생각된다.

그러면 왜 복날(伏日)에 개장국(狗醬)을 먹어 왔는지 한 번 살펴보기로 하자.

복(伏)자를 보면 사람(人)이 개(犬)를 먹는 날이라는 것을 쉽게 이해할 수 있다. 또한 오행설에 보면 개고기는 불(火)에 해당되고, 복(伏)은 경일(庚日)로서 쇠(金)에 해당되기 때문에, 화극금(火克金)으로서 개고기(犬)를 먹으면 더위(金)를 이긴다는 오행상극설(五行相剋說)에 근거를 두고 있다. 이러한 근거로 찌는 듯이 더운 복중에 그 더위를 물리치는 음식으로 개고기 요리를 먹어 오고 있다고 할 수 있다.

더구나 개는 먹다 남은 찌꺼기 음식으로도 잘 자라기 때문에 그 먹이를 손쉽게 구할 수 있다. 그러므로 조선시대에는 가난한 사람들뿐만 아니라, 유교를 숭상하는 많은 유자(儒子)들이 즐겨 먹었고, 1795 년의 궁중 수라상의 식단에까지 구증(狗蒸)이 있는 것으로 미루어서 당시 궁중에서도 개고기를 먹었음을 알 수 있다.

여러가지 조리방법의 개요리가 나와 있는 옛 조리서는 《산림경제》·《증보산림경제》·《음식디미방》·《부인필지》·《규합총서》·《오주연문장전산고》 등이며, 우리 나라의 풍속과 시·절식을 기록한 《동국세시기》와 《열양세시기》·《경도잡지》 등에서도 음력 6 월의 시식으로 개장국을 소개하고 있다. 그런데 이렇게 아주 예전부터 먹어 왔던 개고기 음식을 지금 우리가 먹는 일이 과연 나쁜 것인가?

우리 남정네들이 더운 여름철에 한두 번씩은 먹으러 다니면서도 마치 못 먹을 것을 먹고 온 사람들처럼 쉬쉬하며 왜 몰래 먹으러 다녀야 하는가?

왜 세계 여러 나라 동물보호협회에서는 애완동물 학대라는 명목으로 공격을 하는가? 이 부분도 우리가 한 번 짚고 넘어가야 할 필요가 있다. 각 나라는 생태와 사회유형이 다르기 때문에 그들 나름대로의 문화를 형성하고 있고, 먹거리 문화 또한 모두 다르다. 그러하기에 그들 나름대로의 역사와 전통을 이루며 생활하고 있는 것이다.

인도의 힌두교도들은 소를 신성시하여 금기식(禁忌食)으로 여기지만, 가장 아끼고 사랑하는 가축을 죽여서 신에게 바치고, 신과 함께 먹는 신인공식(新人共食)을 통한 감사의식을 갖는다. 불교인들은 개고기를 기피하고 도교인이나 무당들은 가물치를 기피한다.

세계 3 대 명문가(名文家)의 식품으로 원숭이 골, 철갑상어알(caviar), 거위 간이 알려져 있다. 그런데 이 동물들을 산 채로 요리해 먹는 방식이 너무 잔인하고 끔찍해서 놀라지 않을 수 없다. 그러나 우리가 이러한 음식을 즐기는 사람들에게 야만인이라고 비난할 수 있는가?

미국에서는 집에서 기르는 칠면조를 무슨 행사 파티나 기념일에 통으로 구이해서 올리고, 또 기르는 개를 짖지 못하게 성대수술을 한다.

이것은 애완용 학대가 아니라고 하며, 우리가 식용을 위해서 소나 돼지처럼 집에서 사육한 개를 잡는 것은 애완용 학대라고 비난한다. 이런 억지는 우리 나라 식문화에 대한 지나친 간섭이다.

어느 나라의 누구도 자기네와 음식문화가 다르다고 하여 '너희는 우리보다 미개인이다.' 라고 비판할 수 없다. 이것은, 그야말로 큰 실례를 범하는 것이요, 다른 나라의 먹을 권리(食權)를 침해하는 문화적 제국주의라고 할 수밖에 없다.

그러나 이 개고기를 먹는 데 있어서 우리에게도 문제가 있다. 산 개를 거꾸로 매달아 몽둥이로 때려죽이는 것은 안 된다. 물론, 옛 조리서에 개고기맛이 더 있다고 하여서 이런 방법이 이용되어 왔다고는 하지만, 이것은 너무 잔인하므로 현대의 우리는 지양해야 될 부분이다.

법적으로 도축장을 허가하여 소나 돼지처럼 순간도살을 해야 하고, 도축장에 들어가서 최종적으로 소비되기까지의 보건과학적인 관리가 필요하다. 즉, 도살 전의 생체검사, 도살 후의 사후검사, 식육 및 식육제품의 위생감시 등이 행해져야 한다. 또한 흑염소를 식용으로 따로 사육하는 것처럼, 식용견을 따로 사육하는 것도 한 방법이라 하겠다.

축산 부분의 식품관계자들의 말에 의하면, 우리 나라의 전국에서 사육하는 식용용 견(犬)은 200 만 마리이고, 애완용 견은 30 만 마리라고 한다. 식용용 견이 엄청나게 많은 것이다.

이렇듯 서민들이 개고기를 즐겨 먹고 있는 현실을 덮어둘 것이 아니라, 위에서 말한 것처럼 식용용 견을 위생적으로 도살하여 좋은 조리법으로 음식을 만들어 먹고, 먹고 싶을 때 떳떳하게 함께 어울려 먹는다면 좋으리라고 생각된다.

다만 누가 보더라도 너무 보신에 대해 광적으로 요란스럽게 행동한다면 비난을 받게 될 것이고, 외국에 나가서도 너무 떠들고 보신관광을 한다면 야만적이고 무례한 행동이라고 지탄을 받게 될 것이다.

남이 싫어하는 행동을 구태여 드러내 놓고 광적으로 한다는 것은, 자제해야 될 부분이라고 본다. 그러면 지금부터 개고기 요리법에 대해서 알아보자.

《부인필지》에는 '개고기는 피를 씻으면 개 냄새가 난다. 피가 사람에게 유익하니 버릴 것이 아니라, 개 잡을 때 피를 그릇에 받아 고깃국에 넣고 차조기잎을 뜯어 넣고 고면 개 냄새가 나지 않는다.'라고 하였다.

《규합총서》에 '봄에 눈 붉은 개는 미치려고 하는 것이니 먹지 말고, 9월에 개를 먹지 말며, 매달 술일(戌日)에 개를 먹지 말라.'고 하였다.

개를 잡기 2~3개월 전에 개밥에다 들깨를 한 수저씩 섞어서 먹이면, 개가 털갈이를 하고 식용에 좋은 육질로 된다고 하며, 개고기는 특히 소양인에게 알맞은 식품으로 알려져 있다.

《음식지미방》에는 개장(개순대), 개장국느르미, 개장찜, 누른 개 삶는 법, 개장 고르는 법 등이 나와 있다. 이러한 옛 조리서를 참고하여 몇 가지의 개고기 요리를 소개하고자 한다.

개장국

재 료 (5인분)

개고기 1.6 kg
차조기잎 (혹은 들깻잎) 800 g
토란줄기 100 g
미나리 300 g
파 300 g
들깨 1컵
된장 3큰술
생강 10 g

㉠
- 간장 ½컵
- 다진 파 4큰술
- 다진 마늘 3큰술
- 후춧가루 2작은술
- 고춧가루 3큰술
- 들깨기름 3큰술

만드는 법

① 개의 다리 부분 고기는 된장과 생강을 넣어 푹 삶아 익힌 다음, 고기는 건지고 국물은 따로 놓아둔다.
② 토란 줄기는 삶아 건지고, 차조기잎은 깨끗이 씻어 놓는다.
③ 들깨는 깨끗이 씻어 갈아 놓고, 파는 씻어 4~5 cm 길이로 썰고, 미나리는 줄기만 다듬어 깨끗이 씻어 파와 같은 길이로 썰어 놓는다.
④ 푹 삶아진 고기는 찢어 양념 넣어 무치고, 토란줄기와 파도 함께 무친다.
⑤ 준비해 놓은 국물을 끓여, 차조기잎과 들깨즙 위에 양념해 놓은 고기와 채소를 넣고, 어우러지도록 끓이다가 마지막에 미나리를 넣는다.

- 개장국에 들어가는 개는 누런 개가 제일이고, 그 다음이 검은 개, 흰 개의 순서이다.
- 1670년대 문헌인 《음식지미방》에는 '개고기를 깨끗이 씻어서 만들도록' 되어 있으나, 1800년대의 《규합총서》에는 '씻으면 개고기 냄새가 심하게 난다.' 며 씻지 않고 요리하도록 되어 있다. 현대에는 물에 깨끗이 씻어 만드는 집이 많은데, 위생타월로 닦거나 손으로 쭉 훑어 내리고 나서 요리하는 것이 바람직하다.

개고기편육

재　료 (5 인분)

개고기 800 g
된장 2 큰술
대파 20 g
마늘 10 g
생강10 g

〈양념고추장〉

고추장 4 큰술
설탕 1 큰술
다진 마늘 1 큰술
다진 파 1 큰술
들깨기름 혹은 참기름 1 큰술
깨소금 2 작은술
고춧가루 1 큰술
후춧가루 ¼ 작은술

만드는 법

① 큰 솥에 물을 펄펄 끓이다가 가로 15 cm, 세로 30 cm 의 크기로 썰은 개고기를 덩어리째로 넣어 삶는다.
② 중간쯤 누린내 제거를 위해 된장과 대파, 마늘 및 생강 등을 저며 넣고 다시 푹 삶는다.
③ 알맞게 삶아졌으면 고기를 건져서 찬물에 1~2 초 냉각시켜 베보자기에 싸서 무거운 도마나 돌로 7~8 시간 정도 눌러 두었다가, 굳으면 결 반대 방향으로 얇게 썬다.
④ 접시에 상추잎을 깔고 편육을 보기 좋게 펴 담아 양념장과 함께 낸다.

- 편육(片肉)은 고기를 푹 삶아서 국물은 버리고 고기만 먹는 것이므로, 원래보다 영양이 적은 편이지만, 육류의 기름기가 모두 빠져서 지방분이 없으므로 가볍고 깨끗한 맛을 내는 것이 특징이다. 된장은 개고기의 냄새를 없애는 데에 큰 효과가 있으며, 아울러 맛을 좋게 해준다.
- 편육을 할 때 된장과 파, 마늘, 생강은 처음부터 넣지 말고, 고기가 거의 익은 후에 넣어야 누린내의 제거 효과가 크다.

개장꼬지누르미

재 료 (5인분)

개고기 800 g
된장 2큰술
생강 10 g

〈유장〉 진간장 2큰술, 참기름 2큰술

㉠ 꿩육수 1⅓컵, 진간장 1작은술, 후춧가루 ⅛작은술, 천초 ⅕작은술, 생강즙 ½작은술, 밀가루 ⅓컵

꼬지 6개

만드는 법

① 개고기의 겉표면을 위생타월로 닦아내고, 펄펄 끓는 물에 넣은 다음, 된장, 생강 저민 것을 함께 넣어 살짝 삶아낸다.
② 살짝 삶은 개고기를 저며서 유장을 바른 다음, 꼬챙이에 꿰어 석쇠 위에 올려놓고 구워 낸다.
③ ㉠의 꿩육수, 진간장, 후춧가루, 천초, 생강즙, 밀가루 등을 섞어서 즙액을 만든다.
④ 색감이 좋게 구운 꼬지누르미를 그릇에 담은 다음, 만들어 놓은 즙액을 끼얹어 낸다.

개장꼬지누르미는 개고기를 살짝 삶아 저며서 양념구이한 것이므로, 개고기 냄새도 전혀 없다. 개고기를 못 먹는 사람들에게도 좋은 음식이라고 생각된다.

개소주

재 료 (5인분)

개(中) 1마리(20근, 8kg)
밤 2되
대추 1되
흑임자 1홉
생강 600g
찹쌀 1말(소두)
엿기름 5되

만드는 법

① 찹쌀과 엿기름 가루를 이용하여 감주를 만든다.
② 개의 겉표면을 깨끗이 닦아 내고 내장을 꺼낸 다음에 밤, 대추, 흑이자, 생강 등을 뱃속에 가득 채워 넣고 시루에 안친다.
③ 시루밑 솥에다가 물 대신에 감주물을 ⅓ 정도 붓고 시루번을 붙인다.
④ 2시간마다 시루에 감주를 1대접씩 부으면서 개를 삭혀 내린다.
⑤ 국물이 반솥으로 줄면 쏟아놓고, 다시 똑같이 반복하여 개를 삭힌다.
⑥ 맨 마지막에 시루에 남아 있는 개의 뼈를 추려내고 고기를 치대어 수건으로 꼭 짜낸다.
⑦ 식은 후에 기름을 걷어내고, 5일에 한 번씩 끓여서 다시 식힌다.

개소주 내리는 데만 하루(24시간)가 걸리는데, 냄새가 전혀 없다. 고단백질인 개고기를 감주로 삭혀서 만들었기 때문에 소화가 잘 된다. 봄·가을·겨울에 먹으면 제일 좋다.

개장국누르미

● 재　료 (5 인분)

개고기 800 g
된장 2 큰술
생강 10 g
참깨 ¼ 컵
진간장 ⅓ 컵
물 1 컵
〈양념즙〉 밀가루 ⅓ 컵
참기름 1 큰술
진간장 1 작은술
천초 ⅕ 작은술
육즙 1⅓ 컵

만드는 법

① 개고기는 겉표면을 위생타월로 닦아 내고, 물에 된장과 생강을 넣어 푹 삶은 다음에 뼈를 발라 낸다.
② 이것을 다시 솥에 넣고 참깨를 볶아 찧어 놓고, 분량의 진간장과 물을 넣어 삶는다.
③ 다 삶아졌으면 꺼내어 먹기 좋은 크기로 썰어 그릇에 담은 후에 밀가루와 참기름, 진간장, 천초, 육즙 약간을 넣고 끓인 양념즙을 끼얹어 낸다.

개고기를 먹고 소화가 잘 안 될 때에는 행인(살구씨)을 먹으면 체증이 쑥 내리고, 개고기를 먹고 체했을 때에는 메밀가루로 풀떼기를 쑤어서 먹으면 좋다고 한다.

햇밀을 이용한 전통음식

6월이면 햇밀이 많이 나와서 여러가지 별미를 즐길 수 있다. 밀가루와 물만 있으면 어떤 형태로든 여러가지 모양으로 음식을 만들 수 있고, 또 누구든지 손쉽게 만들 수 있으니, 이런 의미에서 본다면 밀가루는 음식 재료 중에서는 가장 으뜸이라고 하겠다.

우리 나라에는 중국 한대(漢代)에 들어온 밀(麥)이 그 시초라고 하며, 우리 나라를 거쳐서 일본으로 건너간 것은 4세기 말에서 5세기 초라고 추정하고 있다.

이후, 고려시대에는 밀가루로 만드는 유밀과가 뛰어난 솜씨와 함께 성행하였으며, 중국에서 유입된 상화(상외·밀가루 발효 찐떡)가 시판되어 선호되었다고 한다. 그러므로 밀가루 음식이 비교적 일반화되었음을 알 수 있다. 《고려도경》에도 잔치음식 중에 국수가 있었다.

밀가루 음식의 종류는 굉장히 많다. 국수틀을 이용하여 짜 낸 발이 가는 압착면류, 반죽하여 손으로 썰은 수제비를 비롯해서 얇게 밀어 만든 칼국수류, 만두류, 기름에 부치는 지짐이, 밀전병류, 누름적, 상화병, 그리로 온갖 유밀과류 등이 있다. 이 중에서 가장 많은 것이 국수 종류이다.

흔히 생일, 혼인잔치, 회갑연 등에는 국수장국을 대접한다. 축하용으로 큰상을 차릴 때에 고임새의 앞으로 국수장국을 놓아서 주빈의 입매용으로 하고, 하객도 다른 음식과 함께 국수장국을 대접받는다.

조선왕조에서 궁중연회를 베풀 때의 준비절차와 연회음식의 내용을 수록한 《진찬의궤》, 《진연의궤》를 보면, 1719~1902년 사이에 국수장국이 빠짐없이 쓰였을 뿐만 아니라, 1848년부터는 장국에 말지 않은 건면을 큰상고임에 놓고 있다.

밀음식은 경사스런 잔치상 외에도 고려 후기의 공양왕 2년(1491년)에 가정제례를 행할 때 제찬으로 면을 놓도록 정해 놓았고, 조선시대 관혼상제 지침서인 《사례편람》에도 면이 제사의 제물로 정해져 있다.

이러한 사례는 국수 모양이 길게 이어진 것이라서 경사스런 일 또는 추모의 의미가 오랫동안 길게 이어지기를 염원하는 뜻에서 연유하는 것으로 해석된다.

1670년 《음식디미방》에 나오는 밀가루로 만든 국수의 종류는, 녹두녹말을 섞어 함께 반죽하여 국수를 만들고 꿩을 넣고 끓인 맑은장국이나, 오미자국에 말아 내는 시면(漏麵)이 있고, 밀가루에 달걀을 넣어 반죽하여 국수를 만들어 기름진 꿩고기 국물에 말아 내는 난면(卵麵), 왜면(倭麵 · 건면으로 추정) 등이 소개되어 있다.

1800년대 말의 《시의전서》에는 밀가루에 달걀과 꿀 또는 날콩가루를 넣어서 닭국물이나 오미자국에 말아 내는 밀국수와 콩국에 마는 콩국수, 밀가루를 물로 반죽하여 만든 국수에 숙주나물과 묵 등을 넣어서 함께 비빈 비빔국수가 소개되어 있다. 또한 밀가루 반죽을 밀어서 모나게 썰어 데쳐 건져 맑은장국에 말아서 먹는 낭화(나화)와, 밀가루 반죽으로 국수를 만들어 참깨를 볶아 갈아서 밭친 국물에 국수를 말은 깻국국수가 기록되어 있다.

1943년 《조선무쌍신식요리제법》에 "국수는 온갖 잔치에, 조반이나 점심에, 아니 쓰는 데가 없으니, 어찌 가볍게 하리오. 누구를 대접하든지 국수대접은 밥대접보다 낫게 알고, 국수대접에는 편육 한 접시라도 놓으니, 대접 중에 아는 것이다." 하여 국수가 귀한 사람의 대접용으로 흔히 쓰였음을 알 수 있다.

국수는 밀가루를 비롯하여 칡녹말, 보리, 메밀, 녹두녹말 등을 반죽하여 물에 삶은 것을 말하고 있으니, 종류가 많을 수밖에 없다.

우리가 국수 어외에 많이 먹고 있는 만두류는 둥근 모양, 네모 모양으로 빚어서 그냥 쪄 먹기도 하고 육수에 삶아 먹기도 하며, 육수를 차게 하여 띄워 먹기도 한다.

일본의 《옹주부지》에 의하면, 1341년 고려 충헌왕 시대에 임정인이라는 중국 사람이 만두를 처음 일본에 전했다고 한다. 또 1719년의 《해유록》에 의하면 "일본에는 만두란 것이 있어서 우리나라의 상화

병과 같은데, 겉은 희고 안은 검으며 맛은 달다." 라고 하였다.

이로써 만두는 비슷한 시기에 중국에서 우리 나라와 일본으로 전해진 것으로 보인다. 만두의 종류로서 조선시대에 '수교의' 와 '편수' 가 선보이고 있다.

《음식디미방》에 나오는 수교의는 "밀가루 반죽을 얇게 밀은 다음, 놋그릇 굽으로 박아서 도려내어 소를 가득히 넣고 오므려서 오래 삶은 후, 기름을 묻혀 담고 초간장을 곁들인다." 라고 하였다. 이것은 둥글게 박아 내어 소를 넣었으니 반달 모양인 것이다.

《시의전서》에는 밀만두를 설명하면서, "이것은 편수라고도 하는데, 밀가루를 베어서 네모나게 만드는 것이다." 라고 하였다.

오늘날 우리가 별식으로 해먹는 편수인데, 《명물기략》에도 같은 설명이 보인다. 《주방문》에는 "면류에 밀가루·메밀·녹말국수가 있는데, 메밀도 거피하고 녹두도 거피하여 가루를 한데 섞고, 입쌀을 넣으면 더욱 빛이 좋다." 라고 하였다.

또, 겸절병(兼節餅)은 밀가루·메밀가루·녹두가루를 섞어서 반죽을 하여 껍질을 만들고 상화병처럼 소를 넣어 빚어서 지지는 군만두 같은 음식도 소개되어 있다.

특별히 밀가루 음식은 여름에 제맛을 낸다. 음력 6월 보름의 유두일(流頭日)에는 밀가루로 구슬을 만들어 오색으로 물을 들인 후에 세 개씩 허리에 차고 다니거나, 문설주에 매달아 놓으면 액을 면한다고 하였으며, 햇밀가루로 국수를 만들어 닭국물에 말아 먹는 유두면을 즐겼다.

밀가루 음식은 뜨겁게 먹어도 좋고 차게 먹어도 좋은데, 각각 특징이 있다. 닭국에 미역을 넣어 끓인 다음, 밀국수를 넣어 먹는다든지, 밀국수를 깻국에 말은 후에 채 썰어 볶은 호박과 닭고기를 얹은 후, 차고 시원하게 먹는 것도 별미이다.

또 해삼 등어리처럼 쪼글쪼글하게 빚어 만드는 규아상(미만두), 밀쌈과 같이 밀전병을 부쳐서 호박·팥·깨소를 넣고 돌돌 마는 연병(連餅) 등의 음식이 다양하고 많다.

여러가지 밀가루 음식 중에서 대표적인 몇 가지를 골라서 그 만드는 방법을 소개하고자 한다.

칼국수

재 료 (5 인분)

밀가루 3 컵
닭 ½ 마리
닭국물 7 컵
애호박 1 개
달걀 1 개
마늘 2 쪽
대파 1 뿌리
소금·후춧가루 적당량

만드는 법

① 밀가루에 소금물을 넣고 끈기가 생기도록 오래 치대고 방망이로 얇게 밀어 접어서 채를 썬다.
② 닭을 분량의 물에 넣고 푹 삶은 뒤 꺼내 찢어서 소금과 후춧가루로 양념하고, 닭 삶은 국물에도 후추를 친 다음에 소금으로 간을 한다.
③ 닭국물에 국수를 넣고 채 썬 호박과 마늘 다진 것을 넣고 국수가 익어 투명해지고, 호박의 색이 선명하게 익을 때까지 끓인다.
④ 달걀을 풀어서 줄알 친 후, 넓은 그릇에 국수를 담은 다음, 양념한 닭살을 얹는다.

- 칼국수는 충청도·경상도 지방에서 즐겨 먹는데, 특히 안동지방은 국수발을 아주 가늘게 만들어 먹는다. 닭고기 국물에 삶아 제국물을 함께 먹으므로 맛도 구수하고 보신 음식도 되기에 주로 삼복에 많이 해먹는다.
- 여름철 땀을 흘리면서 뜨거운 것을 먹으면 땀을 통해 노폐물이 배출되므로 개운하고, 더위도 한결 시원하게 느껴진다.

편 수

재 료 (5인분)

㉠ 밀가루 2½컵, 소금 1½작은술, 달걀흰자 2개, 물 7큰술

㉡ 쇠고기(우둔) 150 g, 애호박 300 g (1개), 표고버섯 5장 (20 g), 숙주 200 g

㉢ 진간장 2작은술, 소금 1½작은술, 다진 파 2작은술, 다진 마늘 1작은술, 깨소금 2작은술, 후춧가루 ¼작은술, 참기름 1작은술

잣 4큰술

㉣ 육수 8컵, 청장 2큰술, 소금 1작은술

초간장 적당량

만드는 법

① ㉠을 섞어 오래 주물러서 녹신하게 반죽을 한 다음에 젖은 보자기를 덮어둔다. 흰자를 쓰고 남은 노른자는 지단을 부쳐서 마름모꼴로 썬다.

② ㉡의 고기는 곱게 다지고 애호박은 2 cm 정도로 자른 후, 껍질만 곱게 채쳐서 소금에 절였다가 꼭 짠다. 가느다란 호박은 씨만 제거하고 그냥 채쳐서 소금에 절인다. 표고버섯도 불려 고운채로 썬다. 숙주는 거두절미하고 끓는 물에 익혀 물기를 꼭 짠다. 재료를 같이 섞어 ㉢으로 양념하여 편수의 속을 준비한다.

③ 반죽한 밀가루를 다시 주물러서 얇게 밀어, 8 cm 사방의 정사각형으로 썬다. 이것을 한 조각씩 손바닥에 놓고, 준비한 속을 가운데에 놓은 다음, 잣을 1~3개씩 넣어, 네 귀를 한데 모아 맞닿은 가장자리를 꼭꼭 붙인다.

④ 물을 끓이다가 빚어 놓은 편수를 삶는다. 편수가 익어 떠오르면 건져서 냉수에 담그었다가 꺼내어 차게 식힌다. 편수를 6~7개 정도 대접에 담고, 여기에 간을 맞추어 차게 식혀 놓은 ㉣의 육수를 붓고 지단을 띄워서 초간장과 같이 낸다.

난 면

재 료 (5 인분)

밀가루 4 컵
달걀 (반죽용) 3~4 개
쇠고기 (양지머리) 200 g
물 8 컵
호박 100 g
석이버섯 2 장
달걀 (지단용) 1 개
실고추 조금
소금, 청장, 식용유 적당량

만드는 법

① 밀가루에 소금을 넣어 체에 내린 후, 달걀을 풀어 넣고 끈기나게 치대어 반죽한 다음, 비닐봉지에 담아 마르지 않게 보관한다.

② 양지머리는 끓는 물에 덩어리째 넣어 속까지 무르도록 삶는다. 꼬치로 찔러 보아 잘 들어가고 핏물이 배어 나오지 않을 때, 고기는 건져 식힌 다음, 결 반대방향으로 얇게 썰고, 고기장국은 청장으로 간을 맞춘다.

③ 호박은 채를 썰어 소금에 절였다가 물에 헹궈 꼭 짜고 기름에 볶는다. 석이버섯은 미지근한 물에 불렸다가 소금을 쥐고 비벼 씻어 이끼를 제거한 다음, 돌돌 말아 채를 썰어 소금을 넣고 참기름에 무친 후, 약한 불에서 살짝 볶는다. 달걀은 황백으로 얇게 지단을 부쳐 채로 썬다.

④ 밀가루 반죽은 덧가루를 뿌리면서 밀대로 얇게 밀어서 말아 채로 썬다. 채로 썬 국수를 넉넉한 끓는 물에 삶아서 찬물에 헹궈 건진다.

⑤ 그릇에 국수를 담고 위에 볶은 호박, 석이채, 지단채, 실고추를 얹은 후, 간을 맞춘 뜨거운 장국을 붓는다.

규아상 (미만두)

재　료 (5인분)

밀가루 2컵
소금 ¼작은술

- 오이 2개
- 소금 2작은술

쇠고기 100 g

㉠
- 진간장 1큰술
- 다진 파 2작은술
- 다진 마늘 1작은술
- 설탕 · 참기름 1작은술
- 후춧가루 ⅛작은술
- 깨소금 2작은술

표고버섯 4장 (20 g)

㉡
- 소금 적당량
- 다진 마늘 ½작은술
- 참기름 ⅓작은술

잣 2큰술, 담쟁이잎 20장
초간장 적당량

만드는 법

① 밀가루에 소금을 넣고 체에 쳐서 반죽한 후, 얇게 밀어 직경 8 cm 크기로 둥글게 떠서 만두 껍질을 만든다.

② 오이는 길이 4 cm로 토막을 내어 돌려 깍아 곱게 채를 썰어 소금에 잠깐 절인다. 물기를 꼭 짜서 번철에 기름을 두르고 센 불에서 재빨리 볶아 식혀 놓는다.

③ 쇠고기와 표고도 곱게 다져서 ㉠의 양념을 하여 볶아 식힌다.

④ 표고를 곱게 채를 썰어 ㉡의 양념을 하여 잠깐 볶아 식힌 후, 오이와 쇠고기를 함께 섞어 소를 준비한다.

⑤ 만두껍질에 ④의 소와 잣 2~3개씩 넣고 해삼 모양으로 등에 주름을 잡아 오므려 주고 찜통에 담쟁이잎을 깔고 쪄낸다.

⑥ 접시에 담쟁이잎을 깔고 초간장을 곁들여 낸다.

- 같은 모양인 미만두는 규아상과 재료와 빚는 방법이 같으나, 삶아내는 만두이다.
- 규아상은 더운 여름철에 먹는 찐만두로, 궁에서는 규아상이라 하고 일반에서는 미만두라고 하였는데, 해삼 모양으로 등허리에 주름이 잡혔다 하여 해삼 만두라고도 불렀다.

겸절병

재 료 (5 인분)

밀가루 1 컵
메밀가루 ½ 컵
녹말 ¼ 컵
소금 ¼ 작은술
쇠고기 200 g
표고버섯 5 장
오이 (호박) 2 개
간장 2 큰술
다진 파 1 큰술
다진 마늘 ½ 큰술
깨소금 1 큰술
설탕 1 큰술
참기름 ½ 큰술
후춧가루 ¼ 작은술
초간장 적당량

만드는 법

① 녹말로 되직하게 풀을 쑤어 밀가루와 메밀가루를 섞어 넣고, 소금으로 간을 하여 반죽한다.

② 쇠고기는 다지고, 표고버섯은 물에 불려 3 cm 정도의 길이로 곱게 채를 썰어 양념을 한 다음, 물기 없이 볶아 낸다.

③ 오이나 호박은 4 cm 정도로 토막을 낸 다음, 돌려깎기하여 채를 썰어서 소금에 절였다가 꼭 짜서 소금과 참기름을 넣고 양념하여 살짝 볶아 낸 후, 식힌다.

④ 볶아 낸 쇠고기와 표고버섯, 오이를 섞어 소를 만든다.

⑤ 반죽을 적당히 떼어 둥글게 빚어 소를 넣은 다음, 반을 접어 팬에 기름을 넉넉히 두르고 앞과 뒤로 노릇하게 지져 낸다. 초간장에 찍어 먹으면 좋다.

묘화산자

재 료 (5인분)

밀가루(박력분) 2컵
소금 ⅓작은술
꿀 3큰술
물 5½큰술
튀김기름 2컵
각색고물
(승검초가루, 흑임자, 잣가루)
각각 ½컵

만드는 법

① 밀가루를 체에 내린 다음, 소금물과 꿀을 섞어 넣고 되직하게 반죽한다.
② 준비된 반죽을 굵기 1×1 cm, 길이 7~8 cm 정도의 산가지(算가지 : 나무 젓가락 굵기의 전통놀이기구)처럼 썰어 놓는다.
③ 140~150 ℃의 기름에 튀긴 후, 건져내어 종이를 깔고 기름을 완전히 빼 놓는다.
④ 승검초가루·잣가루·흑임자 등의 고물을 묻혀 낸다.

묘화산자는 위의 고물 외에도 송홧가루, 계핏가루, 콩가루, 잣가루 등의 고물을 묻힐 수 있다. 크기나 모양이 손가락만 하기 때문에 먹기도 간편하다. 간식용으로 좋고, 어린이들에게도 어울리는 음식이다.

차수과

재 료 (5 인분)

밀가루 4 컵
물 ½ 컵
소금 1½ 작은술
꿀 1 컵
계핏가루 ½ 작은술
유자 ½ 개
잣가루 3 큰술
튀김기름

만드는 법

① 밀가루에 소금을 넣어 체에 내린 다음, 밀가루에 준비된 분량의 물을 넣고 고루 섞어 주물러 반죽을 한다.
② 반죽은 얇게 미는데, 한 가지는 두께 0.2 cm, 가로 2.5 cm, 세로 12 cm로 가늘게 썰어 양쪽 끝을 붙여 모양을 내거나, 같은 모양으로 밀어 6 cm 길이로 썰어서 끝을 1 cm 정도 남기고 가늘게 썰어 모양을 낸다.
③ 120~130℃ 정도의 기름에 속이 익도록 튀겨 내어 갈색이 나면 기름을 빼고, 집청에 재웠다가 잣가루를 올려 낸다.

예전에는 진연(進宴)상에 올렸다고 하며, 모양을 아름답게 하기 위해 3 색이나 4 색을 낼 수도 있다. 집청을 하지 않고 설탕과 계핏가루를 섞어 뿌리기도 한다.

온 면

재 료 (5 인분)

말린국수 400 g, 쇠고기(우둔) 200 g

㉠
- 진간장 1½ 큰술
- 다진 파 · 다진 마늘 각 1 큰술
- 깨소금 2 작은술, 참기름 1 작은술
- 후춧가루 ¼ 작은술

㉡ 물 10 컵, 청장 4 큰술

표고버섯 5 장(20 g)

㉢
- 진간장 1½ 작은술
- 다진 파 · 다진 마늘 각 2 작은술
- 깨소금 · 참기름 각 1 작은술

오이 200 g

㉣
- 소금 ½ 작은술
- 다진 파 · 다진 마늘 각 2 작은술
- 깨소금 1½ 작은술, 참기름 1 작은술

쇠고기(우둔) 100 g

㉤
- 진간장 2 작은술, 설탕 1 작은술
- 다진 파 · 다진 마늘 각 1½ 작은술
- 깨소금 · 참기름 각 1 작은술
- 후춧가루 ¼ 작은술

㉥ [달걀 1½ 개, 소금 적당량

만드는 법

① 국수는 물을 넉넉히 붓고 펄펄 끓을 때 덩어리지지 않도록 저으면서 풀어 넣어 끓어오르면 냉수를 조금 넣어 가라앉히고, 다시 끓어오르면서 투명하게 익으면 냉수에 여러 번 헹구어 채반에 한 사리씩 건져 놓는다.

② 쇠고기를 채로 썰어서 ㉠으로 양념하여 볶고 ㉡의 물로 맑은장국을 준비하고 소금으로 간을 맞춘다.

③ 표고버섯은 손질하여 채로 썰어 기름에 볶아서 ㉢으로 양념한다.

④ 오이는 0.2×0.2×5 cm 의 고운채로 썰어서 소금에 잠깐 절였다가 꼭 짜고, 기름에 파랗게 볶아서 ㉣로 양념한다.

⑤ 쇠고기는 곱게 다져서 ㉤으로 양념하여 볶아서 고명을 준비한다.

⑥ ㉥의 달걀은 지단을 부친 후에 고운채로 썬다. 황 · 백 지단으로 부쳐서 써도 된다.

⑦ 모든 준비가 되었으면 국수를 한 사리씩 펄펄 끓는 장국에 토렴을 하여 대접에 담고, 뜨거운 국물을 부은 후에 준비한 고명을 색을 맞춰 얹는다.

임자수탕

● 재 료 (5인분)

닭 ½마리 (600 g)
참깨 ½컵
쇠고기 100 g, 미나리 30 g
달걀 3개, 밀가루 2큰술
오이 ½개, 표고버섯 3장
다홍고추 1개, 녹말가루 2큰술
생강 1쪽, 마늘 2쪽
파 1뿌리, 잣 1큰술
물 9컵

㉠
- 청장 ½작은술
- 소금 ½작은술
- 다진 파 2작은술
- 다진 마늘 1작은술
- 참기름 1작은술
- 후춧가루 ¼작은술

만드는 법

① 닭은 물에 깨끗이 씻어서 찬물에 삶는다. 중간에 좋지 않은 냄새를 제거하기 위해 파, 마늘, 생강을 저며 넣는다. 삶은 닭을 건져서 살을 발라 결대로 찢고 국물은 차게 식혀서 기름을 걷는다.

② 참깨는 잘 씻어 껍질을 깨끗이 벗긴 다음, 살짝 볶아서 닭 삶은 물을 부어 가며 곱게 간 후, 겹체에 밭쳐 깻국을 만들어 소금과 후춧가루로 간을 하여 차게 둔다.

③ 쇠고기는 곱게 다져 ㉠으로 양념을 한 후에 직경 1.5 cm의 완자를 만들고, 미나리는 초대를 부치고 달걀은 황·백 지단을 부쳐 2×3 cm의 골패형으로 썬다.

④ 오이는 소금으로 문질러 씻은 다음, 도톰하게 껍질을 벗기고 골패형으로 썰어 소금에 잠깐 절이고, 표고는 불려서 기둥을 떼고, 다홍고추도 씨를 바르고 각각 같은 크기로 썰어 녹말가루를 묻인 후, 끓는 물에 살짝 데쳐 냉수로 헹구어 낸다.

⑤ 그릇에 준비한 닭고기살을 담고, 남겨 둔 여러가지 재료를 색감 좋게 얹어 깻국을 붓고 잣을 띄워 낸다.

팔 월

8월에는 계속 되는 더위로
몸과 마음이 지쳐
건강을 잃기 쉽다.
여름 밤 동쪽 하늘에
수줍은 듯 희미하게 비치는 직녀성과
서쪽에 찬란하게 빛나는
남성적인 견우성이
서로 마주 보며
정겨워하는 듯한 칠석(七夕)날.
까마귀와 까치가 날아와서
오작교 다리를 놓아준다는
전설이 아름답다.

냉채 · 냉국

팔월은 계속되는 더위로 인해 몸과 마음이 지쳐 식욕을 잃게 되고, 그로 인해서 자칫 건강을 해치기 쉽다. 이런 때에는 새콤·달콤한 냉채나 시원하면서도 산뜻한 냉국을 만들어 가족들의 입맛을 돋우어 보는 것도 생활의 지혜이다.

냉채와 냉국은 생채 또는 숙채(熟菜)의 조리법으로 시원하게 만드는 것이 특징인데, 가능한 한 생(生)재료로 영양소의 파괴와 손실을 최소한으로 줄일 수 있는 조리법이다. 얼음조각을 띄우는 등 차게 해서 먹으므로 여름철에 갈증을 느끼거나 입맛이 없을 때 좋고, 또한 고기류 등의 진한 음식을 먹었을 때에는 입맛을 개운하고 깨끗하게 해준다.

《증보산림경제》에 의하면, 식초·기름·간장 또는 소금을 섞은 초고추장에 무치는 초채(醋菜), 겨자가루를 따뜻한 물에 개어서 매콤·새콤·달콤하게 만든 겨자장에 무치는 겨자채, 그리고 불린 쌀과 실백(잣)을 닭국물에 갈아서 되직하게 끓인 실백즙으로, 또는 닭국물 대신 참깨와 같이 갈아서 끓인 깨즙으로, 맛나게 무친 냉채를 소개하고 있다.

특히 갓류, 넘나물(黃花菜), 두릅, 구기의 어린순, 죽순, 감국화와 같은 향신채(香辛菜)가 많이 쓰였음을 알 수 있다. 이 생채들의 특징은 어느 것이나 기름을 적게 쓰고, 파·마늘을 쓰지 않거나 적게 넣으며, 생채소를 그대로 쓴다는 점이다. 음식에 더러는 꿩이나 닭과 같이 기름기가 없는 육류나 해파리 등을 넣어 산뜻한 맛을 돋우기도 한다. 이러한 냉채류는 그 옛날 유목시대에 유목민들이 허기진 배를 채우기 위해 자연식품을 채취해서 그대로 생식해 왔던 것이 발달했으리라 여겨진다. 그렇기에, 채소 고유의 쓴 맛, 떫은 맛, 아린 맛 때문에 그냥 먹을 수 없는 것은 살짝 데치거나 우려먹게 되었고, 조리법이 더 발달하여 지금과 같이 여름철에 시원하게 냉채로 만들어 먹었을 것으로 짐작된다.

한편 냉국에 대한 이야기는 고려시대 대문장가이자 시인이었던 이규

보의 시문(詩文)에 '순갱(蓴羹)'이라 하여 냉국이 처음 등장하게 되는데, '순갱은 그 맛이 청담하여 일상식은 속물이다.' 라고 할 정도로, 순갱을 칭송하고 있음을 볼 수 있다.

사찰(寺刹)에서는 소음식(素飮食)이라고 하여 채소만을 이용한 음식을 주로 만들어 먹어왔다. 불교의 전성기였던 삼국시대에 크게 발달하여 지금까지도 가지냉국, 더덕냉국, 각색냉국 등이 전해져 내려오고 있다.

이러한 냉채와 냉국은 앞에서 언급한 바와 같이, 생채와 숙채에 얼음 조각을 넣어서 국물을 차게 만들고, 갖가지 식품재료를 맛깔스럽게 만들거나 고명을 띄워 시원하게 먹을 수 있게 한 음식이므로 냉채와 냉국은 어떤 다른 음식보다 식품 자체가 지니고 있는 맛 성분과 질감, 그리고 영양성분을 최대한 살릴 수 있는 음식이다.

냉채와 냉국을 조리할 때에 특별히 주의해야 될 사항이 몇 가지 있다. 우선은 재료 자체의 맛과 신선도를 잘 살리는 일이며, 냉국의 경우는 생재료를 쓰거나 국물도 냉국물을 쓰기 때문에 끓여서 식힌 물이나 생수 등을 이용하고, 식품재료도 다듬고 씻기를 철저히 하여 특별히 청결과 위생에 유의하여야 한다.

냉채의 종류는 겨자즙에 무친 겨자채, 잣즙에 무친 실백냉채, 호도즙에 무친 호도냉채, 닭고기살을 넣어 무치는 닭고기냉채 등이 있다. 냉채는 계절의 채소에 새우·편육·전복 등을 이용하여 차게 해서 내면 맛과 볼품 그리고 영양을 겸하게 된다.

냉국의 종류에는 재료에 따라 오이냉국, 파냉국, 마늘냉국, 가지냉국 등의 채소를 이용한 냉국과 미역냉국, 톳냉국, 우무냉국, 김냉국 등의 해조류를 이용한 냉국, 닭을 곤 물에 깨를 진하게 갈아서 만든 깻국(임자수탕), 묵냉국, 밀피냉국, 차수수경단, 냉콩국 등이 있다.

더운 여름철에 콜라나 사이다 같이 마실수록 갈증이 더 나는 그런 음료보다는 우리 청소년과 자녀들에게 칼슘과 마그네슘이 함께 많이 함유되어 있는 콩과 호두를 비롯해서 녹색채소와 해조류를 이용하여 유기산이 많이 들어 있는 식초를 듬뿍 넣고 냉채·냉국을 만들어 준다면, 피로도 풀 수 있고 맑은 정신도 갖게 되리라고 생각된다.

직장에서 힘들고 짜증나는 일이 많았을 남자들이 퇴근해 집으로 돌아왔을 때, 새콤한 냉국을 시원하게 만들어서 식탁에 올린다면 찌든 피로와 스트레스가 한꺼번에 풀리게 되리라 믿어 의심치 않는다.

닭고기 냉채

재 료 (5인분)

닭고기 삶은 것 200 g
오이 2개
당근 1개
배 1개
잣 1큰술

㉠
- 다진 파 2큰술
- 다진 마늘 1큰술
- 간장 1큰술
- 소금 ½ 작은술
- 깨소금 · 참기름 · 후춧가루 적당량

겨자가루 2큰술
소금 ½ 작은술
설탕 1큰술
식초 1큰술

만드는 법

① 닭고기는 삶아 건진 후에 식혀서 길이 4~5 cm, 굵기 0.5 cm가 되도록 찢는다. 여기에 ㉠의 양념을 넣고 무친다.
② 오이는 소금으로 비벼 깨끗이 씻어서 길이 5 cm, 폭 1.5 cm, 두께 0.3 cm로 썰어 놓은 다음, 연한 소금물에 담그어 놓는다.
③ 당근과 배도 오이 크기로 썰어 연한 소금에 담그어 놓는다.
④ 달걀은 곱게 풀어 지단을 부쳐 오이 크기로 잘라 놓는다. 겨자가루는 따뜻한 물에 개어 매운 맛을 내게 한 후, 소금·식초·설탕을 넣어서 겨자즙을 만든다.
⑤ 접시에 채소들과 달걀지단을 보기 좋게 돌려 담고, 가운데 닭고기를 보기 좋게 올려 겨자즙과 함께 낸다.

먹을 때는 겨자즙에 고루 버무려서 앞접시에 덜어 먹는다.

각색냉국 (사찰음식)

재 료 (5인분)

느타리버섯 150 g
다시마 1조각 (10 cm)
표고버섯 2장
고사리 50 g
미나리 (또는 취나물) 30 g
가래떡 100 g
잣 1큰술
소금 적당량

만드는 법

① 느타리버섯·고사리를 깨끗이 다듬어 씻어서 물기를 빼놓고, 미나리는 깨끗이 다듬어 씻어서 잎을 떼고 줄기만 준비한다.
② 가래떡은 6 cm 길이로 자른 후에 다시 길이로 4등분한다.
③ 표고버섯은 미지근한 물에 담그고, 다시마는 은근히 끓여서 국물이 우러나면 표고버섯 우린 물과 합하여 국물을 준비한다.
④ 준비된 국물에 느타리버섯·고사리·미나리·가래떡을 넣고 한소끔 끓인 다음, 소금으로 간을 한다.
⑤ 재료가 알맞게 익으면 망으로 건지고, 장국은 냉장고에 넣어서 차갑게 식힌다.
⑥ 익힌 미나리·고사리는 6 cm 길이로 썰고, 느타리버섯은 길이로 2~3등분한다.
⑦ 그릇에 준비된 재료를 옆옆이 색감 좋게 돌려 담고, 알맞게 소금간을 한 장국을 살며시 부은 후에 잣을 띄운다.

마늘찬국

재　료 (5 인분)

마늘 2 통(6 쪽마늘)
설탕 2 큰술
식초 ½ 컵
맑은 육수 3 컵
㉠ 간장 1 큰술
소금 1 작은술
설탕 1 큰술
식초 2 큰술

만드는 법

① 마늘을 제 모양 그대로 얇게 저며서 식초에 30 분 정도 담그어 두었다가 설탕물(설탕 2 큰술, 물 3 큰술)에 20 여 분을 재운 뒤, 채반에 펴 널어 볕에 꾸둑꾸둑하게 말린다.
② 맑은 육수를 차게 하여 ㉠의 양념을 넣어 알맞게 간을 한 다음, 그릇에 담고 나서 얼음과 마늘쪽을 띄워 낸다.

마늘은 쌀을 주식으로 하는 우리에게 필요한 식품이다. 마늘을 초절이와 식초절이 한 것을 말려 띄웠으므로, 식초를 듬뿍 넣은 국물과 함께 한 그릇 먹으면 피로회복에 아주 좋다.

김찬국

재 료 (5인분)

김 5장
쇠고기 100 g

㉡
진간장 1큰술
설탕 1작은술
다진 파 2작은술
다진 마늘 1작은술
깨소금 1작은술
참기름 1작은술
후춧가루 ½작은술

맑은 육수 3컵
간장 1작은술
소금 1작은술
식초 1큰술
실파 1뿌리
고춧가루 ½작은술
깨소금 1작은술

만드는 법

① 쇠고기는 잘게 다져서 ㉠의 양념을 해 놓는다.
② 김은 살짝 구워서 부스러뜨려 고기와 한데 섞어서 잠깐 볶아 놓고 맑은 육수에 간장, 소금, 식초를 넣어 알맞게 간을 해서 차게 식혀 놓는다.
③ 그릇에 볶아 놓은 고기와 김을 담고 간을 한 육수를 부은 후에 채를 썰은 실파와 고춧가루, 깨소금을 넣고 얼음을 띄워서 시원하게 만든다.

한여름에 맑은 육수에 김과 쇠고기를 이용하여 찬국을 만들어서 식초와 여러 가지 입맛을 내는 양념을 띄워 먹음으로써 부족한 미량원소를 보충할 수 있다.

경기도 묵냉국

재 료 (5 인분)

콩나물 40 g
묵 80 g
오이 ½ 개
김 1 장
풋고추 5 개
통깨 1 작은술
파 ½ 뿌리
간장·참기름 약간

만드는 법

① 콩나물을 깨끗이 다듬어서 1 컵 반의 물을 넣고 익을 때까지 끓인다.
② 익은 콩나물은 국물과 함께 차게 식힌 후에 간장으로 간을 맞춘다.
③ 묵·오이·풋고추·김·파는 가늘게 채를 썰어 ② 위에 얹는다.
④ 통깨를 뿌리고 참기름을 넣는다.

시원하고 깨끗한 맛이 일품이다. 특히 여름철에 땀으로 손실된 염분을 보충해 주는 음식으로 적당하다.

굴냉국

재 료 (5인분)

생굴 ½컵
파 ½뿌리
마늘 2쪽
생강 1쪽
고춧가루 ½큰술
깨소금 1큰술
식초 1큰술
간장 1큰술
실고추 약간
동치미 국물 3컵

만드는 법

① 크지 않고 싱싱한 생굴을 소금물에 살살 깨끗이 씻어서 건져 놓는다.
② 파, 마늘, 생강은 가늘게 채를 썰어 놓는다. 채를 썬 파, 마늘, 생강에 고춧가루, 깨소금, 식초, 간장, 실고추를 넣고 생굴을 무친다.
③ 양념이 가미된 생굴을 그릇에 담고, 차가운 동치미 국물을 부어서 냉국을 만든다.

굴은 바다의 단백질이라고 할 정도로 단백질과 칼슘이 많다. 동치미 국물에 띄우니 굴 비린내도 나지 않고 별미로 먹어 볼 만하다. 가을부터 먹는 것이 더 바람직하다.

우무냉국

재 료 (5 인분)

우무 1 모
오이 ½ 개
실파 3 뿌리
다진 마늘 1 작은술
다시마 국물 4 컵
간장 1 큰술
설탕 2 큰술
식초 1 큰술
소금 ½ 작은술
참깨 조금

만드는 법

① 우무는 곱게 채를 썰고 오이도 곱게 채 썬다.
② 다시마는 깨끗한 수건으로 표면을 닦아내고 물을 넣고 끓여 다시마 국물이 우러나면 깨끗한 망사에 걸러서 차게 식힌 다음에 간장, 설탕, 식초를 넣어 간을 한다.
③ 곱게 채를 썬 우무에 파, 마늘 다진 것과 소금을 넣어서 부서지지 않게 양념을 넣는다.
④ 그릇에 우무무침을 담고 오이채를 얹어서 시원한 다시마 국물을 부은 다음, 얼음을 띄워 낸다. 겨자즙을 넣어 먹으면 별미이다.

우무는 우뭇가사리과의 해초를 가공해서 만든 묵 비슷한 식품이다. 묵보다는 부드럽고 매끌매끌하며 투명하다. 우무는 혈압을 낮추는 데에 효과가 있다고 알려져 있으며, 환자를 위한 음식으로 많이 이용되고 있다.

차수수경단 냉콩국

재 료 (5인분)

흰콩 3컵
차수수 3컵
소금 2큰술
물 7컵
끓인 물 ½컵
오이 1개

만드는 법

① 흰콩을 6시간 이상 충분히 불린 후, 비벼 껍질을 어느 정도 제거하고 끓는 물에 삶은 다음, 냉수에 담그어서 껍질을 말끔히 벗긴다.
② 불린 콩을 맷돌이나 믹서기로 갈아서 겹체에 받친 후에 콩물을 차갑게 해 놓는다.
③ 차수수는 물에 박박 씻어 여러 번 헹군 다음, 떫은 맛을 완전히 제거한 뒤에 가루로 빻아 소금과 끓는 물을 넣고 익반죽해서 경단을 만든다.
④ 차게 준비한 콩국에 소금간을 하여 대접에 담고, 수수경단을 띄우고 오이 채 썬 것을 위에 올려 낸다.

흰콩은 잘 삶아야 비린내가 나지 않고 고소하다. 너무 오래 삶지 않아야 되고, 소금간을 싱겁지 않게 해야 고소한 맛이 진하다. 황해도 지방에서 즐겨 먹는다.

밀피냉국

● 재 료 (5인분)

밀가루 2컵
소금 ½작은술
달걀 2개
오이 1개,
맑은장국 4컵
얼음 8조각
간장 2큰술
소금 1작은술
후춧가루 ¼작은술
겨자즙 적당량

만드는 법

① 밀가루는 체에 쳐서 소금과 달걀 1개를 넣고 반죽하여 치대서 끈기가 생기게 한 다음, 얇게 밀어서 가로 3cm, 세로 5cm의 네모로 썰어 둔다.
② 넉넉한 끓는 물에 ①을 넣고 쫄깃하게 삶아 찬물에 헹궈 차게 해 둔다.
③ 달걀 1개를 황백으로 나누어 지단을 부쳐 밀반죽 크기보다 조금 작게 썰어 놓는다.
④ 오이는 소금으로 비벼 씻은 다음, 둥글납작하게 썰어 소금을 살짝 뿌렸다가 꼭 짜서 물기를 빼놓는다.
⑤ 맑은장국을 시원하게 준비하고 간장과 소금, 후춧가루와 함께 소금으로 간을 한 다음, 그릇에 수제비를 담고 그 위에 찬국물을 부은 후, 오이와 달걀지단을 띄워 겨자즙과 함께 낸다.

시원하게 얼음을 띄워서 한 그릇 먹고 나면 몸 전체의 열기가 식는 듯이 더위를 쫓을 수 있게 된다.

더덕냉국 (사찰음식)

재 료 (5 인분)

통더덕 100 g
소금 적당량
설탕 3 큰술
끓여서 식힌 물 4 컵
식초 2 큰술
소금 1 큰술
통깨 · 실고추 적당량

만드는 법

① 통더덕은 껍질을 벗긴 후에 방망이로 자근자근 두들겨 납작하게 편 다음, 소금물에 담그어서 아린 맛을 빼고 손으로 잘게 찢는다.
② 물은 팔팔 끓여 식힌 후, 설탕과 식초를 넣고 소금으로 간을 한 다음, 냉장고에 시원하게 넣어 둔다.
③ 잘게 찢어 둔 더덕을 그릇에 담고 준비한 국물을 부은 후, 통깨와 실고추를 고명으로 띄워 낸다.

국수와 만두

우리의 식생활은 일상적으로는 밥을 주식으로 하지만, 간단한 점심이나 한꺼번에 많은 손님을 대접할 때에는 국수·만두·떡국 등을 주식으로 마련한다.

가루로 만들어서 이용하는 곡물은 밀이 가장 많이 쓰이고, 그 다음은 메밀·쌀·찹쌀·수수·녹두 등의 순이다. 그리고 녹말가루는 감자·고구마·옥수수·녹두·칡 등을 가공하여 만들어 쓴다.

국수는 전통적으로 생일·혼례·빈례용 음식이었다. 면상(麵床)에는 전·잡채·떡·한과·음청류와 같은 음식을 기본으로 하고, 여기에 국수장국이나 냉면을 차린다.

국수의 기원을 보면, '밀은 한대(漢代)에 중국에 유입되었다고 하는데, 밀에서 얻은 가루를 면(麵)이라고 하였으며, 면으로 만든 제품을 통틀어 병(餠)이라고 한다.' 라고 명나라 왕삼빙의 《고금사물고》에 나와 있다.

우리 나라에서는 통일신라시대까지 국수를 가리키는 면이 문헌에 보이지 않다가, 송(宋)과 교류를 가졌던 고려시대의 《고려도경》과 《고려사》에 나타나고 있다.

《고려사》의 예법과 형법에 '제례에 면을 쓰고 사원에서 면을 만들어 판다.' 는 기록이 있다. 조선시대 《옹희잡지》에는 '우리나라 풍속으로 건(乾)한 것은 병(餠)이라 하며, 습(濕)한 것을 가리켜 면(麵)이라고 한다.' 라고 했다. '건한 것은 시루에 찌는 것이고, 습한 것은 끓는 물에 삶거나 물에 넣는 것이다.' 라고 쓰여 있는 것으로 보아, 그 모두가 국수를 가리키는 것으로 짐작된다.

국수의 종류는 가공법에 따라 절면(切麵)과 압착면(壓搾麵), 납면(拉麵) 또는 타면(打麵) 등으로 나누고, 조리법에 따라 온면·냉면·비빔면 등으로 나누고 있다.

또한 국수의 재료에 따라 밀국수, 메밀국수, 녹말국수 등으로 나누는데, 성례(聖禮) 때에는 메밀국수와 녹말국수가 주로 쓰였다고 한다.

지방에 따라서 좋아하는 면의 종류가 아주 다양하다. 북쪽 사람들은 추운 겨울에 덜덜 떨면서 차가운 냉면을 즐겨 먹으며, 남쪽 사람들은 더운 온면을 즐겨서 여름철에도 땀을 뻘뻘 흘리며 칼국수를 먹는다.

냉면은 물냉면과 비빔냉면으로 나뉘는데, 물냉면은 평양냉면을 최고로 하고, 꿩고기로 꿩탕을 만들어 국수를 마는 생치냉면이 별미이다. 비빔냉면은 홍어회를 얹어서 만든 함흥냉면이 맛이 있다. 칼국수는 초여름의 햇밀로 만든 것이 별미인데, 밀가루에 콩가루를 약간 섞어서 만들면 구수하다.

여름철 피로회복에 '용안칼국수'가 좋고, 술꾼들에게는 닭국물에 애호박을 넣어서 만든 '제물칼국수'가 맛도 구수하고 보신음식도 되어 주로 삼복에 많이 해먹는다.

여러가지 국수 중에서 별미를 자랑하는 도토리 녹말국수와 어복쟁반을 소개하고자 한다.

도토리 녹말국수

재 료 (5 인분)

도토리 녹말 ½컵
밀가루 2 컵
표고버섯 3 장
달걀 2 개
애호박 1 개
양지국물 5 컵
다진 파·마늘, 참기름, 깨소금
후춧가루, 국간장, 소금 적당량

만드는 법

① 양지국물은 푹 우려 낸 뒤에 간장, 소금, 후춧가루로 간을 한다.
② 도토리 녹말과 밀가루는 체에 친 후에 물을 넣고 반죽하여 얇게 밀어서 국수가락을 뽑아 놓는다.
③ 표고버섯는 불려서 채를 썰어 양념하여 볶고, 애호박도 채를 썰어 소금에 살짝 절였다가 양념하여 파랗게 볶아 낸다.
④ 달걀은 황·백 지단을 곱게 부쳐서 채를 썰어 놓는다.
⑤ 끓는 양지국물에 준비한 국수를 넣어 익힌다. 익으면 대접에 담고, 위에 색감 좋게 고명을 얹어 따뜻할 때 먹는다.

도토리는 떡갈나무의 열매로, 상수리와 함께 먹을 것이 부족할 때 구황식품으로 많이 이용되어 왔다. 도토리에는 탄닌성분이 들어 있기 때문에 약간의 떫은 맛이 오히려 입맛을 돋우어 준다.

도미면

재　료 (5인분)

도미 500 g (1마리)
양지 100 g, 양 50 g
쇠고기우둔살 100 g

〈양념〉
- 간장 2 T
- 대파 30 g, 마늘 4개
- 설탕·깨소금 각 ½ t.s
- 후춧가루 ¼ t.s
- 참기름 1 t.s

〈고명〉
- 쇠고기우둔살 100 g
- 두부 30 g, 석이버섯 50 g
- 미나리 70 g, 표고버섯 20 g
- 홍고추 2개, 은행 15알
- 잣 1 T.S

밀가루 ½ C, 달걀 4개
소금 1 T.S, 식용유 ½ C,
당면 30 g, 쑥갓 30 g

만드는 법

① 도미는 비늘을 긁어내고 내장을 제거한 후, 3장뜨기를 한 다음 소금, 후춧가루로 간을 하고 밀가루와 달걀물을 입혀 지진다.
② 양지와 양은 찬물에 넣고 핏물을 제거한 후, 찬물에 끓이다가 마늘과 대파를 넣고 육수를 만든다.
③ 쇠고기는 ½량을 채썰어 갖은 양념하고, 나머지 ½은 곱게 다진 후 잘게 으깬 두부와 갖은 양념을 하여 완자를 빚어 밀가루와 달걀물을 입혀서 식용유를 두르고 지져 낸다.
④ 표고는 따뜻한 물에 불려 기둥을 떼고 소금, 참기름을 넣고 주물러 볶은 후 달걀은 흰자, 노른자를 분리하여 황백지단을 부친다.
⑤ 석이버섯은 손질한 후, 흰자에 석이가루를 넣고 지단을 부친다. 미나리는 초대를 부치고 은행, 호두는 손질을 해 놓는다. 위에 준비된 재료는 모두 골패모양으로 썰어 준비한다.
⑥ 당면은 삶아서 전골그릇의 밑에 담고, 양지와 양, 쇠고기 채썰어 놓은 것을 얹고, 도미뼈 찜한 것 위에 도미전을 올려 담은 후 고명을 돌려 담아 육수를 부어 잠깐 동안 끓여 쑥갓을 곁들여 낸다.

어복쟁반

재 료 (5인분)

무릎도가니 1개
양지머리 400 g
표고버섯 6장 (20 g)
느타리버섯 6개
배 1개
달걀 2개
메밀국수 600 g

㉠
- 진간장 6큰술
- 파 2뿌리
- 마늘 6쪽
- 깨소금 1⅓큰술
- 고춧가루 1작은술
- 후춧가루 적당량
- 참기름 1⅓큰술

잣 적당량

만드는 법

① 양지머리와 무릎도가니는 물이 펄펄 끓을 때 거품을 걷어 가면서 푹 무르게 삶은 다음, 얇게 저며 썰고 국물은 청장으로 간을 맞춘다.
② 표고는 물에 불려 기둥을 떼고 깨끗이 채를 썰고, 느타리버섯도 불려 씻은 후 결대로 가늘게 찢어 갖은 양념을 한다.
③ 달걀은 노른자가 가운데 오도록 완숙하여 1 cm 두께로 둥글게 썰고, 배는 껍질을 벗겨 굵게 채를 썬다.
④ 메밀국수는 물에 삶아 냉수에 헹궈 건져 사리를 만들어서 눌러 놓는다.
⑤ 양념간장을 만든다.
⑥ 놋쟁반에 편육을 편편히 둘러놓고 배, 버섯, 잣, 달걀과 국수사리를 고루 돌려 담고 불에 올려 장국을 부어 끓인다.
⑦ 가운데에 ㉠의 양념간장 그릇을 얹어 놓고, 편육과 국수를 장에 찍어 먹는다.

어복쟁반은 만들어서 바로 불에 올려 놓고 장국을 부어 끓여가면서 좌중이 둘러앉아 대화하며 먹는 음식이므로 친밀감을 더해 준다.

동아만두

재 료 (5인분)

쇠고기 200 g
동아 600 g
숙주 150 g
달걀 2개
잣 1큰술
표고버섯 3장
석이버섯 2장
녹두녹말 ¼컵

㉠
- 진간장 2큰술
- 다진 파·마늘 2작은술
- 참기름 1큰술
- 깨소금 1작은술
- 후춧가루 ¼작은술
- 설탕 ½작은술

초간장 적당량

만드는 법

① 동아는 껍질을 벗기고 얇게 저며서 소금에 살짝 절였다가 끓는 물에 살짝 데친다.
② 숙주는 다듬어 데쳐서 썰고, 쇠고기는 곱게 채를 썰어 ㉠으로 양념하여 볶는다.
③ 달걀은 황·백 지단을 부쳐 곱게 채를 썰어 놓고, 표고버섯과 석이버섯은 불려서 손질하여 채를 썰어 양념하여 볶는다.
④ 재료 준비가 모두 끝나면 마른행주로 동아의 물기를 닦고, 한 조각씩 펴 놓고, 소를 넣고 마주 접어 송편처럼 만든 후, 녹두녹말을 씌워 김이 오르는 찜통에 찐 다음, 초간장과 함께 낸다.

동아는 늙은 것이 좋으며, 호박 비슷하면서도 갸름한 살집 좋은 동아가 좋다. '동아는 옛날 충주에서 난 것을 제일로 꼽았다.'고 허균의 《도문대작》에 적고 있다. 동아는 만두 외에 정과, 장아찌, 누르미, 선, 돈채, 적 등을 해도 별미인데, 익힐수록 아삭아삭하다.

생치만두

● 재 료 (5 인분)

꿩 1 마리
두부 ⅓모
밀가루 2 컵
㉠
소금 ½ 큰술
간장 2 큰술
다진 파 3 큰술
다진 마늘 2 큰술
다진 생강 1 큰술
계핏가루 ½ 작은술
참기름 1 큰술
깨소금 1 큰술
후춧가루 1 작은술
양지머리 300g
초간장 적당량

만드는 법

① 꿩은 깨끗이 손질하여 살코기와 잔뼈를 곱게 다지고, 두부는 꼭 짜서 으깬 후에 함께 ㉠으로 양념하여 고루 섞어서 만두 속을 만들어 놓는다.
② 밀가루는 뜨거운 물로 반죽하여 밀어서 소를 넣고 만두를 빚는다.
③ 양지머리를 푹 삶아 육수를 만들고 끓여서 간을 한 후, 만두를 넣고 삶아서 그릇에 담고 뜨거운 국물을 붓는다.
④ 위에 고명을 올려도 좋고, 초간장에 찍어 먹어도 별미이다.

사회적 의미로 본 전통떡

요즘 세상 돌아가는 모양을 보면 '떡 해먹을 세상'이란 속담이 제격이라는 생각이 든다. '떡 해먹을 세상'이란 속담이 주는 교훈은 "세상살이가 어수선하고 조화롭지 못한 관계로 모든 일이 비비 꼬여 있기 때문에 떡을 해서 굿판을 벌이고 싶다."라는 뜻의 방법 모색에 있다.

실제로 우리 조상들은 집안 일이 잘 되지 않으면, 떡을 하고 굿판을 벌여 액풀이와 액막이를 함께 했다. 마을 일이 꼬여서 잘 풀리지 않아도 굿판을 벌였고, 마을에 홍역이 돌아도 굿을 했다. 그리고 그 굿판의 주된 음식은 떡이었다.

그런가 하면, 아이를 낳은 후에 삼칠일이 지나면 시루떡을 해서 옆집에 돌리고, 백일이 되면 수수떡을 돌리고, 돌이 되면 백설기를 돌렸다. 이사나 개업을 해도 떡을 돌려야 터부를 막을 수 있었고, '된 집안'이니 '된 사람'이니 하는 소리를 들었던 것이 우리의 풍속이고 문화였다.

농경을 근본으로 삼았던 만큼, 부잣집에서는 농사를 시작하기 전, 2월 초하룻날에는 노비송편이라 하여 송편을 크게 만들어서 노비들에게 대접해야만 양반으로 주인 어른 대접을 받았다. 봄이나 가을이면 나들이를 하여, 들에 핀 진달래며 국화꽃을 따다가 화전(花煎)을 부쳐먹으며 풍류를 즐겼다.

이처럼 떡은 가족이나 친척끼리만 모여서 먹는 것이 아니라, 이웃과 동리 사람들과 함께 나누어 먹는, 다른 한편으로는 지역 공동체 구성원들과의 관계를 원활히 하고, 결속을 맺기 위한 매개체로 이용되는 귀중한 음식이었다.

이러한 떡이 점차 우리 일상생활에서 멀어지고, 사라져 가는 까닭은 어디에 있을까. 특히 요즘 신세대나 젊은 가정주부들은 떡을 싫어한다고 한다. 아니, 만들 줄 알아도 번거로움이 싫어서 제과점에 가서 케이크를 사 먹는 것으로 대신한다고 하니 안타까운 일이 아닐 수 없다. 이는, 우리 사회가 도시화, 산업화하면서 전통적 공동체 사회가 해체된 데서 그 원인을 찾을 수 있다. 그렇기에 이사를 하고 아이의 백일이나 돌이 되어도, 떡 돌리는 일이 지역공동체 구성원들 간의 융화와 결속을 도모한다는 사실을 알 리 없다. 그러니 과거처럼 떡이 갖는 사회적 의미도, 떡을 자주 먹을 수 있는 기회도 줄어드는 것이다.

우리가 그처럼 강조하고 소중하게 생각하는 우리 전통음식 중에서 맨 윗자리를 차지하는 게 떡이라고 해도 과언이 아니다. 왜냐 하면, 떡은 우리 나라를 비롯해서 중국, 일본, 동아시아 등 쌀을 주식으로 하는 여러 민족들의 공통된 음식이자, 아직도 즐겨 먹는다는 사실만 생각하더라도 그 소중함을 깨달을 수 있기 때문이다.

우리의 전통떡은 앞서 잠깐 언급하였듯이, 아기의 백일과 돌을 비롯하여 생일, 혼례와 어른의 생신, 회갑 그리고 차례, 제사에 빼놓지 않고 올렸다. 이러한 의식과 풍습에는 신성하고 풍성함을 비는 마음과 함께, 가정에 오랜 평화가 두고두고 깃들이기를 바라는 염원이 담겨 있다.

대개의 떡은 조리법을 중심으로 분류하는데, 시루에 쪄서 완성한 '찐떡', 찐 떡을 다시 쳐서 완성한 '친떡', 기름에 지져서 완성한 '지진떡', 찹쌀가루 반죽을 삶아서 건져 낸 '삶은 떡' 등이 있다.

찹쌀이나 멥쌀을 가루로 만들어 시루에 찐 다음, 절구나 안반 위에 올려서 '치는 떡'에는 흰떡, 절편, 개피떡, 단자류 등이 있는데, 찹쌀로 만든 '치는 떡'의 대표적인 떡은 인절미이다.

인절미는 떡의 표면에 묻히는 고물의 종류에 따라 팥인절미, 깨인절미 등으로 부르는가 하면, 떡을 칠 때 쑥이나 수리취 등의 섞는 부재료에 따라 쑥인절미, 수리취인절미 등으로 부른다. 단자류도 떡을 칠 때 들어가는 부재료에 따라 석이단자, 밤단자, 대추단자 등으로 부른다. 단자는 단독으로 쓴 떡이 아니라 각색편의 웃기로 많이 쓰며, 특히 아이들의 생일상에 꼭 있어야 하는 떡일 뿐더러 아무 때고 만들어 먹었던 친근한 떡이다. 단자는 겉에 묻히는 고물이 꼭 있어야 하는데, 쑥에는 팥고물, 석이에는 잣고물, 밤에는 밤고물 등의 부재료와 고물이 어울리게 사용해야 한다.

또한 정월의 흰 떡국은 새로 시작하는 순수무구의 경건을 의미하고, 5월에 새순이 돋아 향기가 진한 느티나무의 여린 잎을 뜯어 만든 느티떡은 계절의 감각을 느끼게 해준다.

각색편은 꿀편, 백편, 승검초편으로 나뉘어서 각각 맛을 달리하고, 경사가 있을 때에 의례용으로 많이 쓰인다.

팥고물을 두둑하게 두고 켜를 두툼하게 만드는 팥고물시루떡은 액막이용이나 고사 지낼 때 반드시 올리고, 푸른 청태콩을 넣어 만드는 콩설기는 가을을 깊이 느끼게 한다.

큼직한 편의 웃기로 아름다움을 장식하는 화전이나 주악은, 그 모양이 작고 앙증스러움으로 인해 떡의 품격을 한층 더 높여 준다. 게다가 시절(時節)에 맞추어 여러가지 재료와 모양을 달리할 수 있기 때문에 화려하기 그지없다.

추석명절의 상징인 송편은 '찌는 떡'으로, 때에 따라 크고 작게 만든다. 2월 초하루 노비날(머슴날)에 만드는 노비송편은 손바닥만큼 큼직하고, 8월 보름에 만드는 송편은 햅쌀로 만드는 오려 송편으로 크기가 작다. 칡이나 도토리 혹은 호박을 넣어서 만드는 송편이 있고, 조개 모양으로 만드는 조개송편도 있다.

긴 겨울밤에는 인절미나 부꾸미를 부쳐 먹고, 딱딱하게 굳은 떡은 석쇠에 올려 불에 구워 먹으면 별미이다. 그밖에도 우리 떡은 무수히 많다.

계절에 나오는 재료를 가지고 온갖 떡을 다 만들 수 있다. 만드는 방법도 어렵지 않다. '찌는 떡'으로 찹쌀이나 멥쌀을 가루로 빻아, 한 되 분량의 가루를 설탕물에 내려서 그대로 찌면 백설기가 되고, 콩을 넣으면 콩설기, 과일을 넣으면 신과병(新果餠), 견과류·대추·밤을 넣어 찌면 잡과병(雜果餠)이 된다.

여러 켜를 만들어 찌는 떡도 종류가 많은데, 팥고물을 켜켜로 얹어 찌면 팥고물시루떡, 무를 켜로 얹어 찌면 무시루떡, 녹두를 얹으면 녹두편, 호박을 얹으면 호박떡 등 다양한 떡들이 손쉽게 만들어진다.

기름에 '지지는 떡'들은 만들기가 더 용이하다. 계절에 따라 진달래, 노란 장미, 배꽃, 맨드라미, 감국 등을 넣고, 끓는 물로 찹쌀가루를 익반죽하여 동그랗고 도톰하게 빚어서 지지면 예쁜 화전이 된다. 물에 '삶는 떡'은 만들기가 더 간단하다.

찹쌀가루나 율무가루, 멥쌀가루를 익반죽하여 끓는 물에 삶아서 식힌 후에 물기를 없앤 다음, 겉에 묻히는 고물에 따라 경단, 율무단자, 유자단자, 오메기떡, 꿀물경단, 잣구리 등이 되는 것이다.

늘 쌀가루를 냉동고에 보관해 두었다가 집안에 생일이나 경사스러운 일이 있을 때에 꺼내어 손쉬운 떡을 한 가지씩 해 낸다면, 사다 먹는 케이크나 빵과는 달리, 깊은 맛을 느낄 수 있고 정성과 사랑을 나눌 수 있어서 참 좋다.

또 알맞은 양을 만들어 뜨거울 때에 그 즉석에서 먹는다면, 맛 또한 뛰어날 것이다. 주부의 솜씨도 발휘하고, 알뜰함도 알리며, 어려운 시대에 진한 가족애와 이웃사랑을 떡을 나눔으로써 서로 확인해 보자.

우리의 떡 중에서 그 동안 많이 접하지 못했던 떡을 몇 가지 소개하고자 한다. 손쉬운 떡은 자주 만들어 먹음으로써 우리의 맛과 멋을 계승하였으면 하는 마음이다.

오색송편

재 료 (5 인분)

멥쌀 10 컵 (가루 20 컵)
소금 2 큰술
치자물 ½ 컵 (치자 2 개, 물 10 큰술)
오미자물 ½ 컵
(오미자 30 g, 물 10 큰술)
포도즙 (포도 농축한 것) ½ 컵
쑥가루물 ½ 컵
(쑥가루 3 큰술, 물 4 큰술)

〈소〉
깨소금 2 컵
잣가루 1 컵
설탕 ½ 컵
참기름 2 큰술
대꼬지 2 개

〈장식〉
치자물 · 오미자물 · 쑥가루
물들인 떡반죽 적당량

만드는 법

① 멥쌀은 3~4 회 깨끗이 씻은 후, 물에 8~12 시간 정도 담그어 두었다가, 소쿠리에 건져 분량의 소금을 넣고, 가루로 빻아서 체에 내린다.
② 쌀가루를 5 등분하여 치자물, 오미자물, 포도즙, 쑥가루물을 넣고 각각 익반죽한다.
③ 깨소금과 잣가루, 설탕은 고루 섞어 소를 만들어 놓는다.
④ 흰 색 송편 위에 앞의 여러가지 색으로 물들인 반죽을 이용해서 꽃잎과 줄기를 만들어 붙인다. 나머지 4 가지 색깔의 반죽은 일반송편 빚듯이 예쁘게 빚는다.
⑤ 빚은 송편을 찜통에 올려 김이 오르면 20~25 분 정도 쪄낸 다음, 찬물에 헹구어 낸 뒤에 참기름을 발라 낸다.
⑥ 떡 위에 붙이는 장식꽃은 작은 반죽을 떼어 굴리거나 길게 하여 꼬지로 모양을 눌러준 뒤, 흰 송편에 붙여서 쪄 낸다.

- 떡에 여러가지 색깔의 물을 들일 때, 너무 진한 색보다는 연하고 은은한 색이라야 보기도 좋고 맛도 있어 보인다.
- 떡 위에 장식하는 반죽은 촉촉하게 만들어야 잘 붙는다.

복령떡

재　료 (5 인분)

멥쌀 8 컵 (가루 16 컵)
소금 1 큰술
백복령 120 g

〈설탕물〉
설탕 1 컵
물 1 컵
꿀 3 큰술

〈고물〉
거피팥 3 컵
소금 2 작은술

〈장식〉
계핏가루 적당량
잣가루 적당량

만드는 법

① 멥쌀은 3~4 회 깨끗이 씻은 후, 물에 8~12 시간 담그었다가, 소쿠리에 건져서 물기를 뺀 다음, 분량의 소금을 넣고 가루로 빻아 체에 내린다.
② 쌀가루에 백복령가루를 섞은 다음, 끓여 식힌 설탕물과 꿀을 섞고 고루 비벼서, 다시 한 번 체에 내린다.
③ 거피팥은 깨끗이 씻어 하룻밤 충분히 불린 후, 김 오른 찜통에 약 25 분간을 쪄내어, 소금을 넣고 찧어 체에 내려 고물을 만든다.
④ 시루에 시루밑을 깔고 거피팥고물과 쌀가루를 켜켜이 안치고, 솥 위에 시루를 올려 시룻번을 붙인 다음, 젖은 베보자기를 덮어 김이 오른 후 15~20 분 정도를 쪄 낸다
⑤ 떡의 맛과 모양을 좋게 하기 위해서 시루를 접시에 조심스럽게 엎은 후, 떡 위에 대각선으로 경계를 내고 마주보는 면에 계핏가루와 잣가루로 골고루 덮어 장식한다.

● 백복령 외에 연육, 산약, 검인을 넣을 수 있다.

강릉방울증편

재 료 (5인분)

멥쌀 5컵(가루 10컵)
소금 ½큰술
- 설탕 1컵
- 막걸리 1컵
- 소금 1큰술
- 물 2½컵
(35℃의 미지근한 물)

〈소〉
- 거피팥 1컵
(거피팥고물 300 g)
- 소금 ½작은술
- 꿀 5큰술
- 계핏가루 2작은술
- 후춧가루 1작은술

대추 10개

만드는 법

① 멥쌀가루에 설탕, 막걸리, 소금, 물을 넣고 나무주걱으로 골고루 저은 다음, 큰 그릇에 담아 랩으로 덮고 위에 두툼한 보를 덮어 35~40℃의 온도가 유지되도록 한 후, 약 5~6시간 정도 1차 발효를 시킨다.

② 거피팥은 깨끗이 씻어 충분히 불려 김오른 찜통에 쪄낸 후, 뜨거울 때 소금을 넣고 절구에 찧어서 꿀과 계핏가루, 후춧가루를 넣은 다음, 은행알만큼 뭉쳐서 소를 준비해 놓는다.

③ 5~6시간이 지나 반죽이 3배 정도 부풀어오르면 골고루 저어서 공기를 뺀 후, 다시 덮어 2시간 정도 2차 발효를 시킨다. 이 때 부푸는 시간이 지나치게 길면 맛이 시어진다. 반죽이 다시 3배 정도 부풀면 충분히 저어서 공기를 빼고 1시간 정도 3차 발효시켜 원형 증편틀에 젖은 보를 깔고 두께 1 cm 정도를 붓는다.

④ 반죽 위에 준비한 거피팥소를 2~3 cm 간격으로 놓고, 그 위에 반죽을 1큰술 정도씩 올려 소를 덮는다.

⑤ 김 오른 찜통에 반죽을 넣은 틀을 올리고, 약한 불에서 15분을 찌다가 강한 불에서 20분 정도를 더 찐 후 10분 정도 뜸을 들여 쪄 낸다.

부 편

재 료 (5 인분)

찹쌀 7 컵 (가루 14 컵)
소금 2 작은술

〈고물〉 거피팥 4 컵
소금 2 작은술

〈소〉 노란 콩가루 1½ 컵
꿀 5 큰술
소금 1 작은술
계핏가루 3 큰술

〈고명〉 대추 8 개

만드는 법

① 찹쌀은 3~4 회 깨끗이 씻은 후, 물에 8~12 시간 담그었다가, 소쿠리에 건져서 분량의 소금을 넣고 가루로 빻아 체에 내린다.

② 거피팥은 깨끗이 씻어 하룻밤 충분히 불린 다음, 김 오른 찜통에 쪄 낸 후, 뜨거울 때 소금을 넣고 절구에 찧어 체에 내려 고물을 만든다.

③ 콩가루에 꿀, 소금, 계핏가루를 섞어 대추알 크기만하게 뭉쳐 소를 준비한다. 대추는 돌려깎기하여 폭이 0.5 cm, 길이 2 cm 정도로 썰어 놓는다.

④ 찹쌀가루는 끓는 물로 익반죽한 후, 소를 넣어 폭이 3 cm, 길이가 5 cm 정도의 타원형으로 빚어서 그 위에 채 썰어 놓은 대추를 2 개씩 박고서 찜통에 쪄 낸 다음, 꿀을 바르고 준비한 팥고물을 묻힌다.

부편을 찔 때는 서로 달라붙지 않도록 떡과 떡 사이에 간격을 둔다.

서여향병

재　료 (5인분)

생마 8개(1개당 150g)
꿀 1½컵
찹쌀가루 1½컵
잣가루 300g
지지는 기름 ½컵

〈장식〉
당근·박오가리·쑥·설탕 적당량

만드는 법

① 마는 직경 5cm 정도의 일정하고 곧은 것을 준비하여 껍질을 벗긴 후에 두께 0.5cm, 직경 6cm의 타원형이 되도록 비스듬히 썰어 놓는다.
② 김 오른 찜통에 마를 5분 정도 쪄 낸 다음, 한김 나간 후에 꿀에 20분 정도를 재어 둔다.
③ 찹쌀가루를 앞뒤로 묻혀 내어 기름 두른 팬에 노릇하게 지진 후, 잣가루를 묻혀 낸다.
④ 떡 위의 장식은 당근을 꽃 모양으로 만들어 설탕물에 조리고, 박오가리는 충분히 불려서 쑥이나 시금치 같은 물에 설탕을 넣고 은근히 윤기 나게 조리며, 꽃모양·잎모양 무늬로 찍어 내어 아름답게 모양을 낸다.

찜통에 마를 찔 때에는 너무 무르지 않게 쪄 내야 지질 때 부서지지 않는다.

호박떡

재 료 (5 인분)

멥쌀 10 컵 (가루 20 컵)
소금 2 큰술
단호박 ½ 개 (600 g)
설탕 1 컵

〈고물〉
- 거피팥 4 컵
- 설탕 1 컵
- 소금 1 큰술

만드는 법

① 멥쌀은 3~4 회 깨끗이 씻은 후, 물에 8~12 시간 담그었다가, 소쿠리에 건져 물기를 뺀 다음, 분량의 소금을 넣고 가루로 빻아 체에 내린다.

② 거피팥은 깨끗이 씻어 하룻밤 충분히 불려서 김이 오른 찜통에 쪄낸 후, 뜨거울 때 소금을 넣고 절구에 찧어 체에 내린 다음, 분량의 설탕을 넣어 준다.

③ 호박은 껍질을 벗기고 속을 파낸 뒤에 두께 0.5 cm, 가로 3 cm, 세로 4 cm 정도의 크기로 저며 썬다. 호박을 푹 쪄서 체에 내린다.

④ 쌀가루에 체에서 내린 호박을 섞고 고루 비빈 후, 다시 한 번 체에 내린 다음, 설탕을 넣어 섞는다.

⑤ 시루에 시루밑을 깔고 그 위에 거피팥 고물을 충분히 깐 뒤, 준비한 떡가루를 안치고, 다시 거피팥 고물을 얹는 방법으로, 켜켜로 시루에 안친 다음, 김이 오른 후에 15~20 분 정도를 쪄 낸다.

여주산병

재 료 (5 인분)

멥쌀 10 컵 (가루 20 컵)
소금 1 큰술, 물 2 컵

〈소〉
- 거피팥 2 컵 (찐 거피팥 640 g)
- 소금 1 작은술
- 설탕 ½ 컵
- 계핏가루 1 큰술

〈장식 물들이기〉
- 치자 10 g, 물 5 큰술
- 오미자 15 g, 물 5 큰술
- 쑥가루 5 g, 물 1 큰술

만드는 법

① 멥쌀은 3~4 회 깨끗이 씻은 후, 물에 8~12 시간을 담그었다가, 소쿠리에 건져서 분량의 소금을 넣고 가루로 빻아 체에 내린다. 분량의 물을 뿌려가며 버물버물 반죽하여 젖은 베보자기를 깔고 김 오른 찜통에 쪄낸다.
② 거피팥은 깨끗이 씻어 하룻밤 충분히 불려 김 오른 찜통에 쪄낸 후, 뜨거울 때 소금을 넣고 절구에 찧어 설탕, 계핏가루를 넣고 뭉쳐서 대추알 만하게 소를 빚어 놓는다.
③ 쪄 낸 떡을 절구나 안반에 친 후, 밀대로 얇게 밀어서 준비한 팥소를 가운데 놓고 떡자락으로 덮은 다음, 큰 보시기와 작은 보시기를 이용해서 반달 모양으로 찍어낸다.
④ 큰 것으로 작은 것을 싸 안듯이 구부려 네 끝을 한데 모아 붙인다.
⑤ 자연색소 3 가지를 예쁘게 물들인 후, 쪄낸 떡을 떼어 내어 꽃모양을 만들어 여주산병 위에 장식한다.

- 떡 위에 자연색소를 물에 우려서 그림을 그리거나 글씨를 써도 좋다.
- 여주산병은 편을 고이고 그 위에 얹는 웃기로도 사용된다.
- 떡을 반달모양으로 찍어낼 때는 보시기, 종지, 모양틀을 사용해도 좋다

구 월

국화향기 드높고
솔잎 내음 진하게 풍기는 9 월,
이 달에는 우리 고유의 명절인
팔월 한가위 추석이 있다.
들에는 누렇게 벼가 익어
고개를 숙이고
온갖 과일과 열매가
주렁주렁 열렸으니
마음은 벌써 풍요롭다.

회(膾)·편육(片肉)·족편(足片)

회(膾)는 생선이나 해산물, 육류, 채소류 등을 날것으로 먹는 생회(生膾)와 살짝 데쳐서 회즙에 찍어 먹는 숙회(熟膾)가 있는데, 주로 술안주로 많이 쓰인다.

회는 원칙적으로 어육생자(魚肉生者)를 가리키는 말로서, 중국에서도 11 세기의 송대(宋代)까지는 먹어 왔으나, 원대(元代)초부터는 먹지 않았다. 원나라 초기의 《거가필용》에 '양의 간이나 처녑을 날로 가늘게 썰어서 생강채(薑絲)를 넣고 초(醋)에 담그어서 먹는다.' 라고 쓰여진 것을 보면 짐작할 수 있다.

중국에서 회를 먹지 않게 된 이유는, 대역병(大疫病)의 유행이 회에 있다고 믿었기 때문이라고도 하며, 불을 쓰는 요리의 기술이 크게 발달하였기 때문이라고도 한다.

하여튼 동양의 삼국 중에서 중국인은 육류나 생선회를 먹지 않고, 일본은 세계적으로 생선회가 유명하며, 우리나라는 육류나 생선의 회를 모두 즐겨 먹는다.

우리 나라에서는 고려 말엽에 몽고인으로부터 회 먹는 방법을 배우게 되었고, 조선시대로 접어들면서 숭유주의 사상으로 공자(孔子)가 즐겨한 음식이라고 하여 육류와 어패류의 회를 즐겨 먹게 되었다.

회는 육회(肉膾)와 어회(魚膾)로 나눈다. 육회는 《시의전서》에 "기름기 없는 연한 황육의 살을 얇게 저며서 물에 담가 핏기를 빼고 가늘게 채를 썬다. 파·마늘을 다져서 후춧가루·깨소금·기름·꿀을 섞어 잘 주물러 재고 잣가루를 많이 섞는다. 육즙은 후추나 꿀을 섞어서 식성대로 만든다." 라고 설명하고 있다.

또 《증보산림경제》에 "겨울철에 꿩을 잡아서 내장을 빼 버리고 빙설(氷雪) 위에서 급동(急凍)시킨 냉동식품을 잘 드는 칼로 얇게 썰어서 초장·생강·파를 넣어 먹는다." 라고 하였으니, 이는 모두 생(生)회이다.

숙회는 생회와는 반대로 소의 간이나 처녑, 양 등을 끓는 물에 살짝 데쳐서 채를 썰어 겨자장이나 초장에 찍어 먹는 갑회(甲膾) 등이 있다.

어패류회는 주로 도미·민어·연어·방어·광어·장어·문어·낙지·굴·전복·해삼 등과 잉어·숭어·웅어·쏘가리·모래무지 등이 쓰이며, 이 역시 생회와 숙회로 즐길 수 있다. 《시의전서》에 "민어는 껍질을 벗겨 살을 얇게 저며서 살결대로 가늘게 채를 썬 후에 기름을 발라 접시에 담고 겨자와 초고추장을 식성대로 쓴다."라고 하였다.

《음식디미방》에서 해삼회는 마른 해삼을 물에 담가 두고 필요할 때에 썰어서 간장, 기름, 초에 무쳐 먹거나 초간장에 재워 먹는다. 특히 어패류의 회는 신선도가 중요하므로 살아 있는 것을 선택함이 무엇보다도 중요하다.

《증보산림경제》에 "여름철에 회접시를 빙판 위에다 놓고 먹는다." 라고 하였고, 《옹희잡지》에는 눈오는 겨울에 숭어를 밖에 내놓아 얼린 후에 가늘게 채를 썬 회가 소개되기도 한다. 이렇듯 생회를 즐기는 것이 보통이나, 낙지·문어·소라·생복·생해삼 등은 살짝 데쳐 썰어 숙회로 먹는 경우가 많다. 또한 녹말가루를 입혀 끓는 물에 살짝 데쳐 내어 채소와 함께 색을 맞추어 돌려 담는 어채도 숙회의 일종이다.

회를 찍어 먹는 장으로는, 요즈음은 초고추장이 많이 쓰이고 있으나, 고추가 보급되기 이전에는 겨자장을 많이 썼다. 살아서 펄떡이는 생선을 회로 쳐서 사기접시에 담아 놓고, 그 옆에 각종 채소와 향채들을 듬뿍 돌려 담은 후, 얼음쟁반에 올려서 상에 낸다면 맛과 운치를 더하게 되리라 생각된다.

편육(片肉)은 '물에 삶아 익혔다.' 하여 수육(水肉), 또는 숙육(熟肉)이라고도 한다. 또한 고기를 푹 삶아 국물을 버리고 건더기만 먹는 것이므로, 맛과 영양이 적은 편이다. 하지만 육류의 기름기가 모두 빠져 지방분이 없으므로 가볍고 깨끗한 맛을 내는 것이 특징이다.

편육의 재료로 쇠고기와 돼지고기를 쓰는데, 그 부위가 매우 다양하다. 《시의전서》에서는 "소에 있어서 양지머리·사태·부아·지라·쇠머리·우설·우랑·우신·유통 등이 편육감으로 적절하다."라고 하였으며, 쇠머리에 대해서도 "삶은 쇠머리의 뼈는 추려 버리고 고기만 한데 모아 보자기에 싸서 눌렀다가 쓰면 좋다."라고 설명하고 있다.

이렇게 편육의 부위는 여러가지인데, 각각 맛과 질감이 다르다. 살코기로서 양지머리와 사태육은 좋은 편육감이다. 특히 차돌박이 편육은 흰점이 마치 차돌이 박힌 것처럼 하얗고 윤이 나서 가장 맛이 뛰어나다. 우설(소의 혀), 우랑(생식기), 우신(콩팥), 유통 등은 근육부위와 전혀 다른 조직이라 촉감이 연하고 아삭거려 특이한 맛을 준다.

돼지고기의 편육감으로는 돼지머리, 목살, 등심, 삼겹살 등이 적당하다. 편육을 할 때는 우선 살코기를 썰기 좋게 크게 잘라서 굵은 실로 전체를 감아서 고정시킨 후, 물이 펄펄 끓을 때에 푹 잠기도록 넣는 것이 중요하다. 그렇게 해야 모양이 반듯하게 삶아지며, 건더기를 먹는 것이므로 물이 끓을 때 넣어야 하고 물에 푹 잠겨야 잘 익는다.

누린내가 나지 않게 하기 위해 넣는 마늘, 생강, 대파잎도 고기가 익을 무렵에 넣어야 방취효과가 크다. 처음부터 넣게 되면 누린내 제거효과가 덜하다. 푹 익으면 찬물에 1~2초간 냉각해서 무거운 것으로 눌러 놓고, 여러 시간이 지나야 기름기가 쭉 빠지고 연하며 부드럽다.

다 된 것을 썰 때에도 결을 꺾어서 썰면 질기지 않으며, 제육·편육에는 새우젓과 김치가 잘 어울린다. 쇠머리나 돼지머리 삶을 때는 특히 주의해야 되는데, 머리나 귓속이 더러우니까 잘 긁어내고 털도 깎아 내어 깨끗하게 손질해서 씻어야 한다. 대체로 돼지머리나 쇠머리편육은 옛부터 마을의 부락제나 천신제, 풍어제, 용제, 그리고 고사상에는 틀림없이 올랐다. 마치 죽을 때 웃고 죽은 양하게 입을 크게 벌린 모습이 안쓰럽기도 하여, 여러가지 생각을 하게 한다.

족편(足片)은 쇠다리, 쇠가죽, 쇠꼬리 등을 장시간 고아서 육류의 교원질인 콜라겐을 젤라틴화하여 석이버섯, 달걀지단채, 실고추 등을 고명으로 얹어서 굳힌 음식이다.

족편 만들기는 《옹희잡지》에서 '우행교방(牛㣻膠方 : 속칭 牛足餅)이라 하여 쇠족을 고은 다음, 파·생강·잣·후추·깨 등을 섞은 후에 다시 더 고아서 굳힌 것'이라고 하였다. 따라서 족편은 동물성의 묵이라고도 할 수 있다. 또한 《진연의궤》에는 족병(足餠)이란 이름으로 나와 있으므로, 궁중의 연회용으로도 이용되었음을 알 수 있다. 족편을 족병이라고 한 것은, 반듯반듯하게 떡모양으로 썰어 놓은 것을 보고 그렇게 표현했다고도 한다.

족편의 재료로는 콜라겐이 많은 쇠가죽·꼬리 외에도 생선껍질을 쓰기도 했으며, 전에는 꿩고기를 우족과 함께 삶아서 만들기도 하였다. 또한 돼지껍질을 쓰기도 하였는데, 《규합총서》에 보면, 돼지껍질을 고아서 묵처럼 엉기게 한 저피수정회법(猪皮水晶膾法)이 기록되어 있다.

이와 비슷한 방법으로 만드는 전약(煎藥)이 《동국세시기》(십일월령)에 나온다. 즉, '내의원에서는 계피·후추·당밀로서 우피(牛皮)를 삶아 고(膏)모양을 만드는데, 이것을 전약이라 한다.' 라고 하였다.

족편을 만들 때 기본 주재료 외에도 사태육을 함께 넣어 고으면 맛과 영양이 보완되어 바람직하다. 질감이 오돌오돌하고 쫄깃해서 술안주로도 좋으며, 응고되기 전에 오색고명을 넣어서 굳히므로 잔칫상에 올리면 색이 화려하여 운치 있는 상차림이 된다. 시원한 계절인 가을과 겨울에 많이 하는 음식이다.

어 채 (魚菜)

재 료 (5인분)

민어살 300 g
소금 1 작은술
흰후춧가루 ⅛ 작은술
녹말가루 4 큰술
다홍고추 2 개
파잎 (푸른잎이나 오이) 3 잎
표고버섯 2 장 (10 g)
석이버섯 5 g
달걀 1 개
잣 1 작은술
초고추장이나 겨자즙 적당량

만드는 법

① 민어를 도톰하게 약 0.7 cm 정도 포를 떠서 폭 2.5 cm, 길이 6 cm 정도로 썰어 간간한 소금물에 담갔다가 채반에 펴놓고 후춧가루를 뿌린다.
② ①에 녹두 녹말을 묻혀 팔팔 끓는 물에 넣어 생선이 뜨면 건져 찬물에 헹구어서 차게 식힌다.
③ 다홍고추, 파잎(혹은 오이를 이용할 때는 껍질부분 사용), 표고버섯을 폭 1 cm, 길이 4 cm 크기로 썰어서 녹두 녹말을 묻힌 후, 팔팔 끓는 물에 데쳐서 냉수에 헹구어 차게 식힌다.
④ 석이버섯을 손질하여 ③의 크기로 썰어 녹말을 묻힌 후, 데쳐 식힌다.
⑤ 달걀을 풀어 황·백 지단를 부쳐 다홍고추와 같은 크기로 썬다.
⑥ 접시에 어채를 돌려 담고, 5가지 고명의 색을 맞추어 얹은 후, 가운데에 잣을 놓는다.
⑦ 초고추장이나 겨자즙을 곁들인다.

- 어채는 숙회에 속한다.
- 생선은 도미, 광어와 같은 흰살생선을 사용한다.
- 고명은 오색으로 한다.

족 편

재 료 (5 인분)

쇠족 1 kg (2 개)
사태육 600 g
달걀 2 개
석이버섯 5 장
잣 1 큰술
실고추 약간
㉠ 소금 1 큰술
　흰후춧가루 1/4 작은술
　생강즙 약간
초간장 · 겨자장 적당량

만드는 법

① 쇠족은 3~4 cm 로 토막내어 솔로 문질러 씻고 물에 담가 기름기와 핏물을 뺀 다음, 끓는 물에 튀하여 다시 찬물에 씻어 놓는다.
② 다시 물을 넉넉히 부은 다음, 중불에서 6~7 시간 정도 삶는다. 중간에 떠오르는 기름과 거품은 자주 걷어 내고, 사태육을 토막내어 넣는다.
③ 쇠족이 푹 삶아졌으면 사태육과 뼈를 건져내고, 건더기는 곱게 다져서 국물에 다시 넣고 ㉠ 으로 간을 맞춘다.
④ 고명으로 달걀은 황·백 지단을 부쳐 곱게 채를 썰고, 석이도 손질하여 채를 썬다.
⑤ 잣은 고깔을 떼고, 실고추도 짧게 끊어 놓는다.
⑥ 네모난 그릇에 쇠족 고은 국물을 2 cm 두께로 부어 약간 굳힌 다음, 고명을 모두 얹어서 완전히 굳힌다.
⑦ 굳은 족편을 먹기 좋게 썰어, 초간장이나 겨자장을 곁들여 낸다.

요즈음은 말갛고 깨끗하게 만들기 위해 양지머리나 사태를 3~4 시간 동안을 고아서 그 국물에 젤라틴을 10~12% 첨가하여 굳히기도 한다.

우설(牛舌)편육

재 료 (5 인분)

우설 1 보
소금 1 큰술
간장 1 큰술
양파 1 개
대파 1 뿌리
마늘 3 쪽
생강 1 개
초간장 · 겨자즙 적당량

만드는 법

① 우설은 겉표면과 기름덩어리를 말끔히 떼어 내고 소금으로 비벼서 깨끗이 씻어 놓는다.
② 물이 끓으면 소금과 간장을 넣고 우설을 덩어리째 넣은 후, 삶다가 중간쯤 익었을 때에 양파, 대파, 마늘, 생강을 넣고 1 시간 정도 푹 삶는다.
③ 익은 우설은 건져 찬물에 1~2 초간 냉각시킨 후, 무거운 도마로 눌러 놓았다가 얄팍하게 썰어 담고, 초간장이나 겨자즙을 곁들인다.

우설을 삶을 때는 너무 오래 끓이거나 물을 너무 많이 부어 국물이 남게 되면 맛이 적어지므로, 충분히 잠길 정도로 물을 잡는다. 큰상차림이나 잔칫상에 빠짐없이 오르는 음식이다.

갑 회 (甲膾)

재 료 (5 인분)

간 100 g
처녑 100 g
양 100 g
잣 3 큰술
소금 4 큰술
참기름 2 큰술
깨소금 1 큰술
겨자즙 적당량

만드는 법

① 처녑을 소금으로 비벼 씻어서 한 자락씩 떼어 내어 칼집을 낸다. 양도 소금으로 비벼 씻고 안측에 있는 막을 벗겨 낸다.
② 끓는 물에 잠깐 튀한 뒤에 칼끝으로 검은 털을 긁어 하얗게 만든다.
③ 간은 소금으로 겉을 문질러 깨끗하게 씻고, 얇은 막을 손끝으로 벗겨 내어 반을 자른 후, 소금으로 다시 씻는다.
④ 각각을 길이 4 cm, 폭 2 cm 얇게 저며 썬다.
⑤ 잣은 크고 모양이 예쁜 것을 고른 다음, 각 재료에 올려놓고 돌돌 말아서 접시에 담는다.
⑥ 소금과 참기름, 깨소금을 섞은 양념을 곁들이며, 기호에 따라 겨자즙을 내기도 한다.

양은 한 번 튀해서 사용하는데, 갑회를 할 때는 두께가 두꺼운 양보다는 얄팍한 양이 좋다. 그리고 간은 말은 후에 잣을 끼우는 것이 더 쉽다.

버섯 요리

가을 바람, 가을 햇살이 시원한 9월.

이 달에는 우리 고유의 명절인 추석(秋夕)이 있다. 추석하면 떠오르는 가장 대표적인 이미지는 맑고 드높은 가을 밤하늘에 넉넉한 어머니 품처럼 차오르는 둥근 보름달이다. 그래서인지 추석에 먹는 음식들은 둥근 것이 많고 풍성하기조차 하다. 토란탕, 오려송편, 밤단자, 대추단자, 은행단자, 석이단자 등이 모두 둥글고 밤, 대추, 사과, 배, 감 등도 따라서 둥글다.

이 가을에 빼놓을 수 없는 것이 버섯요리이다. 산 속 공기 맑고 외지고 그늘진 곳에서 고고하게 자라나는 버섯들은 예로부터 귀하게 여겨 왔다.

버섯과 인간의 만남은 상당히 오래 전으로 거슬러 올라간다. 고대 희랍에서도 야생에 자라는 버섯을 채취하였다는 설화가 전해져 내려오고, 서구의 고대 문명이 형성될 때 도시국가를 세우고 나서 우연히 버섯으로 갈증을 해소하게 됨으로써 그 지역을 미케네(Mycenae)라고 이름 지었다는 말도 전해 온다.

미식가였던 로마의 황제 네로는 버섯을 너무도 좋아했다고 하는데, 사람들이 버섯을 따 오면 그 무게만큼의 금을 주어 보냈다 하여 버섯왕이라고 불렸다고도 전한다. 이렇게 고대 희랍인들과 로마 사람들이 버섯의 맛을 즐겨 왔으며, 중국인들은 불로장수의 영약(靈藥)으로 이용하여 왔다.

우리 나라에서는 고려시대 김부식의 삼국사기에 버섯에 대한 최초의 기록이 나와 있다. 신라 33대 성덕왕 3년 정월에 오늘날 충청남도 공주에 해당하는 능천주에서는 국가에 금지를 바치고, 7년에 역시 현재의 경상북도 상주를 의미하는 사벌주에서 서지를 상납한 것으로 기록되어 있다. '금지'와 '서지'가 정확히 어떤 버섯을 뜻하는지는 모르지만, 전문가들은 각각 목균과 지상균으로 추측하고 있다.

또 고려시대 이인로의 파한집에 '송지(松芝)' 라는 버섯을 충숙왕께 바쳤다는 기록이 있다. 조선시대에는 세종실록을 통해서도 세종대왕 시대에 송이, 표고 등의 식용버섯과 복령, 복사 등의 약용버섯 주산지가 나와 있고, 동국여지승람에는 함경도에서부터 전라도에 이르기까지 버섯이 재배되어 왔다고 기록되어 있다.

버섯의 약용법과 종류, 특징 등을 저술한 책들도 계속 나오기 시작하였는데, 1613 년 허준의 동의보감 '탕액편'에서는 지상과 나무에서 사는 서식형태에 따라 균과 담으로 나누었고, 저령을 비롯한 7 종류의 버섯을 약재로 소개하면서 버섯 식중독에 관한 처방을 곁들이고 있다.

1715 년 홍만선의 삼림경제에서는 버섯을 약재로 소개하였을 뿐만 아니라, 민가에서도 재배할 수 있는 버섯양식법도 기록되어 있다. 또한 1799 년 홍덕주의 시용약방균보에 의하면 버섯형태는 물론이거니와, 재배와 채집 및 요리방법까지 서술하고 있다. 특히 52 종의 식용버섯과 47 종의 약용버섯, 12 종의 독버섯 등으로 총 111 종의 버섯을 분류하고, 그 이름을 지방명으로 기록하였으며, 버섯균류의 특징과 약용법을 소개하여 오늘날 고증학적으로 높은 평가를 받고 있다.

우리 나라에서 대체로 재배되기 쉬운 버섯은 주로 양송이·느타리·표고·영지·팽이·목이버섯 등이며, 목재나 퇴비에서 인공재배가 가능하다. 특히 약용으로 널리 재배되고 있는 영지버섯은 불로초라고도 불리는데, 최근 매스컴에서 노인성 치매에 효과적이라는 발표가 나오고 있어, 대량생산을 통하여 농가에 큰 도움이 될 것이라고 생각된다.

자연적으로 자생하는 버섯 중에 식용할 수 있는 버섯이 50 여 종이고, 독버섯이 30 여 종에 이른다. 예전부터 식용으로 널리 알려진 버섯은 꾀꼬리버섯, 자주졸각버섯, 산의 나무뿌리와 함께 공생(共生)하며 자라는 송이(松耳)버섯, 능이(能耳)버섯, 굴뚝버섯, 젖버섯, 그물버섯 등이다. 식용으로 중요하나 인공재배가 불가능하다.

그밖에도 초지에서 자라는 말징버섯, 낙엽에서 자라는 낙엽버섯, 활엽나무버섯, 마른 밤나무나 상수리나무에서 자라는 밤버섯, 황금색 가루로 덮여 있는 황금버섯, 달걀형의 주머니에 둘러싸여 있는 주머니버섯, 싸리풀과 닮은 싸리버섯, 부채살 모양의 느타리버섯, 국수버섯, 이

슬버섯 등은 각각의 맛과 향이 다르고 쫄깃한 질감도 모두 각각 달라서 고기보다 더 좋은 맛을 준다.

한편 독이 있어서 먹을 수 없는 버섯도 있는데, 겉모양이 울긋불긋 화려한 색깔을 띠고 있으므로 조심해야 한다. 우리 나라에서 자라는 독버섯은 광대버섯, 화경버섯, 땀버섯, 깔때기버섯, 마귀곰보버섯, 노란다발버섯, 외대버섯속 등이 알려져 있다.

식용버섯의 영양성분을 보면 동물의 성장을 촉진하는 비타민 B를 비롯해서 나이아신과 자외선에 의해 비타민 D로 전환되는 엘고스테롤이 풍부하다. 또한 인, 칼슘, 칼륨 등의 무기질이 풍부하며, 특히 말린 버섯에는 식이섬유소가 많다.

이 섬유소는 장의 연동운동을 촉진하여 배변을 원활하게 함으로써 변비와 대장암에 예방효과가 있다. 또한 버섯의 독특한 감칠맛을 내는 구아닐산은 콜레스테롤과 담즙산을 흡착하여 체외로 배설시켜서, 체내 콜레스테롤치를 저하시킨다. 버섯을 조리할 때는 그 독특한 향기가 살아나도록 양념을 많이 쓰지 않는 것이 좋으며, 씻을 때에도 짧은 시간에 씻어 내어야 한다. 오랫동안 물에 담가 두든지 껍질을 벗겨 두면 향기가 없어진다.

버섯의 향기는 열에 약하므로 구울 때는 살짝 굽고, 찌개나 국에 넣을 때도 먹기 바로 전에 넣어서 잠깐 끓여야 그 풍미를 살릴 수 있다.

버섯으로 할 수 있는 음식은 죽, 밥, 국, 탕, 찌개, 구이, 볶음, 찜, 전골, 잡채, 산적, 전, 나물, 회, 부각, 장아찌, 떡 등이다. 조리법의 특징을 잘 살리면 독특한 맛을 즐길 수 있다.

깊어 가는 가을에 향긋한 버섯요리로 식탁을 꾸며서 낭만의 가을을 느껴 봄이 어떨지 몇 가지 버섯요리를 권해 본다.

버섯죽

재 료 (5 인분)

쌀 1½ 컵
표고버섯 (말린 것) 10 장 (40 g)
쇠고기 (홍두깨살) 100 g

〈표고 · 고기양념장〉

㉠
- 진간장 2 큰술
- 다진 파 1 큰술
- 다진 마늘 2 작은술
- 후춧가루 ½ 작은술
- 깨소금 2 작은술
- 참기름 2 작은술

물 8 컵
소금 적당량
양념간장 적당량

만드는 법

① 쌀을 깨끗이 씻어 일어서 2~3 시간 동안 물에 불려 놓는다.
② 표고버섯을 물에 불려서 기둥을 떼고 곱게 채를 썰어 놓는다.
③ 쇠고기는 곱게 다지고 채를 썰은 표고와 함께 ㉠ 으로 양념한다.
④ 표고버섯과 쇠고기를 냄비에 볶다가 불린 쌀을 넣고 살짝 볶은 후, 분량의 물을 붓고 끓인다.
⑤ 센 불에서 한소끔 끓으면 두어 번 저어 주면서 불을 줄이고, 쌀이 넘지 않고 퍼지도록 끓인다.
⑥ 쌀이 잘 퍼지고 국물이 걸죽하게 되면서 잘 어우러지면 간을 맞추고 그릇에 담아 낸다.

버섯별미밥

재 료 (5 인분)

쌀 3 컵
육수 4 컵
표고버섯 (생것) 100 g
쇠고기 50 g
참기름 1 큰술
간장 1 큰술
소금 약간

만드는 법

① 쌀은 깨끗이 씻어서 30 분 이상을 불렸다가 건져 놓는다.
② 표고버섯은 씻어서 기둥을 떼어 내고, 가로 세로 0.7 cm 크기로 네모지게 썰고, 쇠고기는 굵게 다진다.
③ 솥에 준비한 표고버섯과 쇠고기, 참기름, 간장, 소금을 넣고 볶다가 불린 쌀과 육수를 붓고 고슬고슬하게 밥을 짓는다.

- 다른 재료와 달리, 버섯류를 조리할 때는 특별히 주의하지 않으면 맛과 향기를 잃기 쉽다. 장시간 물에 담그어 놓는다든지, 오랫동안 가열하는 것은 피해야 한다.
- 또 여러가지 다른 식품과 함께 조리하는 것보다 버섯만으로 단순하게 조리하는 것이 버섯의 독특한 맛과 향기를 살릴 수 있는 방법이다.
- 양념을 할 때에도 파·마늘 양념을 하지 않거나, 되도록 적게 쓰는 것이 버섯 향미를 잃지 않는 비결이다.

송이전골

재 료 (5 인분)

송이버섯 250 g
조갯살 200 g

㉠
- 다진 파 · 다진 마늘 각 1 작은술
- 후춧가루 ¼ 작은술
- 참기름 1 작은술

쇠고기 200 g

㉡
- 진간장 2 큰술, 설탕 1 큰술
- 다진 파 4 작은술
- 다진 마늘 2 작은술
- 깨소금 · 참기름 각 1 큰술
- 후춧가루 ¼ 작은술

실파 50 g
소금 적당량
육수 5 컵
청장 2 큰술

만드는 법

① 송이버섯은 납작납작하게 저며서 소금과 참기름으로 무친다.
② 조갯살은 완전히 물기를 뺀 다음에 ㉠으로 양념한다.
③ 쇠고기는 가늘게 채를 썰어 ㉡으로 양념한다.
④ 실파는 4 cm 길이로 썬다.
⑤ 전골냄비에 각색재료를 돌려 가며 빛깔을 맞추어 가지런히 담고 끓이면서 먹는다. 육수 또는 끓는 물을 소금과 청장으로 간을 맞추어서 붓고 끓인다.

목이버섯나물

재 료 (5 인분)

목이버섯 50 g
쇠고기 100 g
간장 1 큰술
깨소금 1 큰술

㉠
- 진간장 2 작은술
- 다진 파 2 작은술
- 후춧가루 1/8 작은술
- 참기름 2 작은술
- 깨소금 1 작은술

만드는 법

① 목이버섯은 물에 불려서 속의 잔모래를 모두 떼어 내고, 큰 것은 찢은 후에 깨끗이 씻어서 물기를 빼놓는다.

② 쇠고기는 채를 썰어 ㉠으로 양념을 하여 볶아 놓고, 목이버섯도 간장과 깨소금을 넣고 양념하여 볶아 낸다.

③ 볶은 쇠고기와 목이버섯을 섞어서 그릇에 담아 낸다.

표고버섯장아찌

재 료 (5 인분)

생표고버섯 200 g
(말린 것 100g)

〈달인 간장〉

진간장 1 컵
물 2 컵
청주(소주) 3 큰술
식초 2 큰술
설탕 4 큰술
물엿 2 큰술

고추장 적당량

만드는 법

① 생표고버섯은 끓는 소금물에 잠깐 넣어 숨만 죽이고, 마른 표고버섯은 물에 불려 물기를 꼭 짜 놓는다.

② 물기를 제거한 버섯을 망에 넣고 항아리에 담은 후, 달인 간장을 붓고 꼭 봉해서 20 일~1 개월 정도를 저장한다.

③ 한달 후, 체에 받쳐서 물기를 뺀 다음, 다시 고추장에 박아서 1~2 개월을 더 숙성시켜 표고버섯장아찌를 완성한다.

④ 먹을 때 꺼내서 채를 썰어 참기름과 깨소금에 무쳐 내면 쫄깃하고 특유의 맛이 있다.

달인 간장을 부을 때에 떠오르게 되므로 돌 같은 무거운 물건으로 꼭 눌러 놓는다.

생표고버섯볶음

재 료 (5 인분)

생표고버섯 400 g
진간장 2 큰술
설탕 1 작은술
참기름 2 작은술
오이 2 개
소금 1 작은술
실고추 ½ 작은술
쇠고기 100 g

〈갖은 양념〉

달걀 1 개
깨소금 2 작은술
설탕 2 작은술
후춧가루 ¼ 작은술
참기름 1 작은술

만드는 법

① 생표고버섯은 꼭지를 떼고 채로 썰어서 진간장, 설탕, 참기름에 양념하여 볶는다.
② 오이는 반으로 갈라서 씨를 떼고 긴 반달형으로 얄팍하게 썬 다음, 소금을 뿌렸다가 꼭 짜서 실고추를 넣고 면실유에 파랗게 볶아 식힌다.
③ 쇠고기는 체쳐서 갖은 양념하여 볶는다.
④ 달걀은 흰자로 지단을 부친 후에 4 cm 로 체친다.
⑤ 마련한 표고버섯, 쇠고기, 오이를 합쳐서 깨소금, 설탕, 후춧가루, 참기름으로 간을 맞춘 후, 지단채를 넣고 가볍게 그릇에 담는다.

송이산적

재 료 (5인분)

송이버섯 200 g

㉠ 소금 ½ 작은술
참기름 1½ 작은술

쇠고기 250 g

㉡ 진간장 2 큰술
다진 파 4 작은술
다진 마늘 2 작은술
설탕 2 작은술
후춧가루 ¼ 작은술
깨소금 ½ 큰술
참기름 2 작은술

대꼬챙이 8 개
잣가루 1 큰술

만드는 법

① 송이버섯은 뿌리 쪽의 모래를 다듬어서 소금물에 담근 후에 껍질을 긁어 벗기고 0.7 cm 두께로 썰어 ㉠의 소금과 참기름에 버무려 둔다.

② 쇠고기를 두께 0.6 cm 정도로 넓게 포를 떠서 잔칼질을 하여 송이버섯보다 1 cm 정도 길게 하고, 폭이 1 cm 정도로 되게 썰어, ㉡의 쇠고기 양념에 재우면서 잣가루를 같이 섞어 양념한다(쇠고기는 잔칼질하여 양념한 후에 구워서 썰어도 좋다. 이렇게 하면 송이의 길이와 같게 썰어 놓을 수 있다).

③ 꼬챙이에 송이와 쇠고기를 번갈아 가며 꿰어, 송이와 쇠고기의 높이가 같도록 도마에서 자근자근 두들겨서 두 재료가 잘 붙도록 하여, 석쇠에 타지 않게 구워 접시에 담고 잣가루를 뿌려낸다.

송이는 가을에 별미로, 산적에는 크지 않은 동자송이가 적당하다.

버섯나물

재 료 (5인분)

느타리버섯 · 표고버섯 · 석이버섯 · 목이버섯 · 능이버섯
각각 20 g 씩
(말린 것은 10 g 씩)
간장 1 큰술
소금 1 작은술
설탕 1 작은술
깨소금 1 큰술
참기름 1 큰술
식용유 적당량

만드는 법

① 느타리버섯은 깨끗이 씻어 끓는 소금물에 살짝 데친 다음에 가늘게 찢어 놓고, 석이버섯은 박박 비벼 씻어서 이끼를 말끔히 벗기고 나서 가운데 배꼽의 모래를 떼어 내고 씻어 놓는다.
② 표고버섯은 깨끗이 씻어 채를 썰거나 2~4 등분한다.
③ 목이 · 능이버섯도 깨끗이 씻어 큰 것은 찢어 놓는다.
④ 각각의 손질한 버섯에 분량의 양념을 넣고 조물조물 무쳐서 번철에 기름을 두르고 각각을 볶아 낸다.
⑤ 다시 참기름과 깨소금을 넣어 무쳐서 접시에 옆옆이 담아 낸다.

버섯탕

● 재　료 (5 인분)

생느타리버섯 200 g
쇠고기 (사태) 150 g

㉠
- 진간장 4 작은술
- 다진 파 1 큰술
- 다진 마늘 1 큰술
- 깨소금 1 큰술
- 후춧가루 ¼ 작은술
- 참기름 2 작은술

㉡
- 물 8컵
- 청장 2½ 큰술

대파 20 g
달걀 1½ 개

만드는 법

① 생느타리버섯은 뜨거운 물에 담가서 깨끗이 씻은 다음, 손으로 굵게 찢는다.
② 쇠고기는 채로 썰고, 달걀은 풀어 놓는다.
③ 느타리버섯과 쇠고기를 섞고 ㉠으로 양념하여 볶다가 ㉡의 물을 붓고 맑은장국의 요령으로 국을 끓이고 청장으로 간을 맞춘다.
④ 국이 팔팔 끓을 때 채를 썬 파를 넣고 달걀로 줄알을 친 다음, 뚜껑을 잠깐 덮었다가 대접에 뜬다.

- 싸리버섯이나 표고버섯도 같은 방법으로 끓이면 된다
- 생버섯은 깨끗이 손질하여 그대로 쓰고, 말린 것은 물에 불려서 쓴다.

구이 · 적(炙) · 전

구이는 어패류나 수·조·육류, 채소류를 불에 구워서 만드는 것으로, 인류가 불을 사용할 때부터 시작했으므로 여러가지 조리법 중에 가장 일찍부터 발달된 조리법이다.

처음에는 고기를 구울 때 뜨거워서 꼬챙이에 꿰어서 구웠을 것으로 추측된다. 이러한 방법에서 고기구이를 적(炙)이라고 표기하였으며, 따라서 구이는 '炙' 이라는 조리법에서 발달하였다고 볼 수 있다.

한국의 전통적인 고기구이는 맥적(貊炙)에서 유래되는데, 그 유래를 살펴보면, 유라시아 대륙의 초원에서 유목생활을 하다가 만주 남부지방에 들어와서 동이족(東夷族), 이른바 맥족(貊族)을 형성하게 되었다. 맥족은 유목계였으니 가축을 많이 길러서 고기를 다루는 솜씨가 익숙하였다.

진대(晋代)의 《수신기》에, 맥적은 이민족(異民族)의 음식인데도 중국 사람들이 즐겨 잔치에 반드시 내놓고 있으니, 이것은 그들이 이 땅을 침범할 징조라는 기록이 나온다. 여기에서의 맥(貊)은 고구려를 가리키며, 맥적(貊炙)은 고구려의 고기구이를 가리킨다고 하였다. 이것이 바로 오늘날의 불고기의 전신이라고 할 수 있겠다.

그 후에 고려시대에 들어와서는 불교의 영향으로 조리법이 쇠퇴하였으나, 몽고의 지배에 들어가면서 '설야멱(雪夜覓)', 또는 '설하멱(雪下覓)' 이란 명칭으로 되살아났다.

《의례》에서는 모든 '貊은 무장(無醬)' 이라고 하였으며, "미리 조미하여 구웠기 때문에 일부러 장에 무쳐서 먹을 필요가 없다." 라고 하였다. 조리방법에 있어서도 소금·간장·기름·술·식초를 기본 조미료로 하였고, 지금과 같이 파·마늘을 사용하지 않았다.

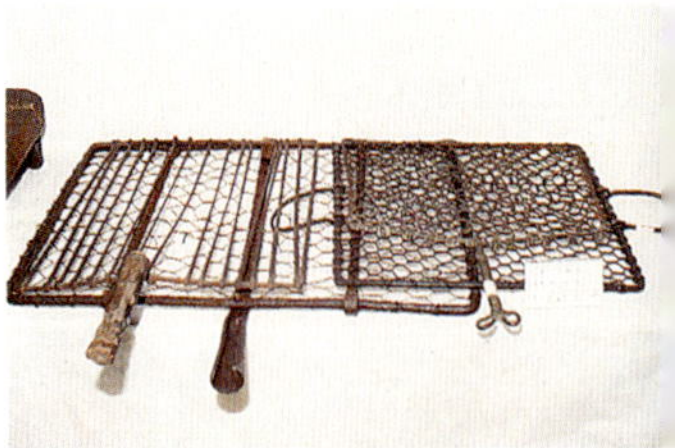

생선구이도 긴 꼬챙이를 어구(魚口)에서부터 길이로 꽂아 구웠고, 조

미료는 소금·간장·기름·술을 썼으며, 비린내가 많은 생선에는 생강을 썼다. 조선시대 이르러서 소, 돼지, 양, 닭, 토끼, 오리, 메추라기와 각종 어패류 및 경채, 과채에까지 통용하여 다양하게 발달시키고 있었다.

《규합총서》에 "고기를 직화로 쐬어 굽는데, 지마꽃(참깨)의 가루를 고기 위에 바르고 구우면 기름이 흐르지 않는다."는 기록으로 보아, 여러가지 양념이 사용되었음을 알 수 있다.

특히 고기구이에 마늘을 많이 넣은 시기는 조선중기 이후부터라고 짐작할 수 있다. 고기에 온갖 양념을 다하여 굽는 '고기구이법'은 우리의 특수한 조리법이며, 《증보산림경제》 등의 조선시대 문헌에 소개되어 있는 고기구이법이 20여 종에 달하고 있음을 미루어 보아서 구이법이 일찍부터 숙달되었음을 알 수 있다.

고기를 굽는 방법은, 꼬챙이에 꿰거나 석쇠 또는 적쇠에 놓고 직접 굽는 방법과, 꼬챙이를 쓰지 않고 철판이나 돌 위에서 간접불로 굽는 방법으로 나눈다.

《증보산림경제》에는 기름, 간장, 소금, 파, 후추, 술, 초 등을 밀가루 죽에 섞어서 고기에 바른 다음, 꼬치에 꽂아서 불꽃이 삭은 불위에서 익힌 후, 밀가루 껍질을 벗겨 내어서 먹는 구이법이 나와 있다. 그리고 《규합총서》에는 고기를 익히다가 냉수에 잠깐 적셔서 다시 굽는 것을 세 번 정도를 되풀이하는 구이법과, 고기에 진흙을 발라서 굽는 방법 등이 소개되어 있다.

《시의전서》에는 고기에 백지를 발라서 굽는 방법이 소개되어 있다. 이것은 속까지 익기 전에 겉이 타는 것을 방지하여 고르게 익히기 위한 지혜로운 방법이었다. 굽기를 할 때는 석쇠에 기름을 바르고 미리 뜨겁게 달구어서 구우면 달라붙지 않으며, 우선 센 불에서 겉을 알맞게 익힌 다음에 서서히 속을 익혀서 맛있는 육즙이 흘러내리지 않게 화력을 조절하는 것이 중요하다. 연료로는 숯불이 가장 좋으며, 불 가까이에서 바짝 대고 굽는 것보다 좀 센 불에서 석쇠를 높이 들고 굽는 것이 타지 않고 색이 고르게 구워진다.

구이음식의 종류는 매우 다양하다. 대표적인 것으로 너비아니(불고기), 콩팥구이, 염통구이, 갈비구이, 닭구이, 돼지고기삼겹살구이 등과 민어구이, 준치구이, 넙치구이, 도미구이, 조기구이, 대구구이, 삼치구이, 청어구이, 북어구이, 더덕구이 등이 있다. 그리고 각각의 양념은 재료에 따라 소금구이와 간장양념구이, 고추장양념구이를 할 수 있다.

적(炙)은 고기를 양념하여 꽂이에 꿰어 굽는 조리법으로, 본래는 불에 구워 만드는 음식 모두를 뜻하다가 꽂이에 여러가지 재료를 꿴 음식으로 그 의미가 변천하게 되었다.

적은 크게 산적(散炙), 누름적, 지짐누름적으로 나눌 수 있다. 산적은 양념한 재료를 꽂이에 꿰어서 굽는 음식으로, 쇠고기산적·파산적·버섯산적·도라지산적·두릅산적·사슬적(어산적) 등이 있다. 누름적은 재료를 양념해서 미리 익혀서 꽂이에 꿰는 화양적이 있고, 지짐누름적은 재료를 양념하여 꽂이에 꿰어 밀가루 또는 달걀물을 씌워서 지지는 두릅적·김치적 등이 있다.

《옹희잡지》에 "염통, 간, 밥통, 처녑 등과 고기를 서로 섞어서 대꼬챙이에 꿴 것을 잡(雜)산적이라고 하며, 구워서 장에 묻힌 것을 장(醬)산적이라고 한다. 그리고 개성사람들은 잡산적을 만드는 데에 즙을 많이 써서 담그니, 이것을 즙(汁)산적이라고 한다."라고 설명하였다.

또는 《시의전서》에 약산적은 "정육을 크게 저민 후, 좋은 진간장에 갖은 양념을 섞어 주물러서 꼬챙이에 꿰어 도마에 놓고 잔칼집을 내되, 사면을 얌전히 네모반듯하게 하고 깨소금을 뿌린 다음, 석쇠에 꾀어서 구워 쓴다."라고 하였다.

육류나 생선을 주재료로 사용하는 육적(肉炙)이나 어적(魚炙) 외에도 채소를 사용하는 소적(蔬炙)도 맛과 향기가 뛰어나다. 그 중에서 두릅적과 송이산적이 으뜸이다.

두릅은 두릅나무의 어린 순으로 단백질이 많다. 밑둥이 굵으면서 가시가 돋지 않은 참두릅이 맛이 있다. 두릅산적은 두릅을 살짝 데친 다음에 고기와 함께 꿰어서 밀가루 또는 달걀물을 입혀서 지지는데, 두릅의 강한 향취가 고기와 잘 어울려서 특별한 맛을 낸다.

송이산적은 향긋한 냄새와 부드러운 촉감으로 손꼽히는 음식으로, 《증보산림경제》에 "꿩고기와 함께 국을 끓이거나 꼬챙이에 꽂아서 유장을 바른 다음, 반열에 이르도록 구워 먹으면 과연 채 중의 진품이다."라고 했다.

예로부터 우리 나라 산야에는 송이(松栮)가 많아서 누구나 송이의 풍미를 즐겼던 것을 알 수 있다.

《동의보감》에서는 "송이의 향미가 매우 강하고 송이는 산중 고송의 나무 밑에 나므로 송기(松氣)를 빌려서 생긴 것이라, 나무에서 나는 버섯 가운데 으뜸 가는 것이다." 라고 하며, '속방' 이라 불렀다. 속방이란 이름에서 중국 것이 아닌 우리의 독자적인 것임을 알 수 있다.

전(煎)은 육류, 생선·어패류, 채소류 등의 재료를 다지거나 얇게 저민 다음에 밀가루와 달걀로 옷을 입혀서 번철에 기름을 두르고 양면을 지져내는 음식이다.

'煎' 은 '달일 전', '지질 전', '졸일 전' 등의 뜻을 가지는데, 궁중에서는 '전유화(煎油花)' 라고 쓰고 '전유어'라고 읽었으며, 민가에서는 '저냐' 라고도 한다. 보통은 전, 부침개, 부치미, 지짐개라고도 부른다.

중국의 조리법에도 우리의 전과 비슷한 조리법이 있기는 하나, 옷을 입히지 않고 그냥 지지므로 빈대떡과 같은 부침개의 무리로 보인다. 전의 조리법으로 《규합총서》에는 생선에다 밀가루나 달걀을 입혀서 지지는 생선전유화가 나온다.

전은 명절이나 큰상을 차릴 때에 빠짐없이 오르는 음식으로 반상, 면상, 교자상, 주안상 등에 차려진다. 전유어의 재료에 적당한 것은, 쇠고기·돼지고기·닭고기·간·처녑·등골 등의 육류와 민어·광어·대구·동태·새우·굴 등의 어패류, 호박·가지·고추·감자·움파·버섯·깻잎·두부 등의 채소류가 이용된다.

전유어를 만들 때 밀가루는 너무 많이 묻히지 말고, 필요한 분량(재료의 5%)만큼만 사용하며, 번철을 뜨겁게 달군 후에 기름을 두르고 전을 부치는 것이 좋다. 화력은 중불 정도가 알맞다. 너무 자주 뒤집지 말고, 한 면이 거의 익으면 뒤집어서 마저 익히도록 한다.

낙지호롱

재 료 (5인분)

낙지 1kg
소금 1큰술
㉠ 다진 마늘 3큰술
생강즙 1큰술
진간장 4큰술
참기름 1큰술
볏짚 1단

만드는 법

① 낙지는 머릿속의 내장을 꺼내고 먹물을 제거한 후, 소금에 주물러 깨끗하게 씻어 놓는다.
② 낙지에 ㉠으로 양념해서 잠시 재운 다음, 볏짚 끝에 머리를 모자처럼 씌우고 다리 부분을 돌돌 말아서 잠시 볕에 말리거나 찜통에 살짝 쪄 낸다.
③ 석쇠에 올려 ㉠의 양념장을 반복해 바르면서 먹음직스럽게 구워 낸다.

짚을 1묶음씩 엮어서 대를 만들어 낙지를 감아 구우면 비린내도 나지 않고 먹는 재미도 있다.

어산적 (사슬적)

재 료 (5 인분)

민어 250 g

㉠
- 청장 1 큰술, 소금 ¼ 작은술
- 다진 파 · 다진 마늘 각 ½ 큰술
- 생강즙 · 설탕 각 ½ 작은술
- 후춧가루 ¼ 작은술
- 깨소금 · 참기름 각 1 작은술

쇠고기 200 g

㉡
- 진간장 2 큰술, 다진 파 1 큰술
- 다진 마늘 1½ 작은술
- 설탕 · 참기름 각 2 작은술
- 후춧가루 ¼ 작은술
- 깨소금 1 큰술

산적꼬치 8 개
잣가루 1 큰술

만드는 법

① 민어포를 두께 약 1 cm 와 폭 1 cm, 길이 6 m 정도로 썰어 ㉠의 양념에 재운다.

② 쇠고기를 두께 0.7 cm 로 넓게 포를 떠 잔칼질하여 폭 1 cm, 길이 7 cm 로 썬 다음, ㉡의 양념에 재워 둔다.

③ 산적꼬챙이를 다듬어 10 cm 로 잘라 민어와 고기를 번갈아 가며 4 개씩 꿰어, 도마 위에 놓고 칼등으로 자근자근 두들겨서 서로 연결되게 평평히 만든다. 석쇠나 번철에 구운 후, 잣가루를 뿌려 낸다.

- 어산적을 만들 때에는 민어살보다 쇠고기를 약 1 cm 정도로 길게 하여야 한다. 쇠고기는 구우면 수축되어 적어지기 때문이다.
- 또 한 가지 방법은 민어만 꼬챙이에 꿰고, 쇠고기는 곱게 다져 양념하여 민어를 꿴 한편에 밀가루를 바르고, 고기를 붙여 석쇠 혹은 번철에 구울 때는 민어 쪽은 먼저 굽고 고기 붙은 쪽은 나중에 굽는다. 이 방법을 사슬적이라고 한다. 접시에 담을 때에는 민어 쪽이 위로 오도록 담고, 잣가루를 얹어 낸다.

양동구리

재 료 (5인분)

양(깃머리) 200 g
소금(호렴) 1큰술
㉠
- 다진 마늘 1½ 작은술
- 후춧가루 ⅙ 작은술
- 생강즙 1작은술
- 참기름 ½ 큰술

녹두녹말 2큰술
달걀 2개
식용유 3큰술
초간장 적당량

만드는 법

① 양을 소금에 주물러 깨끗이 씻은 다음, 뜨거운 물을 부어 겉껍질을 벗기고 안쪽의 기름 붙은 껍질을 벗겨 양의 희고 깨끗한 살만을 곱게 다진 후, ㉠의 양념을 한다.
② 양에 달걀과 녹두녹말을 함께 넣어 잘 섞어서 번철에 식용유를 두르고 한 수저씩 떠놓고 둥글넓적하게 지져 낸다. 초간장을 곁들여 낸다

- 양은 두께가 두꺼운 깃머리를 사용하는 것이 좋다.
- 양을 곱게 다지지 않으면 전이 울퉁불퉁하게 되고 질겨지므로 곱게 다진다.
- 양동구리는 다른 전유어와 같이 곁들여 내기도 한다

감국전

재 료 (5 인분)

감국잎 30 장
쇠고기 150 g

㉠
- 간장 2 작은술
- 다진 파 2 작은술
- 다진 마늘 1 작은술
- 깨소금 1 작은술
- 후춧가루 ½ 작은술
- 참기름 · 설탕 각 2 작은술

두부 80 g

㉡
- 소금 ½ 작은술
- 다진 파 ½ 작은술
- 다진 마늘 ⅓ 작은술
- 참기름 · 깨소금 각 ½ 작은술

밀가루 3 큰술
달걀 2 개
식용유 적당량

만드는 법

① 감국잎을 중간크기의 것으로 준비하여 깨끗이 손질하여 물기를 닦는다.
② 쇠고기는 곱게 다져서 ㉠의 양념장으로 양념하고, 두부는 물기를 꼭 짠 다음에 곱게 으깨서 ㉡으로 양념한다.
③ 양념한 쇠고기와 두부를 잘 섞어서 소를 만든다.
④ 감국잎 뒤쪽면에 밀가루를 바르고 소를 붙힌 다음, 밀가루를 뿌리고 달걀을 씌워 지진다.
⑤ 초장을 만들어 곁들여 낸다.

쇠고기 대신 흰살생선을 쓰기도 한다.

호박오가리누르미

재 료 (5 인분)

호박오가리 150 g
움파 100 g
쇠고기 (우둔) 200 g

㉠
- 진간장 2 큰술
- 설탕 1 큰술
- 다진 파 1 큰술
- 다진 마늘 ½ 큰술
- 후춧가루 ¼ 작은술
- 깨소금 1 작은술
- 참기름 ½ 작은술

찹쌀가루 1 컵, 꼬챙이 8 개
소금 · 참기름 · 식용유 적당량
초간장 적당량

만드는 법

① 호박고지는 물에 불려 물기를 제거한다.

② 호박고지와 움파는 7 cm 길이로 자르고, 쇠고기는 적감을 준비하여 잔칼질을 한 후에 폭 0.8 cm, 길이 8 cm, 두께 0.5 cm 로 잘라 놓는다.

③ 쇠고기는 ㉠의 양념간장에 재우고, 호박오가리와 움파는 소금과 참기름에 무친다.

④ 꼬챙이에 쇠고기와 움파, 호박오가리를 번갈아 끼운 다음, 찹쌀가루물을 입힌 후에 양면을 노릇하게 지져서 초간장과 함께 낸다.

호박은 물호박, 늙은호박, 청둥호박, 맷돌호박이 있다. 살이 두꺼울수록, 노란색깔이 진할수록 캐로틴이 많다. 잘 익은 것일수록 단맛이 증가되어 호박죽이나 범벅, 시루떡에도 많이 이용된다. 또 호박씨를 말려 두었다가 볶아서 먹으면 고소하고 마른 안주나 간식으로도 훌륭하다.

대합구이

재 료 (5인분)

대합조개 8개
쇠고기 100 g
두부 100 g

㉠
- 진간장 2큰술, 설탕 2작은술
- 다진 파 4작은술
- 다진 마늘 2작은술
- 깨소금·참기름 각 1작은술
- 후춧가루 ¼작은술

표고버섯 3장(10 g)
양파 ½개
밀가루 4큰술
달걀 2개
식용유·붉은고추·풋고추
초간장 적당량

만드는 법

① 대합조개를 하루 전날 간간한 소금물에 담가, 모래나 지저분한 불순물을 다 토하게 한다. 끓는 물에 잠시 넣었다가 꺼내어 살을 떼어내고 내장을 제거한 다음, 깨끗이 씻어서 번철에 기름이 없이 잠깐 볶아 물기를 제거한 후에 다진다.

② 쇠고기는 곱게 다지고, 두부는 곱게 으깨어 대합과 함께 섞어 ㉠으로 양념하여 고루 주무른다.

③ 표고버섯과 양파는 곱게 다져서 볶아, 모든 재료를 한데 섞어 버무린다.

④ 대합조개의 껍질을 깨끗이 씻어 물기를 제거하고 안에 밀가루를 바른 다음, 소를 단단하게 채워 그 위에 밀가루를 묻힌 후, 달걀 1개는 황·백 지단과 채썬 고추를 고명으로 얹고 초간장과 함께 상에 낸다.

섭산적

재 료 (5인분)

쇠고기(우둔) 200 g

ㄱ
- 간장 1큰술
- 소금 ¼작은술
- 다진 파 1½큰술
- 다진 마늘 1큰술
- 설탕 1큰술
- 후춧가루 ¼작은술
- 생강즙 1작은술
- 깨소금 1½큰술
- 참기름 2작은술
- 잣가루 1큰술

두부 70 g

ㄴ
- 소금 ¼작은술
- 참기름 ½작은술

잣가루 1큰술
한지 ¼장

만드는 법

① 쇠고기를 곱게 다져서 ㉠의 양념에 재워 둔다.

② 두부는 물기를 꼭 짜서 칼등으로 으깨어 ㉡에 양념을 하여 ①의 고기와 함께 같이 섞어 놓는다.

③ 준비된 ②의 고기를 도마 위에 놓고 두께 0.7 cm, 길이와 폭 10 cm 정도 되도록 네모지게 반대기를 지어 잣가루를 뿌리고 가로 세로 잔칼질을 하여 칼집을 잘게 넣는다.

④ 석쇠 위에다가 물을 적신 한지를 깔고 굽든지, 혹은 은박지를 깔고 구워도 좋다.

⑤ 구워 낸 산적을 식힌 후에 폭 2×2 cm 크기로 썰어서 그 그릇에 담고 잣가루를 뿌린다.

- ㉠에 들어가는 잣가루는 조금 굵게 다져서 ③에 얹어 구우면 고기 위에 노릇노릇한 잣가루가 조금씩 보인다.
- 위에 고명으로 뿌리는 잣가루는 곱게 다져 뿌린다.
- 쇠고기와 두부는 끈기가 나도록 많이 치대어야 표면이 매끈하고, 구워도 부서지지 않는다.

식 초

환절기이다. 자연히 입맛이 없고 몸이 나른해진다. 머리도 무겁고 피로가 쉽게 가시지 않는다. 이럴 때는 입맛이 나고 피로가 말끔히 가시는 방법으로, 새콤한 음식을 먹게 된다. 입맛이 새로워지고 피로가 빨리 회복되도록 해주는 식초 중의 초산균의 역할 때문이다.

육체적·정신적 노동자들이 체력을 소모하게 되면 누적된 유산(젖산), 탄산, 인산 등으로 인하여 사고능력이 떨어지게 되어 곧잘 피로를 호소해 오는 것을 들을 수 있다.

이 때 식초를 섭취하게 되면 체내 에너지 대사활동을 원활하게 해주어 피로를 빨리 회복할 수 있다. 그뿐만 아니라 인체의 노폐물과 독소제거, 숙취해소, 간기능을 강화시켜 주며 감기예방에도 효과가 크다.

일시적이긴 하지만 당뇨병 환자에게 식초를 먹이면 당이 줄어든다는 보고도 있고, 헛배가 부르고 소화가 잘 안될 때 식초를 마시게 되면 소화액의 분비를 촉진시켜 소화작용을 돕는다고 한다. 그리고 체중의 약 60~70%를 점하고 있는 체액은 정상인의 경우, pH 7.44 정도의 알칼리성을 유지하도록 2중 3중으로 조절되고 있다. 그러나 결식·과로·스트레스·건강이상 등으로 리듬이 깨지게 되면, 체액이 산성화하게 되어 잡다한 만성질환과 성인병 유발의 원인이 되는데, 이 때 식초를 마시게 되면 체액의 약알칼리성을 유지할 수 있게 되어 결국에는 건강을 유지할 수 있다고 한다.

그러면 이러한 여러가지 효과를 주는 식초란 무엇인가?

식초는 술이 산화발효되어 신맛을 내는 초산을 주체로 한 발효양념으로, 사람이 만든 최초의 조미료라고 할 수 있다. 자연 발생적으로 만들어진 과실주(果實酒)가 발효되어 식초로 되고, 과실주에 이어 곡주(穀酒)가 양조되었는데, 그 술을 저장하는 과정에서 식초가 만들어졌기 때문이다.

우리 조상은 곡초(穀醋)를 선호해 왔으며, 갖추어야 할 물목(物目)으로 땔감, 쌀, 기름, 소금, 장류, 식초, 김치 등 7가지를 들었다.

식초는 신맛을 내기 위한 유일한 양념이므로 매우 중요시하였으며 식초가 생기기 이전에는 매실이나 신김치에서 신맛을 얻었다.

술의 주성분인 주정(酒精)은 공중에 있는 식초산균의 작용으로 산화되어 초산으로 바뀌게 된다. 초를 한자로는 '초(醋)'로도 표기하는데 동양의 문헌에 나타난 최초의 기록은 기원 전 553년(공자시대)이며, 서양에서는 기원 전 450년 경(이스라엘의 모세시대)이라 할 수 있다.

식초의 전통적 제법은 문헌사에 여러가지 방법이 있으나 일반적으로 우리나라 농촌에서는 막걸리(濁酒)를 춧단지에 넣어 부뚜막에 올려 두고, 2~3개월이 지나면 자연에 존재하는 초산균(Acetobactor)이 침입하여 막걸리의 5~8% ethylalcohol이 산화되면서 초산이 생기고, 황록색의 투명한 상등액은 신맛을 갖게 된다. 이 때쯤 되면 초파리가 서식하는 데 염려할 것은 못 된다. 필요한 만큼의 상등액을 따라 식초로 이용하고 따른 만큼 막걸리를 더 부어두면 또 초가 생성된다. 소주나 방부제를 넣은 막걸리는 식초가 되지 않으므로 사용하지 않는다.

양조식초는 채소류나 해조류의 무침양념으로 쓰면 상큼한 신맛을 내며, 불쾌한 냄새를 없애 주고 채소류 중의 비타민 C를 보호, 고정해 주면서 채소의 신선함으로 더해 주는 역할을 한다. 생선음식에서의 식초양념은 필수적이어서 비린내를 제거하고 신맛을 내는 것 외에도 육질의 긴장감을 줄 뿐 아니라 방부·살균작용을 하고 있기 때문에 신선도(新鮮度)를 유지해 주기도 한다.

식초의 기원은 주류의 발달과 함께 이루어졌다고 추정할 수 있다. 식초는 영어로 'Vinegar'이며, 그 어원은 불어의 'Vinegre'에서 유래되어 Vine은 wine, Naigre는 sour로 '시다'는 뜻이다. 서양의 식초는 주로 과실로 만든 초(顆醋)였으며, 약 3천년 전에 이미 식초를 사용하였다는 설이 있다.

식초에 관한 옛 기록을 보면, 식초를 조미료에 사용한 경우보다 질병의 예방이나 치료 등 의약용·보건제로 이용되어 그리스의 히포크라테스(기원전 460~377년)가 환자를 위해 처방한 것이 식초의 기원이라는 내용도 있다.

중국에서는 기원 전부터 초가 만들어져 '고주(苦酒)'라고 불려졌다. 2세기 말엽에는 식초가 한방약의 재료로 쓰였다고 한다. 또한 중국에서는 식초가 만들어지기 이전에 '산저(酸菹)'라 하여 시어진 김치즙을 산미료로 이용하였다.

《제민요술(齊民要術)》(530~550)과 《지봉유설(芝峰類說)》(1613)에서 고대에는 초(醋)를 일명 '고주(苦酒)라 한다.'고 하였는데, 이로 미루어 식초의 기원은 주류의 발달과 더불어 이루어졌다고 추정할 수 있다.

동양에서는 식초를 '초', 서양에서는 'Vinegar'로 표현하듯이 초는 쌀술을 원료로 해 왔고, vinegar는 포도주가 그 뿌리였음을 알 수 있다. 즉 동양에서는 누룩을 사용한 곡주가 발달되었고, 그로 인하여 초를 만들게 되었던 것이다.

우리 나라에서 식초를 사용한 시기는 정확히 알 수 없으나 술이 변하면 초가 된다는 말이 있어, 옛날엔 집에서 시어머니가 선대로부터 물려받은 식초단지를 부엌의 한쪽 구석에 소중하게 보관해 두고, 과일 껍질·누룩·술지게미 등을 그 단지 속에 넣어 두면 자연적으로 초산발효가 일어나서 식초가 만들어졌다.

우리나라의 문헌을 살펴보면 《해동역사(海東繹史)》(1765)에 고려시대에 식초가 음식을 만들 때 이용되었음이 기록되어 있고, 조선 초기의 《향약구급방(鄕藥救急方)》(1236)에 "초가 의약품으로 사용되어 부스럼이나 중풍을 치료하는 데 이용되었다."고 기록되어 있다.

그 후 《고사촬요(故事撮要)》(1544)에 식초 제조법이 최초로 수록되어 있고, 《농가집성(農歌集成)》(1655), 《음식디미방(飮食知味方)》(1670), 《색경(穡經)》(1676) 등에 미곡(米穀)을 이용한 식초 제조법이 최초로 기록되어 있다. 이들의 제조법은 《산림경제(山林經濟)》(1715)에 상세히 기록되어 있다.

따라서 우리의 식초 제조법은 조선 초기에서부터 발달하기 시작하여, 조선 후기에는 전래의 곡초 위주의 양조법이 계속되면서 종류도 다양해지고, 곡초에서 탈피된 제품들이 등장하게 되었다.

조선 후기의 문헌에 나타난 식초를 열거해 보면, '소맥초(小麥醋)'·'나미초(糯米醋)'·'미초(米醋)'·'시초(柹醋)'·'대추초(大芻醋)'·'포초(蒲醋)'

·'길경초(桔梗醋)'·'속초(俗醋)'·'밀초(密醋)'·'조초(糟醋)'·'부초(趺醋)' 등이 나와 있다.

《고사십이집(攷事十二集)》(1737년경)에서는 감을 이용한 감초(甘酢) 만드는 법과 홍시를 만드는 법이 나와 있고, 그 후 《증보산림경제(增補山林經濟)》(1766), 《규합총서(閨閤叢書)》(1815), 《임원십육지(林園十六志)》(1827) 등에 여러가지 식초 만드는 법이 수록되어 있는 것으로 미루어, 식초의 일반화 및 식초 관리기술이 크게 발달되어 있었음을 알 수 있다.

《임원십육지(林園十六志)》에서는 초가 살사독 또는 소독하는 약제로 쓰여 왔음을 언급하고 있다. 초가 식품으로 사용되었을 뿐만 아니라 약으로도 널리 쓰였음을 알려주는 예이다.

위와 같은 여러 문헌에 "초란 감장(甘醬) 다음 가는 것이요, 맛을 심히 많이 돋우며 가중(家中)에 부가결(不可缺)한 것인즉, 반드시 마련하여 두어야 하느니라."고 하였다니, 우리 조상들이 식초를 얼마나 중요하게 여겼는지를 알 수 있다. 또한 길일(吉日)을 택하여 직접 술로 빚어진 주초류(酒醋類)가 새로이 등장하였으며, 일반 가정에서 조미료로서 장류와 함께 중요한 위치를 차지하게 되었다.

현미식초

재　료 (5 인분)

현미쌀 500 g
흑설탕 300 g
물 4 되(7.2 l)

만드는 법

① 현미는 엿기름을 기르듯 발아시키되, 싹이 1.5 cm 정도가 되면 믹서에 갈아서 흑설탕과 물을 섞어 잘 버무린다.

② 이를 오지항아리나, 식초병(옹기)에 담은 다음, 따뜻한 곳에서 약 1 주일간을 발효시킨다.

③ 엿기름과 설탕이 침전되면 발효가 잘 되지 않으므로, 가끔 병을 흔들어 준다.

현미식초를 이용하여 건강음료를 만들 수 있는데, 현미식초(1.8 l), 소주(1.8 l), 흑설탕(2 kg)을 혼합하여 2~3 일간 두면 흑설탕이 완전히 녹는다. 이것을 냉장고에 두고 여름철에 적당량을 상복하면 음료로서의 역할뿐만 아니라 식욕이 살아나고 건강에도 좋다.

사과식초

재 료 (5인분)

사과 4 kg
꿀(설탕) 360 g
물

만드는 법

① 상처가 났거나 숙성기간이 지나 맛이 변한 사과의 껍질을 벗겨서 씨를 제거한 다음, 절구나 믹서기로 마쇄한다(단, 금속은 피한다). 알코올 발효를 위해 꿀이나 설탕을 24% 가당한다.

② 가당한 과즙은 오지항아리에 70% 정도(항아리용량) 채운 뒤, 상온 20~25℃에서 발효시킨다. 뚜껑을 덮기 전에 망사로 씌운 후, 뚜껑을 덮는다. 산소 공급을 위해 하루 1회씩 흔들어 준다. 15℃ 에서는 3~4주, 20~25℃ 에서 1~2주, 28~30 ℃ 에서 5~10일 동안 발효시킨다.

③ 면이나 베로 된 자루에 넣고 꼭 짜서 주액과 주박을 분리하여 알코올 발효 후, 주액만을 4~6%(알코올 함량)가 되도록 물로 희석한다.

④ 25~30 ℃ 에서 초산 발효시키는데, 이 때 희석한 주액만큼 물을 추가하여 붓고 초산발효에 들어간다. 초산 발효 후 균막이 생기면 건드리지 말고 그대로 둔다. 건드리면 균막이 깨져 다시 형성될 때까지(온도가 떨어져) 발효가 늦어진다.

⑤ 서늘한 곳 5~10℃에서 2~3개월 간을 숙성시킨 후 여과하고, 60~65℃에서 30분, 80℃에서 5분 가열하여 살균시킨다.

감식초

재 료 (5 인분)

연시 3 kg
끓여서 식힌 물

만드는 법

① 빨갛게 익은 연시를 물로 살짝 씻어 물기를 제거한다.
② 연시를 파쇄하여 담는데, 이 때 항아리에 물기가 없게 하고, 감의 양이 항아리의 70% 가 되게 해야 나중에 발효될 때 넘치지 않는다.
③ 항아리 입구를 베보자기로 덮어 공기가 잘 통하게 한다.
④ 처음에는 15~20℃ 에서 6~7 일간 두었다가, 점차 온도를 높여 25~30℃ 에서 6 개월~1 년간을 자연발효시킨다.
⑤ 알코올 발효가 일어나기 시작할 때 '폭폭' 소리가 나면 항아리를 흔들어 통기량을 늘려 줌으로써 산소 공급이 원할하게 되도록 한다.
⑥ 주발효가 끝나면 찌꺼기를 압착제나 베로 만든 자루에 담아서 압착하여 70% 정도를 걸러 낸다.
⑦ 압착한 액을 알코올 농도가 4~6% 가 되도록 끓여 식힌 물을 붓고 희석한 다음, 다시 항아리에 담아 25~30℃ 에서 3 개월간 초산 발효시킨다.
⑧ 초산발효 후 깨끗한 유리병에 식초를 넣고 60~65℃ 에서 30 분, 80℃ 에서 5 분간 가열하여 살균한다.
⑨ 살균 후 마개를 꼭 막은 다음, 서늘한 곳에서 보관한다.

머루식초

재 료 (5인분)

머루 2 kg
설탕 400 g

만드는 법

① 머루를 깨끗이 씻어, 부패한 것을 골라 내고 파쇄한다.
② 손질한 머루에 설탕을 첨가하여 항아리나 통에 담아 20~25℃의 온도에서 2~3개월간 당화 및 알코올 발효를 시킨다.
③ 알코올 발효가 끝나면 알맹이를 건져 내고, 9개월간 초산발효를 시킨다.
④ 초산발효가 끝나면 여과하여 깨끗한 유리병에 넣고, 50~65℃로 30분, 또는 80℃에서 5분간 중탕하여 살균을 한 뒤에 서늘한 곳에서 보관한다.

참다래식초

재 료 (5 인분)

참다래 2 되(3.6 kg)
생(쌀)막걸리 2 되(3.6 *l*)
흑설탕 1 kg

만드는 법

① 생(쌀)막걸리는 쌀로 지은 고두밥에 누룩과 물을 넣어서 발효시킨 것으로 준비한다.
② 생막걸리에 파쇄한 참다래와 흑설탕을 함께 버무려서 담은 후에 실내온도 30 ℃ 정도 되는 곳에서 발효시킨다.
③ 한여름에는 15 일 가량이 지나면 식초가 된다.

- 일반 양조식초와 달리, 흑설탕을 넣는 이유는 참다래의 발효에 따른 당화 촉진이 주목적이며, 부패를 막기 위한 것이다.
- 참다래는 비타민 C가 특히 많은 과실로, 고혈압 예방에 효능이 있는 것으로 알려져 있다.

포도식초

재 료 (5인분)

포도알 2 kg
설탕 200 g

만드는 법

① 포도(거봉)를 깨끗이 씻어, 부패한 것을 가려내어 파쇄한다. 설탕을 첨가하여 항아리나 통에 담은 후 20~25℃에서 2~3개월 간 당화 및 알코올 발효를 시킨다.

② 알코올 발효가 끝나면 알맹이를 건져내고 9개월간 초산발효를 한다.

③ 초산발효가 끝난 것을 다시 여과하여 깨끗한 유리병에 넣고, 50~65℃로 30분 또는 80℃에서 5분간 중탕 살균을 한 뒤, 서늘한 곳에 보관하여 사용한다.

식용 식초로는 포도식초 한 가지만을 지정하고 있는 나라도 있을 정도로, 최근에는 포도식초가 제일 인기 있는 건강식품으로 떠오르고 있다.

시 월

10월 중양절은 음력 9월 9일로
중광(重光)이라고도 하는데
옛부터 특별한 음식을
해먹으며 즐겨 왔다.
이 날은 단풍구경을 하러
산에 올라가는 풍습이 있다.
빛이 노란 국화를 따다가
국화전을 지지고
국화꽃에 생지황, 구기자나무
뿌리의 껍질과 찹쌀을 섞어서
술을 만들어 먹는다.

채소나물 · 부각

시월 이맘때가 되면 농촌에서는 벼베기가 시작되면서 서둘러 가을걷이를 하게 된다. 덩굴걷이 애호박이며 끝물로 달려 있는 풋고추와 고춧잎, 그리고 서리를 맞으면서도 제 색깔을 유지하는 가지들, 좋은 무를 뽑고 난 텃밭에 남아 있는 잔챙이 무들, 무에서 잘려 나간 푸른 무청들을 모두 거두어들여 손질을 잘 하여 두면 겨우내 별미로 즐길 밑반찬의 재료들을 얻을 수 있다.

이들 채소의 잎이나 줄기를 끓는 물에 데쳐 말리는 건조법은 전통적인 방법으로, 특히 채소류의 경우 오랫동안 저장이 가능하며, 식품 고유의 색과 풍미를 유지할 수 있는 장점이 있어 오랜 세월 동안 이 방법이 사용되어 왔다. 건조법을 이용한 저장음식으로는 무말랭이·박고지·호박고지·고구마줄기·토란대·가지·피마자잎·시래기·고춧잎나물을 비롯하여, 고추부각·다시마부각·매듭자반 등으로 수도 없이 많다.

그 방법을 보면, 무는 납작납작하게 썰어 말려서 무말랭이무침 재료로 준비하고, 애호박은 0.3~0.4 cm 두께로 둥글게 썰어 채반에 펴서 뒤집어 가며 말리면 파랗고 깨끗하게 마른다. 날씨가 좋을 때 단시일 내에 말려야 품질이 좋은 애호박고지를 만들 수 있다.

풋고추는 밀가루 풀이나 찹쌀풀을 발라서 말려 두었다가, 기름에 튀기면 반찬이나 술안주용으로도 좋다. 고춧잎은 서리를 맞기 전에 따서 깨끗이 씻은 다음, 끓는 물에 데친 후에, 잘 펴서 통풍이 잘 되는 곳에 널어 충분히 말린 다음, 망사나 대소쿠리에 보관한다. 이용할 때에는 따뜻한 물에 담그어 불렸다가 무말랭이와 섞어 양념해서 무치거나, 된장이나 고추장에 넣어서 장아찌로도 사용한다.

가지는 꼭지를 붙인 채로 썰어서 줄에 꿰어 말리거나 꼭지를 따고 납작납작하게 썰어서 채반에 널어 말리기도 한다.

이용할 때에는 따뜻한 물에 불렸다가 푹 삶아서 양념하여 볶거나, 물기를 뺀 후에 양념하여 사용한다. 무청은 김장 전에 손질하여 농도 2~3%의 소금물에 삶아서, 그늘지고 통풍이 잘 되는 곳에 말려 둔다. 또 다른 방법으로는 무청을 날로 엮어서 그늘지고 통풍이 잘 되는 곳에 걸어 두고 말린다.

토란대는 서리가 내리기 전에 토란을 캐고 난 다음, 줄기의 껍질을 벗긴 후, 길이를 적당하게 잘라서 통풍이 잘 되는 곳에 말린다. 또는 껍질 벗긴 줄기를 끓는 물에 살짝 넣었다가, 건져 채반에 말리기도 한다. 이용할 때에는 따뜻한 물에 담갔다가, 푹 무르게 삶아 적당한 크기로 찢어서 육개장에 넣으면 고기와 같은 쫄깃쫄깃한 맛을 느낄 수 있다. 또 다른 조리법으로는 양념을 하여 무치거나 볶기도 한다.

아주까리잎(피자자잎)은 서리가 내리기 전에 연한 잎을 따서 굵은 실로 꿰어서 통풍이 잘 되는 그늘에 걸어 말리거나, 살짝 삶아 덩어리지지 않게 펴서 말린다. 조리할 때는 부서지기 쉬우므로 따뜻한 물에 담갔다가 푹 삶아서 우려내고, 양념을 해서 들기름에 볶든지 양념장을 얹어 쌈을 싸서 먹기도 한다.

고구마줄기는 늦가을 서리가 내리기 전에 따서 잎은 떼어 내고, 줄기만 끓는 물에 삶아 건져 통풍이 잘 되는 곳에 말린다. 피부가 빨간 줄기는 껍질을 벗기지 않고 삶아서 이용하나, 푸른 줄기는 껍질이 질기므로 껍질을 벗겨서 삶은 것이 부드럽다. 또는 살짝 소금에 절였다가 말리기도 한다. 이용할 때에는 따뜻한 물에 불린 후, 삶아서 양념을 하여 기름에 볶거나 무친다.

도라지는 망사자루에 껍질을 벗겨서 적당한 크기로 쪼개어 담고, 통풍이 잘 되는 곳에 말려서 둔다.

박고지는 박이 쇠지(굳지) 않은 것, 즉 껍질이 단단하게 되지 않은 것으로 골라서 껍질을 깎아 내고 속을 긁어낸 후, 하루쯤 시들시들하게 두었다가 잘 드는 칼로 돌려가면서 긴고지를 만들어 말린다.

늙은 호박은 꼭지를 떼고 씨를 뺀 후, 폭이 1 cm 정도가 되게 돌려 깎아 줄에 널어서 말린다. 완전히 마르면 털어서 바람이 잘 통하는 망사자루나 대바구니에 넣어서 보관한다.

특별히 호박고지는 서리를 맞혀 가면서 말려야 단맛이 강하다. 이렇게 말린 호박고지는 불렸다가 떡을 해먹으면 좋다.

해안 지방에서는 다시마와 미역 등의 해조류를 말려 두었다가 이용하기도 한다. 이렇게 말린 채소나 해초류 등은 장에 박아서 장아찌를 만들기도 하고, 불려서 나물을 해먹기도 하며, 부각·튀각으로 바싹 튀겨서 별미로 즐긴다.

부각이나 튀각은 하지(夏至)에서 추분(秋分)까지는 눅눅해서 누그러지므로 만들지 말아야 한다. 주로 가을걷이를 한 후에 만들어야 겨울과 봄 동안에 바삭바삭한 맛의 별미를 즐길 수 있다.

채소를 말려 저장해 두면, 김장 김치만으로는 자칫 영양의 불균형을 초래하기 쉬운 겨울철에도 비타민을 섭취할 수 있을 뿐만 아니라, 경제적으로도 도움이 된다. 또한 저장식품의 독특한 맛을 즐길 수 있어, 주부의 알뜰함과 지혜가 돋보이게 된다.

박나물

재 료 (5 인분)

박 400 g
쇠고기 50 g
간장 ½ 작은술
다진 파 2 작은술
다진 마늘 1 작은술
다진 고추 2 작은술
식용유 1 큰술
물 ½ 컵
소금 ½ 큰술
참기름 1 큰술

만드는 법

① 어린 박을 골라서 껍질을 벗기고, 속을 뺀 다음에 얄팍하게 썬다.
② 쇠고기는 곱게 채를 썰어 간장과 다진 파·마늘로 양념하여 기름에 볶다가 썰어 놓은 박과 물을 넣고 같이 볶은 후에 소금으로 간을 맞춘다.
③ 맨 나중에 다진 고추와 실고추, 참기름을 넣고 버무려 그릇에 담아 낸다.

가을에 어린 박의 과육을 저며서 만드는 박나물 외에도, 잘 여문 박의 반을 타서 물에 삶아 식힌 뒤에 속살을 긁어 물기를 꼭 짜서 된장, 고추장, 마늘, 풋고추, 빨간 고추 등을 넣고 주물러 무쳐도 아주 부드럽고 별미의 나물이 된다. 겉의 박은 말려서 바가지로 쓰고, 속은 나물로 먹으니 일거양득이 된다. 은은하게 풍기는 박내음이 향기로워 더욱 맛을 돋운다.

더덕생채

재 료 (5 인분)

더덕 400 g
고춧가루 1 큰술

㉠
- 고추장 ½ 큰술
- 청장 ½ 큰술
- 깨소금 ½ 큰술
- 설탕 1 큰술
- 다진 파 2 큰술
- 다진 마늘 1 큰술
- 참기름 1 큰술
- 식초 1 큰술

만드는 법

① 더덕은 껍질을 벗기고 길이로 반을 갈라 물에 담그어 쓴맛을 우려 내고, 자근자근 고르게 두드려서 길이로 곱게 찢는다.

② 준비된 더덕에 고춧가루를 넣고 주물러서 곱게 물을 들이고, 준비한 ㉠의 양념을 넣어 골고루 주물러 무치며, 식초는 맨 나중에 넣는다.

더덕생채는 납작납작하게 저미거나 방망이로 두들겨서 부드럽게 한 후에 만들기도 한다.

파 · 상추 겉절이

재 료 (5 인분)

상추 200 g
대파 2 뿌리

㉠
- 간장 5 큰술
- 설탕 2 큰술
- 고춧가루 2 큰술
- 깨소금 1 큰술
- 식초 1 큰술

만드는 법

① 상추는 흐르는 물에 4~5 회 정도 깨끗하게 씻어서 물기를 빼고, 긴 것은 손으로 뜯어서 놓는다.
② 파는 다듬어 씻어서 5~6 cm 로 채를 썰어 놓는다.
③ ㉠의 양념간장에 상추와 파를 넣고 가볍게 버무려서 그릇에 담아 낸다.

- 파 · 상추 겉절이는 양념장에 가볍게 무쳐 싱싱하게 먹는 생채이다.
- 상추는 풍부한 비타민과 무기질을 가지고 있으며, 날것으로 한여름 입맛을 돋운다.

무나물

재 료 (5 인분)

무 ½ 개 (300 g)
식용유 1 큰술

㉠
- 소금 ½ 큰술
- 다진 파 1 큰술
- 다진 마늘 ½ 큰술
- 생강즙 ½ 작은술
- 깨소금 1 작은술
- 참기름 1 작은술

만드는 법

① 무는 깨끗이 씻어서 6~7 cm 로 토막내어 길이로 가늘게 채를 썬다.
② 파의 흰 부분과 마늘은 곱게 다진다.
③ 냄비에 식용유를 두르고 채를 썬 무를 넣고 오래 볶다가 물을 조금 붓고 ㉠의 소금, 파, 마늘, 생강즙을 넣고 약한 불로 은근히 익힌다.
④ 무나물이 익으면 깨소금을 넣고 고루 섞어 불에서 내린다.

- 무나물은 낮은 온도에서 오래 볶아 은근히 익혀야 간이 잘 배고, 기름막이 돌아 맛이 있으며, 참기름 대신 들기름을 넣으면 별미다.
- 청장을 조금 섞으면 맛이 더 좋다.

시금치나물

재 료 (5 인분)

시금치 300 g

㉠
- 청장 1 큰술
- 다진 파 2 작은술
- 다진 마늘 1 작은술
- 깨소금 ½ 큰술
- 참기름 1 큰술
- 실고추 1 g

만드는 법

① 시금치는 뿌리를 자르고 다듬어 뿌리 쪽에 열십자를 넣고 흐르는 물에 깨끗이 씻는다.

② 끓는 물에 소금을 넣은 다음, 뚜껑을 열고 파랗게 데쳐서 찬물에 헹군 후, 느슨하게 물기를 짠다. 너무 긴 것은 손으로 잘라 놓는다.

③ 준비된 시금치에 ㉠의 양념을 넣은 다음, 간이 스며들도록 고루 주물러 무친다.

- 시금치를 데칠 때는 끓는 물에 뚜껑을 열고 잠시 데쳐 넉넉히 준비된 찬물에 헹구어야 유기산이 충분히 용출되어 색이 파랗다.
- 나물을 헹구어 짤 때는 너무 꼭 짜지 말고, 수분이 약간 있는 것이 좋으며, 깨소금과 참기름은 맨 나중에 넣는다.

감사음식

11 월(음력 10 월)은 가을걷이가 끝나는 계절로, 몸과 마음이 가득 찬 느낌이고 부족함이 없는 것 같다. 시골 농가마다 감자, 고구마, 옥수수가 가득하고 곡식까지 추수를 마쳤으니 몸도 마음도 가볍게 느껴질 것이다.

예전에 가을걷이가 끝난 논밭을 친구들과 이삭 주우러 다니던 생각이 난다. 학교에서 주워 오라고 해서 나선 길이었지만, 그 들길이 얼마나 좋았던지, 지금도 이맘때가 되면 그 때의 모습이 생생하여 그 곳으로 가고 싶어진다.

이 달 말부터는 겨울 준비로 김장을 준비해야 된다. 물론, 예전처럼 100 포기 한 접씩 담그는 집은 드물어졌다. 그래도 보통 10 포기 정도는 담그며, 알타리김치, 동치미, 기타 갖가지 맛난 별미김치를 담그어야 되니 주부의 마음이 바쁘다.

음력으로 10 월인 이 달은 하늘이 높고 일년 중 가장 좋은 달로 여겨서 상달(上月)이라고 일컫는다. 상달에서의 상(上)은 상제(上帝)·옥황상제(玉皇上帝) 등의 천신(天神)에서 온 상(上)이기에, 상달이란 천신께 추수를 감사하는 천신의 달이란 뜻이 들어 있다.

따라서 10 월 상달의 고사(告祀)는 원래 농사에 관계되는 농경의례였고, 추수감사제로 성주신께 제를 지내 왔다.

고사를 지낼 때는 좋은 날을 가려서 금줄을 치고 황토를 깔아서 집 안으로 부정이 들지 않도록 한다. 제물로는 주로 시루떡과 막걸리, 북어 등을 준비하는데, 간단한 과일과 나물을 함께 올리기도 한다.

떡은 붉은 팥이 두둑하여 켜가 두툼한 팥시루떡과 켜가 없는 백설기를 만든다. 또 지방에 따라 멥쌀가루에 무채를 섞어서 무시루떡을 만들기도 하고, 찹쌀가루에 늙은 호박고지를 섞어서 떡을 만들기도 한다.

고사를 지낼 때는 적어도 보름 전부터 궂은 일과 궂은 음식을 피하고 몸을 깨끗이 한다.

시루떡은 여섯 시루를 찌고 상도 여섯 상을 푸짐하게 차리는데, 이는 조상신·터주신·성주신·조왕신·삼신신·잡신 등을 위해서다. 조상신의 상은 집주인이 거처하는 방에, 그리고 안방 다락에는 하얀 백설기만 놓는다. 터주신의 상은 마당 한복판에 올린다. 그리고 성주신의 상은 대청마루에 올리는데, 대청마루에는 제일 큰 시루떡을 올린다.

조왕신의 상은 부엌에 올리는가 하면, 삼신상의 상은 주부가 거처하는 방에 차려 놓고, 장독대 위에는 백설기만 놓는다. 장독대 위의 뒤쪽 언덕진 곳에는 백설기와 따끈한 밥을 새옹에 담아 올린다. 그러니까 안방 다락과 장독대와 그 언덕 위에는 깨끗하고 흰 백설기가 올라가는 것이다. 이것은 신 중에서도 제일 윗신을 대접하는 것이니, 정결한 떡을 올린다는 뜻이다.

대체로 고사를 지낼 때는 누린내 나는 고기 종류는 올리지 않는다.

비념, 비손은 보통 주부가 행하나 무당을 불러서 하기도 한다. 목욕재계 후에 옷을 깨끗이 입고 절을 4배(四拜)씩 하며, 두 손을 머리 위에서 모아 손바닥을 비비며 가정의 평안과 자식들이 잘 되기를 기원한다. 자식이 많을수록 어머니의 기원은 길어지고 시간도 오래 걸린다. 고사를 지낸 뒤에는 떡과 술, 과일 등을 이웃과 나누며 인정을 나눈다.

음력 10월에는 이러한 고사(告祀)와 함께 빼놓을 수 없는 의례인 시제(時祭)가 있다. 시제는 사시제(四時祭)·시사(時祀)·시향(時享)·절사(節祀)·묘제(墓祭)라고도 하는데, 5대 이상(고조 이상)의 조상 산소에 가서 감사의 뜻으로 후손들이 모두 모이고, 제사 음식도 제대로 격식을 갖추어 진설하게 된다.

제물(祭物)은 아이들이 탈없이 모두 잘 크고 집안이 잘 되라고 큼직큼직하게 만들어 올리고, 떡은 흰 가래떡을 굵게 해서 떡살로 길게 찍어 크게 잘라서 편틀에 소담하게 쌓아 올린다. 절편과 탕, 전이며 적, 포, 식혜, 나물류, 육·어류가 고루 오른다. 그리고 여러가지 햇과일과 술을 준비하여, 조상님께 감사의 제를 드린다.

제물은 후손이나 묘지 관리인이 마련하는데, 실제 경비는 자손들이 그때그때 거두거나, 곡식이나 돈을 모아 논을 사서 문중답으로 만든 뒤에 그 전답의 수확으로 마련하게 된다.

이렇게 음력 10월에 지내는 고사나 시제 외에도 산신제나 용신제, 풍어제 등도 있다.

산신제(山神祭)는 마을 수호신인 산신에게 지내는 제사로, 풍작과 아들 낳기를 기원하며, 호환·산로안전·산해·역신으로부터 안전하기를 빈다. 산신제는 예전의 산악신앙이 변모되어 현재는 동제(洞祭)의 일환으로 마을수호신에 대한 신앙이며, 마을의 풍년과 안녕을 기원하는 공동제이다.

제찬(祭饌)을 만드는 사람을 화주(火主·化主)라고 하는데, 음식을 만드는 도중에 말을 하면 부정을 탄다고 해서 입에다 백지나 밤을 물려서 말을 하지 못하도록 한다. 말을 하면 침이 튀어 나와서 묻는 수가 있고, 부정한 이야기를 주고받을 수도 있기 때문이다. 산신제의 담당관이나 마을 사람들도 금기를 행한다.

산신제의 신찬(神饌)은, 일반제사와는 달리, 매우 간소하다. 국이나 숭늉 대신에 청수(淸水)를 놓고 탕(湯)은 쓰는 곳과 안 쓰는 곳이 있다. 주로 생채(生菜)를 쓰고, 산신제의 규모가 클 때는 소머리를 쓰며, 보통은 돼지머리를 올린다. 제구로는 제선(祭膳)·접시·시루·솥(새옹)·술병·잔·촛대·초·종이·자리 등을 준비한다.

용신제(龍神祭)는 용왕제(龍王祭)라고도 하는데, 가정의 행운과 장수, 부귀다남, 무병, 풍작 등을 용왕께 기원하는 제사이다. 이는, 물을 용으로 신격화한 것이고, 용은 물과 밀접한 관련을 짓기 때문이다. 그래서 제사를 지내는 장소도 우물·하천가·해변이다.

제사를 지내는 제주(祭主)는 대부분 주부이고, 제사 시기는 음력 정월 14일 밤에 주로 하며, 지방에 따라서는 5월이나 7월의 진일(辰日)에 하기도 한다.

우물가에서 지내는 용왕제는 주부가 우물물을 다 퍼내고 목욕재계한 후, 촛불을 켜고 상 위에 청수를 받아 놓고 절을 하며 집안의 행운을 빌기도 하고, 밥과 미역국·청수 한 그릇씩을 우물 앞에 볏짚을 깐 다음, 같이 차려 내는 경우도 있다. 또 지방에 따라 해변에 짚을 깔고, 메·떡·과일·나물을 그 위에 진설하고 나서 축원을 한다.

또 나룻가나 배 위에서 사공들이 일년 내내 무사 운항을 위해서 제를 지내기도 한다. 이와 비슷한 제사로 풍어제(豊漁祭)가 있는데, 풍어제는 어촌에서 재앙을 없애게 하고 마을의 안녕과 풍어를 비는 당굿으로, 해마다 정월 초하루부터 보름까지 어촌의 넓은 마당에 기(旗)와 등(燈)을 달고 지낸다. 무당을 청하여 신당에서 고기가 많이 잡히게 해 달라고 굿을 한다.

지금까지 살펴본 것과 같이, 농부는 풍작을 위해서, 상인은 상업의 흥성을 위해서, 어부는 풍어를 위해서, 각기 신과 조상에게 제(祭)를 지냈다. 그리고 가정과 마을의 공동 안녕을 위해 정성껏 음식을 만들어서 고사를 드렸다.

제에 올리는 여러가지 음식 중에서 몇 가지를 소개하고자 한다.

팥고물시루떡

재 료 (5 인분)

멥쌀 10 컵 (가루로는 20 컵)
소금 2 큰술
붉은 팥 6 컵
소금 1 큰술

만드는 법

① 멥쌀을 3~4 회 깨끗이 씻어 일어서 물에 12 시간 정도 담그었다가 건진 다음, 소금을 넣고 빻아 체에 내려서 고운 가루를 만든다. 수분이 부족하면 물을 뿌리고 손으로 고루 비벼 체에 한 번 더 내린다.

② 팥은 물을 붓고 삶아 한소끔 끓으면 그 물을 버리고, 다시 팥의 3 배 정도의 찬물을 부어 팥이 무를 때까지 삶는다.

③ 팥이 거의 익으면 물을 따라 내고, 낮은 불에서 뜸을 들인 후, 소금을 넣고 절구나 분마기에 대강 찧어 팥고물을 만든다.

④ 시루에 시루밑을 깔고 팥고물을 뿌린 다음, 멥쌀가루를 4~5 cm 두께로 (고사떡이 아닐 경우 3~4 cm) 두둑하게 안치고, 계속해서 팥고물과 멥쌀가루를 번갈아 켜켜로 안쳐서 솥 위에 올린 후, 밀가루로 반죽한 시루번을 꼭꼭 눌러 붙인다.

⑤ 베보자기를 물에 적셔 시루 위를 덮고, 센 불에서 찌다가 김이 오르면 15 분 정도를 더 쪄낸다.

녹두편

재 료 (5인분)

찹쌀 10컵(가루로는 20컵)
소금 2큰술
거피 녹두 6컵
소금 2큰술

만드는 법

① 찹쌀은 깨끗이 씻어 일어서 물에 12시간 정도 담그었다가 불려 건져서, 소금을 넣고 빻아 체에 내려서 고운 찹쌀가루를 만든다.

② 거피한 녹두는 하룻밤(12시간) 정도 물에 불려 여러 번 문질러 닦고 껍질을 벗겨 흐르는 물에 깨끗이 씻은 후, 녹두에 섞여 있는 껍질과 잡물을 모두 제거한 다음, 소금을 뿌리고 찜통에 푹 쪄서 어레미에 대충 내려 고물을 만든다. 어레미에 내리지 않고 찐 것을 소금으로 간하여 그대로 사용하기도 한다.

③ 시루에 밑을 깔고 녹두 고물을 고루 편 후, 그 위에 찹쌀가루를 3cm 정도의 두께로 한 켜 놓고 찹쌀가루와 녹두고물을 번갈아 켜켜로 얹어 솥 위에 올려서 시루번을 붙인 다음, 젖은 베보자기를 시루 위에 덮고 센 불에서 찌다가 김이 오르면 약 15분 정도 더 쪄 낸다.

녹두는 거피한 것을 충분히 물에 불려 제물에서 보리쌀 씻듯이 박박 문질러 씻어야 껍질이 완전히 벗겨지며, 고물 색깔이 곱고 깨끗하다.

절 편

재 료 (5 인분)

멥쌀 10 컵 (가루로는 20 컵)
소금 2 큰술
데친 쑥 50 g
참기름 적당량

만드는 법

① 멥쌀은 깨끗이 씻어 일어서 물에 12 시간 정도 담그어 놓았다가 건진 다음, 소금을 넣고 가루로 빻은 후, 체에 내려서 고운 가루로 만든다.

② 쌀가루는 뭉쳐지지 않을 정도로 물을 훌훌 뿌리고 버물버물하여 찜통이나 시루에 쪄낸 뒤에, 흰색으로 사용할 ½ 분량은 절구에 넣고 공이에 소금물을 적셔 가며 꽈리가 일도록 친다.

③ 쑥절편은 쑥을 손질하여 끓는 소금물에 살짝 데쳐 헹군 후, 물기를 빼고 곱게 다져서 절구에 넣어 찧은 다음, 남은 ½ 분량의 흰떡에 섞어 꽈리가 일도록 친다.

④ 찧어진 떡덩이를 안반에 놓고 손에 참기름을 발라가며 양손으로 굵은 가래떡처럼 밀어서 긴 떡살로 누른 후, 큼직하게 잘라 참기름을 발라낸다. 편을 담는 제기에 맞추어 큼직하게 만든다.

이 떡을 보통 떡가래로 만들고 손을 세워 아래위로 움직이면서 4~5 cm 정도의 길이로 꼬리가 달리게 끊어 내면 골무떡이 되고, 동그란 차바퀴 문양의 떡살로 찍어 내면 차륜병이 된다.

육 적

재 료 (5 인분)

쇠고기 (우둔육 · 홍두깨살) 600 g

㉠
- 진간장 6 큰술
- 다진 파 · 마늘 각각 2 큰술
- 설탕 3 큰술
- 꿀 1 큰술
- 후춧가루 1 작은술
- 깨소금 3 큰술
- 참기름 3 큰술
- 배즙 ⅓ 컵
- 생강즙 1 큰술

만드는 법

① 쇠고기를 기름기와 힘줄을 제거하고 칼등으로 두들겨 편 다음, 두께 0.5 cm, 폭 7 cm, 길이 25 cm 정도로 썰어 놓는다.

② 큰 그릇에 ㉠의 양념을 한데 섞어 양념장을 만든다. 이 양념장에다 손질해 놓은 고기를 넣고 조물조물 주물러서 재워 놓는다.

③ 꼬치에 3 개씩 끼워 번철에 앞뒤로 살짝 익혀 낸다.

- 적틀에 올리고 한지로 적사지를 만들어 늘어뜨린다.
- 잘 차릴 때는 육적, 어적, 소적 등의 삼적을 쓴다. 시제의 묘에서는 육적만 올리기도 한다.

젓갈로 내는 맛

우리의 식생활 환경은 편리하고 세련된 방면으로 달라지고 바뀌어 가고 있지만, 그럴수록 그리워지고 버리지 못하는 것이 음식에 대한 향수이다.

구수하고 감칠맛 나는 어머니의 손맛이 배인 그런 음식에 대한 욕구가 절실해지는 것도, 음식을 만드는 사람의 지혜와 정성 외에 식품이 갖는 고유의 특성에 기인한다. 즉, 매끼의 밥처럼 필수적으로 상에 따라 올랐던 제철·제맛의 밑반찬류와 발효식품은 일반 식품과는 다른 맛이다.

젓갈을 비롯한 김치, 된장, 간장, 고추장, 술, 식초 등 발효식품은 경제적으로도 도움이 된다. 하지만, 발효식품만이 낼 수 있는 독특한 맛은, 요즘처럼 계절의 구분없이 생산되고 있는 완제품 식품의 맛에 비교할 바가 아니다.

젓갈류를 비롯하여 김치류, 간장·된장 등의 장류는 밥을 주식으로 하는 우리의 식생활 습관에 적합한 밑반찬이며, 우리의 역사와 더불어 전승 발전되어 온 전통음식이자, 우리나라 사람들이 가장 많이 즐기는 발효식품이다.

한나라 무제(武帝)가 동이족을 쫓아서 산동 반도에 이르렀을 때, 좋은 냄새가 나서 사람을 시켜서 찾아보니, 물고기 창자와 소금을 넣고 흙을 덮어 둔 항아리가 나타났는데, 그게 바로 젓갈이었다고 한다. 그렇게 이(夷)를 쫓아서 얻었으므로 '축이'라고 하였다고 전한다.

그 당시의 산동반도는 우리 겨레의 활동무대였으므로, 우리 조상들이 일찍부터 젓갈을 조미료로 사용하였음을 알 수 있다. B.C. 3~5세기 경에 중국의 《이아(爾雅)》라는 사전에는 생선으로 만든 젓갈을 지, 자, 해 등으로 기록하고 있다.

우리나라 문헌으로는 《삼국사기(三國史記)》〈신라본기 신문왕 8년(683)〉에 김흠운의 딸을 왕비로 맞이할 때의 납폐품목에 장과 함께 해가 적혀 있다. 여기에서의 해는 젓갈을 가리킨다.

젓갈은 고려시대와 조선시대를 거치면서 어패류를 소금만으로 절이는 지염해, 즉 젓갈, 그리고 절인 생선에 익힌 곡물과 채소 등을 한데 혼합하여 숙성시키는 식해로 크게 나눌 수 있다.

젓갈은 생선이나 조개를 통째 또는 절단해서 소금을 넣고 일정 기간 숙성시킨 것이라, 숙성되는 동안에 생선이나 조개 자신이 갖고 있는 효소에 의한 자가소화(自家消化)와 미생물이 분비하는 효소작용에 의해서 원료물질이 분해된다. 젓갈을 담가 발효시킬 때는 공기와의 접촉이 없게 하고, 15~20℃의 온도에서 5~7개월이 지나야 제맛이 난다. 물론, 석화젓 같은 것은 5~6년 동안 삭혀 별미를 내게 하는 것도 있다.

젓갈은 잘 분해된 아미노산과 칼슘 등을 함유한 알칼리성 식품으로, 체액을 중화시키는 역할을 하며, 특히 쌀과 보리 등의 식물성 식품 위주로 섭취할 때 부족되기 쉬운 리신과 메티오닌의 주요 공급원이 된다.

젓갈은 또 생선이나 조개류 또는 내장을 원료로 하기 때문에 단백질이 풍부한데, 이들이 분해되어 글루타민산 핵산(核酸) 물질과 휘발성 향미 성분 등이 젓갈 특유의 구수한 맛과 감칠맛을 내게 하며, 영양성도 높여 준다.

젓갈의 영양성분 중 가장 많은 것은 단백질로, 10~16%나 된다.

이러한 젓갈의 우수성은 여기에 있다. 일반적으로 간에 많고 금속 코발트를 가지고 있는 특수한 비타민으로서, 식물성 식품에는 거의 안 들어있는 것이 비타민 B_{12}이다. 이것이 부족하면 사람은 악성빈혈에 걸리게 된다. 이러한 비타민 B_{12}가 조개젓과 창란젓, 어리굴젓의 차례로 많이 들어있다.

젓갈의 대표적인 것으로는 조기젓 · 멸치젓 · 새우젓 · 굴젓 · 황새기젓 · 창란젓 · 명란젓 · 곤쟁이젓 · 오징어젓 · 조개젓 등이 있다.

젓갈류 중 새우젓에는 음력 5월에 담근 오젓, 6월에 담근 육젓(삼복 바로 전에 담근 것), 가을에 담근 추젓이 있으나, 가장 좋은 것은 바로 육젓이다.

이러한 새우젓은 칼슘 함량이 가장 높고, 지방이 적어 담백한 맛을 준다. 멸치젓은 젓갈류 중에서 열량과 지방 함량이 가장 많으며, 필수 아미노산의 함량도 높다.

식해는 생선을 밥과 소금, 고춧가루, 엿기름 또는 누룩으로 버무려 담근 것으로, 고추의 도입시기로 미루어서 조선 중기 이후에 만들어졌을 것으로 생각된다. 주로 추운 북쪽지방의 향토 음식으로, 월남하는 사람들에 의해 전국으로 보급되었다.

우리나라 젓갈의 식용 배경과 특이성은 중국에서부터 삼국시대 연간에 '해', '지', '자'의 개념을 받아들인 후, 그 명칭이 다소 변하긴 하였으나 계속적으로 지염식(漬鹽式) 위주의 젓갈류와 식해류 등도 발달해 왔다. 특히 조선시대에 이르러서는 매우 폭이 넓게 발달하였는데, 모든 계층에서 상용(常用)하는 찬류에서부터 기본 찬류의 조미원(調味原)으로까지 다양하게 이용되었다.

젓갈은 어패류에 염장법을 이용한 것으로, 오래 두고 먹을 수 있다는 장점과 함께, 숙성 중에 생기는 '삭은 맛'이 별미이다. 뼈째로 담그면 숙성 중에 뼈가 연해지므로 뼈째 먹을 수 있어, 칼슘의 급원식품이기도 하다. 젓갈은 그것만으로도 충분히 찬물이 될 수 있고, 또 김치에 넣거나 음식의 맛을 내는 조미품으로도 훌륭한 역할을 한다.

젓갈은 100여 종이 넘는다. 그 가운데에서도 주로 새우젓, 조기젓, 황새기젓, 멸치젓은 김치를 담그는 데에 많이 쓰이고, 찌개나 국의 간을 맞출 때에는 새우젓을 많이 쓴다. 또 나물을 무칠 때는 멸치젓으로 만든 멸장(멸치 젓국)을 넣는데, 간장만으로 간을 한 것과는 달리, 독특한 맛이 있다.

젓갈은 서울을 포함한 중부 지방에서 북쪽으로 올라갈수록 간이 싱거워지고, 남쪽 지방으로 내려갈수록 간이 짜진다.

새우젓은 서해안에서 가장 많이 담그어서 전국으로 공급한다. 전에는 황새기젓을 많이 담그었으나, 요즈음에는 경상도나 전라도에서 많이 쓰던 멸치젓이 일반화되고 있으며, 민물새우로 담근 토하젓은 남도 젓갈의 백미이다.

동해안에서는 동태가 많이 잡히므로 명란을 모아 명란젓을 담그어서 찬으로 쓰고, 명태의 창자를 모아 창란젓도 만든다.

충청도 지방은 서산의 명물인 어리굴젓이 유명하다. 그밖에 오징어젓, 대구 아가미젓이 찬으로 애용되며, 지방에 따라 게·전어·볼락어·돔배·토하·낙지 등으로 향토의 미각을 대표하는 젓갈을 만든다.

특히 전라도 지방에 젓갈의 종류가 가장 많다. 밥반찬용으로는 토하젓을 비롯하여 조개젓·어리굴젓·게젓·명란젓·창란젓·굴젓·조기젓·꼴뚜기젓·갈치젓·소라젓·병어젓 등이 있다. 김치용 젓갈로는 새우젓·멸치젓·조기젓·황석어젓 등이 사용된다.

오늘날에도 젓갈 이용도는 거의 변함이 없으나, 서양식의 영향인 듯 식탁에 오르는 빈도는 점차 줄어가는 성싶다.

그러나 여전히 음식의 맛을 돋우는 식품의 재료로서, 또 김치류의 필수 양념재료로서 사용되고 있는 것이 젓갈이다. 김치를 담글 때, 멸치국물, 소금과 함께 기본 양념들을 버무리는데, 소금의 양보다 멸치젓을 많이 넣은 것이 좋다. 새우젓은 그대로 식용하기도 하고, 달걀찜이나 편육·보쌈·삼겹살 등 돼지고기 요리에 필수적이다. 조개젓은 김치에는 넣지 않고, 대신 밑반찬이나 국에 넣으면 효과가 높다. 또 아욱·시금치·시래기국에도 조개젓 국물만을 넣으면 조개 특유의 맛이 나는 별미국이 된다.

전통식품으로서 젓갈이 현대의 식문화가 요구하는 기능성·편의성·안전성 및 저염식을 지향하는 소비자의 기호에 맞는 건강식품으로서의 기능을 담당할 수 있도록 우리 음식에 대한 연구와 노력이 활발히 진행되어야 하며, 또한 오랜 역사를 지닌 젓갈류를 좀더 체계적으로 연구하여 우리나라 고유의 음식으로 발전시켜 나가야 하겠다.

토란찜

재 료 (5 인분)

토란 1 kg
쇠고기 150 g
홍고추 2 개
대파 1 뿌리
쌀뜨물 3 컵
새우젓 1 큰술
다진 파 1 큰술
다진 마늘 1 큰술
깨소금 1 큰술
참기름 1 큰술
후춧가루 ½ 작은술

만드는 법

① 토란은 깨끗하게 껍질을 벗겨서 쌀뜨물에 넣고 데친 다음, 찬물에 깨끗이 헹군다.
② 쇠고기는 송송 썰고 대파와 홍고추도 어슷하게 썰어 준비한다.
③ 쇠고기와 토란에 갖은 양념을 해서 냄비에 넣고 물을 자작하게 부어 끓인다. 거의 익으면 고추와 파를 넣어 한소끔 더 끓여 낸다.

토란찜을 하는 중간에 뚜껑을 자주 열면, 토란에서 아린 맛이 난다. 쌀뜨물이 없을 때에는 물에 밀가루를 1큰술 정도 넣어 데쳐 낸다. 토란의 껍질을 벗길 때는 물에 씻지 않고 흙이 묻어 있는 채로 벗겨야 잘 벗겨진다.

애호박젓국찌개

재 료 (5 인분)

애호박 1 개
쇠고기 100 g
새우젓 3 큰술
다홍고추 1 개
실파 2 뿌리
마늘 1 쪽
쌀뜨물 4 컵

㉠
- 간장 1 작은술
- 다진 파 1 작은술
- 다진 마늘 ½ 작은술
- 설탕 1 작은술
- 깨소금 1 작은술
- 후춧가루 ½ 작은술
- 참기름 2 작은술

만드는 법

① 애호박은 1 cm 정도 두께의 반달 모양으로 썰고, 쇠고기는 채를 썰어 ㉠으로 양념한다.
② 다홍고추는 어슷하게 썰어 씨를 빼고, 파는 4 cm 길이로 준비한다.
③ 마늘은 얇게 썰고 새우젓은 곱게 다져서 준비한다.
④ 뚝배기에 쇠고기와 새우젓을 담고, 그 위에 채소를 올리고 쌀뜨물을 부어 끓인다.
⑤ 어느 정도 익으면 준비한 애호박을 넣어 끓여 낸다.

쇠고기 대신 조갯살이나 굴을 넣어 끓여도 좋다. 호박이 너무 끓으면 맛도 좋지 않고 모양도 나쁘다.

명란젓찌개

재 료 (5인분)

쇠고기(우둔) 100 g

㉠
- 청장 1작은술
- 다진 파 4작은술
- 다진 마늘 2작은술
- 후춧가루 ½작은술
- 참기름 2작은술

물 2컵
명란젓(小) 2쌍
두부 ½모
무 100 g
움파 2뿌리
참기름 1작은술
새우젓국 · 소금 적당량
실고추(홍고추) 적당량

만드는 법

① 쇠고기를 잘게 썰어서 ㉠으로 양념한 다음, 냄비에 넣어 볶다가 물을 부어 중간 불에서 장국을 끓인다.
② 명란은 작으면 둘로 나누고, 크면 3 cm 폭으로 잘라 준비한다.
③ 무는 2×3 cm 정도의 네모로 납작납작하게 썰고, 움파 또는 실파는 4 cm 길이로 썬다.
④ 두부도 무와 같은 크기로 1 cm 정도의 두께로 썬다.
⑤ ①의 장국이 끓으면 먼저 무를 넣어 익히고 명란젓과 두부, 움파를 넣고 끓인다.
⑥ 명란젓과 두부가 익으면 간을 보고, 부족하면 새우젓국이나 소금으로 간을 맞춘 후, 움파를 넣어 잠깐 더 끓인 다음 불을 끄고 참기름을 넣는다.

두부를 넣고는 오래 끓이지 않는다. 명란젓찌개는 특히 겨울철에 맛이 있는 찌개이다.

감동젓무

재 료 (5인분)

배추 1통
무 1개, 배 2개, 오이 2개
실파 100 g
미나리 100 g
밤 10개, 잣 2큰술,
실고추 2 g, 생굴 ½컵
낙지 1마리, 전복 100 g
북어 80 g
고춧가루 1컵
감동젓(곤쟁이젓) 100 g
설탕 2큰술
소금(호염) ½컵
소금 2큰술

만드는 법

① 배추는 중간 정도의 크기로 잎이 얇은 것을 고른 다음, 뿌리 쪽을 잘라 겉잎과 속대를 빼고 중간잎만을 모아 씻어 소금(호염) ½컵을 넣은 물에 절였다가 물기를 짠 후, 3 cm 길이로 썰어 놓는다.
② 무와 배는 껍질을 벗겨 가로 2 cm, 세로 2.5 cm, 두께 0.3 cm로 썰어서 설탕물에 잠시 재워 둔다. 오이는 무와 같은 크기로 썰고, 밤은 껍질을 벗겨 굵은 채로 썰며, 잣은 고깔을 떼어놓는다. 실파와 미나리는 다듬고 씻어서 3 cm 길이로 썰며, 마늘·생강은 곱게 다진다.
③ 생굴은 소금물에 살살 씻어 건진다. 낙지와 전복은 소금에 문질러 씻은 후, 낙지는 3 cm로 썰고, 전복은 같은 길이로 얇게 저민다. 북어는 물에 불려서 껍질을 벗긴 다음에 길이로 2등분하여 2 cm 길이로 토막을 낸다.
④ 감동젓에 고춧가루를 풀어 불린 후에 무, 오이, 미나리, 실파, 낙지, 전복, 북어와 다진 마늘·생강을 넣어 고루 버무린 다음, 소금으로 간을 맞춘다.
⑤ 맨 마지막에 생굴, 실고추, 밤채, 잣을 넣고 살살 버무려서 항아리에 꼭꼭 눌러 담고, 배추 우거지로 푹 덮어서 익힌다.

감동젓은 푹 삭힌 곤쟁이젓의 별칭으로, 아주 작은 새우로 담근 젓갈이다.

호박지

● 재 료 (5 인분)

늙은 호박 ½개
굵은 소금 2 컵
무청 0.5 kg
배추우거지 0.5 kg
쪽파 100 g
다진 마늘 2 큰술
다진 생강 1 큰술
고춧가루 1 컵
새우젓 ½컵
황석어젓 3 큰술
소금 적당량

만드는 법

① 늙은 호박을 반으로 잘라 껍질을 벗기고 속과 씨를 뺀 다음, 두께 1 cm, 폭 1.5 cm, 길이 5 cm 크기의 쪽배 모양으로 납작하게 썰어 소금에 절였다가 물기를 뺀다.

② 배추우거지와 무청은 소금에 2~3 시간 동안 절였다가 깨끗이 씻어 물기를 뺀다.

③ 절인 호박과 배추우거지, 무청에 고춧가루·젓갈·다진 마늘과 생강, 어슷하게 썬 파를 넣고 버무려 소금으로 간을 해서 항아리에 담는다.

④ 맛이 들어 익으면 밥솥에 얹어 쪄서 먹거나 찌개를 끓여 먹는다.

김장용으로 쓰이는 황석어젓은 5~6 월에 담가 푹 삭힌 것이 맛있다. 호박지는 오래 두었다가 익혀서 먹게 되므로, 간은 약간 세게 하며, 항아리에 꾹꾹 눌러 담는다. 잘 익은 호박지에 돼지고기를 넣고 부글부글 끓이면 구수하고 감칠맛나는 찌개가 된다.

아가미젓 채소무침

재 료 (5 인분)

아가미(대구) 500 g
소금 150 g
무 300 g
풋고추 1 개

〈갖은 양념〉
다진 파
다진 마늘
고춧가루
깨소금
참기름

만드는 법

① 대구의 아가미를 바닷물 정도의 소금물에 깨끗이 씻어 건져 물기를 완전히 빼 놓는다.
② 물기 빠진 아가미를 잘게 썰어 분량의 소금을 ½ 정도 넣고 버무린다.
③ 물기 없는 항아리를 준비하여 맨 밑에 남은 소금을 한 켜 깔고, 소금에 버무린 아가미를 되풀이해서 넣은 다음, 나머지 소금과 아가미를 켜켜로 넣는다.
④ 맨 위에 아가미가 보이지 않도록 웃소금을 충분히 뿌리고, 뚜껑을 덮어 서늘한 곳에 2~3 개월 정도 두어 삭힌다.
⑤ 무는 0.3 cm 정도의 두께에 가로 세로 1 cm 로 썰은 다음, 소금에 절인 후, 물기를 짜서 준비한다.
⑥ 풋고추는 반으로 갈라 씨를 빼고 송송 썬다.
⑦ 잘 삭혀진 아가미젓과 무에 양념을 넣어 무친 다음, 보기좋게 그릇에 담고 풋고추를 얹어 낸다.

무가 잘 절여져야 아가미젓과 무친 후에 물이 생기지 않는다.

꼴뚜기젓무침

재 료 (5 인분)

꼴뚜기 500 g
소금 200 g
마늘 10 쪽

〈갖은 양념〉
다진 파 · 마늘 · 생강
고춧가루 · 깨소금 · 참기름
적당량

만드는 법

① 작은 꼴뚜기를 바닷물 정도의 소금물에 깨끗이 씻어 건져 물기를 완전히 빼놓는다.
② 물기 빠진 꼴뚜기에 분량의 소금을 ½ 정도 넣고 버무린다.
③ 물기 없는 항아리를 준비하여 맨 밑에 남은 소금을 한 켜 깔고, 소금에 버무린 꼴뚜기를 되풀이해서 넣고 나서 나머지 소금과 꼴뚜기를 켜켜로 넣는다.
④ 맨 위에 꼴뚜기가 보이지 않도록 웃소금을 충분히 뿌리고, 뚜껑을 덮어 서늘한 곳에 2~3 개월 정도 두어 삭힌다.
⑤ 꼴뚜기젓이 잘 삭으면 먹통과 내장을 떼고 준비한다.
⑥ 마늘은 편으로 얇게 썬다.
⑦ 꼴뚜기젓과 마늘에 다진 파, 다진 마늘, 다진 생강, 다진 고춧가루, 깨소금, 참기름을 넣어서 무쳐 낸다.

3~4 월에 알이 없고 자잘한 꼴뚜기를 고른다. 빨리 먹을 것은 슴슴하게 소금간을 한다.

소라젓

재 료 (5 인분)

소라 20 개
굵은 소금 200 g

〈갖은 양념〉
다진 파 · 마늘, 고춧가루
깨소금, 식초 적당량

만드는 법

① 소라는 입이 꼭 다물어지고, 무거운 것으로 준비한다. 살을 돌려 뺀 다음, 내장을 잘라 내고, 손질하여 바닷물 정도의 소금물에 깨끗이 씻어 건져 물기를 완전히 빼놓는다.
② 물기 빠진 소라에 분량의 소금을 ½ 정도 넣고 버무린다.
③ 물기 없는 항아리를 준비하여 맨 밑에 남은 소금을 한 켜 깔고, 소금에 버무린 소라와 소금을 켜켜로 넣는다.
④ 소라가 보이지 않도록 맨 위에 웃소금을 충분히 뿌리고, 뚜껑을 덮어 서늘한 곳에서 2~3 개월 이상 두어서 삭힌다.
⑤ 알맞게 익은 소라젓을 꺼내어 얄팍하게 썰어서 다진 파 · 마늘, 고춧가루, 식초, 참기름, 깨소금으로 양념하여 무쳐 먹는다.

소라는 9 월 경이 제철로, 담가서 2~3 개월이 지나면 먹을 수 있지만, 오래 두고 먹을수록 맛이 독특하다.

갓김치

재 료 (5인분)

갓 3단(1.8kg)
실파 ½단(400g)
고춧가루 1컵(100g)
마늘 ½컵(130g)
생강 ⅓컵(100g)
찹쌀풀 ½컵(80g)
멸치젓 ⅔컵(130g)
소금 20g
통깨 25g

만드는 법

① 갓은 줄기가 연하고 붉은 빛이 도는 것으로 골라 다듬어 깨끗이 씻고, 실파도 다듬어 씻은 후, 소금에 절였다가 물기를 뺀다.
② 멸치젓은 동량의 물을 붓고 달인 다음, 소쿠리에 한지를 깔고 걸러서 맑은 젓국을 받아 놓는다.
③ 맑은 멸치젓국에 고춧가루를 넣어 불린 다음, 다진 마늘, 생강, 설탕, 통깨를 섞어 넣고 걸쭉하게 고추양념을 만든다.
④ ③의 양념에 갓과 실파를 같이 넣고 빨갛게 버무려 4~5가닥씩 모아 잡고 반으로 또아리를 지어 항아리에 꼭꼭 눌러 담은 후, 절인 배추 우거지를 위에 덮어서 익힌다.
⑤ 잘 익으면 한 뭉치씩 꺼내어 짧게 썰어서 그릇에 담아 낸다.

갓김치의 갓은 너무 크지 않은 줄기가 연하고, 잎이 싱싱한 붉은 갓으로 담그는 것이 좋다. 배추·무 김치에도 붉은 갓을 쓰는 것이 좋지만, 기호에 따라서는 향이 강하지 않은 푸른 갓을 쓰도록 하며, 동치미 같은 맑은 국물을 내야 할 때에도 푸른 갓을 이용한다.

새우젓

재 료

생새우 1 kg
㉠ 소금(호렴) 35 g (1/4 컵)
㉡ 소금(호렴) 100 g (2/3 컵)

만드는 법

① 생새우는 지푸라기와 잡티를 잘 골라내고 ㉠의 소금물에 헹구어 소쿠리에 건져 물기를 뺀다.
② 항아리에 ㉡의 소금을 한 켜 깔고, 생새우를 고루 펴서 한 켜 담고, 그 위에 소금을 뿌리고, 새우와 소금을 반복하여 켜켜로 담는다. 그리고 맨 위에 소금을 넉넉하게 뿌린 다음, 꼭 봉해서 서늘한 곳에서 2주~1개월가량 삭힌다.

잘 삭힌 새우젓은 김치를 담글 때 쓰며, 반찬으로 쓸 때는 갖은 양념을 넣고 무쳐 먹는다.

멸치젓

재 료

생멸치 1 kg
㉠ 소금(호렴) 35 g (¼ 컵)
㉡ 소금(호렴) 140 g (1 컵)
물 2 컵

만드는 법

① 멸치는 싱싱한 것으로 골라 ㉠의 소금물에 흔들어 씻어서 소쿠리에 건져 물기를 뺀다.
② 항아리에 ㉡의 소금을 한 켜 깔고 생멸치를 고루 펴서 한 켜 담은 후, 그 위에 소금을 뿌리고 멸치와 소금을 반복하여 켜켜로 담은 다음, 맨 위에 소금을 넉넉하게 뿌린다.
③ ㉡의 소금물을 끓여 식힌 후, 항아리에 붓고 무거운 돌로 눌러 꼭 봉한 다음, 서늘한 곳에서 3 개월 이상 푹 삭힌다.

김치에 쓸 때는 멸치 10 컵에 물 10 컵의 비율로 함께 넣고 달여서 소쿠리에 베보자기를 두세 겹으로 깔로 국물을 밭쳐 맑은 국물을 만들어 사용하며, 반찬으로 사용할 때는 잘게 썰어 갖은 양념으로 무쳐 먹는다.

황석어젓

재 료

황석어 10 kg
굵은 소금 11 컵
찹쌀가루 1 공기

만드는 법

① 황석어는 심심한 소금물에 깨끗이 닦아 물기를 제거해 놓는다.
② 찹쌀가루는 멀겋게 죽을 쑨 다음, 굵은 소금을 넣어 식혀 놓는다.
③ ①과 ②를 골고루 섞어 항아리에 담은 다음, 위에 비닐을 덮은 후, 돌로 눌러 놓는다.

음력 5 월쯤 담그어야 알이 많이 들어있어 색다른 맛이 있다.

밴댕이젓

재 료

밴댕이 500 g
소금 100 g

〈갖은 양념〉

다진 파
마늘
생강
고춧가루
깨소금 · 참기름 적당량

만드는 법

① 싱싱한 밴댕이를 골라 내장을 빼낸 다음, 바닷물 정도의 소금물에 깨끗이 씻어서 건져 물기를 완전히 빼놓는다.
② 물기 빠진 밴댕이에 분량의 소금을 ½ 정도 넣고 버무린다.
③ 물기 없는 항아리를 준비하여 맨 밑에 남은 소금을 한 켜 깔고 소금에 버무린 밴댕이를 넣은 후에 되풀이해서 나머지 소금과 밴댕이를 켜켜로 넣는다.
④ 맨 위에 웃소금을 밴댕이가 보이지 않도록 충분히 뿌리고 뚜껑을 덮어 서늘한 곳에 2~3 개월 정도 두어 삭힌다.
⑤ 먹을 때 조금씩 꺼내어 갖은 양념에 무쳐 먹는다.

- 밴댕이는 청어과의 바닷고기로 길이가 5~10 cm 정도이며, 살이 많을 때인 봄철(3~4 월)에 많이 담근다.
- 밴댕이젓은 전남과 평북 지방에서 멸치젓 대신에 많이 이용하는 젓갈이다.

명란젓

재 료

명란 1 kg
㉠ 소금 2 큰술
㉡ 소금 70 g (½ 컵)
　고춧가루 (고운 것) 4 큰술
　다진 마늘 2 큰술
깨소금 적당량
참기름 적당량
다진 실파 적당량

만드는 법

① 터지지 않고 싱싱한 명란을 준비하여 ㉠의 소금을 물에 풀어서 만든 소금물에 살살 흔들어 씻어 채반에 담아 물기를 뺀다.
② 명란에 ㉡의 소금, 고춧가루, 마늘 다진 것을 섞어 잘 버무려 항아리에 차곡차곡 담고 맨 위에 소금을 넉넉하게 뿌리고 꼭꼭 눌러 뚜껑을 덮어 10 일 정도 저장하여 둔다.
③ 먹을 때 명란젓을 꺼내 그릇에 담고 ㉠의 깨소금과 참기름을 넣고 실파를 동그랗게 썰어 위에 뿌려서 상에 낸다.

명란젓은 그대로 찬을 하거나 맑은 젓국찌개를 끓여도 좋다.

참게젓

재 료

참게 10 마리
㉠ 소금 1 컵, 물 6 컵
진간장 4 컵
㉡ 생강 (저민 것) 3 큰술, 마늘 (저민 것) 3 큰술

만드는 법

① 살아 있는 게를 구입하여 ㉠의 소금물에 하룻밤 담가 둔 후, 솔로 깨끗이 씻어 물기를 뺀다.
② 항아리에 등껍질이 밑으로 가도록 담고, 분량의 간장을 붓는다.
③ 2~3 일 지난 후, 간장만 따라내어 끓여 식혀서 ㉡의 생강, 마늘을 져며 넣고, 다시 항아리에 붓는다. 3 일 후에 다시 간장만 따라 내고 끓여 식혀 붓는다. 3~4 회 반복한 후, 꼭 눌러 봉해 두었다가 2 주~1 개월 정도면 먹는다.

참게젓에 간장을 여러 번 끓여 부으면 디스토마에 감염될 염려가 없다. 그 외에도 5 월에 나는 살아 있는 꽃게를 잘 손질하여 토막을 내고 매운 양념장에 재워서 바로 먹을 수 있는 꽃게장이 있다.

조기젓

재 료

조기 1 kg
㉠ 소금 35 g (1/4 컵)
㉡ 소금(호렴) 140 g (1 컵)
㉢ 소금(호렴) 140 g (1 컵), 물 2 컵

만드는 법

① 조기는 ㉠의 소금을 물에 타서 깨끗이 흔들어 씻은 다음, 소쿠리에 건져 물기를 뺀다.
② 조기의 입과 아가미 속에 ㉡의 소금을 가득 채우고 항아리 밑에도 소금을 뿌린 후, 조기를 겹치지 않게 차곡차곡 담고 켜마다 소금을 뿌린다. 이것을 반복해서 항아리에 7 부 정도가 되게 담은 후, 맨 위에 소금을 듬뿍 뿌린다.
③ ㉢의 소금물을 끓여 식힌 후, 항아리에 붓고 무거운 돌로 눌러 꼭 봉한 다음, 서늘한 곳에서 3 개월 이상 푹 삭힌다.

김치에 쓸 때는 달여서 체에 밭쳐 양념으로 넣고, 반찬으로 먹을 때는 살을 발라 갖은 양념으로 무치며, 참기름을 발라서 구워 먹기도 한다.

가자미식해

재 료

참가자미(小) 10마리
메좁쌀 1컵
무 200g
엿기름가루 ½컵
고춧가루 ½컵
소금 ½컵
다진 마늘 2큰술
생강즙 1큰술

만드는 법

① 노란 참가자미는 내장과 머리를 제거하고 깨끗이 손질하여 소금을 뿌리고 채반에 널어 이틀 정도 꾸덕꾸덕하게 말린다. 무거운 돌로 눌러 물기를 빼고 먹기 좋은 크기로 썰어 놓는다.
② 무는 굵게 채를 썰어 소금에 살짝 절였다가 물기를 꼭 짠다.
③ 메조밥을 되직하게 지어 소금간을 한 후, 식혀서 무채 절인 것과 가자미, 마늘 다진 것·생강즙·고춧가루·엿기름가루를 넣어 빨갛게 버무린다.
④ 항아리에 꼭꼭 눌러 담고 돌로 눌러 서늘한 곳에서 1주일 정도 익힌다.

- 남쪽은 잔생선류로 젓갈을 만들며, 날씨가 더운 관계로 간을 짜게 해서 두었다가 무쳐 먹는다. 그러나 북쪽은 추운 관계로 간을 슴슴하게 하고 큼직한 생선류를 많이 쓴다.
- 식해 만드는 재료로는 노란 참가자미 외에도 동태, 도루묵, 대구, 북어가 많이 쓰이며, 반찬이나 술안주에 좋다.

토하젓

재 료

토하새우(민물새우) 2 kg
새우 2 kg
찹쌀 750 g
마늘1 kg
생강 1 kg
마른 통홍고추 1 근
고춧가루 2 컵

만드는 법

① 가을철 민물새우를 깨끗이 손질하여 물에 씻지 않고, 항아리에 새우 한 켜 소금 한 켜를 반복해서 넣은 후, 맨 위에는 새우가 보이지 않도록 소금으로 덮고 꾹꾹 눌러 그 이듬해 봄까지 삭힌다.
② 찹쌀은 물에 충분히 불린 다음, 고슬고슬하게 쪄 분마기에 갈아 둔다.
③ 새우도 분마기에 갈고, 마른 통홍고추, 마늘, 생강도 분마기에 간 다음, ②의 찹쌀과 모두 함께 섞어 버무린다.
④ ⑤의 재료를 항아리에 넣고 맨 위에 흰 곰팡이가 끼지 않도록 소금을 살짝 뿌려 덮은 다음, 익으면 먹는다.

토하젓은 오래 묵을수록 구수하고 맛이 있다.

조개젓

재 료

조갯살 1 kg
㉠ 소금(호렴) 35 g (¼ 컵)
㉡ 소금(호렴) 140 g (1 컵)

만드는 법

① 조갯살은 작고 싱싱한 것으로 골라 ㉠을 넣은 소금물에 살살 흔들어 씻어 소쿠리에 건져 물기를 뺀다.
② 조갯살에 ㉡의 소금을 넣고 고루 버무려서 항아리에 담은 다음, 뚜껑을 꼭 봉한 후, 서늘한 곳에서 2주일 정도 삭힌다.
③ 먹을 때는 필요한 양만 꺼내어 갖은 양념을 넣고 무쳐서 상에 낸다.

조개젓은 작은 조개를 선택하여 옅은 소금물에 담그어서 불순물을 완전히 토해 내도록 한 후, 껍질을 까서 담근 다음, 2주 정도 익혀 먹으면 제맛이 난다.

십 일 월

아침 저녁으로 쌀쌀한 바람이지만
한낮 햇살이 따사롭다.
11월이면 농촌 어디에 가나
채반이나 멍석에 무, 가지,
애호박, 박 등의 각종 채소와
해조류 · 생선 등을 널어
말리는 풍경을 쉽게 볼 수 있어
주부의 알뜰함과 지혜가 돋보인다.

김 치

전 같으면 지금쯤 집집마다 포기김치를 한 접씩 담그고, 무김치며 동치미며 여러가지 김장을 모두 끝냈을 터이다. 하지만 요즈음은 날씨도 그전같이 춥지 않으려니와, 조금씩 담가 먹으니 그리 일찍 할 필요도 없어서 12월에 별미김치를 담가 먹는 집이 많아졌다.

이 겨울에 가장 맛을 내는 우리의 김치에 대해서 생각해 보고, 평소 맛볼 수 없는 독특한 별미김치를 소개하고자 한다.

우리 민족은 오래 전부터 채소 염장법인 김치를 즐겨 왔다. 우리의 김치는 단순한 발효채소가 아니라, 젓갈류·양념·향신료 등이 많이 가미되기 때문에 복합 발효식품이며, 다른 나라에서 찾아볼 수 없는 우리 민족 고유의 음식이다.

김치에 관한 최초의 문헌상 기록은, 약 3000년 전 중국 최초의 시집인 《시경(詩經)》에 '저(菹)'라는 이름으로 처음 등장한다. "밭 두둑에 외가 열렸네. 외를 깎아 저(菹)를 담자. 이것을 조상께 바쳐 수(壽)를 누리고 하늘의 복을 받자." 이것은 오이를 절여서 숙성시킨 것이라 하였으니, 여기에 수록된 저(菹)는 김치 무리일 것으로 보여진다.

우리 나라에서는 삼국(三國) 및 통일신라시대 이전의 문헌에 저채류(菹菜類)를 가리키는 저(菹)의 기록은 보이지 않으나, 《삼국사기(三國史記)》(1145)에서 신문왕(689년)이 부인을 맞이하는 납폐품목 중 해(醢)는 '절일 해'로, 어해(魚醢)·저해(菹醢) 등의 뜻이 있어서, 젓갈·김치류의 총칭으로 해석되고 있다. 그러므로 어패류나 채소 발효식품이 쌀, 술, 장류 등과 함께 사용되는 기본식품이었음을 알 수 있다.

우리나라 문헌상에 최초로 김치가 등장한 것은, 고려 중엽의 이규보(1168~1241)가 쓴 《동국이상국집(東國李相國集)》의 시(詩) '가포육영(家圃六詠)'에 "장(醬)에 담그면 여름철에 먹기 좋고, 소금에 절인 김치는

겨울 내내 반찬 되네. 뿌리는 땅 속에서 자꾸만 커서 서리맞은 것 칼로 잘라 먹으니 배 같은 맛일세." 라는 문구가 실려 있다.

그밖에도 외, 가지, 순무, 파, 아욱, 박 등의 여섯 가지 채소로 만든 김치가 기록되어 있다. 이로 미루어, 우리나라 김치의 원형은 대체로 약 800 년 전으로 추정할 수 있다.

그 후, 김치에 여러가지 젓갈과 생선 등의 동물성 식품을 첨가하게 되었는데, 1670 년 안동 장씨 부인이 지은 《음식지미방(飮食知味方)》에서는 김치 담그는 법이 더욱 다양해져서 '동과 담그는 법', '마늘 담그는 법', '산갓침채법', '생치짠지', '생치지', '무김치(나박김치)' 등 7 가지의 침채류 만드는 방법이 나와 있다. 이 중에 생치침채법(生雉沈菜法)을 보면, '꿩을 삶아 오이지와 같이 썰어 따뜻한 물에 소금을 알맞게 넣어 나박김치처럼 담그어 먹는다.' 라는 기록이 있어, 이 때부터 동물성 식품이 김치에 들어간 것을 알 수 있다. 또한 나박김치가 이 책에 처음으로 등장하여 우리나라 고유의 싱건지형 김치의 원조가 되었다.

그 후 고춧가루가 도입되어, 1749 년 경의 《경도잡지》에 '섞박지를 뜻하는 잡저(雜菹)는 새우젓 끓인 국물에 무, 배추, 마늘, 고춧가루, 소라, 전복, 조기 등을 독 속에 버무려서 겨울 동안 숙성시켜 맛이 매우 매운 것을 1700 년대 서울 사람들이 먹었다.' 라고 하였다.

1766 년 《증보산림경제》에 34 종의 김치가 나와 있고, 1815 년의 《규합총서》에서는 젓갈과 고추가 김치의 주요 양념으로서의 구실을 하고 있음을 알 수 있다.

이로써, 19 세기에는 다양한 김치가 선보이게 되었고, 오늘날의 김치가 규모상으로 거의 완성되어서 김장 담그기는 장 담그기와 함께 가정의 중요 연중 행사가 되었다.

김치의 종류는 100여 종이 넘게 많은데, 주재료별로 나누어 보면 배추김치류가 11여 종, 무김치류가 21여 종, 나물김치류가 20여 종, 섞박지류가 5종, 파김치가 5종, 어패류·육류김치가 10여 종, 해조류김치가 4종, 물김치류가 20여 종, 기타 김치류가 10종 이상이 된다.

또한 김치 및 절임류의 제조에 사용되는 주재료로 통배추를 비롯해서 28종의 식물성 재료와 가자미 등 8종의 동물성 재료가 쓰인다.

그리고 채소·과실·향신료 등이 57종, 조미료 8종, 젓갈류 10종 등의 총 111종의 재료 중에서 취사선택(取捨選擇)하여 김치를 만들고 있다.

이들을 이용해서 만든 김치는 가장 알맞게 익었을 때가 제일 영양이 높다. 특히 김장김치에는 여러 종류의 젓갈과 굴, 새우, 동태, 낙지 등의 해산물을 넣음으로써 단백질뿐만 아니라, 칼슘·마그네슘·철·인 등의 무기질이 강화되어 겨울철 영양공급에 중요한 역할을 해준다.

또한 김치에는 단백질, 탄수화물을 소화시키는 효소가 들어있고, 마늘이 들어감으로써 비타민 B군의 흡수를 촉진시킬 뿐만 아니라 살균력도 강화된다.

우리 나라는 남북으로 길게 뻗어 있어서 겨울의 기온차가 크기 때문에 김치의 간과 양념, 고명이 다르고 맛 또한 지방마다 다르다. 즉, 김치를 만드는 원리는 지방이나 계절적으로는 같으나, 그 지방의 자연조건이 다르기 때문에 각기 다른 제조법이 발달되어 왔다.

각 지방 김치의 특징을 간단히 요약하면, 서울과 개성은 사치스럽고 복잡한 것이 특색이지만, 경기도 지역은 김치의 품이 소박하고 맛이 구수하며, 간은 중간 정도로 짜지도 싱겁지도 않다. 김치에 들어가는 젓갈은 새우젓, 조기젓, 황석어젓 등의 담백한 젓국을 많이 쓴다.

강원도의 영동지방은 동해안을 끼고 있어서 싱싱한 오징어와 명태를 꾸덕꾸덕하게 말려 넣고, 새우젓국으로 간을 하여 여느 지방에서 느끼기 힘든 시원하고 개운한 맛을 내는 것이 특징이라고 하겠다. 영서지방은 갓김치를 담백하게 간을 하고 국물을 넉넉히 부어서 매콤하고 시원하게 담는다. 강릉깍두기, 창란젓깍두기, 더덕김치, 가지김치가 유명하다.

충청도는 후한 인심이 김치에도 반영된 듯하여 그 양이 많고 간은

중간 정도에서 맛이 순하다. 굴섞박지, 총각김치, 무짠지 등이 별미로 시원한 맛을 낸다.

전라도는 다른 지방에 비해 겨울철에도 날씨가 따뜻한 편이라, 김치가 쉽게 산패될 우려가 있으므로 그 맛도 자극성이 강하도록 멸치젓과 고춧가루를 많이 넣어서 짜고 맵게 하는 것이 특징이다. 또한 해산물이 풍부해서 젓갈을 많이 넣고 마늘·고추에 비해서 생강은 적게 쓴다. 주로 사용되는 젓갈은 멸치젓과 갈치젓이며, 동해안 지역에서는 꽁치젓갈을 넣기도 한다.

제주도는 기후가 따뜻해서 김장이 별로 필요 없기 때문에 그 종류가 많지 않고 만드는 방법도 간단하여 양념을 많이 넣지 않는다. 이것은 재료가 싱싱하기 때문에 굳이 양념으로 맛을 낼 필요가 없어서이다.

북쪽 지방은 기온이 낮아서 간이 싱겁고 양념을 적게 써서 맛이 슴슴하고 시원하다. 동치미, 백김치 등 국물이 넉넉한 편으로 새우젓, 황새기젓 등을 주로 사용한다.

김치는 아무리 맛있게 담그어도 보관을 잘 못하면 맛이 없어지므로 담글 때부터 신경을 써야 한다. 우선 항아리에 김치를 넣고 나면 손으로 꼭꼭 눌러서 중간에 들어 있는 공기를 빼 주고, 절인 우거지나 비닐을 덮어서 공기와의 접촉을 차단한다. 김치를 독에 넣을 때는 반드시 비닐봉지에 넉넉하게 여유를 두어 담고 고무줄로 잘 묶도록 한다.

한 개의 비닐봉지에 2 포기씩 넣어서 차곡차곡 포개 놓고, 익은 다음에 먹을 때는 하나씩 꺼내 먹는 것도 바깥 공기를 막는 요령 중의 하나이다. 보관할 때의 온도가 너무 높으면 발효가 너무 빨리 진행되어 맛이 들기도 전에 시어지고, 영하 이하의 온도에서 보관하게 되면 발효가 거의 진행되지 않아서 김치가 익지 않고 맛이 없게 된다.

김치를 가장 맛있게 먹기 위해서는 항아리에 담아서 땅에 묻은 채로 보관하는 것이 가장 좋고, 그렇지 못하면 5℃ 온도 전후에서 보관하는 것이 바람직하다.

매화김치

재 료 (5 인분)

무 1개
당근 2개
쑥갓 30 g
소금·설탕·식초 적당량

만드는 법

① 무를 3 cm 길이로 토막내어 과일씨 뽑는 기구로 한가운데를 찍어 낸다.
② 무 한가운데의 구멍난 빈자리에 당근을 같은 크기로 찍어서 그 속에 끼운다.
③ 이것을 밑에 1 cm 정도 남기고 실국화 모양(바둑 모양)으로 칼집을 낸다.
④ 이것을 소금에 절였다가 설탕과 식초로 새콤달콤하게 간을 맞춘 다음, 매화꽃 모양으로 눌러서 항아리에 담고 알맞게 익힌 후, 그릇에 담아서 쑥갓으로 장식해 낸다.

무와 당근이 마치 매화같이 벌어져서 모양이 아름다우며, 맛이 시원하고 개운하다.

박김치

재 료 (5인분)

박 (단박) 450 g
골파 50 g
고춧가루 5 큰술
다홍고추 2 개
마늘 (채 썬 것) ½ 큰술
생강 (채 썬 것) 1 작은술
소금 2 큰술

만드는 법

① 여린 박은 속을 깨끗이 긁어내고 껍질을 벗겨 내어, 나박김치처럼 나박나박 썰어 소금에 살짝 절여 놓는다.
② 골파와 다홍고추는 3 cm 길이로 잘라 곱게 채를 썰고, 마늘과 생강도 곱게 채를 썬다.
③ 준비된 위의 재료들을 모두 섞어 고루 버무려 항아리에 담는다.

박김치가 알맞게 익으면 더 부드러워지며, 박의 향기가 아름답다.

보쌈김치

재 료 (5 인분)

배추 3 포기 (8 kg)
무 1 개 (1.2 kg)
소금 2½ 컵
실파 50 g
갓 50 g
미나리 100 g
표고버섯 2 장
석이버섯 2 장
밤 3 개, 대추 5 개
새우젓 ½ 컵, 조기젓 1 컵
굴 1 컵, 낙지 1 마리
배 1 개
잣 2 큰술
생강 40 g, 마늘 80 g
실고추 약간
고춧가루 2 컵
소금 4 큰술, 설탕 3 큰술

만드는 법

① 배추는 잎이 넓고 많은 것으로 골라, 길이로 반을 가르고, 무도 갈라서 함께 소금으로 절인다. 실파, 갓, 미나리는 3~4 cm 길이로 썰고, 굵은 파는 어슷하게 썰기한다. 표고버섯은 물에 불려서 채를 썰고 석이버섯도 손질하여 채를 썬다.

② 밤은 껍질 벗겨 납작하게 썰고, 대추는 손질하여 돌려깎기해서 가늘게 채 썬다. 실고추는 대추길이만큼 자르고, 잣은 고깔을 떼어 내고 웃고명을 준비한다. 새우젓은 건지만 건져서 다지고, 조기젓은 살을 저며 놓고 국물은 달여서 밭쳐 김치국물로 쓴다. 굴은 슴슴한 소금물에 씻어 둔다.

③ 절여진 배추 속은 3 cm 길이로 썰고, 배와 절인 무는 나박썰기를 한다. 여기에 고춧가루를 넣고 버무린 후에 나머지 다진 마늘과 생강 등의 양념과 젓갈을 넣어서 고루 섞는다. 마지막에 해물과 배를 넣고 버무리면서 소금과 설탕으로 간한다.

④ 김치 보시기에 배추 겉잎을 2~3 장 펴 놓고, 버무린 김치를 소복하게 담는다. 그 위에 준비한 석이버섯·표고버섯·밤·잣·실고추 등의 고명을 얹고, 펼쳐진 배춧잎을 덮어서 꼭 아물린다. 항아리에 차곡차곡 담고 황석어젓 달인 국물에 슴슴한 소금물을 섞어서 간을 맞춘 다음, 땅에 묻는다.

더덕김치

재　료 (5 인분)

더덕 30 개
부추 200 g
고춧가루 200 g
새우젓 ½ 컵
다진 마늘 1 큰술
다진 생강 1 작은술
소금 적당량

만드는 법

① 더덕은 굵고 곧은 것으로 준비하여 껍질을 벗기고 깨끗이 씻어 5 cm 길이로 토막내어 양끝을 1 cm 씩 남기고 한가운데를 열십자로 칼집을 내어 소금물에 담그어서 절여 놓는다.
② 부추는 송송 썰고, 새우젓도 곱게 다져 놓는다.
③ 고춧가루에 미지근한 물 ⅓ 컵을 부어 불린다.
④ 절인 더덕은 보자기에 싸서 무거운 것을 눌러 놓는다.
⑤ 넓은 그릇에 고춧가루와 새우젓, 마늘·생강을 넣어 고루 섞은 후에 부추를 넣고 속을 만들어 꼭꼭 눌러 놓는다.
⑥ 더덕의 칼집 사이에 준비한 소를 꼭꼭 채워 넣고 김치항아리에 담은 후, 양념 그릇에 물을 약간 붓고 소금으로 간을 하여 김치항아리에 붓는다.

양념한 소를 더덕 속에 채워 넣을 때 겉에 묻지 않도록 하면 보기에 깨끗하다. 이 김치는 경상도 지방의 별미김치인데, 산더덕을 사용하면 더덕의 참맛인 쌉쌀한 맛을 느낄 수 있어서 더욱 좋다.

콩나물김치

재 료 (5 인분)

콩나물 800 g
파 50 g
다진 마늘 1 큰술
다진 생강 1 작은술
고춧가루 1 큰술
소금 40 g
물 5 컵
풋고추 1 개
다홍고추 1 개

만드는 법

① 통통하게 살찌고 길이가 짧은 콩나물을 준비하여 뿌리를 자르고 깨끗이 씻어 놓는다.
② 파는 곱게 채를 썰고, 마늘·생강은 다져서 작은 주머니에 넣어 동여맨다. 풋고추, 다홍고추도 채를 썬다.
③ 냄비에 분량의 물과 소금을 넣고 콩나물을 넣어 비린내가 나지 않을 정도로만 삶는다.
④ 콩나물은 건지고, 국물은 차게 식힌다.
⑤ 삶은 콩나물에 고춧가루를 넣고 가볍게 버무린 후, 채를 썬은 파와 풋고추, 다홍고추를 넣고, 마늘과 생강을 넣은 주머니를 넣고 차게 식힌 콩나물 국물을 간 맞추어 붓는다.
⑥ 하룻밤이 지나면 익는다.

이 김치는 함경도의 별미 김치인데, 겨울에 차게 하여 밤참으로 밥을 말아 먹으면 시원하고 구수하다.

감김치

재　료 (5인분)

배추 1포기
무 ½개
단감 5개
마늘 ½통
생강 1톨
파 2뿌리
고춧가루 ½컵
멸치젓 ½컵

만드는 법

① 배추와 무는 깨끗이 씻어 나박썰기를 하여 소금에 절인다.
② 단감도 같은 크기로 썰어 소금에 절여 떫은 맛을 제거한다.
③ 파, 마늘과 생강은 다지고, 멸치젓에 고춧가루를 넣어 걸쭉하게 불려 놓는다.
④ 큰 그릇에 위의 재료를 모두 넣고 고루 버무려 김치단지에 담는다.

- 김치에 달짝지근한 감이 들어가 씹힐 때마다 별미를 느낄 수 있는 황해도 김치이다.
- 모든 김치는 김치단지에 담글 때 꼭꼭 눌러 담아 익혀야 맛있게 잘 익는다.
- 이 겨울에 늘 먹던 김치보다는 별미의 김치를 차례로 조금씩 담근 후에 맛있게 익혀서 식탁에 올린다면 가족 모두가 우리의 김치를 더욱 사랑하게 되리라 생각된다.

깻잎김치

재 료 (5 인분)

깻잎 20 단
무 500 g
소금 ½ 컵
물 3 컵
실파 50 g
미나리 50 g
밤 5 개
마늘40 g
생강 20 g
멸치젓 ½ 컵
고춧가루 ½ 컵
설탕 2 큰술
소금 적당량

만드는 법

① 깻잎은 깨끗이 씻어 소금물에 담그어 떠오르지 않게 접시나 돌로 눌러 4일 정도 삭힌다.
② 무는 씻어서 4 cm 로 가늘게 채를 썰고, 실파와 미나리는 다듬어서 3 cm 길이로 썬다.
③ 밤은 껍질을 벗기고, 마늘과 생강은 씻어서 각각 채로 썬다.
④ 절여진 깻잎은 깨끗이 씻어서 소쿠리에 건져 물기를 뺀다.
⑤ 멸치젓은 미리 같은 양의 물을 섞어서 끓인 후, 고운 체에 걸러 맑은 젓국으로 준비한다.
⑥ 멸치젓국에 고춧가루를 넣고 잠시 불렸다가 여기에 채 썬 무, 밤, 마늘, 생강과 설탕을 넣어 고루 버무려 고추양념을 만든다.
⑦ 깻잎을 서너 장씩 겹쳐서 도마에 얹고 무채 양념을 가운데에 길이로 놓은 다음, 끝에서부터 돌돌 말아 차곡차곡 담아 돌로 눌러놓고, 뚜껑을 덮어 익힌다.

장아찌 · 부각 · 튀각 · 포

아침 저녁으로 찬바람이 불고 햇살이 따사롭게 비추는 11월이면 우리 나라 농촌 어느 곳을 가거나 채반 또는 멍석에 무, 가지, 애호박, 박 등의 각종 채소와 해초류 생선 등을 널어 말리는 풍경을 쉽게 찾아볼 수 있다.

이러한 가을걷이로 장아찌, 마른찬, 자반(佐飯) 등을 만들어 놓으면 찬거리를 장만하기 어려운 겨울철에도 각종 영양과 비타민을 섭취할 수 있을 뿐만 아니라, 저장식품의 독특한 맛을 즐길 수 있어, 주부의 알뜰함과 지혜가 돋보이게 된다.

장아찌는 장과(醬瓜)라고도 하는데, 무 · 오이 · 가지 · 배추 · 미나리 · 도라지 · 더덕 · 마늘 · 마늘쫑 · 풋고추 · 깻잎 등의 채소를 삐드득삐드득하게 말려서 간장이나 식초 또는 된장과 고추장에 박았다가 맛이 든 것을 그대로 먹거나 양념해서 먹는 저장식품이다. 불로 익혀서 즉석에서 만드는 갑장과(熱醬瓜)도 있다.

장아찌에 대한 최초의 기록은, 고려 중엽 이규보의 《동국이상국집》(가포육영)에 "좋은 장을 얻어 무를 재우니 여름철에 좋고, 소금에 절여 겨울철을 대비한다."라고 하였다. 고려 말의 《임원십육지》에 보면 김치무리를 소금절이김치, 초절이김치, 장아찌, 식해형 김치 등으로 분류하고 있다.

이 중에서 장아찌는 제채(虀菜)라고 하였는데, 제는 〈주례(周禮)〉의 오제칠온(五虀七蘊)에서 나온 말이다. 제와 온은 채소를 초장(醋醬)으로 조화해서 숙성시킨 것으로, 제는 세절(細切)한 것이고, 온은 전체를 가지고 만든 것이다.

또한 《아언각비》에 '제(齊)는 온(蘊)의 일종으로 가늘게 썬 것을 초와 장에 섞어서 생강과 마늘을 가늘게 썰어 양념을 넣고 버무린 것' 으로 나와 있는데, 이것도 후에는 김치 무리로 기록되어 있다.

이렇게 고대로부터 전해 오는 장아찌의 재료는 수없이 많고 다양하다. 크게는 채소를 이용한 장아찌, 과일과 견과류를 이용한 장아찌, 해초와 어류를 이용한 장아찌, 육류와 기타 재료를 이용한 장아찌로 나눌 수 있다.

채소의 잎과 줄기를 가지고 만드는 장아찌에는 깻잎·당귀·미나리갑장과·배추·열무·고춧잎·콩잎 등이 있고, 열매나 뿌리로 만든 것에는 가지·오이·노각·무·무말랭이·오이갑장과·풋고추·감자·고들빼기·더덕·도라지·사삼길경침장·마늘·토란 등이 있다. 그리고 과실과 견과류를 가지고 만드는 장아찌는 김장아찌·참외·천도복숭아·밤·호두 등이 있다.

해초류와 어류를 이용하는 장아찌에는 다시마·김·미역귀·우무·전복·마른 오징어·대구포·건하(乾蝦)·생해(生蟹)·북어 등이 있다.

육류를 이용한 장아찌는 쇠고기 우둔살로 만드는 우둔침장, 오이·무·당근과 쇠고기를 함께 넣고 집의 진간장으로 조린 쪽장과와 기타 두부장아찌가 있다.

장아찌를 담글 때 유의사항은, 장아찌의 재료는 생것을 그대로 사용하지 않고 일단 절이거나 말려서 수분의 함량을 줄여야 장기간 보존이 가능하다는 것이다. 그리고 장아찌를 박을 장은 보통 때 쓰는 장과는 별도로, 때로 장아찌 전용으로 작은 항아리에 덜어서 쓴다는 것이다. 된장이나 고추장의 큰 항아리에 장아찌의 재료를 넣게 되면 재료에서 수분이 배어 나와서 장맛이 변하기 때문이다.

또한 고추장이나 된장에 깻잎이나 고추 등의 크기가 작은 재료를 박을 때는 얇은 망사주머니나 베주머니에 넣어 박아 두면 꺼낼 때 찾기 쉽고, 재료에 장이 많이 묻지 않아서 손실이 적으며, 썰거나 무칠 때 깔끔해서 다루기가 쉽다. 다양한 재료를 이용하여 담근 맛깔 난 장아찌는, 밥맛을 돋우어 주는 별미이다.

부각·튀각은 식물성 식품에 찹쌀풀을 발라서 말려 두었다가 필요할 때 기름에 튀겨 먹는 음식이며, 튀각은 식품을 건조하여 기름에 튀겨서 소금이나 설탕으로 조미한 것으로, 이들은 모두 안주나 마른 찬으로 사용된다.

우리나라는 상고시대부터 장 담그기와 육류·어류·채소류 등을 고루 상용하는 관습이 있어 왔다.

《삼국사기》에 신문왕 3년에 왕이 왕비를 맞이할 때 폐백품목으로 여러가지 식품 외에 기름 등이 납폐물로 봉해졌다는 기록으로 미루어 보아서, 튀각이나 부각은 기름을 사용한 시기와 함께 만들어지기 시작한 것으로 추측된다.

특히 튀각으로 많이 쓰이는 다시마는, 삼국시대부터 우리나라 근해에서 채취되는 명물 식품으로 꼽혀 왔다. 교통 소통이 지극히 어려웠던 시대에는 저장식품을 비축하는 것이 필수적이었기에, 이러한 저장 비축식품이 더 발달되었을 것이다. 특히 튀각이나 부각은 육류나 어류를 먹지 않는 사찰에서 영양과 열량 보완을 위한 음식으로 크게 발전하였다.

부각이나 튀각의 주재료는 채소의 잎이나 꽃이나 뿌리 등이 이용되는데, 수분이 적고 향미가 많은 것이 적당하다.

부각의 종류로는 풋고추·참가죽잎·깻잎·들깨송이·두릅·감자·돌김(자반)·김·다시마·차조기꽃송이·참나무가죽순·메뚜기·동백잎·국화잎·우엉잎 등이 있다.

튀각의 종류로는 다시마·자반·미역·매듭자반, 감자튀각(자반), 호두튀각(자반) 등이 있다.

부각이나 튀각은 하지(夏至)에서 추분(秋分)까지는 눅눅해서 누그러지므로 만들지 말아야 한다. 주로 가을걷이가 끝난 후에 만들어야 겨울과 봄 동안에 바삭바삭한 맛의 별미를 즐길 수 있다.

부각 만드는 법은 찹쌀가루로 풀을 쑤어서 부각의 재료가 되는 식품에 발라 말렸다가 필요할 때마다 식물성 기름에 튀겨 낸다.

찹쌀풀은 경단을 삶아 방망이로 꽈리가 일도록 저으면서 삶아 낸 물을 조금씩 부어서 된 풀같이 만들고, 소금과 양념을 넣고 간을 맞춘다. 재료에 끼어 있는 돌이나 불순물은 깨끗이 떼어 내고 편평한 곳에 펼친 후에 찹쌀풀을 잘 발라서 겹치지 않게 말린다.

너무 말리면 짝짝 갈라져 버리므로, 바가지 같이 둥글게 약간 오그라들 때가 알맞다. 말린 것은 잘 손질해서 차곡차곡 쌓아 두었다가, 먹을 때 바로 튀기면 말린 찹쌀풀이 하얗게 부풀어올라 모양도 예쁘고 바삭하며 고소하다. 완전히 식은 다음에 썰면 부서지므로, 아직 온기가 있을 때에 가위로 썰어서 그릇에 담는다.

금방 먹지 않을 경우는 비닐통에 담아 꼭 뚜껑을 덮어서 누그러지지 않게 보관한다.

튀각 만드는 법은 젖은 위생타올로 재료 표면의 돌이나 잡티를 닦아내고 깨끗하게 손질하여 끓는 식용유에 튀기는데, 미역이나 다시마는 끓어서 위로 반짝 올라 파랗게 되었을 때에 재빨리 건져서 식기 전에 소금이나 설탕가루 및 통깨를 뿌려 놓는다. 너무 오래 튀기면 색도 누렇게 되고 탄내가 나므로 순간적으로 파랗게 튀겨졌을 때 꺼내는 것이 비결이다.

전라도 광주에서는 어른을 모시고 사는 집이라면 거의 다 만들어 먹는 저장음식이 김부각이라고 하며, 송광사의 감자부각과 고추자반 만드는 방법이 독특하다고 한다.

포는 육류 또는 흰살생선을 말린 저장식품으로, 오래 두고 먹을 수 있을 뿐만 아니라, 맛도 독특하여 폐백음식이나 술 안주 등으로 많이 이용된다. 다른 음식들과 마찬가지로 포 또한 아주 오래 전부터 먹어온 것으로 추측할 수 있다. 이는, 저장법이 간단하여 볕에만 말려도 쉽게 수분이 증발되기 때문이다.

기록으로는 《삼국사기》에서 신문왕이 왕비를 맞이할 당시에도 포가 납폐품목이었음을 밝히고 있다.

포의 종류로는 육포(肉脯)가 있는데, 간장으로 양념한 것은 장포, 소금으로 양념한 것은 염포라고 한다. 쇠고기를 이용하여 만든 육포에는 약포, 대추편포, 칠보편포, 육포쌈 등이 있다. 그리고 생선을 말린 어포에는 암치포, 대구포, 오징어포, 북어포 등이 있다.

포(脯)는 말리는 데에 시간이 걸리며, 모양을 반듯하게 말려야 하므로 정성과 요령이 필요하다. 말리는 시기는 습기가 차서 잘 마르지 않는 하절기를 피하는 것이 좋으며, 바람이 잘 통하는 곳에서 빨리 말리는 것이 색깔도 좋고 맛도 더 있다. 포는 양념장에 참기름을 많이 넣고 양념하여 말리면 산패되기 쉬우므로, 만들 때는 소량을 넣고 말려서 저장하였다가 먹을 때 참기름을 발라서 살짝 구워내면 부드럽고 향긋하다.

우둔침장

재 료 (4 인분)

쇠고기 (우둔육) 600 g
진간장 ½ 컵
물 1 컵
설탕 ¼ 컵
물엿 ¼ 컵
술 (청주) 2 큰술
식초 2 큰술

만드는 법

① 우둔육을 가로 세로 10 cm, 두께 1 cm 로 저며서 칼등으로 자근자근 두드려 놓는다.
② 양념장을 섞어 낮은 불에서 은근하게 끓인 다음, 한 김이 나가게 식혀 놓는다.
③ 작은 항아리에 손질한 고기를 넣고 끓인 간장을 부은 다음, 떠오르지 않게 돌로 눌러놓아 1 개월 이상 봉해 둔다.
④ 먹을 때는 채를 썰어 갖은 양념에 무쳐 낸다.

우무장아찌

재　료 (5 인분)

우무묵 2 모
진간장 4 컵
설탕 2 큰술
고추장 적당량

만드는 법

① 우무묵을 4 cm 정방형으로 썰어 놓는다.
② 진간장에 설탕을 넣고 잘 녹인 다음 썰어 놓은 우무묵을 담그어 2 주일 정도 봉해 둔다.
③ 간이 배이면 우무묵을 건져 물기를 제거한 후, 고추장에 1 개월 이상 박아 놓았다가 필요할 때 참기름, 깨소금, 설탕을 넣어 기호에 맞게 무쳐 먹는다.

호두장아찌

재 료 (5인분)

호두(깐 것) 1되

〈달인 간장〉

- 간장 1컵
- 물 2컵
- 술 3큰술
- 식초 2큰술
- 설탕 ½컵
- 물엿 ½컵

만드는 법

① 호두의 딱딱한 겉껍질을 제거하고 2등분한다.

② 조미한 간장을 달여서 식힌 후, 망으로 된 자루에 호두를 넣고 항아리에 담은 다음, 식힌 간장을 붓는다.

③ 약 15~30일 정도 지나 맛이 나면 꺼내서 체에 밭쳐 조미한 간장물은 따라 내고 마른 타월로 호두를 닦은 후, 다시 고추장 항아리에 박아 3개월 정도 저장한다.

- 속껍질을 벗기면 호두가 물러서 뭉그러지므로 속껍질은 벗기지 않는다.
- 사용한 간장은 다시 한 번 끓여서 재(再)사용할 수 있다.
- 장아찌는 오래 덮어 두고 그늘에 보관하는 것이 좋은데, 자주 뚜껑을 열지 않는 것이 좋다.

김장아찌

재　료 (5 인분)

김 20 장
참기름·통깨 약간

〈달인 간장〉

간장 ⅓ 컵
다시마물 ⅔ 컵
물엿 3 큰술
황설탕 3 큰술
청주 1 큰술
식초 1 큰술

만드는 법

① 김은 윤기가 나고 얇은 것으로 준비·손질하여, 적당한 크기로 뜯어 놓는다.
② 달일 간장의 재료를 혼합하여 1 시간 20 분 정도 은근한 불에서 끓인 다음 차게 식힌다.
③ 손질한 김을 담고 간장을 부어 15 일 정도 두었다가 아래위 김의 위치를 맞바꾸어 간이 고루 배이게 한다. 1 개월 이후부터 먹을 수 있다.

김을 5 장씩 포개어 4 등분한 다음, 다시 접어서 실로 묶은 후, 항아리에 담는 방법도 있다.

밤장아찌

재 료 (5 인분)

밤 30 개

〈달인 간장〉

- 간장 1 컵
- 물 2 컵
- 술 3 큰술
- 식초 2 큰술
- 설탕 ½ 컵
- 물엿 ½ 컵

만드는 법

① 밤은 벌레 먹지 않고 흠이 없는 것으로 골라 껍질을 깨끗이 벗겨 낸다.
② 조미한 간장을 달여서 식힌 후, 껍질을 벗긴 밤에 간장을 잠기도록 붓고, 돌로 위를 눌러 놓는다.
③ 장물이 잘 배어들어 맛이 나면 먹기 시작한다.

더덕장아찌

재 료 (5 인분)

더덕 300 g
고추장 500 g
㉠ 다진 파 · 마늘, 고춧가루, 설탕, 깨소금, 참기름 적당량

만드는 법

① 더덕은 껍질을 벗겨 깨끗하게 손질하여 물에 담그어서 더덕의 쓴맛을 제거한다.
② 쓴맛이 제거된 더덕은 반으로 갈라 두들겨 얇게 저민다.
③ 고추장에 준비한 더덕을 담고, 더덕에 붉은 색이 물들고 맛이 나면 꺼내어 고추장을 훑어 내고 잘게 찢는다.
④ 잘게 찢은 더덕에 ㉠으로 갖은 양념을 하고, 먹기 직전에 참기름으로 맛을 낸다. 1 개월 이후부터 먹을 수 있다.

발효가 덜된 고추장에 더덕을 담그면 고추장의 날냄새가 더덕에 배어들어 맛이 덜하다.

통마늘장아찌

재 료 (5인분)

마늘 50통
식초 6컵
진간장 3컵
설탕 ½컵
소금 3큰술

만드는 법

① 마늘은 껍질을 두 겹 정도 벗기고, 뿌리를 잘라 낸다. 마늘대를 1 cm 정도 남기고 잘라서 깨끗이 씻은 후에 물기를 완전히 빼놓는다.
② 항아리에 마늘을 담고 마늘이 푹 잠기도록 식초를 부어 7~10일 정도 시원한 곳에 보관한다.
③ 10일 후에 식초를 따라내고, 진간장, 설탕, 소금을 고루 섞어 마늘이 잠기도록 붓는다.
④ 돌로 눌러 3~4일간 두었다가 국물을 따라내어 충분히 끓여 식힌 후, 다시 붓는다. 이와같이 3~4회 거듭하여 꼭 봉해 두고 먹는데, 2~3개월 이후부터 먹을 수 있다.

- 마늘장아찌는 소금으로만 간하여 희게 만들거나, 간장을 부어 검게 만드는 방법이 있다. 소금으로 하려면 마늘을 식초물에 담그어 삭힌 후, 소금과 설탕만을 넣어 맛이 들게 한다.
- 통마늘장아찌는 하지 이전에 담그며, 여러 해 묵을수록 좋다. 연한 마늘쫑은 식초에 삭혀 약간 말려 찬으로 사용하거나 고추장에 박아 쓰기도 한다.
- 여름철 더위에 잃기 쉬운 식욕을 돋우어 준다.

북어장아찌

재 료 (5 인분)

마른 북어 300 g
고추장 650 g
㉠ 참기름 · 설탕 · 깨소금 적당량

만드는 법

① 마른 북어를 두들겨서 살을 3~4 cm의 길이로 자른 다음, 결대로 찢어 모시나 베주머니에 담아 놓는다.
② 주머니에 담은 북어살을 고추장에 박은 다음, 5~6 개월 정도 저장한다.
③ 맛이 들면 꺼내어 ㉠의 양념으로 무친다.

마늘쫑장아찌

재 료 (5 인분)

마늘쫑 500 g
고추장 2 컵
㉠ 설탕 · 깨소금 · 참기름 적당량

만드는 법

① 마늘쫑의 양끝 부분은 잘라 버리고, 깨끗이 씻어서 물기를 제거한 후에 5 cm 길이로 썬다.
② 준비된 마늘쫑에 고추장을 넣고 버무려 항아리에 담고 익힌다.
③ 마늘쫑이 익으면 먹을 만큼씩 꺼내어 ㉠으로 양념한다. 담근 지 1 개월 후부터 먹을 수 있다.

고추장아찌

재 료 (5 인분)

풋고추 500 g

〈달인 간장〉

진간장 1 컵
물 1 컵
설탕 ½ 컵
엿 ½ 컵
술 3 큰술
식초 5 큰술

㉠ 다진 파·마늘
고춧가루
통깨
참기름 적당량

만드는 법

① 고추를 깨끗이 씻어서 물기를 완전히 제거하고, 바늘로 콕콕 찔러 구멍을 낸다.

② 조미한 간장을 달여서 식혀 놓는다.

③ 단지에 고추를 차곡차곡 넣고, 망사를 덮고 돌로 눌러주고, 달여 식힌 간장을 부어 준다.

④ 1 개월 후에 간장에서 건져서 물기를 빼고 다시 고추장에 약 1~2 개월 정도 삭힌다.

⑤ 맛이 들면 꺼내어 ㉠의 양념으로 무친다.

- 고추의 꼭지는 바짝 떼어내지 않고, 길이가 2 cm 정도 되도록 잘라 준다.
- 고추에 구멍을 내는 방법은 먼저 앞·뒤로 2 개씩 모두 4 개의 바늘 구멍을 내주는데, 위에서 아래로 향하게 하여 꼭지 부분에 내어 준다. 그 다음에 고추 몸통 부분에 4 개의 구멍을 내주고, 맨 끝부분에 아래에서 위로 향하게 구멍을 앞·뒤로 하나씩 내어 준다.

그러므로 총 10 개의 바늘구멍을 내주게 되는 셈이다. 구멍을 내주는 이유는, 조미간장에 담그어 둘 때 속으로 양념이 잘 배이도록 하기 위함이다.

깻잎장아찌

재　료 (5 인분)

깻잎 20 단 (200 장)
진간장 2 컵
마늘 1 통
실고추 5 g
통깨 5 큰술

만드는 법

① 깻잎을 깨끗이 씻어 행주로 잘 닦아서 5 장씩 묶어 놓는다.
② 마늘은 곱게 채를 썰고 실고추는 3 cm 길이로 잘라 놓는다.
③ 그릇에 진간장, 마늘 채를 썬 것, 통깨, 실고추를 넣고 양념간장을 만들어 놓는다.
④ 항아리에 ①의 깻잎 묶음을 한 켜 깔고, 그 위에 숟가락으로 양념장을 고루 뿌리고, 다시 반복하여 켜켜로 깻잎과 양념장을 담는다.
⑤ 다 담은 위에 남은 양념장을 모두 붓고, 돌로 눌러서 익힌다.

- 그밖에도 깻잎을 간장에 먼저 삭힌 후, 양념을 하여 살짝 쪄 먹기도 한다.
- 실고추는 길지 않게 잘라서 쓴다.

건하(乾蝦) 장아찌

재　료 (5인분)

새우 600 g

〈달인간장〉

㉠
- 간장 ⅓컵
- 다시마물 ⅔컵
- 물엿 3 큰술
- 설탕 3 큰술
- 청주 1 큰술
- 식초 1 큰술

만드는 법

① 새우를 깨끗이 씻어 등 쪽으로 내장을 빼낸 후에 껍질을 벗기고 살을 떼어 찜통에 찐 후에 말린다.

② 손질한 새우를 베주머니에 넣어 꼭 묶는다.

③ ㉠의 재료를 혼합해서 1 시간 정도 은근한 불에서 끓인 다음, 한김 나가게 식힌다.

④ 새우를 주머니째 간장에 넣어두었다가 여러 날이 지난 후에 맛이 들면 먹는다.

각색부각

재　료 (5 인분)

풋고추 (어린 것) 20 개
김 10 장
들깨송이 (차조기꽃송이) 200 g
찹쌀가루 2 컵
통깨 2 큰술
소금 약간
튀김기름 적당량

만드는 법

① 어린 풋고추는 깨끗이 씻어 꼭지를 따고 소금에 살짝 절인 다음, 꾸덕꾸덕하게 말린다.

② 준비한 풋고추에 차지게 쑤어 놓은 찹쌀풀을 바른 후, 그늘에 말리거나 밀가루에 버무려 찜통에 찌기도 한다.

③ 김은 깨끗이 손질하여 찹쌀풀을 붓으로 양면에 바르고, 통깨를 뿌려서 말린다.

④ 들깨송이는 깨끗이 씻어서 찜통에 살짝 쪄서 꾸덕꾸덕 말린 후 찹쌀풀을 고루 발라 말린다.

⑤ 말려 놓은 재료들을 공기가 들어가지 않게 꼭 봉해 놓았다가 필요할 때 150～160 ℃ 의 기름에 튀겨서 그릇에 보기 좋게 담아 낸다.

감자튀각

재 료 (5 인분)

감자 5개
소금 1작은술
식용유 3컵
설탕 약간

만드는 법

① 감자는 껍질을 벗겨 2~3 mm 두께로 얇게 썬 다음, 찬물에 1~2 시간 담갔다가 건진다. 새 물을 갈아주면서 담가 두면 더 좋다.
② 물을 넉넉히 끓여 소금을 넣고, ①의 감자를 2~3 분간 삶아 건져서 볕이 좋은 날에 바짝 말려 둔다.
③ 밀봉하여 서늘한 곳에 저장해 두었다가 필요할 때 기름에 튀긴 후에 소금이나 설탕을 뿌려서 먹는다.

쑥부각

재 료 (5 인분)

쑥 20 장
찹쌀가루 ½ 컵
물 1 컵
소금 1 작은술
식용유 3 컵

만드는 법

① 부드러운 쑥을 따서 씻은 후 물기를 뺀다
② 찹쌀가루에 물을 넣고 풀어서 소금간을 하여 풀을 쑤는데, 수저로 흘려 보아 자연스럽게 흐를 정도로 한다. 너무 묽으면 풀이 묻어나지 않고, 반대로 너무 되면 딱딱하게 된다.
③ 쑥의 뒷면에 풀을 바른다.
④ 얇은 비닐을 깔고, 풀 바른 쪽이 위로 가도록 하여 채반에 담아 통풍이 잘 되는 곳에서 말린다.

고추부각

재 료 (5 인분)

풋고추 (어린 것) 20 개
밀가루 ¼ 컵
소금 적당량
식용유 4 컵

만드는 법

① 어린 풋고추를 골라서 깨끗이 씻고 꼭지를 떼어 낸 다음, 소금에 살짝 절여 둔다.
② 절여진 풋고추를 밀가루에 버무려 찜통에 찐 다음, 채반에 널어 햇볕에 말린다.
③ 잘 말려지면 150 ~160℃ 의 기름에 튀겨서 그릇에 보기좋게 담아 낸다.

참죽부각

재 료 (5 인분)

참죽잎 20 장
찹쌀가루 ½ 컵
물 1 컵
소금 1 작은술
식용유 3 컵

만드는 법

① 참죽잎을 끓는 물에 살짝 데쳐서 채반에 널어 말린다.
② 찹쌀가루에 소금을 넣어 풀을 쑤고, ① 의 참죽잎에 발라 말린다.
③ 거의 말랐을 때 가위로 폭 4 cm 정도를 잘라 공기가 통하지 않는 종이봉지에 넣어 보관·저장한다.
④ 먹을 때는 130~140℃ 정도의 기름에 튀겨 망에 건져 기름이 빠지면, 기름을 흡수할 만한 한지 같은 종이를 깔고 담는다.

참죽부각은 참죽나무의 어린 잎을 삶아서 우려 낸 뒤에 찹쌀풀을 발라 말려서 튀긴 음식으로, 향미가 독특하다.

김부각

재　료 (5 인분)

김 6 장
찹쌀풀 ½ 컵
간장 2 큰술
설탕 ½ 큰술
참기름 1 작은술
깨소금 ½ 큰술
고춧가루 ½ 작은술
통깨 1 큰술

만드는 법

① 찹쌀풀에 간장과 설탕으로 양념을 한다. 또는 소금간만을 하기도 한다.
② ①의 찹쌀풀을 김에 발라 2 장씩 붙인다.
③ 채반에 담아 서늘한 곳에 두어 거의 건조되면 6 등분으로 나누어 접었다가 펴놓는다.
④ 등분된 중앙에 풀을 조금 바르고, 통깨와 고춧가루를 약간씩 뿌려서 다시 말린다.
⑤ 너무 오그라들기 전에 거두어, 공기가 통하지 않는 용기에 보관한다.
⑥ 먹기 직전에 꺼내어 참기름을 발라 번철에 구워 낸다.

김부각은 김에 양념한 찹쌀풀을 바른 후에 참깨와 고춧가루를 뿌려서 볕에 말린 반찬이다.

대추·칠보편보

재 료 (5 인분)

쇠고기 (우둔, 대접살) 600 g
잣 8 큰술

㉠
- 진간장 5 큰술
- 설탕 3 큰술
- 참기름 2 큰술
- 깨소금 1 큰술
- 후춧가루 1 작은술
- 다진 파 2 큰술
- 다진 마늘 2 큰술
- 다진 생강 ½ 큰술

만드는 법

① 쇠고기는 곱게 다져서 ㉠으로 양념을 하고, 손으로 많이 주물러 치댄다.
② 양념한 고기의 반은 대추 모양으로 빚어 양쪽 끝에 잣을 박아서 완성하고, 나머지 고기는 둥글납작하게 빚어 가운데 잣 하나를 박고 둘레에 6 개를 박는다.
③ 채반에 담은 후에 통풍이 잘 드는 곳에서 말리고, 상에 낼 때는 참기름을 발라 살짝 구워 낸다.
④ 대추편포와 칠보편포는 모양이 아름다워서 각색포의 웃기로 쓰이기도 한다.

육류 조리

11월이면 음력으로 10월이니, 가을걷이도 끝날 때이라, 농가에서는 팥고물을 두둑하게 두고 시루떡을 찐 다음에 포와 술을 곁들여서 고사를 드린다.

이맘때면 다가올 겨울을 대비해서 쇠고기·돼지고기로 편육을 하고, 살이 오른 닭도 잡아서 전골이나 찜을 만들어 먹는 등 육류의 섭취가 필요한 계절이다.

우리 나라는 상고시대부터 소와 돼지를 잘 기른다는 기록이 있으며, 관직의 벼슬 이름도 가축 명칭으로 불려졌음을 볼 때, 오래 전부터 소, 돼지, 말, 양, 닭, 개, 염소, 거위, 오리, 노루, 사슴 등의 가축을 길러왔음을 알 수 있다.

그러나 처음부터 이 가축들을 식용으로 이용하지는 않았던 것 같다. 즉, 농경 초기에 소는 농사를 짓는 데에 쓰였으며, 말은 물건을 나르는 일에, 닭은 새벽을 알리는 데에, 개는 집을 지키는 데에 사용되었다. 그리고 그밖에 가축들만을 식용으로 이용하였다. 특히 신라와 고려는 불교를 호국신앙으로 받아들임으로써 수렵과 도살을 피했으며, 육식을 극히 삼갔다.

따라서 이 때는 육류의 조리법이 가장 미숙했던 시기였다. 그러나 고려 후기에 접어들어 원나라와 밀접한 관계를 맺으면서, 탐라의 쇠고기를 나라로 보내는 것이 연례행사가 되었으며, 몽고인의 목축술로 말과 소를 방목하였고, 망치로 이마를 단번에 쳐서 죽이는 도살법을 배워서 상고시대의 훌륭한 고기조리법을 다시 활용할 수 있게 되었다.

조선시대에는 육류의 조리법이 다양하여 《신동국여지승람》, 《음식디미방》, 《증보산림경제》, 《규합총서》 등의 문헌에 소와 돼지, 산돼지, 닭, 꿩, 토끼, 양, 염소, 개, 거위, 오리, 매, 노루, 사슴 외에도 곰의 발, 표범의 태(胎)까지 이용하였다.

이러한 가축 중에서 소는, 살아서는 한 평생 인간을 위해 일하고, 죽어서는 맛있는 고기와 질긴 가죽을 제공해 준다. 우리 민족은 알뜰하게도 쇠고기를 식생활에 이용해 왔는데, 등심·안심·갈비·사태·차돌박이·제비추리 같은 살코기는 물론이고, 양·간·처녑·염통·콩팥 같은 내장과 우랑·우신·우설에 뼈, 꼬리, 족·선지 등으로 소의 머리부터 꼬리, 발 끝까지 음식 조리에 이용하였다.

부위에 따라 조리법이 모두 달라서 근육질이 질긴 양지육이나 사태는 국이나 탕으로 적합하고, 근육질이 연하고 부드러운 안심·등심·채끝·우둔살은 구이나 육회, 찜, 산적, 장조림 등으로 이용되며, 그 외의 부위는 전골, 구이, 볶음, 편육, 곰국 등 다양하게 이용되고 있다. 이렇게 부위별로 조리기술이 발달한 것은, 그만큼 쇠고기에 대한 선호도가 높았다는 것을 의미한다.

쇠고기는 질이 좋은 단백질 공급원으로서, 식물성 단백질에서 부족한 함황아미노산(methionine cystein)을 많이 함유하고 있다. 특히 메티오닌(methionine)은 간을 건강하게 하는 작용이 있어서, 알코올성 음료의 유해로부터 간장을 보호하는 역할을 해준다. 또한 성장기 어린이들의 발육에 필요한 라이신(lysine)이라는 필수아미노산이 들어 있어서 체조직 단백질을 형성해 주는 좋은 식품이다.

쇠고기 못지 않게 영양과 맛을 더해 주는 고기가 돼지고기이다.

우리가 고기 하면 쇠고기를 말하듯이 중국에서는 고기 하면 돼지고기를 선호한다. 음식의 맛을 즐기는 중국에서 돼지를 최고로 치고 있으니, 여기에는 충분한 이유가 있다.

돼지는 좁은 공간에서 키울 수 있고, 잡식성이라 먹이기도 손쉽다. 게다가 1년 정도면 살찌게 자라서 곧 많은 새끼를 낳고 고기 맛까지 좋으니, 삼시 세 끼를 돼지고기로 즐기는 것이다.

우리 나라에서는 돼지고기를 기피하거나 금기하는 성향이 매우 큰데, 합리적인 영양관리와 건강을 위해 반드시 바꾸어야 할 의식 중의 한 부분이다.

돼지고기의 단백질 함유량은 쇠고기에 비해 다소 떨어지지만, 양질의 단백질원이라는 점에서는 쇠고기와 같다. 또한 지방 함량이 많아서 열량이 높으며, 붉은 살코기에는 쇠고기의 6~8배 정도나 되는 비타민 B_2, B_{12}, 엽산이 함유되어 있어서 영양 면으로 뛰어난 식품이다.

특히 곡류를 주식으로 하는 한국인들에게는 비타민 B군이 꼭 필요한데, 이는 섭취한 체내 당질대사 과정 중 비타민 B군이 충분해야 체내 생리대사 작용을 원활하게 할 수 있기 때문이다.

돼지고기의 효과는, 중국 청대(淸代)의 《본초비요(本草備要)》와 명대(明代)의 《본초강목(本草綱目)》 등에 비교적 소상하게 논술된 바 있다. 즉, 돈육(豚肉)을 식용하면 위장을 부드럽게 하고, 체내에 필요한 진액(津液)을 생산하며, 근육을 풍만하게 하고, 피부를 윤택하게 하는 효능이 있다고 하였다. 게다가 돼지족발은 보혈통유(補血通乳)의 효능이 큰 것으로 알려져 있는데, 산모의 유즙분비량(乳汁分泌量)을 많게 하는 역할을 해준다.

쇠고기나 돼지고기로 조리를 할 때는, 연하고 맛있고 고기 특유의 누린내가 나지 않도록 하는 것이 중요하다.

고기구이용으로 자를 때는 근섬유의 방향에 직각이 되게 결을 꺾어서 자르고, 칼등으로 두드리거나 약간의 칼집을 넣어서 갖은 양념을 하여야 연하다. 구울 때는 뜨거운 번철에서 구워야 육즙이 흘러나오지 않고 맛 성분이 그대로 있다.

국물을 맛있게 하기 위해서는 고기를 찬물에 넣고 약한 불에서 장시간 삶아야 육즙이 모두 우러나온다.

우리가 즐겨 먹는 닭은 기르기가 쉬워서 생산비가 적게 들고, 다양하게 조리에 이용되므로 가치가 높다. 또한 다른 육류에 비해 지방이 적고, 회분 및 인 등의 무기질과 비타민 B_1, B_2가 풍부하다.

그뿐만 아니라 맛이 담백하고 고기가 연해서 소화기능이 약한 사람이나 어린이, 노인들의 단백질 공급원으로 권할 만하며, 특히 비만증의 다이어트 식품으로 적격이다.

속설에 닭날개를 두고 '젊은이가 먹으면 바람이 난다.' 라고 하였는데, 이 닭날개에는 콜라겐(collagen)이 많다. 이 성분은 세포를 윤택하게 하고 노화를 방지하는 효과가 크며, 맛이 좋다. 따라서 두 개뿐인 닭 날개를 윗 어른에게 드리다 보면, 젊은이에게 줄 양이 모자라기에 짐짓 만들어 낸 터무니없는 소문일 뿐, 과학적으로는 전혀 근거 없는 이야기이다.

닭고기의 조리법은 《음식디미방》, 《규합총서》 등에 용봉탕, 닭죽, 닭찜, 닭국, 닭구이 등이 설명되어 있어서 오래 전부터 즐겨 먹어 온 것으로 보인다.

금기 식물에 대해서도 소개하고 있다. 겨자, 개의 간, 잉어, 파, 오얏과 같이 먹지 말라 하였고, 닭의 간이 푸른 것은 먹지 말며, 닭을 잡아 거꾸로 매달아서 피를 충분히 뺀 한 후에 먹는 것이 좋다고 하였다.

우리 나라의 닭은 생후 2~3 개월 된 영계(嬰鷄)와 생후 18~20 개월 된 성계(盛鷄)로 구분한다.

닭고기 조리방법의 선택은 성장 정도에 따라 결정하게 된다. 어린 닭은 육질이 부드럽고 담백한 맛이 있기 때문에, 건열조리법인 오븐이나 석쇠에 굽거나 기름을 두르고 지지고, 볶음으로 조리하여 단시간의 가열로 고기즙과 풍미가 날아가지 않도록 영계의 맛을 살려야 한다.

그리고 통닭구이를 할 때는 163℃ 정도의 온도에서 닭의 무게에 따라 굽는 시간을 조절한다. 그리고 어린 닭은 지방함량이 적으므로 구워지는 동안의 건조를 막기 위해서 껍질에 기름을 2~3 번 발라 가며 구워야 한다.

성계는 고기가 질겨지고 특히 활동 부위가 많은 허벅다리살이 질기나, 영계에서 맛볼 수 없는 진한 감칠맛을 가지고 있어서 국·찜·육수에 이용되고 비교적 조리시간이 많이 걸린다.

위와 같이 우리의 육류조리법은 다양하여 부위에 따라 적절한 조리법을 활용하면 더욱 맛과 영양을 겸비한 음식을 만들 수 있게 된다. 이러한 육류 음식에는 반드시 신선한 채소나 과일을 곁들이도록 하고, 너무 과다한 양을 한꺼번에 많이 섭취하지 않는 것이 좋다. 매일 적당량의 육류와 채소섭취는 건강을 지키는 비결이 되기 때문이다.

요즈음 제맛을 내는 쇠고기, 돼지고기, 닭고기의 조리법을 몇 가지씩 소개하고자 한다.

육회비빔밥

재 료 (5 인분)

쌀 4 컵
육수 5 컵
쇠고기 400 g,
청포묵 50 g
배 ½ 개
콩나물 · 애호박 · 고사리 ·
도라지 · 당근 각각 100 g 씩
표고버섯 5 장
엿고추장 3 큰술
갖은 양념 적당량
참기름 2 큰술

만드는 법

① 쌀을 씻어 육수를 붓고 고슬고슬하게 밥을 지은 다음, 참기름과 소금을 조금 넣고 골고루 섞는다.
② 콩나물은 꼬리를 따고 삶아서 무치고, 애호박은 길이도 얄풋이 썰어 소금에 살짝 절였다가 물기를 제거해서 양념한 후에 볶는다.
③ 당근과 표고버섯은 채를 썰어 양념하여 볶는다.
④ 도라지는 소금에 주물러 헹구어 쓴 맛을 우려 낸 후, 양념하여 충분히 볶는다. 고사리도 양념하여 볶는다.
⑤ 청포묵과 쇠고기는 육회로 썰어 갖은 양념을 하고, 배는 굵은 채로 썬다.
⑥ 밥을 그릇에 담고 각색 재료를 색을 맞추어 돌려 담고, 중앙에 육회를 얹어 볶은 고추장과 함께 낸다.
⑦ 나물류와 밥을 따로 담아 내기도 하며, 맑은 국을 곁들인다.

비빔밥을 맛있게 만들려면, 들어가는 나물들에 양념을 넣고 뽀얀 국물이 나오도록 오래 정성껏 무쳐야 맛이 있다.

완자탕

재 료 (5 인분)

쇠고기 200 g, 두부 60 g

㉠
- 진간장 1 큰술, 소금 ¼ 작은술
- 다진 파 5 작은술
- 다진 마늘 2½ 작은술
- 후춧가루 ⅙ 작은술
- 깨소금 1 큰술, 참기름 2 작은술

달걀 3 개, 밀가루 4 큰술
식용유 적당량

- 양지머리 300 g
- 도가니뼈 500 g
- 양파 70 g, 대파 50 g

〈고명용〉
- 달걀 2 개
- 표고버섯 3 개(10 g)
- 석이버섯 5 g
- 다홍고추 2 개
- 잣 1 큰술

만드는 법

① 쇠고기를 물기 없이 닦아 곱게 다진다. 두부도 마른행주로 물기를 꼭 짜내고 잘 으깨어 고기와 같이 섞어 양념하여 직경 2 cm 정도의 크기로 완자를 빚는다.
② 접시에 밀가루를 얇게 펴놓고 완자를 그 위에서 굴려 밀가루를 묻힌다. 소금 넣어 풀어놓은 달걀 황백을 씌워 번철에 기름을 두르고 지져낸다.
③ 양지머리와 도가니뼈는 물을 넣고 끓여 육수를 만들어 체에 받쳐 놓는다(양파나 대파 등을 넣고 끓이면 국물이 맑고 고기냄새가 중화된다).
④ 달걀을 황백으로 지단을 부쳐 마름모꼴로 썬다. 표고버섯은 알지단과 같은 크기로 썰어 잠깐 볶으면서 소금과 참기름을 조금 넣는다. 석이버섯도 뜨거운 물로 불린 후 비벼씻어 배꼽을 따고 표고버섯과 같은 크기로 썰어 참기름에 볶으면서 소금간을 하거나 석이지단을 부쳐 마름모꼴로 썬다.
⑤ 다홍고추는 표고버섯보다 약간 적은 크기로 썰고 잣은 고깔을 따 놓는다.
⑥ 준비된 육수를 냄비에 청장으로 색을 내고, 소금간을 하여 펄펄 끓을 때 ②의 완자를 넣는다. 완자가 떠오르면 고명을 넣고 불에서 내려놓는다.
⑦ 대접에 완자와 고명을 적당히 담아 낸다.

장산적

재 료 (5 인분)

쇠고기 (우둔육) 300 g
두부 100 g
잣가루 1 큰술

㉠
- 간장 2 큰술
- 소금 ½ 작은술
- 설탕 1 큰술
- 다진 파 · 마늘 1 큰술
- 깨소금 1 큰술
- 후춧가루 ½ 작은술
- 참기름 1 큰술

㉡
- 간장 4 큰술
- 물 4 큰술
- 설탕 2 큰술
- 생강즙 1 큰술

만드는 법

① 쇠고기는 곱게 다져서 ㉠으로 양념하고, 두부는 행주에 물기를 짠 다음, 곱게 으깨어 양념하여, 한데 합친 후에 고루 섞어 여러 번 치댄다.
② 양념한 고기는 네모 반듯하게 반대기를 지어 칼집을 잘게 넣고 석쇠 위에 은박지를 깔고 서서히 굽는다.
③ 구워 낸 산적이 식은 후에 폭 2.5 cm, 길이 3 cm 크기로 썰어서 냄비에 ㉡의 조림간장이 끓을 때 넣어서 조린다.
④ 조림한 산적을 그릇에 담고 잣가루를 뿌려 낸다.

장산적은 다져서 만들었기 때문에 먹기에 편해서, 어른이나 아이들 밥반찬은 물론이고, 도시락 반찬에도 그만이다.

돼지족조림

재 료 (5인분)

돼지족 1개
갱엿 150 g
설탕 50 g
진간장 2컵
대파 5뿌리
마늘 2통
생강즙 2큰술
후춧가루 1큰술
물 3컵
새우젓이나 초장 적당량

만드는 법

① 돼지족은 깨끗이 다듬어 끓는 물에서 삶는데, 중간 정도 익었을 때 대파와 저민 마늘, 생강을 넣어 낮은 불에서 삶은 다음, 냉수에 씻어 길이로 칼집을 넣는다.

② 냄비에 갱엿과 설탕, 진간장, 물, 생강즙, 후춧가루를 넣은 다음, 엿이 녹으면 준비한 족을 넣고 조린다.

③ 족을 졸일 때 양념 국물을 자주 끼얹어, 고루 간이 배이도록 하고, 잘 저으면서 은근한 불에서 윤기 나게 조린다.

④ 돼지족이 잘 조려지면 뼈를 발라내고, 먹기 좋은 크기로 썰어 새우젓이나 초장을 곁들여 낸다.

돼지갈비찜

재 료 (5인분)

돼지갈비 990 g
생강즙 1 큰술
표고버섯 5 장
마른 고추 2 개
달걀 1 개
참기름 1 큰술

㉠
- 진간장 6 큰술
- 청주 2 큰술
- 설탕 3 큰술
- 다진 파 3 큰술
- 다진 마늘 1 큰술
- 생강즙 1 큰술
- 깨소금 2 큰술
- 후춧가루 1 작은술

만드는 법

① 돼지갈비는 5~6 cm 토막을 내어 기름을 떼어내고, 찬물에 담그어서 핏물을 빼고 1 cm 간격으로 칼집을 넣는다.
② ㉠의 양념장을 반 정도 넣고, 돼지갈비와 표고버섯을 고루 재운다.
③ 마른 고추는 씨를 발라내고 어슷하게 썰어 참기름에 볶다가 갈비를 넣고 다시 볶는다.
④ 매운 맛이 들은 갈비에 물을 자작하게 붓고, 끓어오르면 남은 ㉠의 양념장을 넣고 갈비가 푹 무르도록 끓인다.
⑤ 가끔 냄비를 기울여서 국물을 위로 끼얹어 맛과 윤기를 낸다.
⑥ 국물이 거의 졸아들면 그릇에 담고, 황·백 지단을 마름모꼴로 썰어 얹어 낸다.

돼지 특유의 냄새를 없애려면, 생강즙을 뿌려 30 분 정도 재운 후, 양념하면 연하고 맛이 좋아진다. 찜요리할 때 보통 고기는 양념하여 약 30 분 정도 재워 두지만, 갈비류는 1~2 시간 정도 재워 두어야 충분히 연해지고 간이 잘 스며든다.

돼지고기 고추장조림

재 료 (5인분)

돼지고기 300g

㉠
- 마늘 2쪽
- 생강즙 1작은술
- 고추장 2큰술
- 간장 1큰술
- 설탕 1큰술
- 참기름 1작은술

다홍고추 1개
풋고추 2개

만드는 법

① 돼지고기는 기름기 없는 부분을 준비하여 먹기 좋은 크기로 저며 썬다.
② 마늘은 다지고 생강은 즙을 내어 ㉠의 양념으로 고추장양념을 만들고, 돼지고기에 버무려서 물 2큰술을 두르고 함께 조린다.
③ 조리는 도중에 어슷 썬 다홍고추와 풋고추를 넣고 양념국물을 끼얹어 주면서 윤기 나게 조린다.

닭고기전골

재 료 (5인분)

닭 1마리
양파 ½개
팽이버섯 50 g
다홍고추 2개
풋고추 3개
당근 ¼개
대파 50 g

㉠
간장 4큰술
마늘 5쪽
깨소금 2큰술
생강 1쪽
참기름 1큰술
후춧가루 1작은술

만드는 법

① 닭은 뼈를 바르고 살을 저며서 ㉠의 양념에 무친다.
② 닭뼈는 생강과 마늘을 넣고 푹 끓여 육수를 만든다.
③ 양파는 굵은 채로 썰고, 팽이버섯은 뿌리를 잘라 깨끗하게 준비한다.
④ 당근은 꽃 모양으로 깎고, 다홍고추와 풋고추, 대파는 어슷하게 썬다.
⑤ 준비한 재료를 전골틀에 색을 맞추어 돌려 가며 담은 후, 육수를 붓고 끓인다.

닭고기의 냄새를 싫어할 경우, 마늘이나 파, 생강 또는 여러가지 채소와 함께 조리하면 냄새도 없어지고 훌륭한 맛을 낸다.

닭불고기

재　료 (5 인분)

닭고기 500 g
청주 1 큰술
생강즙 1 작은술
상추잎 10 장

㉠
- 진간장 1 큰술
- 설탕 1 큰술
- 다진 파 3 큰술
- 다진 마늘 1 큰술
- 고춧가루 1 큰술
- 고추장 1 큰술
- 후춧가루 ¼ 작은술
- 참기름 1 작은술

기름 적당량

만드는 법

① 닭고기는 큼직하게 토막을 내고 칼집을 넣어 생강즙과 청주에 재워 놓는다.
② 다진 파·마늘, 고춧가루, 고추장, 간장, 설탕, 후춧가루, 참기름을 혼합하여 양념장을 만들어 토막을 낸 닭고기를 넣고 잘 버무려 잠시 재워 둔다.
③ 번철에 기름을 두르고 달구어 양념한 닭을 넣고 앞뒤를 먹음직스럽게 익혀서 상추를 깔고 담아 낸다.

닭고기는 부위에 따라 색깔과 맛이 다른데, 가슴살은 희고 지방이 적어 담백하여 냉채나 무침에 좋고, 다리는 살이 붉고 독특한 풍미를 지니고 있어 튀김·구이 등을 할 수 있으며, 날개 부위도 콜라겐 성분이 많아 튀김·조림 등을 하면 좋다.

닭고기완자전

재 료 (5 인분)

닭살 100 g
두부 70 g

(ㄱ)
- 다진 파 1 큰술
- 다진 마늘 ½ 큰술
- 소금 1 작은술
- 후춧가루 ¼ 작은술
- 참기름 1 큰술

달걀 1 개
밀가루 2 큰술
식용유 적당량
상추잎 5 장
초간장 적당량

만드는 법

① 닭살을 곱게 다지고, 두부는 베보자기에 짜서 물기를 제거하여 잘 으깬다.
② 파·마늘은 다지고 소금, 후춧가루, 참기름을 섞어 양념장을 만든다.
③ 곱게 다진 닭살과 으깨어 놓은 두부를 섞고, 양념장을 넣어 고루 주물러서 직경 3 cm 정도로 동글납작하게 빚는다.
④ 빚은 완자에 밀가루를 묻히고 달걀물을 씌워서 번철에 기름을 두르고 지져 낸다.
⑤ 접시에 상추잎을 깔고 완자전을 담아 초간장과 함께 낸다.

닭고기 완자전은 전으로 지졌기 때문에, 특유의 냄새가 휘발되어 부드럽고 맛이 담백하며, 소화가 잘 되는 음식이다.

닭젓국찌개

재 료 (5 인분)

닭고기 500 g
새우젓 2 큰술
호박 50 g
풋고추 3 개
다홍고추 2 개
양파 1 개
대파 1 뿌리
다진 마늘 1 큰술
생강즙 1 작은술
청주 1 큰술
참기름 1 작은술

만드는 법

① 닭고기는 손질하여 큼직하게 토막을 낸다.
② 새우젓은 건지만 곱게 다지고 마늘, 생강즙, 청주와 섞어서 닭고기를 재운다.
③ 호박은 0.5 cm 두께로 썰고 풋고추와 다홍고추, 대파는 어슷하게 썬다.
④ 냄비에 기름을 두르고 달군 후, 양념해서 재워 놓은 닭고기를 넣고 볶다가 물 1 컵과 준비해 둔 채소를 넣고 푹 익힌다.

닭젓국찌개에 들어가는 새우젓은, 산란기 전인 6 월에 잡힌 새우로 담근 육젓을 사용한다. 육젓은 유백색으로, 맑으며, 가장 맛이 좋다.

십 이 월

한 해가 저물어 가는 12 월.
못다 한 일을 점검해 보고
마무리하는 달이다.
바쁜 일상에 쫓겨
찾아보지 못했던 친척
어른들이나 은사님들,
그리고 친구들에게
안부를 전하는 일도
할 일 중의 하나이고,
어려운 이웃을 둘러보고
작은 온정을 베푸는
일도 소중하다.

시원 담백한 음식 '묵'

추분이 지나고 동지가 들어 있는 12월은 찬바람이 칼날처럼 차고 매섭다. 이 때는 낮보다는 차차 밤이 길어져서 긴긴 밤에 별미 야참이 그리워진다.

우리가 어렸을 적에는 청동화로나, 질화로에 장작이 타고 남은 불씨들을 부삽으로 꼭꼭 눌러 담아, 방방마다 윗목에 두었다가 방안에 훈훈한 온기가 돌면 화롯가에 옹기종기 모여 앉아, 그 불꽃이 다 사그러질 때까지 밤 가는 줄 모르고 이야기꽃을 피웠다.

밤이면 화롯불에 고구마를 노릇하게 구워 '후후' 불며 나누어 먹었다. 땅 속에 깊이 파묻어 둔 고구마와 무·배추꼬리를 꺼내어 칼로 깎아 먹으면, 어쩌면 그리도 달고 시원하고 맛이 있던지, 요즈음의 맛난 과일의 맛과는 비교할 수 없을 정도였다.

어떤 때는 어머니께서 별미 야참을 내오셨는데, 메밀묵이며 도토리묵, 그리고 살얼음 낀 동치미국물에 냉면을 말아 주셔서 우리의 입을 즐겁게 해주셨고, 어머니의 음식 솜씨에 친구들이 놀라곤 하였다. 지금도 늦은 밤에 밤참을 내주시던 어머님의 모습이 그립고 눈에 선하다.

그러나 요즈음도 조금만 시간을 내면 야참으로 즐길 수 있는 음식은 얼마든지 있다.

추운 날에 어울리는 음식으로는 메밀로 만든 메밀묵, 메밀전병, 메밀부꾸미, 칼싹두기, 메밀만두 그리고 동치미 국물에 말은 메밀냉면 등이 있고, 도토리를 이용한 도토리묵과 옥수수가루를 이용한 올챙이묵, 올방개묵 등이 있다.

'묵'이란 말의 어원은 《명물기략》에 "녹두가루를 쑤어서 얻은 것을 삭(索)이라고 하는데, 속간(俗間)에서는 이를 가르켜 묵이라 한다."라고 적고 있는 데서 유래한다. 그러나 《사류박해(事類博解)》에서는 묵을 두부의 일종으로 보고, 녹두부(綠豆腐)라고 하였다.

이러한 묵 가운데 가장 으뜸이, 아마도 메밀묵이 아닌가 싶다. 춥고 어두운 골목을 누비며 "메밀 무-욱, 찹쌀 떠-억"을 외치던 구성진 목소리는 지금도 귀에 들리는 듯한데, 요즈음은 아무리 깊은 밤에도 그 소리를 들을 수가 없다.

이 메밀묵을 네모로 두툼하게 썰어 소금, 참기름에 미리 밑간을 해 놓고, 배추 통김치는 송송 썰어 갖은 양념하여 준비한 메밀묵과 함께 넣고 살살 섞어 무쳐 곧바로 먹는다. 미리 무쳐 놓으면 양념국물과 김칫국물에 메밀묵이 불어서 맛이 덜하다. 그리고 밑간한 메밀묵 한 조각에 양념한 김치를 올려 먹으면 더 맛이 있다.

도토리묵은 도토리나 상수리 알을 새 껍질을 벗겨서 물을 자꾸 갈아주면서 며칠 불려서 떫은맛을 충분히 뺀 다음, 퉁퉁하게 불은 껍질을 말끔히 벗겨낸 후, 도토리 알을 맷돌에 넣고 곱게 갈아 고운 면주머니에 담고 눌러 짜면서 생긴 고운 앙금을 말려서 가루를 만들어 두었다가 풀을 쑤듯이 끈기 있게 나무주걱으로 저어 묵틀에서 자연스럽게 굳힌다.

이 도토리묵은 도톰하게 썰면 미끄러져 먹기 어려우므로 네모로 얇게 썰어 소금, 참기름, 고춧가루, 곱게 다진 마늘을 넣고 살살 무쳐 내야 씁쓰름하면서도 담백한 도토리묵의 순수한 맛을 살릴 수 있다.

요즈음은 도토리가 귀하고 비싸서인지 음식점에 가서 도토리묵을 주문하면 도토리묵은 잘 보이지 않고, 온갖 채소를 잔뜩 넣고 고춧가루 범벅으로 양념한 도토리묵무침이 나온다. 너무 맵고 짜서 본래의 맛을 음미하기가 어렵다. 우리가 커피의 맛과 향을 살리려면 아무 것도 넣지 않고 블랙으로 마셔야 되듯이, 과도한 양념은 오히려 맛을 반감시키므로 바람직하지 않다.

청포묵은 거피한 녹두를 충분히 불려서 맷돌에 곱게 갈아, 고운 무명자루에 담고 새 물을 부으면서 주무른다. 그러면 노랗고 뽀얀 물이 나오는데, 그것을 가라앉혀 앙금을 만들고 이를 볕에 말려서 보관해 두었다가 필요할 때 풀을 쑤듯이 부드럽게 쑤어 굳힌다.

이 때에 흰 것을 그대로 사용할 수 있고, 치자물을 들여 노란 황포묵을 만들 수도 있다. 또 앙금을 가라앉힐 때, 위에 고인 물을 따로 받아 두었다가, 그 물로 쑨 묵은 제물묵이라고 한다. 제물묵은 빛깔이 노르스름하고 녹두 특유의 비릿한 맛이 난다.

청포묵은 곱게 채를 썰어 새콤달콤하게 물쑥을 넣고 숟가락으로 떠먹어야 제 맛이 난다. 요즈음은 동부전분으로 쑨 묵이 나오기는 하나, 야들야들한 청포묵만은 못하고, 밤을 이용한 밤묵이 나오기도 한다.

이 중에서 아주 특이한 묵으로, 옥수수 전분을 이용해서 만드는 올챙이묵이 있다. 이 올챙이묵은 주로 강원도에서 많이 해 먹는데, 여름에는 생옥수수알을 갈아서 고운 겹체에 걸러서 그 앙금으로 풀을 쑤어 구멍이 뻥뻥 뚫린 바가지나 올챙이묵 틀에 넣고 위를 눌러 짜낸다. 찬물을 밑에 받쳐서 빙빙 물을 돌려주면 묵이 짧게 끊어져서 마치 올챙이의 모양이 만들어진다.

생옥수수알이 없을 때는 옥수수 녹말을 이용하여 같은 방법으로 만들 수 있는데, 구수한 맛과 빛깔은 생옥수수알로 만든 것이 더 진하다. 그러나 일반 옥수수 녹말로 만들어도 모양이 귀엽고 특이하고, 양념장이나 열무물김치에 비벼 먹으면 별미이다.

이러한 묵은 오래 전부터 즐겨 먹어 왔으며, 조선조 중엽 영·정조 때는 당파 싸움을 없애려는 탕평책에서 유래되었다는 '탕평채'의 유래도 있다.

일반적으로 녹두묵이 양반의 음식이었다면, 도토리묵과 메밀묵은 서민의 음식이었다고 할 수 있다. 특히 흉년이 들었을 때 참나무 열매인 도토리로 묵을 만들어 끼니를 대신했던, 구황식품으로 활용되기도 하였다. 그러던 것이 요즈음은 무공해 건강식품으로 귀한 음식이 되었고, 또 중금속과 각종 오염물질을 정화시키는 효과가 있다고 하니, 더 없이 좋은 식품이다.

향토색이 짙은 묵으로 올방개묵을 들 수 있는데, 올방개는 어느 지역 어느 논에서나 쉽게 볼 수 있는 여러해살이 방동산이과의 풀로서, 그 괴경(塊莖 : 덩이줄기)은 오우(烏芋)라고 하여 한약재로 쓴다. 11월 하순부터 4월 하순에 빨간 괴경을 채취하여 묵을 쑤어 먹는데, 춘궁기에는 구황식품으로 쓰였고, 생으로도 먹는다. 이러한 올방개묵은 메밀묵이나 도토리묵에 비해 더 윤이 나며 쫄깃하여 식욕을 촉진시키는 것으로 알려져 오고 있다.

우리나라 음식들이 다 그런 것처럼 묵도 나오는 계절이 있고, 그 계절을 따라 풍미를 즐겼다. 즉, 텁텁하고 구수한 메밀묵은 주로 겨울에 밤참으로 애용되었고, 쌉싸름한 도토리묵은 한 여름과 가을에 먹었으며, 깨끗하고 보드라운 청포묵과 올망개묵은 봄에 많이 먹게 된다.

그밖에도 묵으로는 묵장아찌, 묵전유어, 묵볶음 등을 해먹는다. 참고로 묵볶음은 먼저 말린 묵을 미지근한 물에 불리다가 다시 약한 불에 올려 완전히 불린 다음, 굵게 채를 쳐서 갖은 양념에 무쳐 놓는다.

여기에 채친 쇠고기를 볶고 양파·실파·당근을 채쳐 넣어 함께 볶는다. 이어 묵을 넣고 간장과 갖은 양념으로 간을 맞추어 다시 잠깐 볶아 낸 것이다.

그러나 요즈음은 계절에 관계없이 가공분말 처리한 전분들이 모두 나와 있고, 시장이나 슈퍼마켓 또는 식품점에서 묵을 쑤어 팔기도 하니, 손쉽게 구할 수가 있다.

자극성이 많은 우리 나라 반찬 중에서 담백하고 부드러운 묵은, 밤참이나 간식 거리로도 좋지만, 반찬으로도 잘 어울린다. 영양도 있고 소화도 잘 되는 여러 종류의 묵을 이것저것 바꿔 가며 별미 음식으로 식탁에 올려 봄이 어떨까?

또 돌아오는 동짓날에는 팥죽도 쑤어 한 그릇씩 먹는 것도 좋을 듯하다. 액땜을 미리 하는 풍속도 배우고, 작은 설의 유래를 서로 이야기한다면, 나이 드신 어른들은 옛날의 향수에 젖어 기쁠 것이며, 자라나는 아이들은 전통의 풍속과 우리 고유의 맛을 알게 되니 멋스러운 겨울을 보낼 수 있으리라 생각된다.

이 겨울철에 제 맛을 내는 묵요리 몇 가지를 소개한다.

메밀묵 무침

재 료 (5 인분)

메밀묵 1 모 (300 g)
배추김치 150 g

〈메밀묵 양념〉
- 소금 ¼ 작은술
- 참기름 1 작은술

〈배추김치 양념〉
- 설탕 1 작은술
- 깨소금 1 큰술
- 참기름 1 큰술
- 다진 마늘 1 작은술

만드는 법

① 메밀묵을 가로 2 cm, 세로 3 cm, 두께 0.7 cm 로 썰어 소금과 참기름으로 양념해서 버무린다.
② 맛있게 익은 배추 통김치는 속을 훌훌 떨어내고 송송 썰어 손으로 국물을 꼭 짠 후, 양념을 넣고 조물조물 무친다.
③ 준비한 그릇에 쑥갓잎이나 상추잎을 파랗게 깔고 양념해 놓은 메밀묵과 김치를 먹음직스럽게 담아, 묵 한 조각에 양념한 김치를 올려 먹으면 제 맛을 느낄 수 있다.

별법으로는 양념한 묵과 김치를 한데 섞어 살살 버무린 후에 먹어도 좋으나, 이럴 때는 곧바로 먹어야 묵이 불지 않아서 맛이 있다.

도토리묵 무침

재 료 (5 인분)

도토리묵 1 모 (300 g)

〈양념장〉

- 진간장 2 큰술 (소금 1 작은술)
- 고춧가루 ½ 작은술
- 다진 마늘 ½ 작은술
- 설탕 ½ 큰술
- 깨소금 1 작은술
- 참기름 1 큰술

만드는 법

① 도토리묵을 가로 3 cm, 세로 4 cm, 두께 0. 7 cm 정도로 썬다.

② 간장이나 소금에 고춧가루, 곱게 다진 마늘, 설탕, 깨소금, 참기름을 넣고 양념장을 만들어 준비한 도토리묵 썬 것을 넣고 살살 버무려 그릇에 담아 낸다.

- 요즘은 여러가지 채소를 수북이 넣고 고춧가루 양념을 너무 뻘겋게 많이 넣은 묵 무침이 나온다. 그렇게 하면, 도토리의 원래 맛을 찾을 수가 없다.
- 우리의 음식은 원래 재료 자체에서 나오는 순수한 맛을 살리는 것이 특색이므로 너무 자극적으로 양념을 쓰지 않는 것이 바람직하다.
- 도토리 녹말은 물에 담그어서 떫은맛을 잘 우려내고 묵을 쑤어야 맛이 있다.

올챙이묵 무침

재 료 (5 인분)

말린 옥수수 8 컵

(ㄱ)
- 청장 1 큰술
- 진간장 4 큰술
- 다진 파 2 작은술
- 다진 마늘 1 작은술
- 고춧가루 ½ 작은술
- 깨소금 ½ 큰술
- 다홍고추 (다진 것) 1 작은술
- 풋고추 (다진 것) 1 큰술
- 참기름 1 큰술

만드는 법

① 말린 옥수수를 뜨거운 물에 불린 다음, 맷돌에 갈아서 윗물은 따라 버리고, 앙금을 가라앉힌다.

② 두꺼운 솥에 물과 앙금을 넣고, 중 불에서 나무주걱으로 저어 가면서 끈기 나게 풀 쑤듯이 4 시간 이상 묵을 쑨다.

③ 큰 그릇에 냉수를 떠놓고, 그 위에 구멍 뚫린 바가지나 올챙이묵 틀에 뜨거운 옥수수 죽을 붓고, 위를 겹쳐 누르면 올챙이 모양으로 뚝뚝 떨어진다. 이 때 밑의 물을 한 방향으로 저어 주면 올챙이 모양이 나게 된다.

④ 그릇에 담고 ㉠의 양념 간장을 곁들여 비벼 먹는다.

- 옥수수가 없을 때는 옥수수 녹말로 올챙이묵을 쑤기도 한다. 옥수수 녹말이 1 컵이라면 물의 양은 8~10 컵 정도로 하여 1 시간 이상 된풀을 쑤듯이 하는데, 구수한 맛은 덜하다.
- 여름철에는 열무물김치에 말아먹기도 한다.

올방개묵 무침

재 료 (5인분)

올방개 1kg
참기름 ½작은술
소금 약간
㉠ 진간장, 파, 통깨, 고춧가루, 마늘

만드는 법

① 올방개를 깨끗이 씻어서 믹서기나 맷돌로 갈은 뒤, 고운 면보자기로 주물러 짜서 앙금을 앉힌다.
② 맑은 윗물은 버리고 앙금만을 취하여 참기름과 소금을 넣고 약한 불에서 서서히 저어 가면서 끓인다. 너무 되직하다 싶으면 물을 약간 부어 가면서 끓인다.
③ 다 끓였으면 묵 틀에 부어서 굳힌 다음, 먹기 좋게 썰어 ㉠의 양념장을 곁들여 그릇에 담아 낸다.

회

인간이 불을 발견하기 이전에는 모든 음식물을 날것(生物)으로 먹어 왔다. 그러다가 불을 이용할 줄 알게 되면서부터는 생으로 먹던 오랜 습관에서 탈피하여 비로소 음식물을 익혀서 먹게 되었다.

밥을 비롯한 음식물이 거의 불로 조리되는, 이른바 화식(火食)이 전통 식문화의 바탕을 이루게 된 것이다. 그러나 생식(生食) 문화도 공존하여 왔는데, 그 대표적인 것이 '회(膾)'이다.

회(膾)는 육류나 어류·채소 등을 날로 잘게 썰어 생으로 먹거나, 또는 끓는 물에 살짝 데쳐서 초간장·초고추장·겨자즙·소금·간장 등의 양념에 찍어 먹는 음식을 말한다.

이러한 회는, 생선회·육회와 같이 날로 만든 생회(生膾)와, 어채와 같이 살짝 익혀서 만든 숙회(熟膾)가 있다. 숙회의 경우에 강회·두릅회·송이회 등 채소류로 만든 것도 있어, 회의 다양함을 엿볼 수 있다.

그러니까 회는 여러가지 양념을 배합한 무침이나 볶음·조림 등의 음식과는 달리, 식품 자체에서 우러나는 담백하고 감칠맛을 즐기기 위한 음식이다. 그러므로 우리 민족의 순수한 정서가 깃들여 있다고 할 수 있다.

우리의 전통 식생활에 있어서 회는, 숭불정책을 폈던 고려가 망하면서 먹기 시작하여, 숭유정책을 표방했던 조선시대에 와서는 아무런 저항감 없이 먹거리로 보편화되었을 것이라는 견해가 지배적이다. 특히 유교사회였던 조선시대에는, 공자가 회를 좋아하였다고 하여, 우리도 육회를 비롯하여 생선회를 즐겨 먹게 되었다는 설이 있다.

《송남잡식》에 생선회를 '회(鱠)'로, 육류로 된 회를 '회(膾)'로 표기하고 있는 것으로 미루어, 당시의 회는 육류가 주종을 이루었을 것으로 여겨진다.

《시의전서》에 "육회는 기름기 없는 연한 황육의 살을 얇게 저며 물에 담그어서 핏기를 빼고, 가늘게 채를 썰어 파·마늘을 다진 후에 후춧가루·깨소금·기름·꿀을 섞어서 잘 주물러 재고 잣가루를 많이 섞는다. 윤즙은 후추나 꿀을 섞어서 식성대로 만든다." 하였고, 《옹희잡지》에서는 처녑·양 등의 회는 뜨거운 물에 약간 데쳐 내어 엽(葉)처럼 썬 것으로, 장초(醬醋)나 겨자장을 써서 먹는다고 하였다.

그리고 《증보산림경제》의 동치회방(凍雉膾方)은 "겨울철에 꿩을 잡아 내장을 빼 버리고 빙설(氷雪) 위에서 극동시킨 동결식품을 매우 잘 드는 칼로 얇게 썰어 초장·생강·파를 넣어 먹는다." 고 하였고, 《진찬의궤》의 조리서에는 '갑회' 가 등장하며, 《시의전서》의 어회(魚膾)는 "민어를 껍질 벗겨 살을 얇게 저며, 살결대로 가늘게 썰어 기름을 발라 접시에 담고 겨자와 초고추장을 식성대로 쓴다." 라고 기록되어 있다.

이처럼 조선시대에는 다양한 종류의 회가 있었음을 알 수 있다.

회는 우리의 상차림에 있어 7첩 반상 이상의 밥상에 올리는데, 종류가 다양하여 여러가지 맛을 즐길 수가 있다.

육회(肉膾)는 쇠고기의 가장 부드러운 살코기 부위를 가늘게 채를 썰어 소금·참기름·후춧가루·잣가루에 무치고, 채친 마늘과 배를 곁들여 담아 낸다.

갑회(甲膾)는 옛날 상류사회에서 즐겨 먹던 것으로, 신선한 쇠고기의 내장인 양·처녑·간 등으로 얇게 저며 썰어, 실백을 한 알씩 놓고 말아서 곁들여 담는다.

생선회(魚膾)는 민어, 광어, 방어, 참치, 연어, 송어, 향어, 홍어 등으로 그 재료가 가장 많다. 이러한 생선들은 살아 움직이는 것을 잡아 회를 쳐야 신선하고 맛이 있는데, 생선의 껍질을 길고 가는 칼로 벗긴 후 살결대로 가늘게 썰어, 흐트러지지 않게 간추려 담는다. 너무 두껍고 투박해서는 좋지 않고, 입에 넣으면 혀에 감기면서 씹힐 정도가 좋다. 생선은 써는 방법에 따라서 모양이 달라지고 맛과 멋도 다르다.

생선회 중에는 물을 넉넉하게 넣어 만드는 물회가 있다. 물회는 대체로 동남 해안에서 많이 만들어 먹는다. 갓 잡아 올려서 살아있는 생선을 잘게 썰어 파·마늘·고춧가루 등의 양념을 하고 물을 부어 만드는데, 제주도의 자리물회와 강릉의 물오징어회가 유명하다. 이 물회는 고춧가루 등의 양념이 들어가서 비린내도 별로 나지 않으며, 한 그릇을 비우고 나면 배가 잔뜩 불러져 힘이 저절로 난다고 한다.

제주도의 성산·한림·애월·서귀포 등의 바다에서 7월에서 9월 사이에 잡히는 빅개회가 또한 특이하다. 이 빅개는 빅근다리라고도 불리우는 바닷고기로, 껍질을 벗기고 머리와 내장을 깨끗이 제거한 뒤, 잘게 썰어서 고춧가루·간장·식초·깨소금 등을 넣어 무쳐서 마른 회(강회)로 만들어 먹는다.

일반적으로 생선회를 먹을 때는 초고추장, 초간장에 찍어 먹는다. 그러나 생선의 제 맛을 느끼기 위해서는 초고추장보다는 초간장이 더 좋다. 초고추장에 찍어 먹으면 아무래도 강한 고추장의 맛 때문에 생선회가 갖고 있는 특유의 감칠맛을 느낄 수 없기 때문이다. 생선마다 갖고 있는 특유의 맛을 느끼려면, 초를 친 초간장에 찍어 먹어야 맛을 제대로 느낄 수 있다. 또 조개류도 회를 만들어 먹는데, 재첩회가 맛이 있다. 재첩은 한류와 난류가 교차되고 염분이 적은 곳에서 서식한다. 특히 섬진강 하류와 김해·명지·엄궁·하단 등지가 유명하다.

이러한 생회(生膾) 외에, 숙회(熟膾)를 만들 때는 생선이나 조개류를 끓는 물에 살짝 데쳐 채소를 곁들여 담는다. 종류로는 대합 숙회, 오징어회, 문어회, 꼬막회, 미꾸라지두부숙회 등이 있다.

숙회에 속하는 것으로는 강회도 있다. 강회는 미나리와 가는 실파를 끓는 물에 살짝 데쳐, 쇠고기 편육과 달걀지단 썬 것, 버섯, 실고추 등의 허리를 질끈 묶어서 초고추장에 찍어 먹는다. 감는 위치에 따라 상투, 또는 쪽두리 모양을 만들 수 있다.

앞에서 소개한 여러가지 회 중에서 대표적인 것을 몇 가지 소개하고자 한다.

대합숙회

재 료 (5인분)

대합(중) 600 g

〈초고추장〉

- 고추장 2 큰술
- 식초 1½큰술
- 설탕물 ½ 큰술
- 배즙 1 큰술
- 생강즙 ½ 작은술
- 참기름 약간

만드는 법

① 대합은 미리 엷은 소금물에 담그어서 불순물을 토하게 한 후, 껍질에서 조갯살을 떼어 내어 내장을 제거하고 깨끗이 씻는다.

② 접시에 쑥갓이나 상추잎을 깔고 조개 껍질을 얹은 다음, 그 위에 조갯살을 놓은 후, 초고추장과 함께 상에 낸다.

③ 상 위에 작은 냄비를 준비하여 물을 계속 끓이면서 대합을 살짝 데쳐 초고추장에 찍어 먹는다.

- 대합은 봄철에 제맛을 내며, 너무 크지 않은 중간 것이 맛이 있다.
- 조개류는 단백질이 많고 필수아미노산이 골고루 들어 있으며, 지방의 함량이 적고 글리코겐이 들어 있어서 영양이 우수할 뿐만 아니라, 독특한 맛을 준다. 전복이나 대합 같은 어패류는 찌개나 전골 등을 끓일 때 오래 끓일수록 감미로운 맛이 없어지고 질겨지므로, 살짝 익혀서 먹는 것이 좋다.
- 대합은 광양만과 섬진강 하구의 것이 좋다고 널리 알려져 있다.

미꾸라지 두부숙회

재 료 (5 인분)

미꾸라지 600 g
두부 3 모
양념장 적당량

만드는 법

① 살아 있는 미꾸라지를 물을 바꾸어 주면서 2~3 일 진흙을 토해 내도록 한다.
② 두부는 큰 것을 통째로 솥에 넣고, 미꾸라지는 물에서 건져서 함께 넣는다.
③ 뚜껑을 닫고 불에 올려 가열하면, 미꾸라지는 뜨거워서 두부 속으로 기어든다.
④ 더 뜨거워지면 두부 속의 미꾸라지는 약이 바싹 오르면서 죽어 간다.
⑤ 이것을 썰어서 산초가루를 넣은 양념장에 찍어 먹는다. 또는 참기름에 지져서 먹기도 하고 탕을 끓여 먹기도 한다.

미꾸라지는 7 월부터 11 월 경까지가 제철이며, 반드시 살아 있는 것으로 요리한다.

육 회

재 료 (5 인분)

쇠고기 (우둔육, 대접살) 300 g

㉠
- 간장 3 큰술
- 설탕 1½ 큰술
- 다진 파 2 큰술
- 다진 마늘 1 큰술
- 깨소금 1 큰술
- 후춧가루 ¼ 작은술
- 참기름 2 큰술

마늘 1 통

배 1 개

잣가루 1 큰술

겨자즙 적당량

만드는 법

① 쇠고기는 기름기 없는 부분의 살코기를 결 반대방향으로 곱게 채를 썰어 ㉠ 의 양념간장에 무친다.

② 배는 중간채로 썰어 설탕물에 담그었다가 꺼내고, 마늘은 얇게 저며 썬다.

③ 크고 납작한 그릇에 채를 썬 배를 깔고, 육회를 얹은 다음, 저민 마늘을 고기 둘레에 동그랗게 돌려 담은 후, 가운데에 잣가루를 뿌려 겨자장과 함께 낸다.

- 육회는 겨울철 주안상에 적합한 술안주 음식이다.
- 육회 조리 시에는 조리기기의 청결에 특히 주의한다.
- 배는 갈변방지를 위해서 설탕물에 담그었다가 사용한다.
- 고기의 핏물은 깨끗이 닦아야 고기의 색깔이 곱다.
- 육회는 조리사 시험문제이다.

꼬막숙회

재 료 (5인분)

꼬막 300 g

㉠
- 간장 3큰술
- 다진 파 1큰술
- 다진 마늘 ½큰술
- 생강즙 ½작은술
- 깨소금 ½큰술
- 참기름 ½큰술
- 고춧가루 ½작은술

실고추 약간

만드는 법

① 꼬막을 싹싹 비벼서 깨끗이 씻은 다음, 3% 정도의 묽은 소금물에 담가, 잔모래를 토하도록 한다.

② 충분히 해감시켜 깨끗해진 꼬막을 끓는 소금물에 넣고 입이 벌어지면 건져서 식힌다.

③ 간장에 갖은 양념을 넣고 고루 섞어 양념장을 만든다.

④ 꼬막의 살이 붙은 쪽은 남기고, 반대쪽의 껍질은 떼어 낸다.

⑤ 접시에 준비한 꼬막을 가지런히 담은 후, 그 위에 양념장을 끼얹어 낸다.

- 꼬막은 비타민 B_{12}가 많고, 철분이나 코발트 등의 조혈성분이 들어 있어, 빈혈증에도 도움이 되는 식품이다.
- 꼬막이나 조개류는 심심한 소금물에 담가, 어두운 곳에서 하룻밤 해감을 토하게 해야 잔모래가 씹히지 않는다. 꼬막은 너무 오래 삶으면 단맛이 다 빠질 뿐만 아니라, 살이 질겨지므로 살이 볼록하게 올라오면 건져 내는 것이 좋다. 꼬막은 된장국에 넣어 먹어도 좋다. 특히 국물이 맛있다.

자리회

재 료 (5 인분)

자리 30 마리
청장 1 큰술
다진 마늘 2 작은술
다진 생강 1 작은술
깻잎 20 g
풋고추 50 g
부추 20 g
고추장 2 큰술
된장 1 큰술
설탕 1 큰술
식초 1 큰술

만드는 법

① 자리는 비늘을 긁고 내장을 빼내고 머리, 지느러미를 잘라내고 깨끗이 씻어 잘게 썰어 놓는다.
② 깻잎과 풋고추는 채썰고 부추는 2~3 cm 정도 길이로 잘라놓고 마늘과 생강은 곱게 다진다.
③ 자리는 청장과 마늘, 생강 다진 것으로 무쳐 놓고 끓인물을 식혀 고추장, 된장, 설탕, 식초를 넣어 국물에 간을 맞춘다.
④ 자리와 채소를 합쳐 된장국물을 붓고 시원하게 얼음을 띄워 낸다.

- 자리회는 작고 까만 도미종류의 생선에 된장과 고추장으로 간을 맞춘 냉국을 부어 비린내가 나지 않고 고소하게 만든 물회이다.
- 자리는 5 월부터 8 월까지 여름철 식품으로 여름에 바다로 물놀이 가서 즉석에서 낚아 회를 만들어 먹는다.
- 자리로 회, 구이, 젓갈을 만들기도 한다.

재첩회

재 료 (5인분)

재첩 500 g
소금 약간

〈초고추장〉
- 고추장 3 큰술
- 설탕 1 큰술
- 식초 1 큰술
- 육수 1 큰술

〈겨자장〉
- 겨자가루 1 작은술
- 간장 2 큰술

만드는 법

① 재첩은 소금을 넣고 비벼서 깨끗이 씻은 다음, 엷은 소금물에 담가 두어 모래를 토하도록 한다.

② 끓는 물에 소금을 넣고 재첩을 알맞게 데친 후 건져서 차게 식힌다.

③ 고추장에 설탕, 식초, 육수를 넣고 고루 섞어서 초고추장을 만들고, 겨자가루에 따뜻한 물을 섞어 매운 맛이 나게 한 다음, 간장에 풀어서 겨자장을 준비한다.

④ 접시에 재첩을 보기 좋게 담고, 초고추장과 겨자장을 곁들여 낸다.

재첩은 섬진강 등 남쪽 지방의 해수면에서 많이 서식하는데, 비타민 B 군이 많고 조혈성분인 철분과 코발트가 함유되어 빈혈증과 간장병 치료에도 효험이 있다고 한다.

예년보다 올해는 유난히도 햇살이 따가워 곡식과 열매가 실하게 영글고, 밤과 대추는 가지마다 풍요롭다.

이 달에는 음력 9월 7일에 한로(寒露)가 있고, 9월 9일에는 중양절(重陽節)이라는 명절이 있다. 한로 무렵이면 말 그대로 찬이슬이 맺히고 공기가 점점 차가워지는 때이므로, 농가에서는 서둘러 가을걷이가 한창이다.

이맘때가 되면 산에는 벌겋게 단풍이 야단스럽고, 들에는 노란 국화가 장관을 이룬다. 중양절이 되면 국화(甘菊)를 따다가 화전을 부치는가 하면, 국화에 생지황 또는 구기자나무 뿌리의 껍질과 찹쌀을 섞어 국화주를 만들어 놓고 마을 사람들과 함께 즐기는 풍속이 있다.

아름다운 것을 눈으로 보고, 또 그것으로 음식을 만들어 흥겹게 즐길 수 있으니, 가히 좋은 계절이다.

이렇게 가을에 즐겨 먹는 국화는 장복하게 되면 혈기와 오장을 도우며, 늙는 것을 방지한다고 한다. 또 고혈압, 관상동맥경화증, 두통, 감기, 현기증 등에도 효능이 있다고 한다. 국화를 식품으로 화전을 만들어 먹음으로써 이러한 병의 예방과 치료를 겸하게 된다.

사람이 건강을 보전하고 기력을 증진시키려는 목적으로 먹는 음식을 보양식이라고 따로 이름을 붙이지만, 우리 음식은 옛부터 약식동원(藥食同源)의 조리법이 발달했을 뿐만 아니라, 우리가 먹을 수 있는 모든 음식이 보양식으로서 약이성 효과가 있다고 알려져 있다.

그러나 같은 음식이라도 먹는 사람의 체질이나 병의 증상에 따라 몸에 이로울 수도 있고 해로울 수도 있으며, 또 조리법에 따라 그 효과가 다를 수도 있다. 즉, 자기 체질에 맞는 음식을 계속 먹음으로써 그 식품이 가지고 있는 효능을 얻을 수 있는 것이다.

그러면 체질이란 무엇이고 어떻게 구분할 수 있는 것일까?

체질이란 몸의 성질과 바탕을 말하는 것으로, 개개인의 체질은 일생 동안에 거의 변함이 없고, 유전(遺傳)인 경우가 대부분이다. 이러한 체질은 각자 살고 있는 지역의 풍토나 생활습관 등에 따라 개인별로 많은 차이가 있다.

이러한 체질의 연구는 기원 전부터 오늘날까지 여러가지 유형으로 꾸준히 진행되어 왔으며, 그 중에서도 가장 보편적으로 알려져 있는 것이 19세기 말 경의 이제마(李濟馬, 1837~1900)라는 사람에 의해 체계화된 '사상체질(四象體質)'이다. 이 '사상'이란 주역(周易)의 기본 원리로서, 천지창시(天地創始)의 원소라고 하는 음(陰)과 양(陽), 둘로 나눈 것이다. 음과 양은 모두 강한 기운과 약한 기운이 내포되어 있다고 보는 데서 이러한 학설이 나오게 되었다.

사상의학에서는 사람의 체격, 체질, 성격, 장부(臟腑)의 허실(虛實), 얼굴의 생김새, 약에 대한 개체적인 반응 상태, 임상적 특성 등에 따라 네 가지 체질로 나누어 태양인(太陽人), 소양인(少陽人), 태음인(太陰人), 소음인(少陰人) 등으로 나눈다.

이 학설에 근거하면 사람의 체질은 선천적으로 음의 쪽이 강하든지 양의 쪽이 강하든지 한 쪽으로 치우치게 마련이고, 대체적으로 마른 사람들은 양 체질로 음의 부족이 많고, 살찐 사람들은 음의 체질로 양의 부족이 많다.

그러므로 어떠한 방법으로든지 기혈을 화평하게 하고 음양이 조화되어 육체와 정신이 고루 건강하면 질병이 침입하지도 못하거니와, 발병하지도 않는다고 한다. 체질과 음식의 상관관계는 특히, 병에 걸렸거나 몸이 안 좋을 때, 그 영향이 크다고 한다. 그러므로 체질에 맞는 음식은 그 자체가 약이 되기도 한다. 따라서 우리의 체질을 가려서 각자의 체질에 맞는 음식을 먹는다면, 질병예방은 물론이고, 병의 치료까지 된다고 한다. 그러하니 약식동원(藥食同源)의 의미를 새삼 깨닫게 되는 것이다.

역사적으로 볼 때, 동양에서 음식과 질병의 관계를 보기 시작한 것은 지금부터 4500년 전으로 추정하고 있다. 중국의 주(周)나라 때에는 식의(食醫)가 이미 독립된 과로서 분리되어 육식(六食), 육음(六飮), 육선(六膳), 백차(百差), 팔진(八珍)을 관장하였다고 한다.

이 시대에 의학이 이미 상당한 수준에 이르렀음을 증명하는 사실들이다. 이것이 당나라 때에 접어들어 더욱 체계화되었고, 지금에 이르고 있다.

우리 나라에서도 아주 오래 전부터 시작되어 오다가, 조선시대에 와서 한약구급방(1417년), 향약집성방(1433년), 동의보감(1611년) 등의 간행으로 음식의 발달과 함께 약이성(藥餌性) 식품이 발달하게 되었다.

최근에 와서 보양식(保養食)에 많은 관심이 집중되고 있고, 현대인들도 건강과 장수를 약속받고 싶어한다. 자연에서 생산되는 한방재료를 식품과 함께 배합하여 음식을 만들어 먹음으로써 체내의 생리적 기능을 왕성하게 만들고 동시에 면역기능을 높여서 무병하게 오래 살 수 있다는 것은, 우리 모두의 바람이기도 하다.

그러므로 우리 음식문화 속에 담긴 음양오행에 따라 우리의 체질에 맞는 음식을 만들어, 가족의 건강을 지키는 일에 관심을 가질 때이다. 이에 보기에도 아름다우며 약리효과와 맛이 뛰어난 한방요리 몇 가지를 소개하고자 한다.

용안아교죽

재 료 (5 인분)

용안육 5 g
아교 3 g
대추 6 개 (18 g)
물 3 l
현미 60 g
소주 ½ 컵

만드는 법

① 물 3 l 에 용안육과 대추를 넣고 중불에서 물이 ⅓ 이 될 때까지 조린다.
② 현미는 30 분 정도를 물에 불려 용안육과 대추 조린 물에 넣고, 낮은 불에서 30 분 정도 은근히 더 끓인다.
③ 소주에 아교를 넣고 중탕하여 녹인다. 거의 다 된 죽에 녹인 아교를 넣고 저어 준다.

- 용안아교죽에 들어가는 용안육은 말려서 사용한다. 7~8 월에 익으며 맛이 달아서 그냥도 먹으며 한방재료로 쓴다.
- 감기의 완화, 해독과 경련을 가라앉히며 자양제로 쓰인다. 대추의 주성분은 탄수화물이며, 철분과 칼슘, 비타민 C가 풍부하다. 말린 대추는 한방에서 강장, 복통, 이뇨, 번조증 등에 효과가 있다고 한다. 차나 음식으로 해먹으면 신경쇠약, 빈혈증, 식욕부진, 부인병에 효과적이다. 따라서 용안아교죽은 빈혈과 부인병에 효과가 있다.

사물탕

재 료 (5 인분)

배추 6 잎
표고버섯 4 장
대파 1 뿌리
마늘 3 쪽
닭 국물 8 컵
소금 2 작은술
청주 3 큰술
당귀 3 g
천궁 3 g
작약 3 g
숙지황 2 g

만드는 법

① 닭은 깨끗이 손질하여 씻은 후에 냉수를 붓고 약 40 분 정도 낮은 불에서 끓인 다음, 당귀, 천궁, 작약을 넣어 1 시간 정도 은은하게 끓인다.
② 위에 뜬 닭기름은 숟가락으로 걷어 내고 고운 천으로 육수를 걸러 낸다.
③ 배추는 3~4 cm 로 썰고, 표고버섯은 편으로 썬다.
④ 대파는 어슷하게 썰고, 마늘은 편으로 저민다.
⑤ 준비한 닭 육수의 위에 채소를 넣고 끓인 후, 소금과 술로 간을 맞춘 다음, 숙지황을 채쳐서 위에 뿌려준다.

- 사물탕에 들어가는 당귀는 미나리과에 속하는 참당귀의 뿌리로, 성분은 정유와 쿠마린 등으로 알려져 있다.
- 보혈제로 조혈기관을 활발하게 하여 빈혈과 재생불량성 빈혈, 산후출혈, 외상출혈에 효과가 있는 것으로 알려져 있다.
- 그 외에도 심장, 허혈성으로 인한 가슴두근거림, 건망증, 불면, 정신불안증에 진정효과를 얻고, 특히 부인들의 생리장애와 자궁의 질환을 치료하는 데에 속효가 있다고 한다.

진피조림

재 료 (5 인분)

진피 15 g
돼지고기 500 g
다진 파 2 큰술
다진 생강 1 큰술
소금 ½ 작은술
설탕 2큰술
청주 3 큰술
육수 1 컵
식용유 적당량

만드는 법

① 돼지고기는 길이 3 cm, 폭 2.5 cm, 두께 0.3 cm 정도의 한 입 크기로 썰어 놓는다.
② 번철을 달군 후에 분량의 식용유를 두르고 설탕을 넣어 녹인다.
③ 여기에 썰어 놓은 고기를 넣고 볶다가 진핏가루와 육수 1 컵을 넣은 후, 고루 저어 약한 불에서 은근하게 20 분 정도 조린다.
④ 국물을 가끔 끼얹어 주면서 조리면 윤기가 나고 먹음직스러운 색깔이 된다.

- 한방 재료인 진피에는 비타민 C 와 비타민과 유사한 물질이 풍부하게 들어 있으며, 혈중 콜레스테롤의 저하를 돕는 효과가 있다. 그리고 돼지고기는 조직이 부드럽고, 게다가 조림을 하였으므로 소화가 잘 된다. 따라서 진피조림은 만성 소화불량에 큰 효과가 있다.
- 돼지고기 냄새가 전혀 나지 않으며, 진피의 향이 입맛을 당기게 한다.

복령두부선

재 료 (5인분)

두부 1모
닭고기 200 g
당근 ⅓개
죽순 ¼개
표고버섯 3장
다진 마늘 ½큰술
다진 파 1큰술
통깨 ½작은술
달걀 흰자 1개
소금 약간
복령가루 1큰술
산약가루 1큰술
차전자 20 g
택사 20 g
은행 10알

만드는 법

① 차전자와 택사를 작은 불에서 약 1시간 정도 달인 후, 그 물에 두부를 넣고 한소끔 끓인 다음, 건져 물기를 빼고 곱게 으깬다.
② 닭고기는 곱게 다지고, 당근, 죽순, 표고버섯은 0.3 cm 정사각형으로 썰어 놓는다.
③ 준비된 두부, 닭고기, 당근, 죽순, 표고버섯에 복령·산약가루, 달걀 흰자, 다진 파·마늘, 소금을 넣고 함께 섞어 고루 주무른 다음, 네모로 반대기를 지어 찜통에 흰 보자기를 깔고 20분 정도 쪄 낸다.
④ 식으면 가로 2.5 cm, 세로 3 cm 크기로 썰어 그릇에 담고, 파랗게 볶은 은행을 길이로 저며 꽃처럼 문양을 얹어 낸다.

복령은 소나무를 벌채 한 후에 3~10년이 경과된 뿌리에서 자생하는 균체를 건조시킨 것이다. 이뇨, 소염작용이 현저하여 신장염·방광염·요도염 등으로 인한 부종을 완화시키고, 위장 내의 수분이 정체되어 소화장애를 일으키는 증상에 유효하다고 한다. 복령과 은행, 산약, 차전자, 택사 등을 배합하면 이뇨 효과를 얻게 되어 소변을 잘 보고 부기를 다스릴 수 있다고 한다.

가자미인삼조림

재　료 (5 인분)

가자미 2마리
(중간크기 · 500g)
황기 20 g
오가피 20
생인삼 2 뿌리 (100 g)
술 (인삼주) 2 큰술
진간장 2 큰술
설탕 1 큰술
곁들이 (생강 · 깻잎)

만드는 법

① 가자미는 통째로 손질하여 0.4 cm 깊이로 칼집을 내고 소금에 살짝 절여 놓는다.
② 냄비에 황기와 오가피, 물을 넣고 낮은 불에서 1 시간 정도 끓인 후, 걸러 낸 국물에 진간장, 술, 설탕을 넣어 양념장을 만들어 놓는다.
③ 냄비에 가자미와 생인삼을 편으로 썰어 넣고, 준비한 양념장을 넣고 조린다.
④ 가끔 국물을 위로 끼얹으면서 조리면 윤기가 나고 맛이 고르다.
⑤ 접시에 가자미와 인삼을 담고, 채 썬 생강과, 채 썬 깻잎을 곁들여 낸다.

- 황기는 콩과에 속하는 다년초로, 그 뿌리를 사용한다. 중추신경 계통의 흥분작용으로 쉽게 피로와 무력감을 느끼거나 음성이 낮고 약하며, 맥박이 여린 증상에 탁월한 반응을 일으킨다. 특히 인삼과 배합되면 그 작용이 몇 배로 상승되어 식은땀과 피로회복, 원기상승효과에 특효를 보인다.
- 오가피의 주성분은 정유와 비타민류이며, 보약과 배합하면 강장작용이 높아져 기력을 상승시키므로, 만성피로를 치료해 주는 효능이 있다고 한다.

국화·해파리 냉채

재 료 (5 인분)

해파리 (소금에 절인 것) 500 g
오이 70 g
목통 30 g
다진 마늘 3 큰술
식초 3 큰술
설탕 2 큰술
참기름 1 큰술
소금 ½ 큰술
국화 20 g
하고초꽃 10 g

만드는 법

① 해파리는 물에 씻어 소금기를 빼놓고, 오이는 소금으로 문질러 씻어 채를 썰어 찬물에 담그어서 신선하게 하였다가 건진다.

② 준비한 해파리는 뜨거운 물에 담그었다가 건져서 물기가 완전히 빠지면 식초와 설탕에 재워 놓는다.

③ 목통은 물 3 컵을 넣고 중불에서 끓여 ½ 컵이 되도록 한 다음, 여기에 식초, 설탕, 소금, 다진 마늘, 참기름, 하고초꽃 부순 것을 넣어서 소스를 만든다.

④ 그릇에 썬 오이와 재워 놓은 해파리를 켜켜로 번갈아 담고, 국화를 뜯어 위에 얹은 후에 소스를 끼얹어 낸다.

국화·해파리 냉채에 들어가는 국화는 뇌혈관의 확장작용으로 뇌 혈류를 촉진시켜 혈압하강 효과를 얻고, 이로 인하여 어지러움증·안구출혈 등이 개선된다고 한다. 목통은 열매가 익으면 가운데에 흰색의 단맛을 지니는 젤리처럼 생긴 과육이 드러난다. 한방재료로서 목통은 봄·가을에 뿌리와 줄기의 껍질을 벗겨 햇볕에 말린 것으로, 한방에서 치열제, 이뇨제, 진통제로 쓰이며, 국화와 함께 사용하면 혈압강하의 효과를 얻는다고 한다.

산사경단

재　료 (5 인분)

산사가루 40 g
찹쌀가루 400 g

〈경단소〉
- 호두소 60 g
- 살구씨 가루 60 g
- 복숭아씨 가루 60 g
- 팥고물 1 컵 (100 g)

〈고물〉
- 산사가루 20 g, 설탕 100 g
- 계핏가루 ½ 작은술
- 팥고물 1 컵, 참깨 40 g

〈한약제〉
- 산사가루 60 g, 산사 60 g
- 욱이인 60 g
- 살구씨 가루 60 g
- 복숭아씨 가루 60 g

만드는 법

① 냄비에 욱이인(郁李仁)과 산사(山査)를 넣고 물 8 컵을 부은 후에 중불에서 1 시간 정도 끓인다.

② 찹쌀가루와 산사가루를 섞고 체에 내려 위의 끓인 물로 익반죽을 만든다.

③ 팥고물에 잘게 자른 호두, 살구씨 가루, 복숭아씨 가루를 넣어서 소를 만든다.

④ 준비한 반죽을 떼어 동글게 만들고, 오목하게 빚어 소를 넣고 오므려 경단을 빚은 후에 끓는 물에 삶아 낸 다음, 찬물에 냉각시켜 물기를 쭉 빼 놓는다.

⑤ 팥고물, 볶은 흰깨, 계핏가루, 설탕을 함께 섞어 고물을 만들고, 물기를 뺀 경단을 굴려 완성한다.

산사경단에 들어가는 산사는 열매를 말린 것으로, 살이 많고 색은 붉은 밤색이다. 산사는 소화를 돕고 위를 튼튼하게 하며 소화불량이나 산후 복통에도 좋으며 혈압강하 및 혈관확장 작용이 있다.

부록 1 식품중량표

곡류 및 녹말류

(1 컵 기준)

식품명 \ 계량(g)	1 컵 (200 ml)	식품명 \ 계량(g)	1 컵 (200 ml)	식품명 \ 계량(g)	1 컵 (200 ml)
백미	160	삶은 보리쌀	130	감가루	158
현미	160	흰떡 (1 가래)	100	잣가루	90
찹쌀	160	식혜밥알	130	황률가루	119
보리쌀	180	불린당면	180	대추가루	90
압맥	110	두부 (1 모)	250	석이가루	110
밀	160	쌀가루	100	승검초가루	40
옥수수	155	찹쌀가루	100	송화가루	75
차수수	180	차수숫가루	90	송기가루	90
차좁쌀	160	메밀가루	120	유자가루	128
메조	165	감자가루	90	녹두녹말	140
기장쌀	169	밀가루 (강)	105	연근녹말	110
대두	160	밀가루 (중)	105	율무녹말	80
팥	165	밀가루 (박)	100	갈분(칡녹말)	140
녹두	170	팥가루	125	생강녹말	84
율무	150	콩가루 (생)	98	도토리녹말	139
땅콩	120	콩가루(볶은 것)	85	거피팥고물	114
참깨	120	메주가루	78	볶은 팥고물	108
검은깨	110	메주(잘게 부순 것)	96	볶은 녹두고물	110
들깨	110	엿기름가루	115	밥풀	12
밥	120				

과일류

(1 개(中) 또는 1 컵 기준)

식품명 \ 계량(g)	1 컵(200 ml)	식품명 \ 계량(g)	1 컵(200 ml)	식품명 \ 계량(g)	1 컵(200 ml)
사과	200	키위	100	건포도 (1 컵)	120
배	220	자두	35~40		
감	150	복숭아	140~150	말린 오미자(1 컵)	40
곶감	45	딸기	20~25		
밤 (1 컵)	200	모과	500	말린 구기자(1 컵)	70
대추 (1 컵)	70	잣 (1 컵)	125		
귤	100	깐호두(1 컵)	80	말린 모과(1 컵)	60
유자	110	깐은행(1 컵)	160		
레몬	150	깐행인(1 컵)	120	볶은 결명자(1 컵)	140

고물 · 소의 계량 변화

(1 컵 기준)

식품명	말린것	불린 것	찐 것	고물낸 것
거피팥	170 g	340 g	320 g	300 g
붉은통팥	160 g	200 g	400 g	230 g
강낭콩	160 g	200 g	270 g	150 g
동부	170 g	300 g	290 g	280 g
흰콩	160 g	320 g	310 g	200 g
거피녹두	170 g	320 g	320 g	300 g

조미료

계량 (g) / 식품명	작은술 1 (5 ml)	큰술 1 (15 ml)	1 컵 (200 ml)	계량 (g) / 식품명	작은술 1 (5 ml)	큰술 1 (15 ml)	1 컵 (200 ml)
물	5	15	200	깐마늘			110
소금	5	15	210	다진마늘	2	6	110
간장	5.7	17	230	깐생강			115
된장	5	15	210	생강즙	3.3	10	210
고추장	6.4	20	260	다진생강	1.7	5	80
참기름	4	13	120	화학 조미료	4	12	160
거피참깨			90	중조	2.5	7.5	120
깨소금	3	9	80	배즙	5	15	200
기름	4	13	180	유자청	5	15	250
설탕(최상품)	3	9	110	유자청 건지	6.3	19	304
굵은설탕	4	13	170	우유	6	17	210
식초	5	15	200	양지머리국물	5	15	200
술	5	15	200	속뜨물	5	15	200
고춧가루	2	6	80	콩물			205
실고추	0.6	1.9	30	물녹말	5.5	16.5	260
다진고추	2.1	6.4	102	조청	7	22	290
후추	3	8	100	새우젓			240
후춧가루	4	12	190	멸치젓국			240
겨잣가루	2	6	80	황석어젓			250
계핏가루	2	6	80	치자 (10 개)			15

채소류 및 해초류

계량 (g) / 식품명	중간크기 1 개 (g)	계량(g) / 식품명	중간크기 1 개 (g)	계량(g) / 식품명	중간크기 1 개 (g)
배추	1,000~1,300	삶은 쑥(1 족이)	180	다시마 (15×20)	18
무	700	오이	150~200	생강 (1 뿌리)	20
감자	140	호박	300~350	시금치 (1 단)	250~300
고구마	250	늙은호박	3,000	쑥갓 (1 단)	230
당근	70~100	양파	160	미나리 (1 단)	180~200
가지	100	고추	10	부추 (1 단)	160~170
우엉 (1 단)	400~410	파 (1 뿌리)	20~30	두릅 (1 단)	120
열무 (1 단)	880	마늘 (1 통)	30	달래 (1 단)	80
양배추	800	인삼 (1 편)	10(건)	송이버섯 (5 개)	200 (습)
연근 (1 마디)	170	토마토	130~150	표고버섯 (5 장)	10 (건)
토란	45	수박	2,100	느타리버섯(5 장)	85 (습)
더덕 (5 뿌리)	60	참외	600~700	석이버섯 (5 장)	2.5 (건)
도라지(5 뿌리)	70	김 (5 장)	5	목이버섯 (5 장)	2~2.5 (건)
생죽순	540	마른미역(10 g)	120 (불린미역)	능이버섯 (5 장)	55 (건)

육류 및 어패류

식품명 \ 계 량(g)	1컵 또는 중 1마리	식품명 \ 계 량(g)	1컵 또는 중 1마리	식품명 \ 계 량(g)	1컵 또는 중 1마리
쇠고기간 것 (1컵)	200	준치	650~700	말린 오징어	80
돼지고기간것(1컵)	200	갈치	450	전복	300
닭	1200	고등어	800	말린전복	50
꿩	1000	자반고등어	550	말린해삼	10
달걀 (1개)	55	가자미	250	홍합	30
메추리알 (10개)	115	뱀장어	300	굴 (1컵)	200
민어	2300	정어리	50	맛살 (1컵)	200
농어	2250	낙지	140	생선간것(1컵)	200
조기	400	꽃게	600~700	새우 (대하)	50
도미	900~1000	새우 (1사발)	150	새우간것(1컵)	120
옥도미	820	북어	150	말린새우(1컵)	70
넙치	1100	암치	700	말린멸치(1컵)	50
		뱅어포 (1장)	20		

부록 2 식품의 계량

일반적으로 부피를 잴 때에는 200 cc 짜리 1 컵 짜리와, 1 큰술, 1 작은술, 1/2 작은술 등이 많이 쓰이고 있으나, 곡물이나 장류, 주류 제조에는 말 · 되 · 홉을 많이 쓰고 있다. 1 홉은 200 cc 이고, 1 되(大升)는 10 홉이며 1 말은 10 되이다.

홉 · 되 · 말과 컵 (cup)의 비교

홉	되 (大升)	말
1 홉=200 cc (5 홉=小升 1 되) (10 홉=大升 1 되)	1 되=2, 000 cc=2 l 1 되=10 홉	1 말=10 되=20 l

표준계량

1 컵 (Cup)=200 cc=약 13 큰술 (Table Spoon)
1 큰술 (Table Spoon)=15 cc=3 작은술 (tea spoon)
1 작은술 (tea spoon)=5 cc

특히 주류(酒類) 제조시에 많이 쓰이는 재료를 부피와 중량을 비교해서 보면 아래 표와 같다. 곡물의 대부분은 1 되를 2 l 로 취급하며, 찹쌀이나 멥쌀 1 되(1. 6 kg)를 빻아 가루로 만들었을 때, 1 되가 1 kg 으로 줄어든다(가루제품은 공기층을 함유하여 부피만 늘어날 뿐이다). 물이나 액체의 계량은 1 되를 1. 8 l (1. 8 kg)로 취급한다.

장류 · 주류 제조에 이용되는 재료의 계량

(1 되(大升)를 기준으로)

1 되일 때 / 재료명	부 피	중 량	1 되일 때 / 재료명	부 피	중 량
	l	kg		l	kg
멥쌀(또는 찹쌀)	2 (1. 8)	1. 6 (1. 4)	메 주	2 (1. 8)	1. 6 (1. 4)
멥쌀가루 (또는 찹쌀가루)	2 (1. 8)	1 (0. 9)	메줏가루	2 (1. 8)	0. 8 (0. 7)
콩	2 (1. 8)	1. 6 (1. 4)	삶은 보리쌀	2 (1. 8)	1. 3 (1. 2)
물	2 (1. 8)	2 (1. 8)	고춧가루	2 (1. 8)	0. 8 (0. 7)
소 금	2 (1. 8)	1. 3 (1. 2)	간 장	2 (1. 8)	2. 3 (2. 0)
누룩가루	2 (1. 8)	0. 9 (0. 8)	된 장	2 (1. 8)	2. 8 (2. 5)
엿기름가루	2 (1. 8)	1. 15 (1. 0)	고 추 장	2 (1. 8)	2. 6 (2. 3)

부록 3 월별 주요 식품의 저장계획표

채소류, 서류(薯類), 생선류, 과실류, 버섯류 등을 이용하여 쉽게 할 수 있는 저장법은 건조, 젓갈, 장담그기, 술담그기, 장아찌, 생채 저장 등을 들 수 있다.

월별 식품저장 계획을 살펴보면, 다음 표와 같다.

월별 식품 저장계획표

월별	건 조	젓 갈	장담그기	술담그기	장 아 찌			
					간 장	된장·고추장	소 금	식 초
1	명태 민어 대구	어리굴젓 명란젓 창란젓 게 젓	담북장	귤 주				
2			간장 고추장메주쑤기			두부장아찌		
3	육 포 어 포 김부각	꼴뚜기젓 곤쟁이젓 뱅어젓	된 장 간 장			김장아찌 동치미무장아찌		
4	쑥, 취 고사리 고 비 가죽나무순	조개젓 황석어젓 대합젓 홍합젓	고추장 막 장	살구주 진달래주 도라지주	풋마늘장아찌	더덕장아찌		마늘쫑장아찌 마늘잎장아찌
5	굴 비 더 덕 기죽나무순	멸치젓 조기젓 소라젓 준치젓		매화주 딸기주	꽃게장	매실장아찌 고기장아찌		마늘장아찌 양파장아찌
6	미숫가루 멸 치	갈치젓 새우젓		매실주	풋고추장아찌 마늘장아찌 홍합장아찌	고추장장아찌 오이장아찌 감장아찌	오이지	
7	감 자 깻잎부각 어란(漁卵)	곤쟁이젓			깻잎장아찌	가지장아찌 참외장아찌 양파장아찌		
8	애호박 풋고추 풋고추부각	오징어젓 대합젓		포도주 복숭아주	풋고추장아찌		송이버섯 장아찌	
9	가지, 무 호 박 고구마 고구마순 고춧잎			국화주 포도주 머루주 다래주 인삼주				
10	토란대 곶 감 버 섯 황 률	오징어젓 대구모젓		모과주 대추주	무장아찌 고춧잎장아찌		짠 지 단무지 동치미	
11	무 청	전복젓 명란젓 창란젓			참게장	묵장아찌	김 장	
12	육 포 어 포	굴 젓	청국장 메주쑤기	밀감주 계피주 실백주	무말랭이 장아찌	홍합장아찌	호배추장아찌	

식품에 따른 개별 단위의 표준중량표는 다음 표와 같다.

식품 중량표

(각 식품의 중간 크기 기준)

종류	식품명	계량	중량 (g)	식품명	계량	중량 (g)	식품명	계량	중량 (g)
곡류	백미	1컵	160	밀	1컵	160	옥수수	1컵	155
	현미	1컵	160	대두	1컵	160	차조	1컵	160
	찹쌀	1컵	160	녹두	1컵	170	메조	1컵	165
	보리쌀	1컵	180	팥	1컵	165	기장쌀	1컵	160
	압맥	1컵	110	강남콩	1컵	160	수수	1컵	180
	참깨	1컵	120	들깨	1컵	110	흑임자	1컵	110
각종가루	밀가루 (강력분)	1컵	105	콩가루 (생것)	1컵	98	잣가루	1컵	90
	밀가루 (중력분)	1컵	105	콩가루(볶은 것)	1컵	85	도토리녹말	1컵	130
	밀가루 (박력분)	1컵	100	팥가루	1컵	125	칡녹말	1컵	140
	차수숫가루	1컵	90	메줏가루	1컵	80	거피팥고물	1컵	114
	쌀가루	1컵	100	엿기름가루	1컵	115	볶은거피팥고물	1컵	108
채소류	배추	1개	1300	오이	1개	150	마늘	1통	30
	무	1개	700	호박	1개	300	생강	1쪽	20
	감자	1개	140	양파	1개	160	굵은파	1뿌리	40
	고구마	1개	250	풋고추	1개	10	실파	1뿌리	20
	연근	1개	170	가지	1개	100	붉은고추	1개	20
	토란	1개	45	쑥갓	1개	230	부추	1단	160
	우엉	1개	400	시금치	1개	250	미나리	1단	180
	당근	1개	100	상추	1뿌리	200	달래	1단	80
	양배추	1개	800	두릅	10개	120	도라지	1뿌리	100
	양상추	1개	400	더덕	5개	120	고사리	1컵	200
	토마토	1개	150	표고버섯(날 것)	5개	85	고비	1컵	200
	죽순 (삶은 것)	1개	200	느타리버섯	5개	85	늙은호박	1개	3000
	숙주나물	1봉	300	양송이	1봉	200	콩나물	1봉	300
과실류	사과	1개	200	참외	1개	600	레몬	1개	150
	배	1개	220	복숭아	1개	140	딸기	1개	20
	감	1개	150	자두	1개	40	앵두	1컵	150
	귤	1개	100	포도	1송이	200	모과	1개	500
	유자	1개	110	수박	1개	2000	키위	1개	100
육류·어패류	쇠고기 (다진 것)	1컵	200	민어	1마리	2300	중하	1마리	30
	돼지고기	1컵	200	농어	1마리	2000	대하	1마리	100
	닭고기	1컵	200	조기	1마리	400	홍합살	1컵	200
	꿩	1마리	1000	도미	1마리	1000	새우살	1컵	120
	닭	1마리	1200	넙치	1마리	1100	조갯살	1컵	200
	오징어	1마리	500	준치	1마리	700	굴	1컵	200
	낙지	1마리	140	갈치	1마리	450	마른오징어	1마리	100
	갑오징어	1마리	500	고등어	1마리	600	북어	1마리	150
	해삼	1마리	100	동태	1마리	500	암치	1마리	700
	멍게	1개	200	전갱이	1마리	300	뱅어포	1장	20
	꽃게	1마리	300	정어리	1마리	150	마른멸치	1컵	50
기타	달걀	1개	55	미역 (불려서)	1컵	150	설탕	1컵	110
	메추리알	1개	15	다시마 (20 cm)	1장	20	식초	1컵	200
	두부	1모	250	깨소금	1컵	80	다진마늘	1컵	110
	김	5장	5	참기름	1컵	120	다진생강	1컵	80

참고 문헌

1. 《삼국지(三國志)》〈위지동이전〉 290 년경.
2. 김부식, 《삼국사기(三國史記)》 1145.
3. 일연, 《삼국유사(三國遺事)》 1285.
4. 《향약구급방(鄕藥救急方)》 1236.
5. 《본초강목(本草綱目)》 1590.
6. 하생원, 《주방문(酒方文)》 1600 년대 말엽.
7. 허준, 《동의보감(東醫寶鑑)》 1610.
8. 허균, 《도문대작(屠門大爵)》 1610.
9. 이수광, 《지봉유설(芝峯類說)》 1613.
10. 안동장씨, 《음식미지방(飮食知味方)》 1670.
11. 저자미상, 《요록(要綠)》 1680.
12. 유중림, 《증보산림경제(增補山林經濟)》 1766.
13. 유득공, 《경도잡지(京都雜誌)》 1700 년대 말엽.
14. 빙허각이씨 원저(1815), 정량완 역주, 《규합총서(閨閤叢書)》 보진재, 1986.
15. 김매순, 《열양세시기(洌陽歲時記)》 1819.
16. 서유구, 《임원십육지(林園十六志)》 1827.
17. 홍석모, 《동국세시기(東國歲時記)》 1849.
18. 저자미상, 《음식법(飮食法)》 1854.
19. 연대미상, 《음식방문(飮食方文)》
20. 저자미상, 《군학회등(群學會謄)》 1800 년대 중엽.
21. 저자미상, 《시의전서(是議全書)》 1800 년대 말엽.
22. 저자미상, 《규곤요람(閨壼要覽)》 1896.
23. 방신영, 《조선요리제법(朝鮮料理製法)》 한성도서 출판사, 1913.
24. 빙허각이씨 원찬, 《부인필지(婦人必知)》 1855.
25. 이석만, 《간편 조선요리제법(簡便 朝鮮料理製法)》 1934.
26. 조자호, 《조선요리법(朝鮮料理法)》 서울, 1938.
27. 이원규, 《조선요리(朝鮮料理)》 1940.
28. 이용기, 《조선무쌍신식요리제법(朝鮮無雙新式料理製法)》 영창서관, 1943.
29. 저자미상, 《시의방(是議方)》 1945.
30. 최남선, 《조선상식(朝鮮常識)》 현암사, 1948.
31. 방신영, 《우리나라 음식만드는 법》 1958.
32. 한희순 외 2 人, 《이조궁정요리통고(李朝宮廷料理通故)》 1957.
33. 황혜성, 《현대 여성백과사전》 1969.
34. 《전통향토음식조사연구보고서 Ⅰ, Ⅱ》 1973~1979.
35. 정약용 원저, 김종권 역주, 《아언각비(雅言覺非)》 일지사, 1976.
36. 강인희, 《한국식생활풍속》 삼영사, 1978.
37. 이성우, 《고려이전의 한국식생활사 연구》 향문사, 1978.
38. 황혜성, 《궁중음식 향토음식》 홍보문화사, 1980.
39. 이성우, 《한국 식경대전》 향문사, 1981.
40. 민족문화연구소 《한국민속대관》 고려대학교, 1982.
41. 윤서석, 《한국의 전래생활》 수학사, 1983.
42. 《한국민속종합조사보고서》 형설출판사, 1984.
43. 이성우, 《한국요리문화사》 교문사, 1985.
44. 왕준련, 《한국요리백과(Ⅲ)》 범한출판사, 1986.
45. 강인희, 《한국의 맛》 대한교과서 주식회사, 1987.
46. 《한국 떡 문화연구》 김경진 교수 정년퇴임준비위원회, 1988.
47. 윤국병, 장준근, 《몸에 좋은 산야초》 석오출판사.
48. 윤숙자, 《한국전통음식, 우리 맛》 강원일보사, 1990.
49. 신재용, 《한국인의 건강식》 동화문화사, 1990.
50. 유태종, 《식품보감》 문운당, 1991.
51. 박원기, 《한국식품사전》 신광출판사, 1991.
52. 이규태, 《재미있는 우리의 음식이야기》 기린원, 1991.
53. 한국민속사전 편찬위원회, 《한국민속대사전》 민족문화사, 1991.
54. 유태종, 《음식궁합》 도서출판 둥지, 1992.
55. 윤서석, 《한국음식》 수학사, 1993.
56. 윤숙자 외 7 인 《한국전통음식》 지구문화사, 1997.
57. 황혜성, 《조선왕조 궁중음식》 궁중음식연구원, 1993.
58. 홍문화, 《보약이 되는 음식이야기》 도서출판 두로, 1995.
59. 강인희, 《한국의 떡과 과줄》 대한교과서, 1997.
60. 윤서석 외 6 인 《한국음식대관(제 1 권)》 한국문화재보호재단, 1997.

韓國의 時節飮食

傳統飮食의 맛과 멋

2011년 9월 10일 초 판 발행
2016년 1월 20일 재 판 발행
2020년 2월 5일 수정판 발행
2024년 2월 26일 수정2판 발행

저 자 윤숙자

발행인 주병오

발행처 지구문화 JIGU CULTURE

경기도 파주시 회동길 209
파주출판도시
영업팀 (031) 955-7566 / 7577
편집팀 (031) 955-7731
FAX (031) 955-7730
홈페이지 www.ji-gu.co.kr
E-mail jigupub@hanmail.net

등록번호 1979년 7월 13일 제 9-57호

ISBN 978-89-7006-432-1 값 33,000원

본서의 무단복제 또는 복사는 저작권법 침해이오니 절대 삼가시기 바랍니다.